Schriftenreihe

Schriften zum Handels- und Gesellschaftsrecht

Band 150

ISSN 1860-8868

Verlag Dr. Kovač

Kirsten Donner

Die missbräuchliche Anfechtung aktien- und umwandlungsrechtlicher Strukturmaßnahmen

Eine Untersuchung neuerer gesetzlicher Entwicklungen zur Eindämmung des Klagegewerbes im Aktienrecht unter besonderer Berücksichtigung der Finanzmarktkrise

Verlag Dr. Kovač

Hamburg
2014

VERLAG DR. KOVAČ GMBH
FACHVERLAG FÜR WISSENSCHAFTLICHE LITERATUR

Leverkusenstr. 13 · 22761 Hamburg · Tel. 040 - 39 88 80-0 · Fax 040 - 39 88 80-55

E-Mail info@verlagdrkovac.de · Internet www.verlagdrkovac.de

Bibliografische Information der Deutschen Nationalbibliothek
Die Deutsche Nationalbibliothek verzeichnet diese Publikation
in der Deutschen Nationalbibliografie;
detaillierte bibliografische Daten sind im Internet
über http://dnb.d-nb.de abrufbar.

ISSN: 1860-8868

ISBN: 978-3-8300-7646-9

Zugl.: Dissertation, Universität Zürich, 2013

Printed in Germany

Gedruckt auf holz-, chlor- und säurefreiem, alterungsbeständigem Papier. Archivbeständig nach ANSI 3948 und ISO 9706.

Meinen Eltern und Großeltern

Inhaltsverzeichnis

Abbildungs- und Abkürzungsverzeichnis **21**

1. Kapitel: Einleitung **23**

§ 1 Einführung in die Thematik und Fragestellung **23**

2. Kapitel: Die Anfechtungsklage als Rechtsschutzmöglichkeit der Aktionäre gegen fehlerhafte Hauptversammlungsbeschlüsse und ihr Missbrauch **29**

§ 2 Die Anfechtungsklage: Voraussetzungen und prozessuale Aspekte – eine Bestandsaufnahme **30**

A. Allgemeines 30

B. Zweck des Anfechtungsrechts 30

I. Doppelfunktionalität des Anfechtungsrechts 32

1. Anfechtungsgrund und Urteilswirkung 32
2. Bedeutung der AG als Publikumsgesellschaft 33
3. Anfechtungsrecht auch für den Vorstand 33
4. Historische Betrachtung 34

II. Eigennütziges Verwaltungsrecht 35

III. Fremdnützigkeit des Anfechtungsrechts 36

IV. Stellungnahme 36

1. Keine Verletzung in eignenen Rechten erforderlich 37
2. Gegenstand der Klage 39
3. Prozessrechtliche Aspekte 39
4. Historische Betrachtung 41
5. Ergebnis 42

C. Anfechtungsvoraussetzungen 42

I. Anfechtungsbefugnis 42

II. Der Anfechtungsgrund, § 243 AktG 44

1. Verfahrensverstöße 46

1.1 Relevanz oder Kausalität von Verfahrensverstößen für das Zustandekommen des Beschlusses? 46

1.2 Fallgruppen von Verfahrensverstößen 48

1.2.1 Fehler bei der Einberufung und Ladung zur Hauptversammlung ... 48
1.2.2 Informationspflichtverletzungen, § 243 Abs. 4 AktG ... 49
1.2.3 Falsche Feststellung des Abstimmungsergebnisses .. 50

2. Inhaltliche Verstöße ... 52

2.1 Treuepflichtverstöße ... 52

2.2 Verstoß gegen das Gebot der Gleichbehandlung ... 54

2.3 Unzulässige Verfolgung von Sondervorteilen, § 243 Abs. 2 AktG ... 55

2.3.1 Anfechtungsvoraussetzungen ... 55
2.3.1.1 Stimmrechtsausübung ... 55
2.3.1.2 Erlangung von Sondervorteilen ... 56
2.3.1.3 Schaden der Gesellschaft oder anderer Aktionäre ... 56
2.3.1.4 Eignung ... 57
2.3.1.5 Vorsatzerfordernis ... 57
2.3.2 Zweck und Bedeutung der Generalklausel des § 243 Abs. 2 AktG… ... 57

3. Materielle Beschlusskontrolle ... 58

3.1 Kapitalmaßnahmen ... 60

3.1.1 Bezugsrechtsausschluss bei regulärer Kapitalerhöhung ... 60
3.1.2 Bezugsrechtsausschluss im Rahmen der Ausnutzung genehmigten Kapitals ... 61
3.1.3 Kapitalherabsetzung ... 64

3.2 Umwandlungsrechtliche Strukturmaßnahmen ... 66

3.3 Andere Strukturmaßnahmen ... 67

3.3.1 Auflösungsbeschlüsse ... 67
3.3.2 Squeeze-out-Beschlüsse ... 67

3.4 Ausnahmen von und Grenzen der materiellen Beschlusskontrolle ... 68

3.5 Zusammenfassung ... 69

D. Prozessuales ... 70

I. Frist zur Anfechtung, § 246 Abs. 1 AktG ... 70

1. Allgemeines ... 70

2. Fristbeginn und Fristlauf ... 71

I. Die Anfechtungsklage als Kontrollklage mit individualschützendem Charakter 317

II. Einführung eines gesetzlichen Missbrauchstatbestands 318

1. Der Grundgedanke 318

1.1 Das Täterprofil 319

1.2 Rechtsprechung 320

1.3 Missbrauchstatbestand 321

1.3.1 Taugliche Subjektive Kriterien 321

1.3.1.1 Zweckentfremdung 321

1.3.1.2 Eigennutz 323

1.3.2 Taugliche Objektive Kriterien 324

1.3.2.1 Aufnahme von und Beteiligung an Vergleichsgesprächen 324

1.3.2.3 Frühere Beteiligung an Vergleichen 326

1.3.3 Untaugliche Kriterien 327

1.3.3.1 Anteilsbesitz 327

1.3.3.2 Anfechtungsgründe 327

1.3.3.3 Schädigungsabsicht 328

1.3.3.4 Evident aussichtslose Klage 328

1.3.3.4 Häufigkeit der Klageerhebung 329

1.4 Vermutungstatbestand 329

1.5 Feststellung des Missbrauchs durch das Gericht und Beweislast 329

1.6 Zusammenfassung der maßgeblichen Kriterien 330

2. Unzulässigkeit oder Unbegründetheit der Klage? 331

2.1 Anfechtungsbefugnis als materiell-rechtliche Begründetheitsvoraussetzung 331

2.2 Anfechtungsbefugnis als Zulässigkeitsvoraussetzung 332

2.3 Stellungnahme 333

3. Schadensersatz 335

4. Vorteile eines gesetzlichen Missbrauchstatbestands 336

4.1 Funktionswahrung 336

4.2 Rechtssicherheit 336

4.3 Kreis der Betroffenen 337

5. Nachteile des gesetzlichen Missbrauchstatbestands 337

III. Verfahrensbeschleunigung durch Verkürzung der gesetzlichen Fristen im Prozess ... 338
1. Fristverkürzung bei einfach gelagerten Sachverhalten ... 339
2. Keine Verletzung des rechtlichen Gehörs ... 340
IV. Vergleichsweise Beendigung eines Prozesses nur mit Zustimmung der Hauptversammlung ... 341
1. Bisherige gesetzliche Handhabung ... 341
2. Änderungsvorschlag ... 342
2.1 Allgemeine Erwägungen ... 342
2.2 Keine Vergleichsfähigkeit von Beschlussmängelstreitigkeiten ... 343
IV. Abänderung des Freigabeverfahrens ... 346
1. Mängel des jetzigen Freigabeverfahrens ... 346
2. Relevantes Prüfungskriterium ... 347
3. Integration in das Hauptsacheverfahren.. ... 347
4. Bestandskraft, Rechtsmittel, Schadensersatz ... 348
C. Gesetzgebungsvorschlag ... 350
Verzeichnis des abgekürzt zitierten Schrifttums ... 359

Abbildungsverzeichnis

Abb. 1: Motivationsfaktoren missbräuchlicher Klageerhebung 163

Abb. 2: Zeitlicher Ablauf eines Wertpapierkaufs 182

Abb. 3:Typische Ausgestaltung einer Wertpapierleihe 187

Abkürzungsverzeichnis

aA. ....andere Ansicht

Abb. ……………………………Abbildung

Abs. ....Absatz

Aufl. ....Auflage

bspw. ....beispielsweise

bzgl. ....bezüglich

bzw. ....beziehungsweise

ders. ....derselbe

d.h. ....das heißt

dies. ....dieselbe(n)

gem. ....gemäß

i.V.m. ....in Verbindung mit

st. Rspr. ....ständige Rechtsprechung

u.a. ....unter anderem

1. Kapitel: Einleitung

§ 1 Einführung in die Thematik und Fragestellung

„Räuber oder Gendarm?“ So lautete die Schlagzeile eines Artikels der Wirtschaftswoche vom 30. Mai 2009.[1] Ausgangspunkt für die Fragestellung war die vorangegangene Hauptversammlung der Commerzbank AG ebenfalls im Mai 2009, die erstmals in der Geschichte der Bank länger dauerte als einen Tag. Die Commerzbank war im Rahmen der Finanzmarktkrise durch massive Kursverluste und die mit der Übernahme der Dresdener Bank verbundenen finanziellen Belastung in eine Schieflage geraten. Aktionäre, die von den massiven Verlusten gebeutelt waren, meldeten sich lautstark auf der Hauptversammlung zu Wort. Sie stellten unzählige Fragen und übten darüber hinaus harsche Kritik an der Übernahme der Dresdner Bank und dem notwendig gewordenen Einstieg des Staates durch den SoFFin.

Hauptversammlungen insbesondere von Kreditinstituten waren in den vergangenen Jahren mehr denn je Schauplatz von Managerschelten und Ausgangspunkt für eine beispiellose Klagewelle gegen Hauptversammlungsbeschlüsse der in Rede stehenden Unternehmen, die vornehmlich von professionellen Investoren, Anlegeranwälten sowie Aktionärsschützern vorangetrieben wurden. Dabei stand aber nicht, wie so oft deklariert, der Anlegerschutz im Vordergrund. Vielmehr setzte sich hier nur unter Ausnutzung der Krisensituation ein Phänomen fort, das auch schon lange vor der Finanzmarktkrise und branchenunabhängig bestand. Aktiengesellschaften sind schon lange das Ziel klagefreudiger Aktionäre. Im Mittelpunkt steht dabei die Anfechtung von aktien- und umwandlungsrechtlichen Strukturmaßnahmen, namentlich Kapitalmaßnahmen (§§ 182 ff. AktG), Umwandlungen (§§ 20 ff., 123 ff., 190 ff. UmwG), Squeeze-Outs (§§ 327a ff. AktG), Eingliederungen (§§ 319 ff. AktG) oder Unternehmensverträge (§§ 291 ff. AktG). Freilich greifen diese Maßnahmen besonders schwer in die Rechte der Aktionäre ein und jeder Aktionär muss daher eine Möglichkeit haben, bei Beschluss einer solchen Maßnahme die Wahrung von Recht und Satzung gleichsam im eigenen wie im Interesse der übrigen Aktionäre und der Gesellschaft zu verfolgen. Dieser Forderung trägt das geltende Beschlussmängelrecht auch Rechnung (§§ 241 ff. AktG). Jedoch hat die Praxis

---

[1] „Räuber oder Gendarm?“, Wirtschaftswoche Nr. 023 vom 30. Mai 2009, S. 090 ff.

gezeigt, dass die gerichtliche Kontrolle solcher Hauptversammlungsbeschlüsse mehr und mehr ins Negative verkehrt wurde. Mangels gesteigerter Treuebindung im Hinblick auf die Ausübung des Anfechtungsrechts[2] ist ein Missbrauch desselben nicht ausgeschlossen und auch tatsächlich bittere Realität der Gerichtspraxis.[3] Gerichtliche Entscheidung über die Wirksamkeit von Hauptversammlungsbeschlüssen zählen heute zu den wichtigsten Fragen der aktienrechtlichen Gerichtspraxis.[4] Es bildete sich im vergangenen Jahrzehnt ein so genanntes Berufsklägertum heraus, dessen Bestrebung darin lag, sich mit Kleinstbeteiligungen, die das Gesetzt ja selber zulässt (§§ 8 Abs. 2 S. 1, 245 AktG), das Anfechtungsrecht faktisch zu erkaufen und von diesem mit dem Ziel Gebrauch zu machen, die Wirksamkeit von Hauptversammlungsbeschlüssen durch Klageerhebung gezielt zu konterkarieren und das aus der zeitlichen Verzögerung ihrer Eintragung (gesetzliche oder faktische Registersperre)[5] resultierende Druckpotenzial für sachwidrige Ziele, wie bspw. unverhältnismäßig hohe Vergleichsforderungen, auszunutzen.[6] Die Folgen für die betroffenen Unternehmen liegen dabei auf der Hand: Strukturmaßnahmen können mangels Eintragung nicht vorgenommen werden und so wächst insbesondere bei krisengeschüttelten Unternehmen der Druck, den Prozess beenden zu wollen, wenn nicht die Eintragungsverzögerung schwere Folgen für das Unternehmen nach sich ziehen soll.

---

[2] *Vetter*, AG 2008, 177, 182.

[3] Siehe nur die bisher zahlreich ergangenen Entscheidungen [3] BGHZ 107, 296, 308 ff. („Kochs-Adler" als Leiturteil); 112, 9 („Hypothekenbank"); BGH AG 1990, 259 („DAT/Altana I"), AG 1990, 259 („DAT/Altana II"); BGH AG 1991, 102 („SEN"); BGH AG 1992, 86 („Deutsche Bank"); BGH AG 1992, 317; BGH AG 1992, 448; BGHZ 33, 175, 188 ff.; 36, 121, 136ff. Aus den Instanzgerichten: LG Kassel ZIP 1989, 306; Frankfurt/M. WM 1990, 596; LG Landshut WM 1990, 931; OLG Hamburg ZIP 1990, 1071; AG Köln ZIP 1990, 1404; OLG Frankfurt/M. AG 1991, 206; AG 1991, 208 (bzgl. Missbrauch der Nichtigkeitsklage); OLG Karlsruhe ZIP 1991, 925; AG 1992, 273; OLG Frankfurt/M. AG 1992, 273; OLG Düsseldorf AG 1994, 228; OLG Frankfurt/M. AG 1996, 135; LG Frankfurt/M. AG 1999, 473.

[4] *Raiser/Veil* § 16 Rn. 120.

[5] *Schwab,* in: Schmidt/Lutter, AktG, § 245 Rn. 36.

[6] „Abkauf des Lästigkeitswerts", *Vetter,* AG 2008, 177, *Baums/Kleinath/Gajek,* ZIP 2007, 1620, 1647; *Vetter*, in: AG 2008, 177, 178; *Waclawik,* DStR 2006, 2177, 2178; *Mimberg,* in: Hdb der börsennotierten AG, § 37 Rn. 93; *Kübler/Assmann,* Gesellschaftsrecht, 15 V 6 c; so auch der Artikel in der FAZ „Berufskläger im Visier" v. 26.10.2007.

Das Berufsklägertum hat mittlerweile dafür gesorgt, dass die Vorbereitung und Durchführung einer Hauptversammlung immer auch vor dem Hintergrund einer späteren möglichen gerichtlichen Überprüfung der dort gefassten Beschlüsse zu betrachtet wird. Dies ist zwar grundsätzlich positiv zu bewerten, wird dadurch doch mehr auf die Einhaltung der ohnehin durch das AktG vorgegebenen Ordnungsvorschriften geachtet. Die umfassende Rechtsprechung und die Angst vor immer neuen Angriffzielen machen die Vorbereitung und Durchführung der Hauptversammlung aber mittlerweile zu einer komplizierten Angelegenheit.

Diesem Missstand der Beeinträchtigung der Aktiengesellschaften und damit schließlich auch des Wirtschaftsstandortes Deutschland durch missbräuchlich erhobene Klagen und Blockade von Strukturbeschlüssen versuchte der Gesetzgeber erstmals im Jahre 2005 mit dem Gesetz zur Unternehmensintegrität und Modernisierung des Anfechtungsrechts (UMAG) Einhalt zu gebieten.[7] Zu verzeichnen war in den darauf folgenden zwei Jahren jedoch keine Eindämmung, sondern gar noch einen Anstieg der Anfechtungsklagen von Aktionären mit Kleinanteilsbesitz auf eine neue Rekordzahl.[8] Für den Gesetzgeber bestand damit der Anspruch, weitere Maßnahmen zur Eindämmung einzuleiten. Dabei war er immer gezwungen, eine schmale Gradwanderung zu vollziehen. Einerseits waren die Missstände offensichtlich und bedurften einer spürbaren Neuregulierung. Andererseits durfte der Schutz des redlichen (Klein-)Aktionärs nicht vernachlässigt werden.

Mit dem am 28. Mai 2009 vom Bundestag verabschiedeten und am 1. September 2009 in Kraft getretenen Gesetz zur Umsetzung der Aktionärsrechterichtlinie (ARUG)[9] wurde sodann erneut versucht, dem „Geschäftsmodell von klagefreundlichen Aktionären, denen es nicht um das gemeinsame Ganze geht, sondern die mit ihren Klagen lediglich eigene wirtschaftliche Interessen verfolgen“,[10] die Grundlage zu entziehen. Zu den gesetzlichen Neuerungen des ARUG treten darüber hinaus weitere spezialgesetzliche Regelungen des Finanzmarkstabilisierungsgesetzes sowie des Restrukturierungsgesetzes, die jedoch in ihrem

[7] Gesetz zur Unternehmensintegrität und Modernisierung des Anfechtungsrechts (UMAG) vom 22. September 2005, BGBl I 2005/60, S. 2802 ff..

[8] Siehe die ausführliche Studie von *Baums/Kleinath/Gajek,* ZIP 2007, 1620 ff.

[9] BR-Drucks. 847/2008, abzurufen unter http://www.bundesrat.de.

[10] So die Bundesjustizministerin *B. Zypries* auf der Hompage des Bundesjustizministeriums, abzurufen unter http://www.bmj.de.

Anwendungsbereich beschränkt sind, und schließlich auch weitere Änderungen durch die Aktienrechtsnovelle 2012.

Die vorliegende Dissertation soll einen Beitrag leisten zu der gegenwärtig immer noch akuten Diskussion über die Eindämmung des Klagegewerbes im Aktienrecht. Dabei soll die Entwicklung missbräuchlicher Anfechtungsklagen anhand charakteristischer Beispiele aus der Rechtsprechung erläutert und die bisher ergangenen Gesetzesänderungen aufgezeigt werden.

Das Ziel dieser Arbeit ist die Beantwortung der Frage, ob es dem Gesetzgeber mit dem derzeitigen Gesetzesstand gelingen kann, den Berufsopponenten Einhalt zu gebieten, ohne dabei den Schutz des redlichen Aktionärs unverhältnismäßig einzuschränken oder gar zu versagen bzw. wie dieses Ziel ggf. mit einem alternativen Rechtsschutzkonzept erreicht werden kann. Es soll insgesamt versucht werden, die Divergenzen zwischen der Verwirklichung wichtiger Hauptversammlungsbeschlüsse und effektiver Rechts-kontrolle auszubalancieren. Bei alledem beschränkt sich die folgende Darstellung aufgrund der praktischen Relevanz auf die börsennotierte Aktiengesellschaft. Aus aktuellem Anlass wird zudem ein besonderes Augenmerk auf Kreditinstitute in der Krise gelegt und die Betrachtung dabei auf die Anfechtung von strukturändernden Beschlüssen gelenkt, da diese das meiste Erpressungspotenzial in sich tragen, wie sich in den folgenden Darstellungen zeigen wird.

Die vorliegende Arbeit wird zeigen, dass das Grundgerüst des bestehenden Beschlussmängelrechts, speziell des Anfechtungsrechts, ein seit dem ADHGB von 1884 bestehendes Rechtsschutzsystem ist, das in der Lage ist, die Spannungen zwischen dem individuellen Rechtsschutz des einzelnen Aktionärs und dem Bedürfnis nach einer institutionellen Rechtmäßigkeitskontrolle von Hauptversammlungsbeschlüssen zu gewährleisten und dabei die Balance zwischen Rechtssicherheit und materieller Gerechtigkeit sehr wohl gut bewältigen kann. Jedoch haben die Missbrauchsfälle, die freilich überhaupt erst durch die Struktur des Anfechtungsrechts ermöglicht worden sind, dieses System ins Wanken gebracht. Der Blick hat sich damit allein auf die negativen Folgen fokussiert und auf die nicht von der Hand zu weisenden negativen Auswirkungen für den Wirtschaftsstandort Deutschland. Der Gesetzgeber hat hier verständlicherweise dem Missbrauch versucht Einhalt zu gebieten. Dabei hat er unterschiedliche der Missbrauchsbekämpfung dienende Vorschriften für das Aktienrecht und speziell für den Finanzsektor geltende Krisenvorschriften entwickelt. Es wird aber ebenfalls zu zeigen sein, dass die vornehmlich auf die Eindämmung des Missbrauchs bezogenen Gesetzesänderungen die Rechtssicherheit und die materielle Gerechtigkeit aus der Balance bringen. Erschwerend kommt hinzu, dass die für das AktG entwickelten Vorschriften dabei nicht einmal spürbare Auswirkungen auf die anhaltende missbräuchliche Klageerhebung hatten. Bezüglich der Sondervorschriften für den Finanzsektor wird dagegen zu zeigen sein, dass sie zwar sehr wirkungsvoll, aber nur für den speziellen Anwendungskreis von Unternehmen des Finanzsektors und auch nur für die speziellen Krisensituationen geeignet sind.

Es soll daher versucht werden, einen Lösungsansatz für das AktG zu entwickeln, der geeignet ist, den Missbrauch des Anfechtungsrechts zu beseitigen, der darüber hinaus aber nicht die materielle Gerechtigkeit und den Schutz des einzelnen Aktionärs außer Acht lässt.[11]

---

[11] Bei alledem wurde die Sonderproblematik der Nebenintervention nicht berücksichtigt.

2. Kapitel: Die Anfechtungsklage als Rechtsschutzmöglichkeit der Aktionäre gegen fehlerhafte Hauptversammlungsbeschlüsse und ihr Missbrauch

Um sich der Lösung des Problems der missbräuchlichen Klageerhebung zu nähern, ist zunächst zu beleuchten, wie das AktG *de lege lata* den Rechtsschutz der Aktionäre gegen fehlerhafte Beschlüsse in Form der Anfechtungsklage gewährleistet und welche Probleme sich aus dem derzeitigen Rechtsstand ergeben.

Die Grundlage einer jeden Strukturmaßnahme[12] stellt der Hauptversammlungsbeschluss dar.[13] Dieser wird grundsätzlich mit einfacher Mehrheit beschlossen, sofern nicht das Gesetz oder die Satzung eine andere Mehrheit vorsieht (§ 133 Abs. 1 AktG). Fehler bei der Beschlussfassung führen zu einer fehlerhaften Strukturmaßnahme, die folgerichtig rechtlich angreifbar sein muss für die (beeinträchtigten) Aktionäre. Die überstimmte Aktionärsminderheit muss sich gegen einen nicht rechtmäßig zustande gekommenen Beschluss zur Wehr setzen können. Diese Möglichkeit, Hauptversammlungsbeschlüsse einer Rechtmäßigkeitskontrolle zu unterziehen, gehört zu den elementaren, aus seiner Mitgliedschaft abgeleiteten Rechte eines Aktionärs.[14] Rechtsschutz gegen fehlerhafte Hauptversammlungsbeschlüsse bieten den Aktionären die §§ 241 AktG. Wie auch das Zivilrecht unterscheidet das Aktienrecht hier zwischen nichtigen (§ 241 AktG) und (bloß) anfechtbaren (§ 243 AktG) Hauptversammlungsbeschlüssen und gibt als Klagemöglichkeit die Nichtigkeitsklage (§ 249 AktG) sowie die Anfechtungsklage (§ 246 AktG) an die Hand.[15] Die

[12] Strukturmaßnahmen im hier verstanden Sinne sind solche Hauptversammlungsbeschlüsse über Kapitalmaßnahmen, Unternehmensverträge, Squeeze-Outs, Eingliederungen sowie Maßnahmen nach dem UmwG.

[13] *Hüffer*, AktG, § 241 Rn. 2; *Langenbucher*, Aktien- und Kapitalmarktrecht, § 6 Rn. 226.

[14] *Casper*, in: Spindler/Stilz, vor § 241 Rn. 5 f.; *Raiser/Veil*, Recht der Kapitalgesellschaften, § 16 Rn. 120; *Langenbucher*, Aktien- und Kapitalmarktrecht, § 6 Rn 221; kritisch *Baums*, 63. DJT 2000, F 45, F 202.

[15] Außerhalb der gesetzlichen Regelung sei der Vollständigkeit halber der schwebend unwirksame, weil von der Zustimmung bestimmter Personen(-gruppen) oder behördlichen Ge-

vorliegende Dissertation widmet sich Anfechtungsklage und wird die Nichtigkeitsklage nur insofern behandeln, als sie auch von Bedeutung für die Anfechtungsklage ist.

§ 2 Die Anfechtungsklage: Voraussetzungen und prozessuale Aspekte – eine Bestandsaufnahme

A. Allgemeines

Die Anfechtungsklage ist ein "zweischneidiges Mittel, welches Schikanen und Erpressung Thür und Thor öffnet". Dies erkannte bereits die Regierungsbegründung zum Gesetz betreffend die Kommanditgesellschaften auf Aktien und die Aktiengesellschaft von 1884.[16] Worauf sich diese Aussage gründet und ob sie auch heute noch Gültigkeit beansprucht, soll im Folgenden anhand der Voraussetzungen der Anfechtungsklage und ihrer Wirkung erforscht werden, um ein Gesamtbild dieses Instruments zu erhalten. Dabei wird zu zeigen sein, dass das Beschlussmängelrecht schon de lege lata einen differenzierten und effizienten Aktionärsschutz bietet, dass aber gleichwohl gewisse mit der Anfechtungsklage verbundene Wirkungen sie anfällig für eine missbräuchliche Ausnutzung machen. Grundlage der Untersuchung soll aber zunächst die Ermittlung ihres Zwecks bilden.

B. Zweck des Anfechtungsrechts

Um das Recht zur Anfechtung als Recht des Aktionärs richtig zu verstehen, ist es zunächst wichtig, seinen Zweck zu erforschen. Der Wortlaut des § 245 AktG allein gibt jedoch keinerlei Hinweise auf den Zweck des Anfechtungsrechts. Lediglich in einer Gesamtschau mit den Anfechtungsgründen des § 243 Abs. 1 AktG lässt sich erschließen, dass der Aktionär befugt sein soll, Hauptversammlungsbeschlüsse mit dem Zweck anzufechten, sie auf ihre Vereinbarkeit mit Gesetz und/oder Satzung hin zu überprüfen. Hieraus lässt sich

---

nehmigungen in seiner Wirksamkeit abhängige Hauptversammlungsbeschluss erwähnt, der aber hier außer Betracht bleiben soll.

[16] RGBl. 1884, 123, 127.

eine gewisse Kontrollfunktion des Anfechtungsrechts schlussfolgern. Insofern ist das Anfechtungsrecht schon einmal ein notwendiges Instrument, das dem Aktionär an die Hand gegeben wird, um sich gegen Mehrheitsbeschlüsse (§ 133 Abs. 1 AktG) zur Wehr setzen zu können. Das im Aktienrecht verankerte Mehrheitsprinzip birgt nämlich zugleich die Gefahr, dass die Mehrheit ihre Stimmmacht ausnutzt, um Beschlüsse zum Nachteil der Minderheit zu fassen. Hier greifen Anfechtungs- und Nichtigkeitsklage als Kontrollinstrumente. Ob dieses Kontrollrecht aber dem Schutz des Einzelnen zu dienen bestimmt ist oder doch zumindest auch eine institutionelle Kontrollfunktion ausübt, ist seit jeher umstritten.

Die herrschende Meinung geht jedenfalls davon aus, dass dieses Kontrollrecht unabhängig davon besteht, ob der anfechtende Aktionär selbst durch den Hauptversammlungsbeschluss nachteilig betroffen wird oder ein besonderes Rechtsschutzinteresse hat.[17] *Henn* hingegen will ein Anfechtungsrecht des Aktionärs lediglich dann zulassen, wenn der Aktionär selbst durch den Hauptversammlungsbeschluss belastet wird.[18] Ähnlich spricht *Lutter* demjenigen Aktionär das Rechtsschutzinteresse ab, der ohne eigene Rechtsverletzung nur zur Wahrung der Rechtsordnung einen Hauptversammlungsbeschluss anficht.[19] *Hirte* geht sogar noch einen Schritt weiter, indem er ein Anfechtungsrecht auch dann nicht zulassen will, wenn der Aktionär zumindest theoretisch in seinen Rechten verletzt sein könnte.[20]

Im Folgenden sollen nun die einzelnen Lösungsansätze zur Zweckbestimmung des Anfechtungsrechts betrachtet und einer kritischen Würdigung unterzogen werden. Die Untersuchung der Funktion der Anfechtungsklage bildet die

---

[17] ROHG 23, 273, 275; 25, 307, 310 ff.; RGZ 3, 123, 137 f.; 7, 32 ff.; 40, 80 ff.; 77, 255, 257; 107, 161, 169; 145, 336, 338; 146, 385, 395; BGHZ 43, 261, 265; BGHZ 43, 261, 265 f.; 70, 117, 118 f.; 107, 296, 308; OLG Stuttgart, AG 1984, 266; *K. Schmidt*, in: GroßKomm AktG, § 246 Rn. 60; *Hüffer*, § 245 Rn. 3; *Zöllner*, in: KölnKomm AktG, § 245, Rn. 26; *Bokelmann*, Rechtsmissbrauch, S. 50 ff.; *Diekgräf*, Sonderzahlungen, S. 26. **Im Schweizer Recht hingegen wird ein Rechtsschutzinteresse gefordert** (dazu unten 4. Kap.).

[18] *Henn*, Aktienrecht, § 27 Rn. 914.

[19] So jetzt *Lutter*, WuB II A. § 221 AktG 1.91, 137, 142; aA *ders.* noch in FS 40 Jahre DB 1988, 193, 208f.;. *ders.* ZGR 1978, 347, 349f.; *ders.*, NJW 1969, 1873, 1877, wo er auf die Fremdnützigkeit des Anfechtungsrechts abstellt.

[20] *Hirte*, BB 1988, 1469, 1476.

Grundlage des Verständnisses der Bekämpfung ihres Missbrauchs und vor allem der Entwicklung eines späteren Lösungsvorschlags.

I. Doppelfunktionalität des Anfechtungsrechts

Die herrschende Meinung in der Literatur geht von einer Doppelfunktionalität der Anfechtungsklage aus.[21] Nach dieser Ansicht erfülle die Anfechtungsklage sowohl die Funktion des Individualschutzes als auch die Funktion der institutionelle Rechtmäßigkeitskontrolle.[22] Zur Begründung werden unterschiedliche Gesichtspunkte angeführt.

1. Anfechtungsgrund und Urteilswirkung

§ 243 Abs. 1 AktG gibt als Hauptanfechtungsgrund die Verletzung des Gesetzes oder der Satzung an. Die Vertreter der Doppelfunktionalität der Anfechtungsklage erblicken hierin den Hauptgrund für das Argument der Kontrollfunktion. Die Überprüfung eines Hauptversammlungsbeschlusses auf seine Vereinbarkeit mit Gesetz und Satzung komme nämlich nicht nur dem klagenden Aktionär, sondern auch den übrigen Aktionären zugute, da auch diese von einem rechtswidrigen Beschluss betroffen seien.[23] Dies werde unterstützt durch die inter omnes-Wirkung des im Anfechtungsprozess ergehenden Urteils (§ 248 Abs.1 AktG). Demgemäß handle der Anfechtungsaktionär auch für die übrigen Aktionäre und nehme insoweit auch Fremdinteressen wahr. Dies sei jedenfalls dann anzunehmen, wenn die Anfechtung tatsächlich im Interesse auch der übrigen Aktionäre liege, was jedenfalls durch die Rechtswidrigkeit des Beschlusses impliziert werde, da in diesem Fall alle Aktionäre davon betroffen sei-

---

[21] *Habersack/Stilz*, ZGR 2010, 710, 712; *Baums*, Gutachten F für den 67. Deutschen Juristentag, S. 18 f.; *Knobbe-Keuk*, in: FS Ballerstedt, S. 239, 248; *K. Schmidt*, AG 2009, 248, 254 m.w.N.; *Terechmann*, JuS 1990, 269, 271; *Wardenbach*, ZGR 1992, 563, 567; *Knobbe-Keuk*, in: FS Ballerstedt 1975, S. 239, 248.

[22] *Zöllner*, in: KölnKomm AktG, § 245 Rn. 76; *Lutter*, NJW 1969, 1873, 1877; *ders.*, ZGR 1978, 347, 349; *ders.*, AcP 180 (1980), 84, 143; *Heinze*, ZGR 1979, 293, 294; *Habersack/Stilz*, ZGR 2010, 710, 725.

[23] *K. Schmidt*, in: GroßKomm AktG, § 245 Rn. 10; *Hirte*, BB 1988, 1469, 1472 f.; *Wardenbach*, ZGR 1992, 563, 576; *K. Schmidt*, AG 2009, 248, 255.

en.[24] Hier wird auch von dem Anfechtungskläger als Sachwalter der Interessen der übrigen Aktionäre gesprochen.[25]

2. Bedeutung der AG als Publikumsgesellschaft

Wegen der Bedeutung der AG als Rechtsform bestehe insofern aber auch schon ein generelles Interesse an der Rechtmäßigkeit von Hauptversammlungsbeschlüssen. Die Kontrolle der Rechtmäßigkeit des Organhandelns insbesondere in einer Publikums-Aktiengesellschaft müsse sichergestellt werden.[26] Das Prinzip der Satzungsstrenge, welches auch die Unveränderbarkeit der Anfechtungsgründe nach sich ziehe, betone das öffentliche Interesse an der Einhaltung von Gesetz und Satzung.[27] Dem Aktionär sei hier die Kontrollfunktion in bewusster gesetzgeberischer Entscheidung erteilt worden, insbesondere vor dem Hintergrund, dass eine staatliche Kontrolle eben gerade nicht bestehe.[28] Insofern werde lediglich das Eigeninteresse des Aktionärs benutzt, um die Funktionsfähigkeit der AG im Interesse des Staates sicherzustellen.[29] Da sich der Aktionär mit seiner Mitgliedschaft der Regelungskompetenz der Hauptversammlung unterstelle, habe aber auch er ein Recht auf Einhaltung der gesetzes- und satzungsmäßigen Bestimmungen bei der Beschlussfassung.[30] Die Klagebefugnis folge deshalb auch dem Bedürfnis einer gesetzes- und satzungsmäßigen Beschlussfassung.[31]

3. Anfechtungsrecht auch für den Vorstand

Im Übrigen spreche insbesondere die gesetzliche Wertung gegen die Notwendigkeit eines eigenen Interesses des Anfechtungsaktionärs. Gemäß § 245 Nr. 4 AktG sei nämlich auch der Vorstand zur Anfechtung befugt, der ebenfalls kein Eigeninteresse im üblichen Sinne geltend machen müsse, sondern im Interesse der Gesellschaft handele.[32]

---

[24] *Baums*, Gutachten F für den 67. Deutschen Juristentag, S. 18f.; Bokelmann, BB 1972, 733, 735.

[25] *Timm*, WM 1991, 481, 490.

[26] *Kremer*, WuB II A. § 243 AktG, 1.92, 511, 513; *Bayer*, in: Gesellschaftsrecht in der Diskussion 1999, S.42.

[27] *Schilling*, in: GroßKomm AktG (3.Aufl.), § 243 Anm. 2; *Bokelmann*, BB 1972, 733, 735.

[28] *Lutter*, ZGR 1978, 347, 350; *Hommelhoff/Timm*, AG 1989, 168.

[29] *Lutter*, ZGR 1978, 347, 350.

[30] *Feltkamp*, Anfechtungsklage, S. 18.

[31] BGHZ 43, 261, 265 f.; 70, 117, 296, 308.

[32] *Lutter*, ZGR 1978, 347, 349.

4. Historische Betrachtungsweise

Schließlich folge die Doppelfunktionalität aber schon aus der historischen Entwicklung des Anfechtungsrechts. Zunächst war das Anfechtungsrecht ein nicht kodifiziertes, aber durch die Rechtsprechung des ROHG anerkanntes Rechtsinstitut, das dem Aktionär zur Verteidigung gegen gesetzes- oder statutenwidrige Generalversammlungsbeschlüsse zugesprochen wurde.[33] Allerdings wurde hierfür eine mittelbare oder unmittelbare Betroffenheit des Aktionärs verlangt und die Anfechtunsgklage auf vermögensrechtliche Verletzungen beschränkt.[34] Mit dem Übergang der Rechtsprechung vom ROHG zum Reichsgericht und schließlich der Kodifizierung des Anfechtungsrechts in der Aktienrechtsreform von 1884 wandelte sich das Verständnis von der individualistisch-aktionärsbezogenen rein vermögensrechtlichen Anfechtungsklage hin zu einem Kontrollrecht. Anders als nach der Rechtsprechung des ROHG war der Aktionär nunmehr eine Art Notgeschäftsführer, der keine eigenen Rechte wahrnahm und nicht auf seinen unmittelbaren Vorteil bedacht war. Er handelte vielmehr primär im Gesellschaftsinteresse. Der Schutz seiner eigenen Rechte sollte dagegen bloß reflexartig erfolgen.[35] Dies wurde durch den Übergang vom Konzessions- zum Normativsystem von 1870 (dazu auch noch unten § 4 B) bedingt. Das Anfechtungsrecht sei notwendig gewesen, um die vorhergende staatliche Kontrolle über die Beschlüsse wirksam zu ersetzen. Es habe daher eine gesellschaftsbezogene, weniger aber eine dem Individualinteresse des Aktionärs dienende, Funktion erhalten.[36] Innerhalb der historischen Betrachtungsweise wird aber auch der Standpunkt vertreten, dass das zunächst nur als Individualrecht gedachte Anfechtungsrecht sich durch die mit späteren Anfechtungsreformen verbundene Erweiterung der Normativbestimmungen erst zu einem Kontrollrecht entwickelt habe.[37] Insbesondere würden gewisse Inhaltsverstöße, wie z.B. §§ 192 Abs. 2, 208 Abs. 2 S. 2, 222 Abs. 3, 4 S. 2, 229 Abs. 1 S. 2 AktG weniger den Interessenbereich des einzelnen Aktionärs

[33] ROHG 9, 272; 11, 118; 14, 355; 23, 272.

[34] *Emmerich*, Die historische Entwicklung, S. 23.

[35] Allgemeine Begründung zum Entwurf eines Gesetzesbetreffend die KGaA und AG, abgedruckt in: *Schubert/Hommelhoff*, Hundert Jahre modernes Aktienrecht, S. 404, 466.

[36] *Immenga*, GmbHR 1973, 5, 6.

[37] *Lutter*, NJW 1969, 1873, 1877.

betreffen. Stattdessen beträfen sie das Ordnungsgefüge der Gesellschaft. Der Aktionär handele daher als Kontrollorgan für die AG.[38]

II. Eigennütziges Verwaltungsrecht

Nach wiederum anderer Ansicht dient das Anfechtungsrecht dem Aktionär zur Durchsetzung seines eigenen mitgliedschaftlichen Interesses an einer rechtmäßigen Beschlussfassung und ist demnach als eigennütziges Verwaltungsrecht zu qualifizieren.[39] Das Anfechtungsrecht sei ein Individualrecht. Grundsätzlich diene das Anfechtungsrecht der Abwehr von Eingriffen in die Stellung als Aktionär. Die durch seine Ausübung bewirkte Kontrolle der gesetzes- und satzungsmäßigen Ordnung hingegen erfolge nur reflexartig.[40] Die Anfechtung eines Hauptversammlungsbeschlusses diene einzig der Wahrung der eigenen Rechtsstellung des Aktionärs, nicht jedoch dem Inter-essenschutz der Gesellschaft oder der übrigen Aktionäre.[41] Aus dieser Abwehrfunktion folgt nach dieser Ansicht also die Eigennützigkeit. Der Aktionär sei nicht zur Verteidigung der Interessen anderer Aktionäre berufen.[42] Aus der Eigennützigkeit wiederum ergebe sich für den Aktionär, dass er bei der Ausübung seines Anfechtungsrechts keiner mit-gliedschaftlichen Treuebindung unterliege – er sich also nicht an den Belangen der Gesellschaft ganz oder teilweise orientieren müsse.[43] Zudem sei eine gegenteilige Auffassung realitätsfern, da die Gerichtspraxis gezeigt habe, dass ein anfechtender Aktionär immer nur seine eigenen monetären Interessen vertrete.[44] Es lasse sich auch nicht mit dem Gleichlauf des Anfechtungsrechts eines Aktionärs mit dem des Vorstands die Kontrollfunktion ableiten. Schließlich sei der Vorstand gemäß §§ 76 Abs. 1, 93 Abs. 1 S. 1 AktG verpflichtet, zum Wohle der Gesellschaft zu handeln und des-

[38] *Timm*, WM 1991, 481, 490.

[39] *Hüffer*, AktG, § 245 Rn. 3; *ders*., in: MünchKomm AktG, § 245 Rn. 7; *Fischer*, NJW 1954, 777, 779.

[40] *Zöllner*, AG 2000, 145, 146; *Götz*, JuS 2000, 1054, 1055 unter Verweis auf OLG Düsseldorf, NZG 2000, 314; *Waclawik,* ZIP 2007, 1, 5 unter Verweis auf BGH DStR 2006, 2223; Feltkamp, Anfechtungsklage, S. 18 ff.

[41] *Fischer*, NJW 1954, 777, 779.

[42] *Mertens*, AG 1990, 49, 54; *Henn*, Aktienrecht, § 27 Rn. 914; wohl auch *Zöllner,* ZGR 1988, 392, 431.

[43] *Hüffer,* AktG, § 245 Rn. 3, 23 aE; *ders.*, in: MünchKomm AktG, § 245 Rn. 7.

[44] *Hüffer,* AktG, § 245 Rn. 3, 23 aE; *ders.*, in: MünchKomm AktG, § 245 Rn. 7.

halb auch mit dem (in dem Fall) fremdnützigen Anfechtungsrecht ausgestattet.[45] Für den Fall, dass die Durchführung eines Hauptversammlungsbeschlusses der Gesellschaft schaden würde, sei der Vorstand sogar zur Anfechtung des Beschlusses verpflichtet, der Aktionär hingegen nicht.[46]

III. Fremdnützigkeit des Anfechtungsrechts

Eine wiederum andere Ansicht geht davon aus, dass das Anfechtungsrecht primär den Schutz fremder Interessen zum Ziele habe.[47] Unter ihren Vertretern wird teilweise sogar von einer rein altruistisch motivierten Anfechtungsklage gesprochen.[48] Nach dieser Ansicht kommt der Anfechtungsklage folglich rein "institutionelle Bedeutung"[49] zu. Hierfür wird angeführt, dass mangels staatlicher Kontrolle die Aktiengesellschaft einer Kontrolle durch den Aktionär als Anwalt der Interessen seiner Mitgesellschafter oder der Allgemeinheit unterworfen werden sollte.[50] Für heutige Verhältnisse etwas befremdlich benannte *Flechtheim* den Anfechtungskläger im Jahre 1912 in diesem Sinne noch als "geborenen Anwalt der beleidigten Interessen der Aktionärsgesamtheit und jedes einzelnen Aktionärs".[51]

IV. Stellungnahme

Die vorhergehend dargestellten Lösungsansätze zeigen, dass abgesehen von der dritten Meinung, die eine reine Fremdnützigkeit der Anfechtungsklage annimmt, die beiden übrigen Ansichten übereinstimmend die Doppelfunktionalität dieser

---

[45] RGZ 83, 319, 323; *Hüffer*, in: MünchKomm AktG, § 245 Rn. 14; *ders.*, AktG, § 243 Rn. 3, 50; *Godin-Wilhelmi*, § 245 AktG, Anm. 5.

[46] *Hüffer,* AktG, § 76 Rn. 2: der Vorstand ist mit der eigenverantwortlichen Leitung der Gesellschaft betraut, die Hauptversammlung von dieser Funktion hingegen ausgeschlossen; *Heinrich*, Die Abwehr des Missbrauchs der Anfechtungsklage, S. 73.

[47] *Diekgräf*, Sonderzahlungen, S. 26f.; *Heinze*, ZGR 1979, 293 ff.; *Heuer,* WM 1989, 1401, 1402 f.; so nach früherer Ansicht auch noch *Lutter,* ZGR 1979, 347, 349; *ders.*, AcP 180 (1980), 138, 142.

[48] *Heinze*, ZGR 1979, 293 ff.; noch weiter gehend *Hirte,* BB 1988, 1469, 1473, der nur eine altruistisch motivierte Anfechtungsklage als zulässig ansieht.

[49] *Winter*, in: FS Ulmer 2003, 699, 707.

[50] *Diekgräf*, Sonderzahlungen, S. 27; *Martens,* AG 1988, 118, 122f.; *Hommelhoff/Timm*, AG 1989, 168; Lutter, NJW 1969, 1873, 1877; *Schubert/Hommelhoff,* S. 99.

[51] *Flechtheim*, in: FS Zitelmann (1913), 3, 5.

Klageart bejahen.[52] Die reine Fremdnützigkeit der Anfechtungsklage wird nach hier vertretener Ansicht auch abgelehnt. Ihr ist ist zwar zu gute zu halten, dass nach der Rechtsprechung der Aktionär, um Anfechtungsklage erheben zu können, kein Eigeninteresse verfolgen muss und auch nach der herrschenden Ansicht in der Literatur der Aktionär nicht die Möglichkeit einer eigenen Rechtsverletzung darlegen muss.[53] Daraus aber eine primäre Fremdnützigkeit der Anfechtungsklage im Sinne einer einzigen Zweckbestimmung abzuleiten, ist nicht gerechtfertigt. Dem Aktionär bleibt es unbenommen, eine Anfechtungsklage überhaupt nicht zu erheben oder diese gar während des laufenden Prozesses zurückzunehmen (Dispositionsmaxime). Es kann folglich auch keine Kontroll*pflicht* des Aktionärs abgeleitet werden, was bei einer *rein* fremdnützigen Klage dann eigentlich der Fall sein müsste.[54] Die Frage, die im Hinblick auf die Funktion der Anfechtungsklage einzig zu klären ist, betrifft den Schwerpunkt der Doppelfunktionalität. Soll primär ein individuelles oder ein gemeinnütziges Interesse mit der Anfechtungsklage verfolgt werden? Dabei weisen beide Ansichten Schwachpunkte in der Argumentation auf. Während gegen die primäre Einordnung als eigennütziges Verwaltungsrecht spricht, dass schon das Gesetz selbst keine Betroffenheit des Klägers in eigenen Rechten und Interessen verlangt, verweist der Ansatz der Doppelfunktionalität zwar zumindest zutreffend auf die Vereinigung beider Elemente, nämlich der Eigen- und der Fremdnützigkeit, hin. Er weist aber jedenfalls hinsichtlich der Begründung der teilweisen Fremdnützigkeit des Anfechtungsrechts argumentative Schwachstellen auf.

1. Keine Verletzung in eignenen Rechten erforderlich

Um dem Zweck des Anfechtungsrechts näher zu kommen, sollte man versuchen, Gesetz und Rechtswirklichkeit zunächst zutreffend zu erfassen und sich dabei nicht von Extremen leiten zu lassen. Danach muss man sehen, dass weder das Idealbild des Aktionärs als Wahrer der Interessen aller übrigen Aktionäre noch das Bild des eigennützig denkenden Aktionärs als Leitbild für die Zweckbestimmung verwendet werden kann. Zwar existieren sicher beide, es

[52] Insofern auch die Annahme des 63. Deutschen Juristentags, Verhandlungen des 63. eutschen Juristentags, O 73.

[53] Statt vieler *K. Schmidt*, in: GroßKomm AktG, § 245 Rn. 2 ff..

[54] BGHZ 107, 296, 310 („Kochs Adler“); *Heinrich,* Die Abwehr des Missbrauchs der Anfechtungsklage, S. 74f.

kann aber weder im Falle des uneigennützig noch des eigennützig denkenden Aktionärs von einer verallgemeinerungsfähigen Absicht im Sinne einer einzigen Zweckbindung gesprochen werden. Vielmehr muss man sich zunächst die Wirkungen der Anfechtungsklage anschauen. Sie wehrt zum einen individuelles Unrecht vom Aktionär ab, zum anderen klärt sie objektives Recht, sorgt darüber hinaus für eine Sanktionierung von Unrecht und hat im Obsiegensfalle eine *inter omnes*-Wirkung.[55] Auffällig ist aber, dass die drei letzten Wirkungen nur dann eintreten, wenn der Aktionär tätig wird. Folglich wäre der ersten Ansicht zu folgen, nach welcher das Anfechtungsrecht schwerpunktmäßig dem Individualschutz dient. Bleibt aber weiter das Problem, dass ein Recht nicht primär dem Individualschutz dienen kann, wenn der Aktionär, der anficht, gar nicht in seinen eigenen Rechten betroffen ist. Um eine primäres Individualinteresse der Anfechtungsklage zu erhalten, müsste man folglich (geschrieben oder ungeschrieben) die Betroffenenheit in eignenen Rechten als Voraussetzung der Klageerhebung einführen. Die herrschende Meinung will dieses ja bereits aus der Mitgliedschaft und des damit verbundenen Recht auf gesetzes- und satzungskonforme Beschlussfassung herleiten.[56] Dem wird nach hier vertretener Ansicht zwar dahingehend gefolgt, dass der Aktionär zwar durch einen rechtswidrigen Beschluss in seinem Mitgliedschaftsrecht verletzt ist. Dies führt aber nicht insgesamt zu einem überwiegenden individualschützenden Charakter der Anfechtungsklage. Hiergegen spricht das Mehrheitsprinzip des Aktienrechts (§ 133 Abs. 1 AktG). Die Anfechtungsklage würde, wenn sie überwiegend individualschützend ist, das Mehrheitsprinzip insofern aushebeln, als dass bei Verletzung von Rechten nur eines einzigen Aktionärs der Beschluss entgegen dem Willen der Mehrheit aufgehoben wird und damit diese Rechtsfolge gegen das Mehrheitsprinzip verstoßen würde. Vielmehr ist die Rechtsfolge – die Aufhebung des Beschlusses auch möglicherweise gegen den Willen der Mehrheit – Ausfluss der objektiven Kontrollfunktion der Anfechtungsklage, die überweiegend eben die Rechtmäßigkeitskontrolle eines Beschlusses auf die Einhaltung der Aktien-rechtsordnung hin bezweckt und damit *auch* dem Individualschutz dient.

[55] *K. Schmidt*, AG 2009, 248, 255.

[56] *K. Schmidt*, in: GroßKomm AktG, § 245 Rn. 4 m.w.N.

2. Gegenstand der Klage

Ein weiterer Grund für die vorrangige Kontrollfunktion der Anfechtungsklage liegt im Klagegegenstand – dem Hauptversammlungsbeschluss. Überprüft wird mit der Anfech-tungsklage das Ergebnis der kollektiven Willensbildung. Bei dieser Willensbildung hat die Hauptvesammlung das Gesetz und die Satzug zu beachten, um am Ende einen wirksamen und umsetzbaren Beschluss zu erhalten. Verstößt der Beschluss aber gegen gewisse Normen, ist er rechtswidrig und darf damit nicht ausgeführt werden. Im Ergebnis ist damit das Gesamtprodukt beseitigt und alle Aktionäre sind davon betroffen. Wenn aber alle Aktionäre betroffen sind, kann daraus die Fremdnützigkeit nicht nur reflexartig resultieren, sondern sie bildet den Schwerpunkt, dessen Ausgangspunkt freilich die Verletzung eines individuellen Rechts sein kann, aber nicht sein muss. Der Gesetzgeber will hier primär also die Beseitigung des Beschlusses anstatt der finanziellen Entschädigung des Aktionärs für erlittene Nachteile. Ein rechtswidriger Beschluss soll zum Zwecke der Rechtssicherheit und Rechtswahrung beseitigt werden. Damit orientiert sich der Gesetzgeber an der Mitgliedschaft selbst und nicht an einzelnen Mitgliedschaftsrechten.[57]

3. Prozessrechtliche Aspekte

Eingewendet wird, dass die Dispositionsbefugnis des Klägers über die Klage auch in der doppelfunktionalen Betrachtung der Anfechtungsklage gegen die vorrangige Kontrollfunktion spreche.[58] Die Dispositionsbefugnis ist indes als Gegenargument zwar geeignet, die Ansicht zu widerlegen, nach der die Anfechtungsklage allein eine fremdnützig orientierte Klage ist. Sie ist aber nicht als Gegenargument für die vorrangige Fremdnützigkeit innerhalb der Doppelfunktionalität der Anfechtungsklage geeignet. Die freie Entscheidungsmöglichkeit des Aktionärs über die Erhebung und Beendigung der Klage ist notwendig, um die AG als Privatrechtssubjekt aufrecht zu erhalten. Denkt man dieses Argument zu Ende, hätte der Gesetzgeber durch Beschneidung der Dispositionsbefugnis eine Klagepflicht statuiert. Eine solche Pflicht hätte, um ihr Nachdruck zu verleihen, bei Verletzung dann auch sanktioniert werden

---

[57] So auch *K. Schmidt*, in: GroßKomm AktG, § 245 Rn. 4; *Knobbe-Keuk*, in: FS Ballerstedt, S. 246 ff.

[58] So *Hueck*, in: Baumbach/Hueck, AktG, § 245 Rn. 2; *Wallenhorst*, Schranken, S. 71; *Feltkamp*, Anfechtungsklage, S. 19; *Yong Ding*, Missbräuchliche Anfechtungsklage im Aktienrecht, S. 34.

müssen. Ein solches System von Klagepflicht und Sanktion ist dem Gesellschaftrecht in Bezug auf die Gesellschafter fremd. Auch das Anfechtungsrecht des Vorstands einer AG, kann hier nicht als Beispiel herangezogen werden, da der Vorstand insofern als Leitungsorgan agiert und dabei über die Rechtmäßigkeit der Beschlussfassung wacht.[59] Es ist auch nicht ersichtlich, aus welchen mitgliedschaftlichen Pflichten eine solche Klagepflicht abgeleitet werden sollte. Insbesondere scheidet eine Herleitung einer Klagepflicht aus der Treuepflicht der Aktionäre aus. Diese bezieht sich einzig auf das Verhältnis zwischen den Aktionären. Ihre inhaltliche Ausprägung zielt auf die Förderung des gemeinsamen Zwecks, das Verbot der Schädigung des Unternehmens sowie die Pflicht zur Rücksichtnahme auf die Interessen der Mitaktionäre.[60] Folgt man der Meinung mancher, dass die Anfechtungsklage, die gegen den Willen der Mehrheit erhoben wird, eher schädigend wirkt,[61] würde sich aus der Treuepflicht höchstens ein Klageverbot, nicht aber eine Klagepflicht ableiten lassen. Die Dispositionsmaxime ist zudem auch sinnvoll, da ohne sie denklogisch der Aktionär bei Unterliegen die Kosten des Verfahrens zu tragen hätte und er keinerlei Möglichkeit hätte, wenn dieses Unterliegen sich im Laufe des Prozesses abzeichnet, die Klage zurückzunehmen. Dies würde die AG als Unternehmensform gänzlich unattraktiv machen, ganz zu schweigen davon, dass in einer börsennotierten Publikumsgesellschaft eine Klagepflicht praktisch vielleicht gar nicht durchsetzbar wäre. Würde man die Kosten bei einer Klagepflicht unabhängig vom Ausgang des Verfahrens dagegen der Gesellschaft auferlegen, führte dies zu ebenso unbilligen Ergebnissen wie die Kostentragung durch den Kläger. Die Dispositionsbefugnis kann also nicht als Gegenargument bei der Einordnung der Anfechtungsklage als primäre Kontrollklage vorgebracht werden.

Gegen die primäre Kontrollfunktion spricht auch nicht, dass der Kläger das Prozesskostenrisiko nach § 91 ZPO trägt. Würde man, wie schon soeben angeführt, der Gesellschaft die Kostentragung auferlegen, so wie einst von *Flume*[62] gefordert, würde man dem Missbrauch Tür und Tor öffnen. Zudem ist

---

[59] *K. Schmidt*, in: GroßKomm AktG, § 245 Rn. 32.

[60] *Raiser/Veil*, Recht der Kapitalgesellschaften, § 11 Rn. 61.

[61] *Yong Ding*, Missbräuchliche Anfechtungsklage im Aktienrecht S. 34.

[62] *Flume*, Grundfragen, S. 21.

die Kostenregelung mit Blick auf die im Obsiegensfall auch für den klagenden Aktionär begünstigende Wirkung des Urteils recht und billig. Außerdem sind ähnlich wie im allgemeinen Zivilprozess auch bei der Anfechtungsklage aufgrund der mit ihr verbundenen weitreichenden Folgen, wie beispielsweise der Registersperre (dazu unten § 3 D), die Erfolgsaussichten der Klage vor Klageerhebung abzuschätzen. Dies wird mit dem Prozesskostenrisiko quasi als Korrektiv sichergestellt.

4. Historische Betrachtung

Die historische Betrachtung spricht schließlich ebenfalls für die tendenziell überwiegende Kontrollfunktion des Anfechtungsrechts. Richtig ist insoweit nämlich, dass seit dem Wegfall des Konzessionssystems der Staat seine Kontrollfunktion verloren und damit nach dem Willen des Gesetzgebers der Aktionär die Kontrollfunktion übernommen hat. Man könnte zwar sagen, dass die besonderen Umstände der damaligen Zeit diese Annahme rechtfertigten und nach der heutigen Lage eine solche Sichtweise nicht mehr angebracht sei.[63] Nach hier vertretener Ansicht rechtfertigt aber gerade die heutige Zeit noch immer die überwiegende Fremdnützigkeit der Anfechtungsklage. Die AG als Gesellschaftsform ist zum Schutze ihrer Funktion als Publikumsgesellschaft auf eine Kontrolle im Hinblick auf die Einhaltung von Gesetz und Satzung angewiesen. Dies gilt umso mehr im Zeitalter der Globalisierung und der international verflochtenen Finanzmärkte. Die Anonymität der Aktionäre unterein-ander ändert nichts an dem zu bewahrenden Aktionärsschutz und der Kontrolle der Rechtsordnung. Die Einhaltung von Gesetz und Satzung liegt im Interesse eines jeden vernünftig denkenden Aktonärs. Die AG zählt neben der personalistischen GmbH zu den bedeutendsten Unternehmensformen in Deutschland[64]und hat als Publikumsge-sellschaft und Kapitalsammelbecken eine besondere Bedeutung auf den Kapitalmärkten. Das Aktienrecht bietet mit seiner der Satzungsstrenge unterliegenden Ordnungsvorschriften ein feststehendes Gerüst, das die besondere wirtschaftliche Bedeutung der AG als Publikums-gesellschaft und Kapitalsammelbecken schützt. Insbesondere die Möglichkeit der Börsennotierung betont diese besondere Stellung. Die AG als Gesellschaftsform bietet die Möglichkeit, Kapital zu sammeln. Dort wo aber das

---

[63] So z.B. *Yong Ding*, Missbräuchliche Anfechtungsklage im Aktienrecht, S. 31.

[64] Nachweis bei *Raiser/Veil*, Recht der Kapitalgesellschaften, § 5 Rn. 1 f.

Geld angelockt werden soll, muss der Geldgeber auch besonderen Schutz erfahren, um so diese Gesellschaftsform bewahren zu können. Dies sieht man bei Aktiengesellschaften sowohl im Banken- als auch Versicherungssektor, die sogar einer Aufsicht unterstellt sind.

5. Ergebnis

Es bleibt daher festzuhalten, dass die Anfechtungsklage eine doppelfunktionale Klageart ist. Ihr vorrangiges Ziel besteht in der Rechtmäßigkeitskontrolle von Hauptversammlungsbeschlüssen zur Wahrung der Aktienrechtsordnung. Sie dient damit der Sicherung des Aktionärsschutzes und darüber hianus auch dem Schutz des einzelnen Aktionärs. Allein der Umstand, dass aufgrund der Dispositionsbefugnis die Erhebung und Beendigung der Anfechtungsklage dem Aktionär nach eigenem Gutdünken obliegt, kann an dieser Feststellung, wie gezeigt, nichts ändern. Dort, wo der Staat Regelungen aufstellt, ohne ihre Einhaltung selbst zu kontrollieren, ist er nunmal auf den Aktionär als Privatkläger und damit Verteidiger der Aktienrechtsordnung angewiesen. Die AG als Rechtsform gebietet den besonderen Schutz der Einhaltung der Rechtsordnung. Diese Zweckrichtung sollte nicht aufgrund einer Pervertierung der Anfechtungsklage durch das Berufsklägertum aus den Augen verloren werden.

C. Anfechtungsvoraussetzungen

I. Anfechtungsbefugnis

§ 245 AktG regelt, welcher Personenkreis überhaupt zur Anfechtung befugt sein soll. Die Vorschrift wurde im Jahre 2005 einer Korrektur unterzogen. Nach alter Fassung war gemäß § 245 Nr. 1 AktG a.F. *jeder* in der Hauptversammlung erschienen Aktionär anfechtungsbefugt, der gegen den Beschluss Widerspruch zur Niederschrift erklärt hat.[65] Nicht notwendig war dabei, dass der Aktionär den Widerspruch ausdrücklich erklärt hat. Vielmehr genügte es, dass seine Bedenken aus seinem Verhalten sowie sein Wunsch nach Protokollierung dieser Bedenken

---

[65] BGH, ZIP 1993, 1867, 1868 f.; *Vetter*, DB 2006, 2278, 2279.

deutlich wurden.[66] Darüber hinaus war gemäß § 245 Nr. 2 AktG a.F. anfechtungsbefugt, wer zu Unrecht nicht zur Hauptversammlung geladen oder zugelassen war oder wenn die Einberufung oder Bekannt-machung des Gegenstandes der Beschlussfassung nicht ordnungsgemäß erfolgte. Schließlich konnte wegen der Verfolgung unzulässiger Sondervorteile durch einen oder mehrere Aktionäre ein Hauptversammlungsbeschluss gemäß § 245 Nr. 3 AktG a.F. auch unabhängig von der Teilnahme an der Hauptversammlung angefochten werden.

Mit dem am 22.09.2005 in Kraft getretenen UMAG[67] hat der Gesetzgeber erstmals auf die bis dahin aufgetretenen Missbrauchsfälle reagiert.[68] Insbesondere war nämlich zu beobachten, dass Anfechtungskläger nicht selten ihre Anteile nach Bekanntgabe der Tagesordnung einer Hauptversammlung im Hinblick auf mögliche "anfechtungsträchtige" Hauptversammlungseinladung erworben hatten. Die Anfechtungsbefugnis wurde deshalb dahingehend eingeschränkt, dass sie gemäß § 245 Nr. 1 AktG nur noch demjenigen Aktionär zustehen soll, der seine Aktien bereits *vor Bekanntmachung* der Tagesordnung der Hauptversammlung erworben hat. Schon vor Einführung dieser Mindestbesitzzeit hatte die Literatur eine solche gefordert.[69] Ob sie zur Bekämpfung rechtsmissbräuchlicher Anfechtungsklagen tatsächlich geeignet ist, kann an dieser Stelle zunächst dahinstehen.[70]

Nach alter wie nach neuerer Fassung des § 245 AktG gleich geblieben ist aber, dass ausweislich dessen Wortlaut ein Aktionär *unabhängig vom Umfang seiner Beteiligung* (Groß- oder Kleinaktionär) an der AG befugt ist, einen Hauptversammlungsbeschluss anzufechten. Ebensowenig wie eines bestimmten Mindestanteilsbesitzes bedarf es einer individuellen Betroffenheit des Aktionärs oder einer Rechtsverletzung auf Seiten des Klägers oder eines besonderen Rechtsschutzinteresses.[71] Darüber hianus ist die Anfechtungsbefugnis materiell-

---

66 *Hüffer*, AktG, § 245 Rn. 14

67 Oben Fn.7.

68 RegE UMAG, BR-Drucks. 3/05, S. 55.

69 RegE UMAG (oben Fn.36), *Krieger*, ZHR 163 (1999), 343, 361.

70 Verneinend *Hüffer*, AktG, § 245 Rn. 7.

71 RGZ 166, 175, 188; RGZ 146, 385, 395; RGZ 145, 336, 338; RGZ 77, 255, 257; BGHZ 107, 296, 308; BGHZ 70, 117, 118; BGHZ 43, 261, 265; OLG Düsseldorf, AG 2000,

rechtlicher Natur. Fehlt sie, ist die Klage nach herrschender Meinung nicht unzulässig, sondern unbegründet.[72]

Wie sich die Beendigung der Mitgliedschaft, d.h. der Verlust der Aktionärseigenschaft, während eines Anfechtungsstreits auswirkt, ist umstritten. Nach jedenfalls früher herrschender Meinung war die Fortdauer der Aktionärseigenschaft Voraussetzung für die Aktivlegitimation des Aktionärs.[73] Nach anderer Ansicht ist entsprechend § 265 ZPO die Fortdauer der Aktionärseigenschaft nicht von Belang.[74] Richtigerweise ist hierbei nicht nur auf die rechtsgeschäftliche Veräußerung der Aktie(n) abzustellen. Vielmehr besteht die Aktivlegitimation auch dann weiter, wenn die Mitgliedschaft zwangsweise im Rahmen eines Squeeze-Out entfällt, sofern im Einzelfall ein Fortsetzungsinteresse besteht.[75]

Neben jedem einzelnen Aktionär sind zudem der Vorstand insgesamt (§ 245 Nr. 4 AktG) sowie gemäß § 245 Nr. 5 AktG einzelne Mitglieder von Vorstand und Aufsichtsrat, wenn siedurch die Ausführung des Beschlusses strafbare Handlungen oder Ordnungswidrigkeiten begehen würden oder sie schadensersatzpflichtug werden würden.

II. Der Anfechtungsgrund, § 243 AktG

Die Anfechtungsgründe des § 243 AktG bilden das Herzstück einer Anfechtungsklage. Nach dessen Abs. 1 ist ein Hauptversammlungsbeschluss zunächst anfechtbar, wenn eine Verletzung von Gesetz oder Satzung vorliegt.

365f.; OLG Stuttgart, AG 1998, 529; anders aber z.B. im Schweizer Recht, wo ein Rechtsschutzinteresse als Voraussetzung für die Anfechtung erforderlich ist (dazu unten 4. Kap.).

[72] OLG Karlsruhe, WM 1987, 533, 586; *Hüffer*, AktG, § 245 Rn. 2; *ders.*, in: MünchKomm AktG, § 245 Rn. 3; *Zöllner*, in: KölnKommAktG, § 245 Rn.3; *Mimberg*, in: Marsch-Barner/Schäfer, Handbuch der börsennotierten AG, § 37 Rn.73.

[73] *Godin/Wilhelmi,* AktG, § 245 Rn. 2; *Baumbach/Hueck,* AktG, § 245 Rn. 2; *Bayerle*, DB 1982, 837.

[74] *K. Schmidt,* in: GroßKomm AktG, § 245 Rn. 17; *Zöllner*, in: KölnKommAktG, § 245 Rn. 23.

[75] BGH, DStR 2006, 2223, 2225; OLG Stuttgart, WM 2006, 292; dazu *Bungert,* BB 2007, 57ff.; *Waclawik*, ZIP 2007, 1ff.; so auch schon LG Mainz, Urteil vom 17.2.2004 - 10 HK O 79/97 mit Anmerkung von *Dreier*, DB 2004, 808; *Heise/Dreier,* BB 2004, 126; aA noch OLG Koblenz, AG 2005, 365; LG Mainz, NZG 2004, 1118; *Bungert,* BB 2005, 1345; *Hüffer,* AktG (2006), § 245 Rn.8.

Gesetz im Sinne dieser Vorschrift ist jede Rechtsnorm (Ge- oder Verbot), soweit sie für die AG einschlägig ist. Dazu ist es nicht erforderlich, dass die Norm aus dem Aktienrecht stammt. Vielmehr können Normen aller Rechtsgebiete verletzt sein, solange sie nur auch für die AG gelten. Es können geschriebene, aber auch ungeschriebene Normen sein. Maßgeblich ist damit der Gesetzesbegriff des Art. 2 EGBGB.[76]

Unklar ist aber, ob nach diesem Verständnis auch die Verletzung von Sollvorschriften zur Anfechtbarkeit des Hauptversammlungsbeschlusses führt oder ob § 243 Abs. 1 AktG einschränkend dahingehend auszulegen ist, dass es für die Anfechtbarkeit auf die Verletzung schutzwürdiger Interessen ankommt. Sollvorschriften sind zunächst Verhaltensvorgaben, die einen gewissen Ermessensspielraum gewähren, der zwar eine Abweichung von der Vorgabe gestattet, dies aber nur, wenn dafür ausreichende sachliche Gründe bestehen, insbesondere wenn der mit der Vorschrift verfolgte Gesetzeszweck ausnahmsweise nicht eingehalten werden muss.[77] Dies bedeutet aber keine generelle Freistellung von ihrer Einhaltung. In Bezug auf Sollvorschriften verletzender Beschlüsse ist dem folgend davon auszugehen, dass grundsätzlich Anfechtbarkeit anzunehmen ist.[78] Insofern dienen nämlich auch Sollvorschriften dem – wenn auch abgeschwächten – Aktionärsschutz. Nur ausnahmsweise, nämlich bei Verletzung unbedeutender Ordnungsvorschriften, welche die Aktionärsinteressen nicht beeinträchtigen, soll der Beschluss nicht anfechtbar sein.[79]

Schließlich kann die Anfechtung gemäß § 243 Abs. 2 AktG auch darauf gestützt werden, dass ein Aktionär mit der Ausübung seines Stimmrechts für sich oder Dritte einen Sondervorteil zum Schaden der Gesellschaft oder der anderen Aktionäre verfolgt und der Beschluss geeignet ist, diesem Zwecke zu dienen.
Im Folgenden sollen die verschiedenen Arten von Beschlussmängeln dargestellt und ihre (eingeschränkte) Anfechtbarkeit respektive der gerichtliche Prüfungsumfang erläutert werden. Dabei wird zu zeigen sein, dass die Gründe,

---

[76] *Hüffer*, AktG, § 243 Rn. 5; *Schwab*, in K.Schmidt/Lutter, AktG, § 243 Rn. 58.

[77] *Zöllner,* in: KölnKomm AktG, § 243 Rn. 64.

[78] So auch RGZ 68, 232, 233; RGZ 170, 83, 97; ebenso *Hüffer,* in MünchKomm AktG, § 243 Rn. 19.

[79] RGZ 170, 83, 97.

die sich aus dem Gesetz ergeben, vielschichtig sind und sie sich auf den Schutz ganz verschiedener Aktionärsrechte beziehen.

1. Verfahrensverstöße

Werden Gesetz oder Satzung beim *Zustandekommen* des Hauptversammlungsbeschlusses verletzt, liegt ein Verfahrensverstoß vor, der den Beschluss anfechtbar macht.[80] Namentlich sind dies Verletzungen der Vorschriften über die Einberufung und den Ablauf der Hauptversammlung (§§ 121 ff., 129 ff. AktG), soweit ihre Verletzung nicht schon die Nichtigkeit des Beschlusses nach sich zieht.[81] Damit kommen vor allem Vorbereitungs- und Durchführungsfehler sowie die Verletzung von Informationspflichten in Betracht.[82] Insbesondere Informationsmängel haben sich in der Klagepraxis als "beliebter" Anfechtungsgrund erwiesen.[83] In der neueren Rechtsprechung traten aber u.a. auch vermehrt Einberufungsmängel als Anfechtungsgrund auf.[84] Die Kriterien für die Einflussnahme des Verfahrensverstoßes auf das Beschlussergebnis werden unterschiedlich beurteilt.

1.1 Relevanz oder Kausalität von Verfahrensverstößen für das Zustandekommen des Beschlusses?

Entschiede man nur dem Wortlaut nach, so ließe § 243 Abs. 1 AktG aufgrund seiner sehr allgemeinen Fassung *jeden* Verfahrensverstoß als Anfechtungsgrund zu. Nach herrschender Meinung ist § 243 Abs. 1 AktG aber einschränkend dahingehend auszulegen, dass nur solche Verfahrensfehler zur Anfechtung berechtigen, die auf das Ergebnis der Beschlussfassung auch tatsächlich Einfluss hatten.[85] In der Literatur und Rechtsprechung gibt es jedoch unterschiedliche Ansichten darüber, ob es einen Ursachenzusammenhang zwischen dem Verfahrensfehler und dem Beschlussergebnis geben muss oder ob eine wertende

---

[80] *Hüffer*, AktG, § 243 Rn. 11; *Raiser/Veil*, Recht der Kapitalgesellschaften, § 16 Rn. 147.

[81] *Hüffer*, AktG, § 243 Rn. 11; *Raiser/Veil*, Recht der Kapitalgesellschaften, § 16 Rn. 148.

[82] *Hüffer*, AktG, § 243 Rn. 11.

[83] BGHZ 146, 179; BGHZ 119, 1, 12; BGHZ 82, 188, 200; BGH, WM 2001, 467; OLG München, AG 1998, 238; *Weißhaupt*, WM 2004, 705; *Volhard/Weber*, NZG 2003, 351; *Baums/Keinath/Gajek*, ZIP 2007, 1629, 1641.

[84] OLG Frankfurt a.M., NZG 2008, 796 („Leica"); ebenso OLG Frankfurt a.M., NZG 2009, 1183, 1185.

[85] Einhellige Ansicht, statt vieler *Hüffer*, AktG, § 243 Rn. 12.

Betrachtung der verletzten Norm nach ihrem Schutzzweck für den betroffenen Aktionär vorzunehmen ist.

Nach Ansicht der älteren Judikatur und Lehre berechtige nur der Verfahrensverstoß zur Anfechtung, der für das Beschlussergebnis *kausal* geworden ist.[86] Dabei sei aber kein strenger Kausalitätsnachweis erforderlich. Vielmehr genüge potentielle Kausalität, wobei die Darlegungs- und Beweislast der Gesellschaft obliegen solle. Ihr obliege es, den möglichen Ursachenzusammenhang zwischen Normverletzung und Beschluss-ergebnis zu widerlegen.[87] Das Kausalitätserfordernis versagt allerdings dann, wenn feststeht, dass der Beschluss durch die Mehrheit in jedem Fall so gefasst worden wäre. Dies kommt vor allem dann in Betracht, wenn sich die Mehrheit der Aktien in einer Hand befindet.[88] In diesem Fäll könnte die Mehrheit der Aktionäre immer einen Verfahrensverstoß legitimieren.[89]

Neuerer herrschender Ansicht in Lehre und Rechtsprechung zufolge ist deshalb die *Relevanz* des Verfahrensverstoßes für den betroffenen Aktionär von Bedeutung.[90] Um die Mitgliedschaft des einzelnen Aktionärs "mehrheitsfest" zu machen, sei darauf abzustellen, wie ein objektiv urteilender Aktionär ohne den Verfahrensverstoß abgestimmt hätte.[91]

Dieser letztgenannten Ansicht ist nunmehr auch der Gesetzgeber gefolgt, indem er in Bezug auf Informationsmängel den Beurteilungsmaßstab des objektiv urteilenden Aktionärs in § 243 Abs. 4 S.1 AktG mit dem UMAG übernommen hat.

---

[86] RGZ 65, 241, 242; RGZ 110, 194; RGZ 115, 345, 350; BGH, NJW 1954, 1563 (zur GmbH); BGH, NJW 1962, 104, BGH, NJW 1968, 543; BGH, NJW 1973, 235; BGH, NJW 1983, 878; *K. Schmidt*, in: GroßKomm AktG, § 243 Rn.13; *Semler*, in: MünchHdb. AG, § 41 Rn.29f.

[87] *Zöllner*, in: KölnKomm AktG, § 243 Rn. 80; *Hüffer*, AktG, § 243 Rn. 12.

[88] *Hüffer*, in: MünchKomm AktG, § 243 Rn. 30.

[89] *Hüffer*, in: MünchKomm AktG, § 243 Rn. 30.

[90] BGH, NZG 2005, 77, 79; BGH, ZIP 2004, 2428, 2430; BGH, NZG 2002, 130, 131; BGHZ 149, 158, 164; BGHZ 153, 32, 36; *Zöllner*, in: KölnKomm AktG, Rn. 81ff.; zust. *K. Schmidt*, in GroßKomm AktG, § 243 Rn. 24ff.; *Raiser*, in: Hachenburg, GmbHG, Anh § 47 Rn.103; *Hüffer*, AktG, § 243 Rn. 12ff.; aA OLG Stuttgart, AG 1995, 234, 235 liSp.

[91] *Raiser/Veil*, Recht der Kapitalgesellschaften, § 16 Rn. 141; *Hüffer*, in: MünchKomm AktG, § 243 Rn. 30.

1.2 Fallgruppen von Verfahrensverstößen

Die Relevanz eines Verfahrensverstoßes für den betroffenen Aktionär beurteilt sich in den verschiedenen in Betracht kommenden Fallgruppen unterschiedlich. Diese Fallgruppen gilt es deshalb im Folgenden zu erläutern.

1.2.1 Fehler bei der Einberufung und Ladung zur Hauptversammlung

Die Einberufung der und die Ladung zur Hauptversammlung regelt das AktG in den §§ 121 ff. AktG. Sinn und Zweck dieser Regelungen ist es, durch Verfahrensvorschriften die Wahrnehmung von der Rechte des einzelenen Aktionärs in der Hauptversammlung zu sichern. In einer Publikumsgesellschaft kann die Hauptversammlung nämlich aufgrund der Vielzahl der Aktionäre eine große organisatorische Herausforderung darstellen. Nicht selten kann es dabei passieren, dass einzelnen Aktionären oder kleineren Gruppen von Aktionären keine ausreichende Chance auf Wahrnehmung ihrer mitgliedschaftlichen Rechte eingeräumt wird.[92] Hier greifen deshalb die §§ 121 ff. AktG mit ihren detaillierten Regelungen.[93]

Aufgrund der Bedeutsamkeit der Vorschriften für die Mitgliedschaftsrechte des Aktionärs, ordnet das AktG in § 241 Nr. 1 bei gewissen Verstößen hiergegen bereits die Nichtigkeit eines daraufhin gefassten Beschlusses an. Soweit aber die fehlerhafte Einberufung nicht schon zur Nichtigkeit des gefassten Beschlusses führt (§ 241 Nr. 1 AktG), ist dieser Beschluss (nur) anfechtbar. In Betracht kommt daher beispielsweise die Einberufung der Hauptversammlung an einem nach § 121 Abs. 5 AktG unzulässigen Versammlungsort[94] oder die Nichteinhaltung der Einberufungsfrist[95] des § 123 Abs. 1 AktG und andere Teilnahmeerschwernisse.[96] Ein Ursachenzusammenhang lässt sich bei solchen Verfahrens-

[92] *Raiser/Veil*, Recht der Kapitalgesellschaften, § 16 Rn. 20.

[93] Erste Erleichterungen gab es durch das Gesetz über kleine Aktiengesellschaften und zur Deregulierung des Aktienrechts vom 02. August 1994 (BGBl I 1994, S. 1961 - 1962). Seither kann die Hauptversammlung auch dann wirksam Beschlüsse fassen, wenn zwar die Einberufungsvorschriften nicht eingehalten wurden, aber dennoch alle Aktionäre erschienen oder wirksam vertreten sind und keiner widerspricht (§ 121 Abs. 6 AktG).

[94] RGZ 44, 8, 9f.; BGH AG 1985, 188, 189; BayObLG, NJW 1959, 485, 486; *Zöllner*, in: KölnKomm AktG, § 243 Rn. 115.

[95] OLG Frankfurt a.M., AG 2010, 334, 336; OLG Brandenburg, AG 2008, 497, 498.

[96] Beispiele dazu bei *Schwab*, in: Schmidt/Lutter (Hrsg.), AktG, § 243 Rn. 7 f.

verstößen regelmäßig nicht feststellen.[97] Ihre Relevanz hingegen kann nur dann entfallen, wenn sämtliche Aktionäre an der Hauptversammlung teilgenommen haben und einverstanden mit der Beschlussfassung über den entsprechenden Tagesordnungspunkt waren.[98]

1.2.2 Informationspflichtverletzungen, § 243 Abs. 4 AktG

Informationspflichtverletzungen spielen in der Anfechtungspraxis eine große Rolle.[99] Wie eben bereits angedeutet, kann eine Anfechtung gemäß § 243 Abs. 4 S. 1 AktG nur dann auf die unrichtige, unvollständige oder verweigerte Erteilung von Informationen gestützt werden, wenn ein objektiv urteilender Aktionär die Erteilung der Information als wesentliche Voraussetzung für die sachgerechte Wahrnehmung seiner Teilnahme- und Mitgliedschaftsrechte angesehen hätte. Diese Formulierung wurde mit dem UMAG in Übereinstimmung mit dem "Thyssen-Krupp"-Urteil des BGH[100] eingeführt. Ein Beschluss kann nach dieser Entscheidung des BGH bei mangelnder Auskunftserteilung unabgängig davon angefochten werden, ob der Inhalt der nicht oder nicht ausreichend erteilten Information einen objektiv urteilenden Aktionär von der Zustimmung abgehalten hätte oder nicht.[101] Die gesetzliche Formulierung des § 243 Abs. 4 S. 1 AktG reicht aber sogar noch weiter als diese Forderung. Die Informationserteilung *muss* nämlich eine *wesentliche* Voraussetzung für die sachgerechte Wahrnehmung der Teilnahme- und Mitgliedschaftsrechte gewesen sein. Die fragliche Information muss also bei Anlegung eines objektiven Beurteilungsmaßstabs für die Meinungsbildung des Aktionärs über einen bestimmten Tagesordnungspunkt ein so wesentliches Element darstellen, dass ohne eine vorherige ordnungsgemäße Erteilung der Information der Aktionär dem Beschluss nicht zugestimmt hätte.[102] Entgegen der Gesetzesbegründung werden von § 243 Abs. 4 AktG jedoch auch die Fälle erfasst, in denen eine Information gar nicht erteilt wird (Totalverweigerung)

---

[97] BGHZ 149, 158, 161ff; dazu *Schäfer*, ZGR 2003, 147, 162.

[98] *K. Schmidt*, in: GroßKomm AktG, § 243 Rn. 29; *Raiser/Veil*, Recht der Kapitalgesellschaften, § 16 Rn. 151.

[99] *Baums/Keinath/Gajek*, ZIP 2007, 1629, 1641; *Baums/Drinhausen/Keinath*, ZIP 2011, 2329, 2340.

[100] BGH ZIP 2004, 2428.

[101] BGH ZIP 2004, 2428.

[102] RegE UMAG, BR-Drucks. 3/05, S. 53; dazu *Bungert*, in: Gesellschaftsrecht in der Diskussion 2004, S. 88.

oder weitreichende Fehlangaben gemacht werden. In solchen Extremfällen soll ausweislich der Gesetzesbegründung das Anfechtungsrecht als Schutzinstrument beibehalten werden.[103] Dies kann allerdings nicht überzeugen.[104] § 241 Abs. 4 S. 1 AktG erfasst die Totalverweigerung unproblematisch mit seiner 3. Alternative (verweigerter Erteilung von Informationen). Aber auch § 243 Abs. 4 S. 2 AktG ist auf die Totalverweigerung anwendbar, denn eine vollständig verweigerte Information ist immer "unvollständig" im Sinne der Vorschrift.[105] Schließlich sind auch die §§ 210, 212 UmwG in die Betrachtung mit einzubeziehen. Wenn schon das vollständige Fehlen eines Abfindungsangebots bei einem Umwandlungsbeschluss eine Anfechtung nicht rechtfertigt, kann dies erst recht nicht gelten, wenn lediglich die der Bemessung der Angebotshöhe zugrunde liegenden Informationen nicht erteilt werden.[106]

Andererseits kann eine Anfechtungsklage auf unrichtige, unvollständige oder unzureichende Informationen in der Hauptversammlung über die Ermittlung, Höhe oder Angemessenheit von Ausgleich, Abfindung, Zuzahlung oder über sonstige Kompensationen (sog. bewertungsspezifische Informationsmängel) *nicht* gestützt werden, wenn das Gesetz für Bewertungsrügen ein Spruchverfahren vorsieht. Eine solche Klage wäre als unbegründet abzuweisen. Damit folgt der Gesetzgeber der BGH-Rechtsprechung "Aqua Butzke"[107] und "MEZ"[108].

1.2.3 Falsche Feststellung des Abstimmungsergebnisses

Die in der Hauptversammlung zu fassenden Beschlüsse werden durch Abstimmung der Aktionäre über eine bestimmte Maßnahme gefasst. Das Ergebnis dieser Abstimmung ist durch den Hauptversammlungsleiter verbindlich festzustellen (§ 130 Abs. 2 AktG)[109] – erst so wird der HV-

[103] RegE UMAG, BR-Drucks. 3/05, S. 54.

[104] So auch DAI-Stellungnahme zum UMAG, S. 14, abzurufen unter http://www.dai.de.

[105] So auch *Heinrich*, Die Bekämpfung missbräuchlicher Anfechtungsklagen, S. 33.

[106] BGHZ 146, 179; *Bungert*, in: Gesellschaftsrecht in der Diskussion 2004, S. 90; Stellungnahme des DAV-Handelsrechtsauschusses, NZG 2004, 555, 563; *Heinrich*, Die Bekämpfung missbräuchlicher Anfechtungsklagen, S. 33. Ähnlich *Mülbert*, in: FS Ulmer 2003, 433f.; *H. Schmidt*, in: FS Ulmer 2003, 543, 545f.; *Henze*, in: FS Hadding 2004, 409, 422; *Bork*, ZGR 1993, 343, 354; *Hommelhoff*, ZGR 1993, 452, 471; *Zöllner*, ZGR Sonderheft 12 (1994), 147, 155; *Westermann*, ZHR 156 (1992), 203, 225.

[107] BGHZ 146, 179 = AG 2001, 263.

[108] BGH AG 2001, 301.

[109] *Stützle/Walgenbach*, ZHR 155 (1991), 516, 519.

Beschluss statuiert. Will ein Aktionär geltend machen, dass das Abstimmungsergebnis nicht ordnungsgemäß festgestellt wurde und der Hauptversammlungsbeschluss die erforderliche Mehrheit nicht erreicht habe, so muss er den Beschluss anfechten.[110] Die Anfechtungsklage ist dann begründet, wenn das festgestellte Abstimmungsergebnis vom rechnerisch korrekten Ergebnis abweicht.[111] Eine solche Abweichung kann verschiedenste Ursachen haben: zum einen kann sie daraus resultieren, dass der Versammlungsleiter die erforderliche Mehrheit unrichtig beurteilt und deshalb einen in Wahrheit der qualifizierten Mehrheit bedürfenden Beschluss mit einfacher Mehrheit annimmt oder einen tatsächlich nur der einfachen Mehrhit bedürfenden Beschluss zu Unrecht als abgelehnt behandelt.[112] Zum anderen ist denkbar, dass der Versammlungsleiter zu Unrecht annimmt, ein Aktionär unterliege einem Stimmverbot gem. § 136 AktG oder umgekehrt unterliege ihm nicht.[113] Darüber hinaus ist es auch möglich, dass der Versammlungsleiter das Stimmrecht einzelner Aktionäre oder die Gültigkeit einer Stimmrechtsvollmacht zu Unrecht verneint.[114] Eine Stimmabgabe kann aber auch aus materiell-rechtlichen Gründen, so z.B. wegen eines Treuepflichtverstoßes,[115] unwirksam sein oder der Versammlungsleiter kann tatsächlich wirksame Stimmen übergangen haben.[116] Allerdings stellt die unrichtige Beschlussfeststellung nur dann einen Anfechtungsgrund dar, wenn sie für das Abstimmungsergebnis auch *kausal* gewesen ist, d.h. die unrichtige Feststellung muss sich auf das Abstimmungsergebnis auch ausgewirkt haben.[117]

---

[110] RGZ 75, 239, 243; RGZ 122, 102, 107; RGZ 123, 128; BGH, AG 1980, 187; BGH, ZIP 2006, 227, 228; BGH, AG 2006, 501; *Baums*, Eintragung und Löschung von Gesellschafterbeschlüssen, S. 86; *Hüffer*, in: FS Fleck, S. 151, 158.

[111] KG, GmbHR 1995, 735; *A. Hueck*, Anfechtbarkeit und Nichtigkeit von Generalversammlungsbeschlüssen bei Aktiengesellschaften, S. 52, 85; *Hüffer*, AktG, § 243 Rn. 11, § 246 Rn. 42; *Schwab*, in: Schmitdt/Lutter, AktG, § 243 Rn. 9.

[112] BGHZ 76, 191, 197 = NJW 1980; 1465, 1467; *Hüffer*, AktG, § 243 Rn. 11.

[113] RGZ 146, 385, 389; *Hüffer*, in: Geßler, AktG, § 243 Rn. 22.

[114] *Hüffer*, in: Geßler, AktG, § 243 Rn. 22 unter Hinweis auf das nur eingeschränkt einschlägige Urteil des OLG Frankfurt, GmbHR 1976, 110 f.

[115] BGHZ 103, 184 = AG 1988, 135.

[116] *K. Schmidt*, in: GroßKomm AktG, § 243 Rn. 38.

[117] *Zöllner*, in: KölnKomm AktG, § 243 Rn. 97ff.; *K. Schmidt*, in GroßKomm AktG, § 243 Rn. 39; *Hüffer*, AktG, § 243 Rn. 19.

2. Inhaltliche Verstöße

Neben Verfahrensfehlern kann ein Hauptversammlungsbeschluss aber auch an inhaltlichen Mängeln leiden. Inhaltsfehler sind solche, bei denen sich der Mangel des Hauptversammlungsbeschlusses nicht auf sein Zustandekommen bezieht, sondern auf die Regelung des Beschlusses selbst als das Ergebnis der Beschlussfassung, sodass also der Beschluss selbst gegen Gesetz, Satzung oder satzungsbegleitende Bindungen verstößt.[118] Inhaltliche Verstöße eines Beschlusses begründen dessen Anfechtbarkeit, soweit nicht gemäß § 241 Nrn. 3 und 4 AktG schon Nichtigkeit anzunehmen ist. Anders als bei Verfahrensmängeln kann bei einem inhaltlichen Mangel ein Zusammenhang zwischen Ursache und Wirkung nicht hergestellt werden. Deshalb sind Einschränkungen, die im Rahmen von § 243 Abs. 1 AktG bei Verfahrensfehlern zu beachten sind, nicht anwendbar.[119] Erforderlich ist vielmehr nur, dass der Beschluss, der ansonsten fehlerfrei zustande gekommen sein kann, inhaltlich gegen Gesetz oder Satzung verstößt.[120] Dabei sind sowohl Verstöße gegen Einzelnormen als auch gegen Generalklauseln und schließlich gegen das Aktiengesetz selbst denkbar.[121]

2.1 Treuepflichtverstöße

Den einzelnen Aktionär trifft eine Treuepflicht sowohl gegenüber den anderen Aktionären als auch der Gesellschaft.[122] Diese zunächst im Recht der Personengesellschaften verankerte Pflicht hat auch für die AG in der neueren Rechtsentwicklung zunehmend an Bedeutung gewonnen,[123] nachdem zunächst vermutet wurde, dass aufgrund der eher lockeren Bindung an die Gesellschaft die Treuepflicht maximal begrenzt sein kann auf den Umfang der im Rahmen von Treu und Glauben bestehenden Verhaltensregelung.[124] Der BGH hatte dann aber in seinem Leiturteil "Linotype" klargestellt, dass mitgliedschaftliche Treuepflichten nicht nur in Personengesellschaften bestehen, sondern unab-

---

[118] *Hüffer*, AktG, § 243 Rn. 20; *K.Schmidt*, in: GroßKomm AktG, § 243 Rn. 40.

[119] *K. Schmidt*, in: GroßKomm AktG, § 243 Rn. 40; *Hüffer*, in: MünchKomm AktG, § 243 Rn. 31; *Heinrich*, Die Abwehr des Missbrauchs der Anfechtungsklage, S. 34.

[120] *Heinrich*, Die Abwehr des Missbrauchs der Anfechtungsklage, S. 34. Zum Zusammentreffen von Inhalts- und Verfahrensfehlern vgl. *Hüffer*, in: MünchKomm AktG, § 243 Rn. 25 aE.

[121] *K. Schmidt*, in: GroßKomm AktG, § 243 Rn. 41 f.

[122] *Raiser/Veil*, Recht der Kapitalgesellschaften, § 11 Rn. 55.

[123] *Raiser/Veil*, Recht der Kapitalgesellschaften, § 11 Rn. 55.

[124] *Hueck*, Der Treuegedanke, S. 14 ff.

hängig von der Rechtsform des Personenverbandes und daher auch in der Aktiengesellschaft anzuerkennen sind und dass sogar das Abstimmungsverhalten eines *Mehrheits*gesellschafters der Kontrolle zugänglich ist.[125] Aber selbst die Stimmabgabe eines *Minderheits*gesellschafters soll nach der "Girmes"-Entscheidung des BGH als treuwidrig zu qualifizieren sein können.[126]

In dem zugrunde liegenden Fall hatte der Vorstand der sich bereits in wirtschaftlichen Schwierigkeiten befindlichen Girmes AG auf der Hauptversammlung ein Sanierungskonzept vorgelegt, das neben Forderungsverzichten der Gesellschaftsgläubiger auch eine Kapitalherabsetzung im Verhältnis 5:2 (mit anschließender Kapitalerhöhung) vorsah. Die für den Beschluss erforderliche ¾-Mehrheit wurde jedoch nicht erreicht, woraufhin der Vorstand das Vergleichsverfahren beantragte, das kurze Zeit später in den Anschlusskonkurs überführt wurde. Der Beklagte vertrat die Ansicht, das Sanierungskonzept beeinträchtige einseitig die Kleinaktionäre; eine Kapitalherabsetzung im Verhältnis 5:3 wäre ausreichend. Er hatte sich sogar von den Kleinaktionären zur Stimmabgabe bevollmächtigen lassen und dadurch bei der Abstimmung auf der Hauptversammlung 39,17 % der Stimmen zusammengebracht. Der BGH führte u.a. aus, dass die Treuepflicht es verbiete, eine sinnvolle und mehrheitlich angestrebte Sanierungsmaßnahme aus eigennützigen Gründen zu verhindern. Relevant wurde die Treuepflicht hier, da durch die Bündelung der Stimmen jedenfalls eine Sperrminorität erreicht wurde. Der BGH führte weiter aus, die Treuepflicht gebiete es dagegen, die Mitgliedschaftsrechte unter angemessener Berücksichtigung der gesellschaftsbezogenen Interessen der anderen Aktionäre auszuüben.[127]

Auch in einer Aktiengesellschaft begründet die Mitgliedschaft also eine Sonderverbindung zwischen den Mitgliedern. Dem einzelnen Aktionär wird durch seine Aktionärsstellung und die damit verbundenen Rechte und Pflichten eine erhöhte Einwirkungsmöglichkeit auf die Interessen den anderen Aktionäre

---

[125] BGHZ 103, 184 ff. (*„Linotype“*); *Raiser/Veil*, Recht der Kapitalgesellschaften, § 11 Rn. 55, 60.

[126] BGHZ 129, 136 ff. *(„Girmes“);* dazu *Raiser/Veil*, Recht der Kapitalgesellschaften, § 11 Rn. 60; *Altmeppen*, NJW 1995, 1749; *Flume*, ZIP 1996, 161; *Hennrichs*, AcP 195 (1995), 221; *Lutter*, JZ 1995, 1053.

[127] Zusammenfassend *Raiser/Veil*, Recht der Kapitalgesellschaften, § 11 Rn. 60, 65.

vermittelt, die zu einer Rücksichtnahmepflicht führt.[128] Die Anforderungen an die Rücksichtnahme sollen dabei wachsen, je stärker die Möglichkeit der Einflussnahme ist.[129] Dem Aktionär obliegt es, den Zweck der Gesellschaft zu fördern und ihn nicht durch sein Verhalten zu beeinträchtigen.[130] Heierzu zählt beispielsweise auch, bestimmten zum Wohle der Gesellschaft dienenden Maßnahmen zuzustimmern oder zumindest nicht gegen sie zu stimmen.[131] Da der Treuepflicht nach ganz herrschender Ansicht damit Gesetzesqualität zukommt,[132] ist ein Mehrheitsbeschluss, der diese nicht beachtet, wegen Gesetzesverletzung anfechtbar.[133] Andererseits ist ein einstimmig gefasster, aber gegen die Treuepflicht verstoßender Beschluss, rechtmäßig und somit nicht anfechtbar. Dies gründet sich auf den Umstand, dass der einzelne Aktionär über seinen durch die Treuepflicht begründeten Schutz verzichten kann und dies durch die (einstimmige) Beschlussfassung auch getan hat.[134]

2.2 Verstoß gegen das Gebot der Gleichbehandlung

Zu den Inhaltsfehlern zählen ferner Verstöße eines Beschlusses gegen das Gleichbehandlungsgebot des § 53a AktG.[135] Allerdings scheidet auch hier

---

[128] BGHZ 65, 15, 19; BGHZ 103, 184, 194; OLG Stuttgart, BB 2000, 1155, 156; *Zöllner*, in: KölnKomm AktG, § 243 Rn. 190; *Schwab*, in: Schmidt/Lutter (Hrsg.), AktG, § 243 Rn. 3; *Hüffer*, in: FS Steindorff, S. 59, 74; *Kreß*, Gerichtliche Beschlusskontrolle im Kapitalgesellschaftsrecht, S. 15; *Zöllner*, Die Schranken mitgliedschaftlicher Stimmrechtsmacht bei den privatrechtlichen Personenverbänden, S. 342 f.; *Ernstberger*, Die Grenzen der Mehrheitsherrschaft in der Aktiengesellschaft, S. 159f.; *Bischoff*, BB 1987; 1055, 1058; *Gehrlein*, ZIP 1993, 1525, 1527; *Brandes*, WM 1994, 2177, 2181; *Hommelhoff/Freytag*, DStR 1996, 1367, 1369; *Vorwerk/Wimmers*, GmbHR 1998, 717, 719.

[129] BGHZ 129, 136, 142 = AG 1995, 368; *Eickhoff*, Die Gesellschafterklage im GmbH-Recht, S. 115; *Winter*, Mitgliedschaftliche Treuebindung im GmbH-Recht; S. 16 f.; *Zöllner*, Die Schranken mitgliedschaftlicher Stimmrechtsmacht bei den privatrechtlichen Personenverbänden, S. 342f.; *Lutter*, AcP 180 (1980), 84, 114; *Schnorbus*, JuS 1998, 877, 879.

[130] *Schwab*, in: Schmidt/Lutter, AktG, § 243, Rn. 3.

[131] *Schwab*, in: Schmidt/Lutter, AktG, § 243, Rn. 3.

[132] BGHZ 132, 84, 93f.; OLG Stuttgart, AG 1994, 411, 413; OLG Düsseldorf, AG 2003, 578 f.; *K. Schmidt*, in: GroßKomm AktG, § 243 Rn. 42; *Henn*, Handbuch des Aktienrechts, § 27 Rn. 921; *Hüffer*, AktG, § 243 Rn. 24; *Zöllner*, in: KölnKomm AktG, § 243 Rn. 69; *Schwab*, in: Schmidt/Lutter, AktG, § 243, Rn. 4.

[133] *Schwab*, in: Schmidt/Lutter, AktG, § 243, Rn. 4.

[134] Schwab, in: Schmidt/Lutter, AktG, § 243, Rn. 4.

[135] RGZ 118, 67, 72f.; *Zöllner*, in: KölnKomm AktG, § 243 Rn. 152; *ders.*, in: Baumbach/Hueck, GmbHG, Anh § 47 Rn. 48; *Hüffer*, in: MünchKomm AktG, § 243 Rn. 68; *Schwab*, in: Schmidt/Lutter (Hrsg.), AktG, § 243 Rn. 4; *K. Schmidt*, in: GroßKomm AktG, § 243 Rn, 44; *Henn*, Handbuch des Aktienrechts, § 1 Rn. 42; *Hueck*, Der Grundsatz der

Anfechtbarkeit aus, wenn der Aktionär in seine eigene Benachteiligung eingewilligt hat.[136] Erforderlich hierfür ist aber, dass der betroffene Aktionär ausdrücklich seinen Verzichtswillen nach der Beschlussfassung gesondert erklärt.[137]

2.3 Unzulässige Verfolgung von Sondervorteilen, § 243 Abs. 2 AktG

Überdies stellt auch die Generalklausel des § 243 Abs. 2 AktG einen Inhaltsmangel dar und tritt ergänzend[138] zu § 243 Abs. 1 hinzu. Die Vorschrift normiert das unzulässige Streben nach Sondervorteilen als einen weiteren Anfechtungsgrund.[139]

2.3.1 Anfechtungsvoraussetzungen

2.3.1.1 Stimmrechtsausübung

Erforderlich für eine Anfechtung nach § 243 Abs. 2 AktG ist zunächst die Ausübung des Stimmrechts durch einen Aktionär. Wird das Stimmrecht durch einen Dritten für den Aktionär ausgeübt, so ist § 166 BGB (unmittelbar) anzuwenden.[140] Unerheblich bei der Stimmrechtsausübung durch einen Dritten ist es, wenn der für den Aktionär Abstimmende einen Sondervorteil zu erlangen versucht. Hier greift die allgemeine Regelung des § 166 Abs. 1 BGB. Darüber hinaus spielt es auch keine Rolle, ob der Aktionär den nach seinen Anweisungen abstimmenden Dritten über die mit der Abstimmung bezweckten Verfolgung eines Sondervorteils in Unkenntnis lässt, da hier die Wissenszurechnung des § 166 Abs. 2 BGB eingreift.

---

gleichmäßigen Behandlung im Privatrecht, S. 309 ff.; aA (Nichtigkeit des Beschlusses) *Berg*, Schwebend unwirksame Beschlüsse privatrechtlicher Verbände, S. 127 ff.; Fischer, JZ 1956, 362, 363.

[136] *Schwab*, in: Schmidt/Lutter, AktG, § 243, Rn. 6; *Zöllner*, in: KölnKomm AktG, § 243 Rn. 149; *Hüffer*, in: MünchKomm AktG, § 243 Rn. 68.

[137] *Hüffer*, in: MünchKomm AktG, § 243 Rn. 68; *Schwab*, in: Schmidt/Lutter (Hrsg.), AktG, § 243, Rn. 6; *Henze/Not*, in: GroßKomm AktG, § 53a Rn. 95.

[138] Die Ergänzungsfunktion des § 243 Abs. 2 AktG zu § 243 Abs. 1 AktG folgt aus dem Wortlaut „auch“; *Hüffer*, AktG, § 243 Rn. 30.

[139] Zum historischen Ursprung der Generalklausel (ausführlich) *Lehmann*, in: FS Hedemann (1938), S. 400 ff.; *Geßler*, in: FS Barz (1974), 97, 101 f.; *Hüffer*, in: FS Kropf (1997), 127, 134 ff; Überblick: *Hüffer*, § 243 Rn. 30; *ders.*, in: MünchKomm AktG, § 243 Rn. 69 ff.

[140] *Zöllner*, in: KölnKomm AktG, § 243 Rn. 222; *ders.*, Die Schranken mitgliedschaftlicher Stimmrechtsmacht, 1963, S. 297; *Hüffe*r, AktG, § 243 Rn. 33; *ders.*, in: MünchKomm AktG, § 243 Rn. 74.

2.3.1.2 Erlangung von Sondervorteilen

Das zentrale Tatbestandsmerkmal der Norm ist der Begriff des Sondervorteils, dessen Erlangung Ziel des Aktionärs bei Ausübung des Stimmrechts sein muss. Eine gesetzliche Definition des Begriffs gibt es nicht. In Rechtsprechung und Literatur durchgesetzt hat sich folgende Begriffserklärung: "Sondervorteil ist ohne Rücksicht auf die Art seiner Erlangung jedweder Vorteil, sofern es bei einer Gesamtwürdigung der Fallumstände als sachwidrige, mit den Interessen der Gesellschaft oder ihrer Aktionäre unvereinbare Bevorzugung erscheint, dem Aktionär oder einem Dritten den Vorteilserwerb zu gestatten oder den bereits vollzogenen Erwerb hinzunehmen".[141]Ein Sondervorteil wird zumeist ein Vermögensvorteil sein.[142] Ausreichend ist aber auch die Verbesserung der korporationsrechtlichen Stellung.[143] In der Gewährung oder Belassung des so erlangten Vorteils muss aber zugleich eine sachwidrige Bevorzugung liegen.[144] Die Sachwidrigkeit kann man dabei durch einen Vergleich des Bevorzugten mit allen anderen Aktionären, die sich gegenüber der AG in einer vergleichbaren Lage befinden, feststellen.[145]

2.3.1.3 Schaden der Gesellschaft oder anderer Aktionäre

Der Sondervorteil muss desweiteren zum Schaden der Gesellschaft oder der anderen Aktionäre erstrebt werden (§ 243 Abs. 2 AktG). Dabei muss der Schaden entweder tatsächlich eintreten oder zumindest die Möglichkeit seines Eintritts bestehen.[146] Eine Schädigung der Aktionärsgesamtheit ist nicht erforderlich; es genügt die Schädigung eines Teils der Aktionäre.[147]

---

[141] BGHZ 138 71, 80f. = NJW 1998, 2054; LG Stuttgart, AG 1994, 567; LG Hamburg, AG 1996, 233, 234; *Hüffer,* in: MünchKomm AktG, § 243 Rn. 75; *K. Schmidt*, in: GroßKomm AktG, § 243 Rn. 54 f.; *Semler*, in: MünchHdb. AG, § 41 Rn. 34.

[142] *Hüffer,* AktG, § 243 Rn. 35; *ders*., in: MünchKomm AktG, § 243 Rn. 76.

[143] *K. Schmidt*, in: GroßKomm AktG, § 243 Rn. 54; *Zöllner*, in: KölnKomm AktG, § 243 Rn. 215; *Hüffer,* AktG, § 243 Rn. 35; *ders*., in: MünchKomm AktG, § 243 Rn. 76.

[144] *Hüffer*, AktG, § 243 Rn. 35; *ders*., in: MünchKomm AktG, § 243 Rn. 78; *K. Schmidt*, in: GroßKomm AktG, § 243 Rn. 55;

[145] *Hüffer*, AktG, § 243 Rn. 35; *ders*.; in: MünchKomm AktG, § 243 Rn. 78; *K. Schmidt*, in: GroßKomm AktG, § 243 Rn. 55

[146] *Hüffer*, in: MünchKomm AktG, § 243 Rn. 83

[147] *Schwab*, in: Schmidt/Lutter (Hrsg.), AktG, § 243 Rn. 23.

2.3.1.4 Eignung

Schließlich muss der Beschluss überhaupt geeignet sein, der Erreichung des angestrebten Sondervorteils zumindest zu dienen, § 243 Abs. 2 S. 1 AktG. An die Eignung des Beschlusses sind indes aber keine strengen Anforderungen zu stellen.[148] Vielmehr genügt es, wenn der erstrebte Sondervorteil objektiv betrachtet eine mögliche Konsequenz des Beschlusses ist.[149]

2.3.1.5 Vorsatzerfordernis

Der Wortlaut der Norm ("zu erlangen suchte") impliziert zudem in subjektiver Hinsicht ein auf den Erwerb des Sondervorteils beschränktes Vorsatzerfordernis, in Form der Absicht (*dolus directus I. Grades*).[150] Hierfür spricht auch die vom Gesetzgeber intendierte Sittenwidrigkeit eines Beschlusses, mit dem ein Sondervorteil verfolgt wird. Sittenwidrigkeit verlangt in diesem Sinne eine zielgerichtete und planmäßige Verfolgung des Sondervorteils. Der sich aus dem Sondervorteil möglicherweise ergebende Schaden muss allerdings nicht von der Absicht umfasst sein. Hierfür genügt vielmehr der bedingte Vorsatz.[151]

2.3.2 Zweck und Bedeutung der Generalklausel des § 243 Abs. 2 AktG

Die praktische Bedeutung des § 243 Abs. 2 AktG als Anfechtungsgrund ist allerdings bisher eher gering. Dieser Umstand lässt zwar keinen Zweifel an der Notwendigkeit eines generalklauselartigen Anfechtungstatbestandes zu, insbesondere wenn man sich die im Rahmen des § 243 Abs. 1 AktG herausgebildeten Anfechtungsgründe anschaut (so z.B. die Verletzung von Treuebindungen), wohl aber an der Notwendigkeit einer anderen Fassung.[152] Die Rechtsprechung hatte beispielsweise den Fall eines Auflösungsbeschlusses, mit dessen Hilfe der Mehrheitsaktionär den Erwerb des Gesellschaftsunternehmens gegen minderwertiges Entgelt erstrebte, sowohl als Treuepflichtverstoß (§ 243 Abs. 1 AktG)

[148] *Hüffer*, in: MünchKomm AktG, § 243 Rn. 84

[149] *Hüffer*, AktG, § 243 Rn. 33; *ders*., in: MünchKomm AktG, § 243 Rn. 84.

[150] *Schwab*, in: Schmidt/Lutter (Hrsg.), AktG, § 243 Rn. 20; RegBegr. *Kropff*, S. 329; *Semler*, in: MünchHdb. AG, § 41 Rn. 34; aA *Würthwein*, in: Spindler/Stilz, AktG, § 243 Rn. 194; *Hüffer*, in: MünchKomm AktG, § 243 Rn. 85; *Zöllner*, in: KölnKomm AktG, § 243 Rn. 223.

[151] *Schwab*, in: Schmidt/Lutter, AktG, § 243 Rn. 24.

[152] *Hüffer*, § 243 Rn. 31; *ders*., in: MünchKomm AktG, § 243 Rn. 72.

als auch als unzulässige Verfolgung von Sondervorteilen (§ 243 Abs. 2 AktG) beurteilt und den Beschluss damt für anfechtbar erklärt.[153]

3. Materielle Beschlusskontrolle

Wie oben bereits geschildert, bestehen unter den Aktionären mitgliedschaftliche Treuepflichten. Für die einen Hauptversammlungsbeschluss tragende Aktionärsmehrheit konkretisiert sie sich beispielsweise in der Pflicht, nur nach den Maßstäben der Erforderlichkeit und Verhältnismäßigkeit mit einem Beschluss in die Mitgliedschaft der (in diesem Fall) Minderheit einzugreifen.[154] Für dieses aus der Treuepflicht abgeleitete Wertungsprinzip hat sich für rechtsbeeinträchtigende Mehrheitsbeschlüsse im Zusammenhang mit § 243 Abs. 1 AktG durch die Rechtsprechung zur Kontrolle der Erforderlichkeit und Verhältnismäßigkeit eines Beschlusses daher die materielle Beschlusskontrolle als inzwischen etabliertes Rechtsinstitut und weiteren Anfechtungsgrund entwickelt.[155]

Im Rahmen einer solchen Kontrolle überprüft das Gericht, ob der Eingriff in die Mitgliedschaftsrechte eine zur Erreichung oder zumindest zur Förderung des Gesellschaftszwecks geeignete, erforderliche und nicht unverhältnismäßige Beeinträchtigung der betroffenen Aktionärsrechte nach sich zieht.[156] Zustätzlich zu den bereits dargestellten Verfahrens- und inhaltlichen Anforderungen muss also ein *sachlicher Grund* für die Beschlussfassung vorliegen. Man spricht deshalb auch von einem "Sachgrunderfordernis".[157] Eine gesetzliche Grundlage hierfür findet sich nicht. Nach der Rechtsprechung fordert der Eingriff in mitgliedschaftliche Rechte aber eine entsprechende Rechtfertigung.[158] Als grundlegend für die materielle Beschlusskontrolle und damit als Durchbruch gilt

---

[153] BGH, AG 1981, 48; AG 1988, 135.

[154] *Hüffer*, § 243 Rn. 24; *ders.,* in: MünchKomm AktG, § 243 Rn. 57.

[155] *Hüffer*, § 243 Rn. 22

[156] So iE schon die Rspr. von BGHZ 71, 40, 44 f. („*Kali und Salz*"); BGHZ 83, 319, 321 f, BGHZ 120, 141, 145 f.; *Hüffer*, § 243 Rn. 24; *ders.*, in: MünchKomm AktG, § 243 Rn. 59; *K. Schmidt*, in: GroßKomm AktG, § 243 Rn. 45; *Heidel*, in: Heidel, § 243 Rn. 24; *Volhard*, in: Semler/Volhardt, ArbHdb HV; § 14 Rn. 27; *Lutter*, ZGR 1979; 401; 403 ff.; *Krieger*, ZGR 2000, 885, 887 ff.

[157] BGHZ 71, 40, 44 f.

[158] BGHZ 71, 40, 44.

hierbei die "Kali und Salz"-Entscheidung des BGH,[159] der ein ungeschriebenes Tatbestandsmerkmal in § 186 Abs. 3 AktG (Bezugsrechtsausschluss im Rahmen einer Kapitalerhöhung) einfügte. Danach soll ein Bezugsrechtsausschluss nur statthaft sein, wenn die Gesellschaft "nach vernünftigen kaufmännischen Überlegungen ein dringendes Interesse daran hat und zu erwarten ist, dass der angestrebte Zweck den Beteiligungs- und Stimmrechtsverlust der ausgeschlossenen Aktionäre überwiegt". Zwar bezieht sich diese Entscheidung nur auf den Fall der Kapitalerhöhung unter Bezugsrechtsausschluss, eine Erstreckung auf sämtliche Beschlussgegenstände wird aber teilweise vertreten.[160] Andere wiederum lehnen eine solche Erstreckung unter Hinweis auf den "unternehmerischen Freiraum", der nur eine materielle Beschlusskontrolle zulasse, die Ermessensmissbräuchen und Ungleichbehandlungen entgegenwirken soll, ab.[161] Die grundsätzliche Reichweite hat der materiellen Beschlusskontrolle hat der BGH offen gelassen und grenzt die der Beschlusskontrolle zugänglichen Entscheidungen nicht ein. Der BGH prüft vielmehr, ob die gesetzliche Grundlage eines bestimmten Hauptver-sammlungsbeschlusses eine Inhaltskontrolle überhaupt zulässt.[162]

Die Anforderungen an die materielle Beschlusskontrolle und ihre Reichweite im Rahmen von aktien- und umwandlungsrechtlichen Strukturmaßnahmen soll im Folgenden anhand der Rechtsprechungsentwicklung kurz dargestellt werden.

---

[159] BGHZ 71, 40; *Raiser/Veil*, Recht der Kapitalgesellschaften, § 20 Rn. 19. Der Vollständigkeit halber sei darauf hingewiesen, dass die rechtsgeschichtliche Entwicklung einer materiellen Beschlusskontrolle bereits vor der „Kali und Salz“-Entscheidung begann. Wesentliche Urteile hierbei sind RGZ 68, 235 („Hibernia“-Entscheidung); RGZ 132, 149 („Victoria“-Entscheidung); BGH 65, 15, 19 („ITT“-Entscheidung). Einen Überblick über die Entwicklung der materiellen Beschlusskontrolle bietet *Hüffer*, in: MünchKomm AktG, § 243 Rn. 50 f.

[160] *Bischoff*, BB 1987; 1055, 1061; *Martens*, GmbHR 1984, 265, 270; *ders.*, in: FS Rob. Fischer (1979), 437, 446; *Wiedemann*, ZGR 1980, 147, 157. Für eine Differenzierung nach der Art des Beschlussgegenstandes, aber gegen eine materielle Beschlusskontrolle *Paefgen*, Rechtsbindung, S. 111.

[161] OLG Düsseldorf, AG 2003, 578, 579 (zum Formwechsel); OLG Stuttgart, AG 2000, 229, 230 f. (keine allgemeine Konzernbildungskontrolle); *K. Schmidt*, in: GroßKomm AktG, § 243 Rn. 46; *Winter*, Mitgliedschaftliche Treubindungen, S. 135 ff, 156 ff., 163 ff.; *Timm*, ZGR 1987, 403, 421 ff.; *Lutter*, ZHR 153 (1989), 446 ff.; *ders.*, ZGR 1981 171, 177 ff.

[162] *Hüffer*, in: MünchKomm AktG, § 243 Rn. 63.

3.1 Kapitalmaßnahmen

Im Rahmen der Kapitalmaßnahmen sind insbesondere Beschlüsse, die einen Bezugsrechtsausschluss für Altaktionäre beinhalten, für die Rechte der Aktionäre bedeutend und werden daher von der Rechtsprechung einer materiellen Beschlusskontrolle unterzogen. Wie die bisherige gerichtliche Praxis gezeigt hat, waren Beschlüsse über Kapitalmaßnahmen bisher sehr anfechtungsträchtig.[163]

3.1.1 Bezugsrechtsausschluss bei regulärer Kapitalerhöhung

Einen schweren Eingriff in Aktionärsrechte stellt insbesondere der Ausschluss des Bezugsrechts im Rahmen einer Kapitalerhöhung dar. Zwar lässt ihn das Gesetz selbst in § 186 Abs. 3 AktG zu, er ist aber dennoch einer strengen rechtlichen Kontrolle zu unterziehen, wobei das Gesetz selber dabei auf Verfahrensvorschriften abstellt.[164] Die Rechtsprechung hatte sich erstmalig, wie oben bereits kurz dargestellt, in der "Kali und Salz"-Entscheidung[165] mit den Kriterien für die Überprüfung der Rechtmäßigkeit eines Bezugsrechtsausschlusses und damit der materiellen Beschlusskontrolle auseinanderzusetzen.

In dem zugrundeliegenden Fall beschloss die Hauptversammlung der Salz AG eine Kapitalerhöhung gegen Sacheinlagen um 125 Euro zu deren Bezug allein die bisherige Aktionärin Wintershall AG unter Ausschluss der übrigen Altaktionäre zugelassen wurde. Die Wintershall AG erfüllte ihre Einlageverpflichtung durch Einbringung der von ihr gehaltenen 50%igen Beteiligung an der Kali und Salz AG. Die übrigen 50% wurden von der Salz AG selber gehalten. Im Anschluss an die Kapitalerhöhung folgte dann die Verschmelzung der Kali und Salz AG auf die Salz AG, die daruf weiter selbst den Namen Kali und Salz AG führte. Nachdem die Kapitalerhöhung der Kali und Salz AG (neu) durchgeführt war, hielt die Wintershall AG 72 % an der Kali und Salz AG (neu). Der Minderheitsaktionär X erhob daraufhin Anfechtungsklage mit der Begründung, dass der Bezugsrechtsausschluss im Rahmen der Kapitalerhöhung nicht erforderlich gewesen sei, um (wie vom Vorstand der Kali und Salz AG (neu) behauptet) Existenz und Liquidität der Gesellschaft zu

---

[163] *Baums/Keinath/Gajek*, ZIP 2007, 1629, 1640; *Baums/Drinhausen/Keinath*, ZIP 2011, 2329, 2338.

[164] *Raiser/Veil*, Recht der Kapitalgesellschaften, § 20 Rn. 16 f.

[165] BGHZ 71, 40.

wahren, sondern vielmehr dazu diente, der Wintershall AG eine Mehrheitsbeteiligung an der Kali und Salz AG (neu) zu verschaffen.

Der BGH entschied in diesem Fall zunächst, dass ein Bezugsrechtsausschluss einer be-sonderen Begründung bedürfe. Die schweren Folgen eines Bezugsrechtsausschlusses können nach dieser Ansicht nicht allein von dem gesetzlichen Erfordernis einer ¾-Mehrheit (§ 186 Abs. 3 S. 2 AktG) legitimiert werden. An diese besondere Begründung seien aber umso strengere Anforderungen zu stellen, je mehr die mitgliedschaftlichen Rechte der vom Bezugsrecht ausgeschlossenen Aktionäre betroffen seien.[166] Des weiteren entschied der BGH, dass für den Fall einer Kapitalerhöhung gegen Sacheinlagen gemäß § 183 AktG nach vernünftigen kaufmännischen Erwägungen auch ein dringendes Interesse der Gesellschaft am Erwerb der Unternehmensbeteiligung (allgemein: des als Sacheinlage zu erbringenden Gegenstandes) bestehen müsse. Der für die Gesellschaft durch die Kapitalerhöhung entstehende Vorteil müsse auch den von der Kapitalerhöhung ausgeschlossenen Aktionären zugute kommen und so deren durch die Verwässerung der Anteile entstehende schwerwiegenden Eingriff in ihre Mitglied-schaftsrechte aufwiegen können.[167]

Zusammenfassend lässt sich der durch die "Kali und Salz"-Entscheidung entwickelte Prüfungsmaßstab für die materielle Beschlusskontrolle beim Bezugsrechtsausschluss im Rahmen einer Kapitalerhöhung wie folgt festhalten: (1) Der Bezugsrechtsauschluss muss durch berechtigte Gesellschaftsinteressen gedeckt sowie überdies geeignet und erforderlich zur Erreichung dieser Gesellschaftsinteressen sein. (2) Die Maßnahme muss außerdem verhältnismäßig sein.

3.1.2 Bezugsrechtsausschluss im Rahmen der Ausnutzung genehmigten Kapitals

Wie bereits teilweise in der Literatur ganz allgemein für sämtliche Grundlagenentscheidungen gefordert, übertrug der BGH seine in der "Kali und Salz"-Entscheidung entwickelten Grundsätze in der "Holzmann"-Entscheidung[168] auch auf den Fall eines Bezugsrechtsausschlusses beim genehmigten

[166] BGHZ 71, 40, 44.
[167] BGHZ 71, 40, 44; zur Urteilsanalyse *Lutter*, ZGR 1979, 401, 403 ff.
[168] BGHZ 83, 319, 323.

Kapital nach §§ 203 Abs. 1 S. 1, 186 Abs. 1 S. 1 AktG.[169] Der BGH wählte hier aber ein etwas abgestuftes System. Ist danach im Zeitpunkt der Beschlussfassung der Hauptversammlung zum genehmigten Kapital noch kein konkreter Zweck in Aussicht, darf das Bezugsrecht weder durch die Hauptversammlung selbst ausgeschlossen werden, noch darf der Vorstand zu einem solchen Ausschluss ermächtigt werden (sog. Vorratsbeschlüsse). Ist hingegen durch den Vorstand bereits eine bestimmte Maßnahmen anvisiert, deren Durchführung aller Voraussicht nach einen Bezugsrechtsausschluss erforderlich macht, ist eine Ermächtigung zum Bezugsrechtsausschluss zwar möglich, es ist aber darzulegen, dass ein Bezugsrechtsausschluss sich innerhalb der Ermächtigungsfrist als notwendig und vertretbar im Hinblick auf die Interessen der vom Bezugsrecht ausgeschlossenen Altaktionäre erweist. Der Vorstandsbericht (§§ 186 Abs. 4 S. 2, 203 Abs. 2 S. 2 AktG) musste nach dieser Rechtsprechung den Grund für den Bezugsrechtsausschluss also bereits im Zeitpunkt der Beschlussfassung hinreichend konkret erläutern.[170]

Diese strengen Anforderungen bewirkten aber gerade das Gegenteil der vom Gesetzgeber mit dem genehmigten Kapital bezweckten Flexibilität der Unternehmen, um am Markt Chancen rasch und erfolgreich wahrnehmen zu können.[171] Der BGH gab daher seine Rechtsprechung aus der "Holzmann"-Entscheidung mit seinem Urteil "Siemens/Nold"[172] wieder auf. Die "Siemens/ Nold"-Rechtsprechung des BGH läutete einen Richtungswechsel ein. In dem zugrundeliegenden Fall hatte die Hauptversammlung der beklagten AG den Vorstand ermächtigt, das Grundkapital um einen bestimmten Betrag sowohl um Bareinlagen (genehmigtes Kapital I) als auch gegen Sacheinlagen (genehmigtes Kapital II) zu erhöhen. Für letzteres schloss sie das Bezugsrecht der Aktionäre aus. In seinem Bericht führte der Vorstand aus: "Die beantragte Ermächtigung

---

[169] Zur Anwendung dieser Grundsätze bei der Ausnutzung de genehmigten Kapitals einer GmbG (§ 55 a GmbHG) *Schnorbus/Donner*, NZG 2009, 1241 ff.

[170] BGHZ 83, 319, 325; *Henze*, in: FS Hadding (2004), 409, 413; *Reiser/Veil*, Recht der Kapitalgesellschaften (4. Aufl. 2006) , § 20 Rn. 42.

[171] *Veil*, in: Schmidt/Lutter (Hrsg.), AktG, § 202 Rn. 2.

[172] BGHZ 136, 133. Es sei darauf hingewiesen, dass diesem Urteil ein Vorlagenbeschluss des BGH an den EuGH vorausging, in dem der BGH um Überprüfung der Vereinbarkeit seiner Rechtsrechung zur Inhaltskontrolle von Kapitalerhöhungsbeschlüssen mit der Kapitalrichtlinie der EG voraus ging (BGH, AG 1995, 227). Der EuGH bestätigte die Vereinbarkeit (EuGH AG 1997, 36). *Raiser/Veil*, Recht der Kapitalgesellschaften, § 20 Rn. 40 mit Fn. 63.

zur Ausgabe des genehmigten Kapitals II [...] soll den Vorstand erneut in die Lage versetzen, ohne Beanspruchung der Börse eigene Aktien der Gesellschaft zur Verfügung zu haben. Die Ausnutzung des erbetenen genehmigten Kapitals II soll auf zwei Fälle beschränkt werden. Zunächst sollen die Aktien den Arbeitnehmern wie in den vergangenen Jahren angeboten werden können. Ferner soll die Gesellschaft die Möglichkeit haben, in geeigneten Einzelfällen Beteiligungen gegen Überlassung von Stammaktien der S-AG erwerben zu können. Ihm trägt der vorgeschlagene Ausschluss des Bezugsrechts der Aktionäre Rechnung. " Ein Aktionär erhob daraufhin Anfechtungsklage gegen beide Beschlüsse.

In seiner Entscheidung formulierte der BGH nunmehr eine neue Konzeption für den Be-zugsrechtsausschluss beim genehmigten Kapital. Nicht mehr erforderlich soll sein, dass der direkte Ausschlusses des Bezugsrechts oder die Erteilung der Ermächtigung zum Bezugsrechtsausschluss im Zeitpunkt der Beschlussfassung durch die Hauptversammlung bereits sachlich gerechtfertigt ist. Vielmehr soll eine allgemeine und ab-strakte Umschreibung des Vorhabens im Vorstandsbericht ausreichen, wenn diese erkennen lässt, der Bezugsrechtsausschluss (oder die Ermächtigung des Vorstands dazu) im wohlverstandenen Interesse der Gesellschaft liegt. Dazu soll genügen, dass der Vor-stand mit dem genehmigten Kapital bezweckt, dass "die Gesellschaft die Möglichkeit haben [soll], in geeigneten Einzelfällen Beteiligungen gegen Überlassung von [Aktien] erwerben zu können".[173] Die Vorratsermächtigung wurde damit also wieder legitimiert.

Bestätigt hat der BGH seine neue Linie durch die "Mangusta/Commerzbank"-Entscheidungen.[174] In dem zugrunde liegenden Sachverhalt stand die Ausnutzung eines genehmigten Kapitals durch den Vorstand der Commerzbank mit Zustimmung des Aufsichtsrats einschließlich der Ermächtigung zum Ausschluss des Bezugsrechts zur Überprüfung. Im Rahmen der ersten Kapitalerhöhung, die gegen Bareinlage erfolgte, wurde die Volksfürsorge Deutsche Lebensversicherung AG (mittelbar zum Genrali Konzern gehörend) zur Zeichnung zugelassen. Der Ausgabepreis wurde dabei aus dem Durchschnittskurs der fünf vorangegangenen Börsentage errechnet und lag mit 36,82 Euro über dem Börsenkurs am

[173] BGHZ 136, 133, 134.
[174] BGH, NZG 2006, 18 und BGH, NZG 2006, 20.

Tag des Ausnutzungsbeschlusses (dieser lag bei 35,05 Euro). Im Rahmen einer zweiten Kapitalerhöhung, die allerdings gegen Sacheinlagen erfolgte, wurde sodann die Generali S.p.A zur Zeichnung zugelassen. Sie brachte Anteile an der Spanischen Banco Santander Central Hispano (BSCH) ein. Gemeinsam machten die beiden Kapitalerhöhungen ca. 5,1% des Grundkapitals der Commerzbank aus. Gegen diese Maßnahmen richtete sich eine ganze Reihe von Verfahren. Nach dem erfolglosen Versuch, die Eintragung der Kapitalmaßnahmen zu verhindern, rügte die klagende Aktionärin Mangusta Beteiligungs-Gesellschaft mbH insbesondere, dass ein schriftlicher Vorstandsbericht im Vorfeld der Maßnahmen fehlte. In seiner Begründung verwies der BGH aber ausdrücklich auf die in der "Siemens/Nold"-Rechtsprechung entwickelten Grundsätze. Der Hauptversammlung sei erst *nach* Durchführung der Maßnahme ein detaillierter Bericht zu erstatten, d.h. also in der Regel auf der nächsten ordentlichen Hauptversammlung. Eine Vorabberichterstattung sei damit nicht erforderlich.[175]

3.1.3 Kapitalherabsetzung

Auch hinsichtlich des Hauptversammlungsbeschlusses über eine Kapitalherabsetzung stellt sich die Frage, ob dieser Beschluss einer besonderen Rechtfertigung bedarf und damit der materiellen Beschlusskontrolle unterliegt. Der BGH hat zu dieser Frage in seiner "Sachsenmilch"-Entscheidung[176] Stellung genommen. In der zugrundeliegenden Entscheidung griffen die Kläger den Kapitalherabsetzungsbeschluss in der Insolvenz mit Begründung an, er sei sachlich nicht gerechtfertigt. Der Senat entschied, dass ein Hauptversammlungsbeschluss über die Herabsetzung des Grundkapitals keiner gesonderten sachlichen Rechtfertigung bedarf, da sich diese bereits aus der gesetzlichen Regelung ergebe, die gerade auf einer Abwägung der Aktionärsinteressen mit den Interessen der Gesellschaft an der Kapitalherabsetzung beruhe.[177] Diese Aussage betrifft sowohl den Fall der Herabsetzung des Grundkapitals auf den Mindestnennbetrag als auch den Fall der bloßen Nennbetragsherabsetzung. Ein Eingriff in Mitgliedschaftsrechte scheide hierbei aus, da insofern das Beteiligungsverhältnis unberührt bleibe und den Minderheitsaktionären keine wirt-

[175] BGHZ 164, 241 ("Mangusta/Commerzbank I").
[176] BGHZ 138, 71, 81 = NJW 1998, 2054 ff ("Sachsenmilch").
[177] BGH, NJW 1998, 2054; *Raiser/Veil*, Recht der Kapitalgesellschaften, § 21 Rn. 7.

schaftlichen Nachteile drohten.[178] Das Rechtfertigungserfordernis entfalle aber zum anderen auch dann, wenn das Grundkapital durch Zusammenlegung von Aktien herabgesetzt werde. Im Zuge der Kapitalherabsetzung kam es im diskutierten Fall nämlich dazu, dass bei Aktionären mit geringerem Aktienbesitz teilweise der auf die einzelne Namens- oder Inhaberaktie entfallende Betrag unterhalb des nach § 8 Abs. 2 S. 1 AktG vorgeschriebenen Mindestbetrages sank, sodass nach § 222 Abs. 4 S. 2 AktG eine Zusammenlegung der Aktien hätte erfolgen müssen. Verfügten die Aktionäre aber nicht über einen entsprechenden Aktienbesitz, verblieben ihnen nur noch Teilbeträge, sog. "Spitzen". Ihre Beteiligungsquote hätten sie daher nur durch Zukauf von Aktien wahren können. Andernfalls wäre eine Veräußerung des Teilrechts notwendig und der Verlust der Aktionärsstellung die Folge.[179] Der BGH entschied, dass es keine sachwidrige Bevorzugung von Aktionären mit größerem Aktienbestand i.S.v. § 243 Abs. 2 AktG darstelle, wenn der Umfang der Kapitalherabsetzung dazu führe, dass Aktionären mit geringerem Aktienbestand nur "Spitzen" verbleiben.[180] Auch hier rechtfertige sich der Eingriff in die Mitgliedschaft bereits aus dem gesetzlich vorgesehenen abgestuften Verfahren des § 222 Abs. 4 AktG, das eine Abwägung zwischen den Belangen der Gesellschaft und denen der Kleinaktionäre beinhalte und deshalb keiner Rechtfertigung mehr bedürfe.[181] Diese Ansicht ist aber bedenklich, da hierdurch Aktionäre praktisch aus der Gesellschaft gedrängt werden können.[182]

Ein weiteres für die Grundsätze der materiellen Beschlusskontrolle wesentliches Urteil erging im Fall "Hilgers",[183] in dem ebenfalls der Beschluss über eine Kapitalherabsetzung, allerdings in Verbindung mit einer gleichzeitigen Kapitalerhöhung, zur Entscheidung stand. Hier urteilte der Senat, dass in einem solchen Fall die Treuepflicht dem Mehrheitsaktionär gebiete, möglichst vielen Aktionären den Verbleib in der Gesellschaft zu ermöglichen. Daher bestehe eine

---

[178] BGHZ 138, 71, 75 = AG 1198, 284 („Sachsenmilch"); zustimmend *Hüffer*, AktG, § 222 Rn. 14; *Veil*, in: Schmidt/Lutter (Hrsg.), AktG, § 222 Rn. 19; aA *Natterer*, AG 2001, 629, 633.

[179] *Veil*, in: Schmidt/Lutter (Hrsg.), AktG, § 222 Rn. 19.

[180] BGH, NJW 1998, 2054.

[181] BGH, NJW 1998, 2054, 255f.

[182] *Sethe*, in: GroßKomm AktG, § 222 Rn. 29.

[183] BGH, AG 1999, 517.

Pflicht, den Nennwert der neuen Aktien auf den gesetzlich festgelegten Mindestbetrag festzulegen, um das Entstehen unverhältnismäßig hoher Spitze zu vermeiden. Sollte dennoch durch Satzung oder Hauptversammlungsbeschluss ein höherer Nennwert festgesetzt werden, habe die Gesellschaft hierfür sachliche Gründe vorzutragen.[184]

3.2 Umwandlungsrechtliche Strukturmaßnahmen

Noch nicht abschließend geklärt ist, ob auch umwandlungsrechtliche Strukturmaßnahmen einer materiellen Beschlusskontrolle unterliegen oder nicht. Diese Frage wurde vom Gesetzgeber bisher auch bewusst offengelassen.[185] Einer Ansicht nach zufolge sollen solche Grundlagenbeschlüsse generell einer materiellen Beschlusskontrolle unterzogen werden.[186] Die herrschende Meinung geht aber davon aus, dass umwandlungsrechtliche Grundlagenentscheidungen keiner sachlichen Rechtfertigung bedürfen, weil und soweit das Gesetz sie bereits selber zulässt.[187]

Der letztgenannten Ansicht ist beizupflichten. Zwar stellen umwandlungsrechtliche Strukturmaßnahmen ebenfalls Grundlagenentscheidungen dar, die der Treuepflicht unterliegen, das UmwG selbst bietet aber bereits ein umfassendes System zum Minderheitenschutz (namentlich durch Zustimmungsvorbehalte, Informationsrechte und den Vermögensschutz). Ausnahmen müssen aber gelten, soweit es sich um Fallgestaltungen handelt, die sich der Sicht des Gesetzgebers beispielsweise entzogen haben. Danach kann eine materielle Beschlusskontrolle angezeigt sein, wenn eine Verschmelzung zur Abhängigkeit von Unternehmen führt.[188]

---

[184] BGHZ 142, 167, 170 („Hilgers“).

[185] RegE § 13 UmwG und § 193 UmwG, abgedruckt bei *Ganske*, Umwandlungsrecht, 61, 216; *Hüffer*, AktG, § 243 Rn. 26; *Hommelhoff*, ZGR 1990, 447, 461; *ders.*, ZGR 1993, 452, 458; *Lutte*r, ZGR 1990, 393, 414; *Raiser/Veil*, Recht der Kapitalgesellschaften, § 46 Rn. 70. Auch das am 15 Juli 2011 in Kraft getretene Dritte Gesetz zur Änderung des Umwandlungsgesetzes (BGBl. I 2011/35, S. 1338 – 1340) bezieht dazu nicht Stellung.

[186] *Wiedemann*, ZGR 1980, 147 156f.; *Martens*, in: FS Rob. Fischer (1979), S. 437, 446.

[187] OLG Frankfurt, ZIP 2006, 370, 372 („T-Online/Deutsche Telekom AG“); OLG Düsseldorf, AG 2003, 578, 579 (Formwechsel); *Raiser/Veil*, Recht der Kapitalgesellschaften, § 46 Rn. 70; *Hüffer*, AktG, § 243 Rn. 27 mwN.

[188] Zur materiellrechtlichen Kontrolle bei einer abhängigkeitsbegründenden Maßnahme BGHZ 80, 69; *Raiser/Veil*, Recht der Kapitalgesellschaften, § 46 Rn. 70 mit weiteren Beispielen.

3.3 Andere Strukturmaßnahmen

3.3.1 Auflösungsbeschlüsse

Auflösungsbeschlüsse nach den §§ 262, 263 AktG bedürfen nach der Rechtsprechung keiner gesonderten sachlichen Rechtfertigung.[189] Der Gesellschaftszweck der AG richtet sich mit dem Auflösungsbeschluss auf die Abwicklung der Gesellschaft. Der Beschluss trägt also die sachliche Rechtfertigung bereits in sich.[190] Zur Begründung wird auch angeführt, dass die Gesellschaft, die von ihren Mitgliedern gegründet wird, von diesen auch wieder beendet werden könne.[191] In Betracht kann aber die Verletzung der Treuepflicht kommen, wenn der Auflösungsbeschluss zum Ausschluss von Minderheiten gebraucht wird.[192]

3.3.2 Squeeze-out-Beschlüsse

Ein Beschluss nach § 327a AktG, durch den ein Hauptaktionär mit einem Anteilsbesitz von mindestens 95 % der Anteile die Übertragung der restlichen Aktien von den Minderheitsaktionären gegen Barabfindung verlangt (sog. Squeeze Out), unterliegt ebenfalls nicht der materiellen Beschlusskontrolle. Der potentielle Konflikt zwischen dem Haupt – und dem Minderheitsaktionär stellt nach der gesetzgeberischen Wertung für sich genommen bereits einen sachlichen Grund für die Beschlussfassung dar und bedarf daher keiner weiteren Kontrolle des Beschlusses hinsichtlich seiner Zweckmäßigkeit, Erforderlichkeit und Verhältnismäßigkeit im engeren Sinne.[193] Den dennoch erforderlichen

---

[189] BGHZ 76, 352, 353 = NJW 1980, 1278 (zur GmbH); BGHZ 103, 184, 190 = NJW 1988, 1579.

[190] BVerfG, AG 2001, 42, 44; BGHZ 76, 352, 357; BGHZ 103, 184, 189 ff.; BayObLG, AG 1999, 185, 187; OLG Stuttgart, AG 1994, 411; OLG Düsseldorf, AG 1994; 228.

[191] *Schwab*, in: Schmidt/Lutter (Hrsg.), AktG, § 243 Rn. 13.

[192] So entschieden für die Auflösung durch den Mehrheitsaktionär, um das Unternehmen selbst zu erwerben, RGZ 107, 202, 204 ff.; BGHZ 76, 352, 355 ff.; BGH, AG 1988, 135; *Schwab*, in: Schmidt/Lutter (Hrsg.), AktG, § 243 Rn. 13 m.w.N.

[193] BGH, BB 2006, 2543ff.; LG Frankfurt, AG 2005, 545, 546; LG Stuttgart, DB 2005, 327, 328; OLG Düsseldorf , AG 2004, 207, 209 („Edscha AG"); OLG Köln, BB 2003, 2307; *Schnorbus*, in: Schmidt/Lutter, AktG, § 327 f, Rn. 12; *Habersack*, in: Emmerich/Habersack, Aktien- und GmbH Konzernrecht, § 327a Rn. 26; *Kort*, ZIP 2006, 1519, 1520; *Bungert*, BB 2006, 2761f.; *Sellmann*, WM 2003, 1545, 1549; *E. Vetter*, AG 2002, 176, 186; *Sieger/Hasselbach*, ZGR 2002, 120, 143; *Angerer*, BKR 2002, 260, 266; *Grunewald*, ZIP 2002, 18; *Fleischer*, ZGR 2002, 757, 784 f.

Minderheitenschutz realisiert das Gesetz mit der Möglichkeit der Überprüfung des Barausgleichs im Spruchverfahren nach § 327 f AktG.[194]

3.4 Ausnahmen von und Grenzen der materiellen Beschlusskontrolle

Wie sich nunmehr bereits aus dem vorhergehend Geschilderten ergeben hat, ist eine materielle Beschlusskontrolle, nicht in jedem Fall geboten. Wie bereits oben ausgeführt, soll die materielle Beschlusskontrolle entfallen, wenn dem Gesetz der Eingriff in eine mitgliedschaftliche Rechtsposition selbst immanent ist, ohne dafür eine Rechtfertigung vorzusehen.[195] Darüber hinaus entfällt die materielle Beschlusskontrolle, wenn die gesetzlich vorgesehene Eingriffsmöglichkeit in Mitgliedschaftsrechte als normative Abwägung gegen die Interessen der Minderheitsaktionäre verstanden werden muss.[196] Neben diesen aus dem Gesetz folgenden Ausnahmen ist aber weiterhin auch beispielsweise anerkannt, dass bei Satzungsänderungen, die keine der genannten Strukturmaßnahmen sind, keine materielle Beschlusskontrolle stattzufinden hat.[197]

Als Grenze der materiellen Beschlusskontrolle ist auch das unternehmerische Ermessen der Hauptversammlung anerkannt.[198] Die Abgrenzung eines solchen Ermessensspielraums ist freilich schwierig. Jedenfalls für die bereits durch die Rechtsprechung weitestgehend entschiedenen Fälle von Grundlagenbeschlüssen über aktien- wie umwandlungsrechtliche Strukturmaßnahmen wird man eine materielle Beschlusskontrolle mit der Rechtsprechung ablehnen müssen.[199] Gerade hier übt die Hauptversammlung ihren Ermessensspielraum aus. Die Rechtfertigung und damit der Wegfall der materiellen Beschlusskontrolle folgt

---

[194] BGH, BB 2006, 2543; *Hüffer*, AktG, § 327a Rn. 9, 11.

[195] BGHZ 103, 184, 190; BGHZ 76, 352, 353; *Hüffer*, § 243 Rn. 24; *ders.*, in MünchKomm AktG, § 243 Rn. 57; *Heinrich*, Die Abwehr des Missbrauchs der Anfechtungsklage, S. 39 m.w.N.

[196] BGHZ 103, 184, 190; BGHZ 76, 352, 353; *Hüffer*, AktG, § 243 Rn. 24; *ders.*, in: MünchKomm AktG, § 243 Rn. 57; *K. Schmidt*, in: GroßKomm AktG, § 243 Rn. 46.

[197] *Hüffer*, AktG, § 243 Rn. 25 ff.

[198] BGH, AG 2003, 273, 274 („Macrotron", wonach der Beschluss zum Delisting im Ermessen der Hauptver-sammlung steht). Dazu *K. Schmidt*, NZG 2003, 601 ff. Zur generellen Anerkennung des Bestehens eines solchen Ermessens BGHZ 70, 117, 123; *Henze*, in: FS Hadding (2004), 409, 424; *Semler*, in: FS Ulmer (2003), 627, 631.

[199] BGH, AG 2003, 273; BGHZ 120, 141 f.; BGHZ 103, 184; OLG Köln, AG 2004, 39; OLG Düsseldorf, AG 2004, 207; OLG Frankfurt, AG 2003, 574, 575; OLG München, AG 2001, 364.

hier aber schon aus dem Beschluss an sich. Für das Delisting hat der BGH allerdings ausdrücklich auf eine Ermessensentscheidung der Hauptversammlung verwiesen.[200]

3.5 Zusammenfassung

Die materielle Beschlusskontrolle ist ein durch die Rechtsprechung etabliertes Rechtsinstitut, das zum Schutze der Minderheitsaktionäre eine aus der Treuepflicht abgeleitete Sachgrundprüfung von Grundlagenbeschlüssen der Hauptversammlung vornimmt. Voraussetzung ist allerdings, dass der jeweilige Beschluss einen schwerwiegenden Eingriff in die mitgliedschaftlichen Rechte der Aktionäre zur Folge hat. Im Rahmen der materiellen Beschlusskontrolle werden die Geeignetheit, Erforderlichkeit und Verhältnismäßigkeit des Beschlusses überprüft. Insbesondere unterliegt der Bezugsrechtsausschluss im Rahmen von Kapitalmaßnahmen der inhaltlichen Überprüfung. Eine Überprüfung entfällt jedoch, wenn beispielsweise das Gesetz bereits selbst eine Interessenabwägung vornimmt, der Beschluss an sich also die Rechtfertigung bereits in sich trägt.

Nach einer früher deutlich weiteren Handhabung der Sachgrundprüfung[201] hat die Rechtsprechung ihren Anwendungsbereich mittlerweile deutlich eingeschränkt.[202] Ob die materielle Beschlusskontrolle überhaupt (noch) eine Berechtigung hat, erscheint fraglich, ist aber gerade mit Blick auf den prominentesten Anwendungsfall des Bezugsrechtsausschlusses wohl noch zu bejahen. Zwar ist es insofern richtig, dass sich der Bezugsrechtsausschluss hinsichtlich seiner Eingriffsqualität nicht von denjenigen Maßnahmen unterscheidet, von denen gerade angenommen wird, dass sie ihre Rechtfertigung gerade schon im Gesetz

[200] BGH, AG 2003, 273 („Macrotron“). Die „Macrotron“-Rechtsprechung des BGH befindet sich derzeit zur Prüfung vor dem BVerfG. Die Verfassungsbeschwerde 1 BvR 3142/07 wendet sich gegen die gesetzlich nicht geregelten aber mit der Rechtsprechung angeordneten Belastungen der Exit-Abfindung in langjährigen gerichtlichen Spruchverfahren. Eine mündliche Verhandlung hierzu fand am 10. Januar 2012 statt (Pressemitteilung des BGH, abzurufen unter http://www.bundesgerichtshof.de). Es bleibt abzuwarten, ob sich das Urteil des BVerfG auf die Rechtsprechung des BGH auswirken und vielleicht sogar die materielle Beschlusskontrolle tangieren wird.

[201] So z.B. noch BGHZ 83, 319 („Holzmann“).

[202] Einen Überblick bietet *Henze*, in: FS Hadding (2004), 409 ff.

finden.[203] Jedoch unterscheidet sich dieser Eingriff dadurch, dass hinter ihm nur ein unbefriedigender gesetzlicher Schutz steht. Minderheitsaktionäre werden vor den Auswirkungen eines Bezugsrechtsausschusses zum einen nur durch Verfahrensvorschriften (§ 186 AktG) und zum anderen durch das Anfechtungsrecht des § 255 Abs. 2 AktG geschützt, das sich aber nur auf vermögensrechtliche Nachteile bezieht. Von einer Einschränkung des Ermessensspielraums der Gesellschaft durch die Rechtsprechung[204] kann insofern keine Rede sein, als die Voraussetzungen für eine sachliche Rechtfertigung mittlerweile erheblich abgesenkt sind und vom Grundsatz her nur Maßstäbe enthalten, die einer verantwortungsvollen Unternehmensführung entsprechen.

D. Prozessuales

Verstößt ein Beschluss der Hauptversammlung aufgrund der soeben dargelegten Mängel gegen das Gesetz oder die Satzung, so ist er rechtswidrig. Anders als bei den Nichtigkeitsgründen des § 241 AktG tritt durch die Anfechtbarkeit aber nur ein zeitlich begrenzter Schwebezustand ein.[205] Der Beschluss kann binnen der Monatsfrist des § 246 Abs. 1 AktG angefochten werden und im Falle einer erfolgreich erhobenen Klage *ex tunc* für nichtig erklärt werden. Es bedarf mithin also einer konstitutiven rechtlichen Gestaltung. Umgekehrt bleibt der Beschluss nach fruchtlosem Ablauf der Anfechtungsfrist zwar materiell rechtswidrig, im Ergebnis aber bleibt er dennoch bestehen, die Maßnahme kann mithin wirksam werden.[206]

I. Frist zur Anfechtung, § 246 Abs. 1 AktG

1. Allgemeines

Beschlussmängel, die nicht gemäß § 241 AktG zur Nichtigkeit des Hauptversammlungsbeschlusses führen, bedürfen, wie soeben geschildert, nicht nur der Geltendmachung mittels Anfechtungsklage, sondern auch der Einhaltung einer Frist nach § 246 Abs. 1 AktG. Sie beträgt einen Monat und dient der

[203] *Heinrich*, Die Abwehr des Missbrauchs der Anfechtungsklage, S. 49; *Mülbert*, Aktiengesellschaft, S. 324.

[204] *Heinrich*, Die Abwehr des Missbrauchs der Anfechtungsklage, S. 49.

[205] *Hüffer*, in: MünchKomm AktG, § 243 Rn. 116.

[206] *Hüffer*, in: MünchKomm AktG, § 243 Rn. 116; *Schwab*, in: Schmidt/Lutter (Hrsg.), AktG, § 243 Rn. 1.

Rechtssicherheit.[207] Die Frist ist zwingend und kann deshalb nicht durch Satzung (§ 23 Abs. 5 AktG) oder durch Vereinbarung der Prozessparteien verlängert oder gar verkürzt werden.[208] Sie ist zudem materielle Ausschlussfrist (Präklusionsfrist): das Recht des Klägers, den Beschluss wegen eines Anfechtungsgrundes für nichtig erklären zu lassen, entfällt mit dem Ablauf der Anfechtungsfrist kraft Gesetzes endgültig und ist deshalb im Prozess von Amts wegen zu berücksichtigen.[209] Die Anfechtungsfrist begründet im Gegensatz zur Verjährung also auch keine Einrede. Ebenso gibt es keine Hemmung (§§ 203 ff. BGB) oder Unterbrechung der Frist sowie eine Wiedereinsetzung (§§ 233 ff. ZPO) in den vorherigen Stand.[210]

2. Fristbeginn und Fristlauf

Fristbeginn ist der Tag der Hauptversammlung, in welcher der Beschluss gefasst wurde.[211] Bei einer mehrtägigen Hauptversammlung entscheidet deren letzter Tag über den Fristbeginn.[212] Gemäß § 187 Abs. 1 BGB wird bei der Fristberechnung der Tag der (Beendigung der) Hauptversammlung nicht mitgezählt. Der Fristablauf richtet sich sodann nach § 188 Abs. 2 BGB. Danach endet die Frist mit Ablauf desjenigen Tages, der im Folgemonat durch seine Benennung oder seine Zahl dem (letzten) Tag der Hauptversammlung entspricht. Fehlt dieses Datum im Folgemonat, greift § 188 Abs. 3 BGB: die Frist läuft dann mit dem Ende des Monats ab. Fällt hingegen der letzte Tag auf einen Samstag, Sonntag oder einen gesetzlichen Feiertag, läuft die Frist gemäß § 193 BGB erst mit dem nächsten Werktag ab.

3. Fristwahrung

Die Frist wird gemäß § 246 Abs. 1 AktG bei rechtzeitiger Einreichung der Klageschrift gewahrt, wenn die Zustellung derselben demnächst erfolgt und sie

---

[207] *K. Schmidt,* in: GroßKomm AktG, § 246, Rn. 12; *Hüffer*, AktG, § 246 Rn. 20 f.;

[208] *Hüffer*, AktG, § 246 Rn. 20.

[209] RGZ 125, 143, 155; RG JW 1929, 1367; BGH, DB 1998, 1708, 1709; OLG Düsseldorf, DB 2001, 2087, 2087; OLG Stuttgart, AG 1994, 411, 412; *Schwab,* in: Schmidt/Lutter (Hrsg.), AktG, § 246 Rn. 4 m.w.N.

[210] RGZ 125, 143, 155; 158, 137, 140; BGH, NJW 1952, 98; *K. Schmidt,* in: GroßKomm AktG, § 246, Rn. 13; *Raiser/Veil*, Recht der Kapitalgesellschaften, § 16 Rn. 125.

[211] *Schwab*, in: Schmidt/Lutter (Hrsg.), AktG, § 246 Rn. 6.

[212] *Hüffer*, in: MünchKomm AktG, § 246 Rn. 36; *Dörr*, in: Spindler/Stilz, AktG, § 246 Rn. 14.

den auf Nichtigkeit gerichteten Antrag enthält (§ 270 Abs. 3 ZPO).[213] Ausreichend ist die Klage vor einem unzuständigen Gericht.[214] Das unzuständige Gericht kann nämlich im Fall der örtlichen oder sachlichen Unzuständigkeit die Sache gemäß § 281 Abs. 1 ZPO an das zuständige Gericht verweisen. Die Zustellung der Klageschrift an die beklagte Gesellschaft erfolgt trozdem und bringt somit das Prozessrechtsverhältnis zum Entstehen.

Nicht ausreichend ist hingegen die bloße Klageerhebung ohne Darlegung der Anfechtungsgründe innerhalb der Monatsfrist. Nachgeschobene Anfechtungsgründe bleiben nach ständiger Rechtsprechung unbeachtet.[215] Sie müssen deshalb vielmehr innerhalb der Frist zumindest in ihrem wesentlichen Tatsachenkern dargelegt werden.[216] Der Rechtsschutz gegen fehlerhafte Beschlüsse wird hierdurch nicht geschmälert, da nur der Vortrag eines völlig neuen Lebenssachverhalts ausgeschlossen wird. Dagegen wird ein Rückgriff auf bisher nicht vorgetragene Rechtsgründe oder ergänzende Tatsachenvorträge durch Substantiierung und Detaillierung nicht verhindert. Bloße Rechtsgründe brauchen nämlich vom Kläger gar nicht vorgetragen zu werden und können deshalb auch nicht verspätet vorgebracht werden. Werden aber Tatsachen nicht einmal im Ansatz dargelegt, können sie nach Ablauf der Frist auch nicht mehr vorgetragen werden. Dies gilt insbesondere mit Blick auf den Sinn und Zweck der Verfristung, nämlich Rechtssicherheit zu schaffen.

Fraglich ist, ob die Beantragung von Prozesskostenhilfe zur Wahrung der Anfechtungsfrist ausreichen kann. Dies soll nach bisheriger herrschender Meinung nicht der Fall sein, was allerdings auch unter Vertretern dieser

---

[213] LG Frankfurt, AG 1992, 235; *K. Schmidt,* in: GroßKomm AktG, § 246, Rn. 17; *Hüffer*, AktG, § 246 Rn. 23.

[214] *Zöllner*, in KölnKomm, AktG, § 246 Rn. 59; *K. Schmidt,* in: GroßKomm AktG, § 246, Rn. 18, *Hüffer*, AktG, § 246 Rn. 24.

[215] BGHZ 120, 141, 157; BGH AG 1995, 83; *Hüffer*, AktG, § 246 Rn. 26.

[216] RGZ 91, 316, 323; RGZ 125, 143, 156; RGZ 131, 192, 195f.; RG JW 1935, 2361; BGHZ 15, 177, 180f. = NJW 1960, 1447; BGH NJW 1966, 2055; BGH NJW 1987, 780; BGHZ 120, 141, 156f. = NJW 1993, 400; BGH NJW 1995, 260, 261; OLG Köln, AG 1963, 162; LG Stuttgart, AG 1994, 567, 568; *Hüffer,* MünchKomm AktG, § 246 Rn. 41; *K. Schmidt,* in: GroßKomm AktG, § 246, Rn. 22 ff.; *Semler*, in: MünchHdb. AG, § 41 Rn. 75; *Raiser/Veil*, Recht der Kapitalgesellschaften, § 16 Rn. 125.

Auffassung als rechtspolitisch unbefriedigend angesehen wird.[217] Für die GmbH entspricht es dagegen inzwichen der herrschenden Literatur, dass der Antrag auf Prozesskostenhilfe zur Fristwahrung genügt, wenn diese zu einer Klageerhebung führt.[218] Für die Aktiengesellschaft wird teilweise versucht, dieses Ergebnis über eine analoge Anwendung des § 206 BGB (Verjährungshemmung durch höhere Gewalt)[219] oder der §§ 233 ff. ZPO (Wiedereinsetzung)[220] zu erreichen. Vorzugswürdig erscheint jedoch eine teleologisch und verfassungskonform zu begründende Fortbildung des § 246 Abs. 1 AktG iVm § 167 ZPO, wie von *K. Schmidt* entwickelt.[221] Eine Zustellung der Klageschrift nach Fristablauf genügt, wenn sie nach Bewilligung der fristgerecht unter Einreichung der Klageschrift beantragten Prozesskostenhilfe oder im Versagungsfall innerhalb einer aus § 234 Abs. 1 ZPO abgeleiteten Zweiwochenfrist erfolgt.[222]

II. Darlegungs- und Beweislast

Mangels spezieller gesetzlicher Regelung in den §§ 243 ff. AktG gilt hinsichtlich der Verteilung der Darlegungs- und Beweislast die allgemeine Normentheorie, nach der jede Partei die Tatsachen zu behaupten und zu beweisen hat, die von den ihr günstigen Normen vorausgesetzt werden.[223] Für den klagenden Aktionär bedeutet dies, dass er seine Aktionärseingenschaft sowie seinen Widerspruch gegen den Hauptversammlungsbeschluss wie auch die Beschlussfassung und die tatsächlichen Voraussetzungen der Gesetzes- oder Satzungverletzung bzw. der Verfolgung von Sondervorteilen durch den Be-

---

[217] *K. Schmidt,* in: GroßKomm AktG, § 246, Rn. 12; *Hüffer*, AktG, § 246 Rn. 20f.; *Semler*, in: MünchHdb. AG, § 41 Rn. 70; *Boesebeck*, AG 1966, 303.

[218] *Baumbach/Hueck/Zöllner*, GmbHG, Anh § 47 Rn. 79b; *Raiser*, in: Hachenburg, GmbHG, Anh § 47 Rn. 183 (Prozesskostenhilfegesuch steht der Klageerhebung gleich); *K. Schmidt*, in: Scholz, GmbHG, § 45 Rn. 145 aE.

[219] OLG Frankfurt, NJW 1966, 383 m. Anm. *Lüke.*

[220] *Lüke*, NJW 1966, 839.

[221] *K. Schmidt*, in: GroßKomm AktG, § 246 Rn. 21; so auch *Hüffer*, AktG, § 246 Rn. 25.

[222] Ausführlich *K. Schmidt*, in: GroßKomm AktG, § 246 Rn. 21.

[223] OLG München, AG 2003, 452, 453; *Happ*, in: FS K.Schmidt (2009), 545, 557; *Rosenberg/SchwabGottwald*, Zivilprozessrecht, § 115 Rn. 9.; *Hüffer*, AktG, § 243 Rn. 59; *ders.*, in: MünchKomm AktG, § 243 Rn. 134; *Weber/Kersjes*, Hauptversammlungsbeschlüsse vor Gericht, § 1 Rn. 566.

schluss darlegen muss.[224] Bei Fehlern des Beschlussverfahrens ist unter Zugrundelegung der Relevanztheorie der ursächliche Zusammenhang vom klagenden Aktionär nur im Hinblick auf die fehlerhafte Feststellung des Abstimmungergebnisses darzulegen und zu beweisen. Die beklagte AG wiederum hat darzulegen und zu beweisen, dass die fehlerhafte Beschlussfeststellung gerade keine Bedeutung für das Ergebnis hatte (echte Beweislastumkehr).[225] Andere Möglichkeiten für eine Beweislastumkehr sind bisher nicht bestätigt. Mit dem Prinzip der Tatsachennähe und allgemein mit der Beweisverteilung kann man aber in Einzelfällen Beweislerleichterungen schaffen.[226] So sind zumindest Erleichterungen der Darlegungs- und Beweislast des Klägers anerkannt, wenn er seine Ausführungen auf Umstände stützt, die ihm unzugänglich sind, da sie in der Sphäre der Gesellschaft liegen.[227]

Bei inhaltlichen Mängeln des Hauptversammlungsbeschlusses hat der Kläger hingegen die Tatsachen darzulegen und zu beweisen, aus denen sich die Verletzung der streitigen Gesetzes- oder Satzungsnorm ergibt, soweit es sich dabei nicht um reine Rechtsfragen handelt.[228] Im Rahmen einer Verletzung des Gleichbehandlungsgebotes aus § 53a AktG hat der Kläger dabei aber nur die Tatsachen darzulegen und zu beweisen, aus denen sich die Ungleichbehandlung ergibt. Die beklagte Gesellschaft hat, wenn sie sich rechtfertigen will, Tatsachen darzulegen und zu Beweisen, die eine eventuelle Ungleichbehandlung rechtfertigen.[229]

---

[224] OLG München, AG 2003, 452, 453 (behauptete Nichtzuleitung des Abhängigkeitsberichts an den Aufsichtsrat); *Hüffer*, AktG, § 243 Rn. 60; *ders.*, in: MünchKomm AktG, § 243 Rn. 157; *Zöllner*, in: KölnKomm AktG, § 243 Rn. 107.

[225] *K. Schmidt*, in: GroßKomm AktG, § 243 Rn. 81; *Hüffer*, AktG, § 243 Rn. 61.

[226] *Hüffer*, AktG, § 243 Rn. 62; *ders.*, in: MünchKomm AktG, § 243 Rn. 136 ff., 162; *Zöllner*, in: KölnKomm AktG, § 243 Rn. 105 ff; *K. Schmidt*, in: GroßKomm AktG, § 243 Rn. 81; *Ulmer/Raiser*, GmbHG, Anh § 47 Rn. 247.

[227] BGH, NJW 1978, 1316; *Weber/Kersjes*, Hauptversammlungsbeschlüsse vor Gericht, § 1 Rn. 567.

[228] *Hüffer*, in: FS Fleck (1988, 151, 163f.); *ders.*, in: MünchKomm AktG, § 243 Rn. 139; *ders.*, AktG, § 243 Rn. 63.

[229] *K. Schmidt*, in: GroßKomm AktG, § 243 Rn. 82; *Hüffer*, AktG, § 243 Rn. 63.

Die Beweislastverteilung nach der allgemeinen Normentheorie gebietet es schließlich auch, die Darlegungs- und Beweislast für eine missbräuchlich erhobene Anfechtungsklage der beklagten Gesellschaft als eine für sie günstige Tatsache aufzuerlegen.[230]

III. Urteilswirkung

Wird die Anfechtungsklage durch ein streitiges Urteil beendet, richtet sich dessen Wirkung nach § 248 AktG. Im Gegensatz zu der im "normalen" Zivilprozess herbeigeführten *inter partes* Wirkung des Endurteils,[231] wirkt das Urteil eines aktienrechtlichen Anfechtungsprozesses für und gegen *alle* Aktionäre (*inter omnes*, § 248 Abs. 1 AktG). Über seinen Wortlaut hinaus entfaltet § 248 Abs. 1 AktG aber auch Wirkung für und gegen Dritte. Damit haben auch gesellschaftsfremde Personen die Nichtigerklärung eines Hauptversammlungsbeschlusses zu beachten.[232] Wird der Klage stattgegeben, so bewirkt das Urteil eine Umgestaltung der materiellen Rechtslage. Der angefochtene Hauptversammlungsbeschluss wird mit Eintritt der formellen Rechtskraft nichtig und seine Rechtswirkungen werden beseitigt.[233] Die Beseitigung der Rechtswirkungen erfolgt aber nicht mit Wirkung für die Zukunft, sondern der Beschluss wird als von Anfang an nichtig behandelt (*ex tunc*).[234] Die Rückwirkung des Urteils resultiert aus der von Anfang an bestehenden Rechtswidrigkeit des Beschlusses.[235] Wird Klage mit dem Urteil abgewiesen, entfällt die *inter omnes*-Wirkung hingegen.

E. Registerrechtliche Folgen

Registerrechtliche Folgen ergeben sich bei tatsächlicher Erhebung der Anfechtungsklage und zwar in Abhängigkeit davon, ob es sich bei dem angefochtenen

---

[230] OLG Stuttgart, AG 2004, 271, 273; OLG Nürnberg, AG 2007, 295, 296; *Weber/Kersjes*, Hauptversammlungsbeschlüsse vor Gericht, § 1 Rn. 62.

[231] *Rosenberg/Schwab/Gottwald*, Zivilprozessrecht, § 156 Rn. 1.

[232] *Hüffer*, AktG, § 248, Rn. 5, 13 f.; Zöllner, in: KölnKomm AktG, § 248 Rn. 16; *Weber/Kersjes*, Hauptversammlungsbeschlüsse vor Gericht, § 1 Rn. 580; *Vetter*, in: AG 2008, 177, 181, der die inter-omnes-Wirkung kritisiert.

[233] *Hüffer*, AktG, § 246 Rn. 8; *K. Schmidt*, in: GroßKomm AktG, § 241 Rn.69; *Weber/Kersjes*, Hauptversammlungsbeschlüsse vor Gericht, § 1 Rn. 579.

[234] *Hüffer*, AktG, § 248 Rn. 6; *Reichold*, in: Thomas/Putzo, ZPO, Vorbem. zu § 253 Rn. 6; *Weber/Kersjes*, Hauptversammlungsbeschlüsse vor Gericht, § 1 Rn. 579.

[235] *K. Schmidt*, in: GroßKomm AktG, § 248 Rn. 5.

Beschluss um einen solchen eintragungsbedürftigen oder einen nicht-eintragungsbedürftigen handelt. Bedarf ein Hauptversammlungsbeschluss zu seiner Wirksamkeit nämlich der Eintragung in das Handelsregister, so bei den hier thematisierten Grundlagenbeschlüssen wie den Kapitalmaßnahmen gemäß §§ 184, 195, 202 Abs. 2, 207, 223, 229 Abs. 3, 237 Abs. 2 S. 1 AktG, der Auflösung bzw. Fortführung der Gesellschaft nach §§ 263, 274 Abs. 3 AktG, Unterehmensverträge gemäß §§ 294, 295 AktG, den Eingliederungsmaßnahmen nach §§ 319 Abs. 4, 320 Abs. 1 S. 3, 327 Abs. 3 AktG, dem Squeeze-out nach § 327e Abs. 1 S. 1 AktG, den Umwandlungen nach §§ 16, 36 Abs. 1, 129, 137, 198 UmwG, aber auch bei Satzungsänderungen nach § 181 Abs. 1 S. 1 AktG oder der Sitzverlegung nach § 45 AktG, wird der Registerrichter die Eintragung regelmäßig nicht vornehmen, wenn Anfechtungsklage erhoben wurde oder erhoben werden könnte. Bei Beschlüssen, die eine Negativerklärung erfordern resultiert das Eintragungshindernis aus einer gesetzlich verhängten Registersperre (so bei §§ 319 Abs. 5, 320 Abs. 1 S. 3, 327e Abs. 2 AktG und § 16 Abs. 2 UmwG). In den übrigen Fällen der eintragungsbe-dürftigen Beschlüsse wird der Registerrichter die Eintragung nach pflichtgemäßem Ermessen aussetzen (dazu sogleich). Die Erhebung der Anfechtungsklage entfaltet damit eine Art "Hebelwirkung",[236] die den Dreh- und Angelpunkt für die Entstehung des Klagegewerbes bildet.

I. Negativerklärung nicht erforderlich

1. Anmeldung ohne anhängige Anfechtungsklage

Wird ein eintragungsbedürftiger Beschluss, der keiner Negativerklärung des Vorstands vor dem Registergericht bedarf, vor Ablauf der Monatsfrist der Anfechtungsklage zum Handelsregister angemeldet, hat der Registerrichter zunächst den Fristablauf abzuwarten.[237] Zwar findet hier eine zeitliche Verzögerung der Eintragung statt, die in der Regel über eine Aussetzung des Eintragungsverfahrens erzielt wird (§§ 21 Abs. 1, 381 FamFG, früher: § 127

[236] *Baums*, Aktionärsklagerechte, F 152; Jahn, BB 2005, 6 („Verhinderungs- und Blockadehebel").

[237] *Hüffer*, AktG, § 243 Rn. 52; BGHZ 112, 9; aA *K. Schmidt*, in: GroßKomm AktG, § 243 Rn. 72, der zwar die Möglichkeit der Aussetzung annimmt, aber von einem Zuwarten bis zum Fristablauf absieht, wenn die Prüfung des Registerrichters ergibt, dass es keine hinreichenden Aussichten auf Erfolg im Anfechtungsverfahren gibt.

FGG), um so eine voreilige Eintragung zu vermeiden.[238] Eine wesentliche Benachteiligung der Gesellschaft besteht hierdurch aber noch nicht.[239] Die Prüfungspflicht des Registerrichters umfasst dabei grundsätzlich nur die Überprüfung der formellen und materiellen Eintragungsvoraussetzungen. Letzteres be-inhaltet die Überprüfung des Beschlusses auf Nichtigkeitsgründe im Sinne des § 241 AktG. Das Vorliegen von Anfechtungsgründen prüft er hingegen nicht.[240] Nach fruchtlosem Verstreichen der Frist wird der Registerrichter die Maßnahme eintragen. Der Hauptversammlungsbeschluss wird damit wirksam (konstitutive Wirkung der Eintragung).

2. Anmeldung trotz erhobener Anfechtungsklage, aber ohne rechtskräftiges Urteil

Im Falle der fristgerechten Erhebung einer Anfechtungsklage hat der Registerrichter auch hier die Möglichkeit, über die Aussetzung des Verfahrens nach pflichtgemäßem Ermessen zu entscheiden (§§ 21, 381 FamFG), bis ein rechtskräftiges Urteil im Anfechtungsprozess ergangen ist.[241] Da die Dauer der meisten Anfechtungsprozesse aber ungewiss ist, hat der Registerrichter bei seiner Abwägung das Interesse der Gesellschaft an einer alsbaldingen Eintragung zu berücksichtigen.[242] In der Praxis wird aber trotz eines dringenden Interesses der Gesellschaft die Eintragung regelmäßig nicht erfolgen, wenn die Prüfung des Registerrichters ergibt, dass die Erfolgsaussichten der Klage nicht hinreichend zuverlässig beurteilt werden können.[243] Es entsteht eine sogenannte *faktische Registersperre*.[244] Zwar hindert auch eine erhobene Anfechtungsklage grundsätzlich nicht die Eintragung (anders als bei den Beschlüssen, die einer

---

238 *Seibt*, in: Schmidt/Lutter (Hrsg.), AktG, § 181 Rn. 26; *Hüffer*, AktG, § 243 Rn. 52; *ders.*, in: MünchKomm AktG, § 243 Rn. 125.

239 *Hüffer*, AktG, § 243 Rn. 52; *ders.*, in: MünchKomm AktG, § 243 Rn. 125.

240 *Veil*, in: Schmidt/Lutter (Hrsg.), AktG, § 184 Rn. 10.

241 *Hüffer*, AktG, § 243 Rn. 53; *ders.*, in: MünchKomm AktG, § 243 Rn. 126; *K. Schmidt*, in: GroßKomm AktG, § 243 Rn. 72; *Zöllner*, in: KölnKomm AktG, § 243 Rn. 38; *Weber/Kersjes*, Hauptversammlungsbeschlüsse vor Gericht, § 1 Rn. 554.

242 *Hüffer*, AktG, § 243 Rn. 52.

243 *Winter*, in: FS Ulmer (2003), 699, 701; *Hüffer*, AktG, § 243 Rn. 53; *ders.*, in: MünchKomm AktG, § 243 Rn. 126.

244 *Emmerich*, in: Emmerich/Habersack, Aktien- und GmbH-Konzernrecht, § 294 AktG Rn. 21 (zur Eintragung eines Unternehmensvertrags); *Hüffer*, AktG, § 243 Rn. 53; *ders.*, in: MünchKomm AktG, § 243 Rn. 126.

Negativerklärung des Vorstands bedürfen, dazu sogleich),[245] die Eintragung eines bereits angefochtenen Beschlusses bleibt in praxi aber dennoch die Ausnahme, um mögliche Nachteile aus dem Vollzug der Maßnahme von den Aktionären und der Gesellschaft abzuwenden.[246] Damit geht freilich die Gefahr einher, dass eine womöglich für die Gesellschaft überlebensnotwendige Strukturmaßnahme mangels Eintragung nicht zu Entstehung gelangen kann. Die hieraus resultierenden möglichen wirtschaftlichen Schäden können ein erhebliches Ausmaß entfalten.

3. Rechtskräftiges Urteil

Die grundsätzliche Entscheidungsfreiheit des Registerrichters findet ihre Grenzen, sobald ein rechtskräftiges Gestaltungsurteil im Anfechtungsprozess ergangen ist.[247] Eine erfolgreiche Anfechtungsklage macht den Hauptversammlungsbeschluss *ex tunc* nichtig. Nichtige Beschlüsse, sind vom Registerrichter zurückzuweisen.[248] Wird die Klagen dagegen rechtskräftig abgewiesen, liegt keine gestaltende Urteilswirkung vor, der Registerrichter kann daher eintragen, er kann aber theoretisch auch noch immer selbständig über die (Nicht-) Eintragung entscheiden.[249]

II. Erforderlichkeit einer Negativerklärung

Für den Fall der Eingliederung (§§ 319 Abs. 5 S. 2, 320 Abs. 1 S. 3 AktG), des Squeeze-out (§§ 327e Abs. 2, 319 Abs. 5 S. 2 AktG) und der Verschmelzung (§ 16 Abs. 2 UmwG) hat der Vorstand bei der Anmeldung des Beschlusses zum Handelsregister zu erklären, daß eine Klage gegen die Wirksamkeit eines Hauptversammlungsbeschlusses *nicht* oder *nicht fristgemäß* erhoben oder eine solche Klage rechtskräftig abgewiesen oder zurückgenommen worden ist (sog. Negativerklärung, §§ 319 Abs. 5, 320 Abs. 1 S. 3, 327e Abs. 2 AktG, §§ 16 Abs. 2, 176 Abs. 1 UmwG); hierüber hat der Vorstand dem Registergericht auch bei Klage-

---

[245] BGHZ 112, 9 = NJW 1990, 2747; 122, 211, 222 = NJW 1993, 1976, 1979; *K. Schmidt*, in: GroßKomm AktG, § 243 Rn. 72

[246] *Hüffer*, AktG, § 243 Rn. 53; *Schissl,* in: Gesellschaftsrecht in der Diskussion (1999), S. 63; *Winter*, in: FS Happ (2006), 363, 367; *ders.,* in: FS Ulmer (2003), 699, 701; *Schütz*, NZG 2005, 5.

[247] *Hüffer*, in: GroßKomm HGB, § 16 Rn. 6f. mwN.

[248] *Hüffer*, AktG, § 241 Rn. 35.

[249] *Hüffer*, AktG, § 243 Rn. 55.

erhebung nach der Anmeldung Mitteilung zu machen. Liegt die Erklärung nicht vor, so darf der entsprechende Beschluss nicht eingetragen werden,[250] es sei denn, daß die klageberechtigten Aktionäre durch notariell beurkundete Verzichtserklärung auf die Klage gegen die Wirksamkeit des Hauptversammlungsbeschlusses verzichten. Bei Fehlen der Negativerklärung in den einzureichenden Unterlagen wird das Registergericht die Erklärung per Zwischenverfügung nachfordern und die Anmeldung als zur Zeit unzulässig zurückweisen, wenn sie endgültig nicht beigebracht werden kann.[251] Es handelt sich in diesen Fällen um eine gesetzliche Registersperre.

III. Registersperre als Missbrauchshebel

Die soeben beschriebene gesetzliche bzw. faktische Registersperre, die aus der Erhebung der Anfechtungsklage resultiert, bildet den Hebel, der das Missbrauchsszenario überhaupt erst in Gang setzt. Dem Aktionär, der eine Anfechtungsklage erhebt, wird mit der Registersperre eine Möglichkeit an die Hand gegeben, einen Hauptversammlungsbeschluss zu blockieren. Dies kann vor allem in Bezug auf aktien- und umwandlungsrechtliche Strukturmaßnahmen, die zumeist für die Gesellschaft von enormer Bedeutung sind, zu einem hohen Lästigkeitswert führen. Häufig steht dabei die Gesellschaft nämlich unter enormem Druck im Hinblick auf die Durchführung der Maßnahme. Die mit der Betreibung eines Prozesses über mehrere Instanzen verbundene Dauer kann bereits dazu führen, dass eine Strukturmaßnahme nicht mehr umsetzungsfähig ist, da sich unter Umständen die tatsächlichen Gegebenheiten über die Zeit hin verändert haben. Die hieraus möglicherweise entstehenden finanziellen Verluste sind zumeist so hoch, dass die Gesellschaft den Anfechtungsprozess vorzugsweise durch Zahlung einer Vergleichssumme beendet.

Der Lästigkeitswert einer zu Unrecht, das heißt ohne tatsächlich bestehenden Anfechtungsgrund im Sinne von § 243 AktG, erhobenen Anfechtungsklage kann

[250] *Hüffer*, AktG, § 319 Rn. 15; *Zöllner*, in: KölnKomm AktG, § 243 Rn. 40; *Weber/Kersjes*, Hauptversammlungsbeschlüsse vor Gericht, § 1 Rn. 553.

[251] BGHZ 112, 9, 13 = NJW 1990, 2747; *K. Schmidt*, in: GroßKomm AktG,§ 243 Rn. 73; *Hüffer*, AktG, § 243 Rn. 57; *ders.*, in: MünchKomm AktG, § 243 Rn. 131; *Zöllner*, in: KölnKomm AktG, § 243 Rn. 40; *Brandner/Bergmann*, in: FS Bezzenberger (2000), 59, 61f.; aA *Volhard,* AG 1998, 397, 401.

unter Umständen sogar noch höher sein.[252] So hat sich seit den 1980er Jahren ein Klagegewerbe entwickelt, das Anfechtungsklagen schikanös erhebt, um die Registersperre dafür auszunutzen, von den Gesellschaften hohe Vergleichszahlungen für die Rücknahme der Klage zu erhalten.[253]

Abhilfe sollte durch das mit dem UMAG eingeführte und mit dem ARUG nochmals modifizierte Freigabeverfahren nach § 246a AktG geschaffen werden (dazu unten ausführlich unter § 4 B V), das zuvor bereits für die Fälle der §§ 319 Abs. 6 AktG, 16 Abs. 3 UmwG nutzbar war. für die Gesellschaft nur möglich, mittels Beschwerde gegen die Aussetzungsverfügung vorzugehen.[254]

E. Zusammenfassung

Nachdem zuvor dargestellten zeichnet sich in Bezug auf ds Anfechtungsrecht der Aktionäre das folgende Bild: Ihrem Zweck nach hat die Anfechtungsklage eine Doppelfunktion: vornehmlich dient sie der Rechtmäßigkeitskontrolle, daneben aber auch dem Individualschutz. Das AktG liefert ein ausdifferenziertes System von Nichtigkeits- und Anfechtungsgründen. Angefochten werden kann ein Beschluss unabhängig vom Anteilsbesitz und ohne besonderes Rechtsschutzinteresse des Klägers. Die Anfechtungsklage ist Gestaltungsklage, gerichtet auf die Nichtigkeitserklärung und Kassation des rechtswidrigen Beschlusses. Ihre Erhebung bewirkt eine Registersperre.

§ 3 Der Missbrauch des Anfechtungsrechts durch "räuberische Aktionäre"

Der Begriff des *„räuberischen Aktionärs“* ist in der juristischen wie der wirtschaftlichen Literatur und Presse ein mittlerweile geläufiger und zu Weilen ein mit einem gewissen Reizpotenzial belegter Begriff. Er bezeichnet im Grundsatz solche Aktionäre, die sich mittels Kleinstbeteiligungen an Aktiengesellschaften das aus der Mitgliedschaft resultierende Recht der Beschlussmängelkontrolle erkaufen und sodann entgegen deren eigentlichem Sinn und Zweck (Rechtmäßig-

[252] *Kiethe*, NZG 2004, 489, 490 m.w.N.

[253] *Baums/Vogel/Tacheva*, ZIP 2000, 1649, 1650; *Kiethe*, NZG 2004, 489 m.w.N.

[254] *Krafka*, in: MünchKomm HGB, § 8 Rn. 80 f.; *Winkler*, in: Keidel/Kuntze/Winkler, FGG Kommentar, § 127 Rn. 44.

keitskontrolle von Hauptversammlungsbeschlüssen und Individualschutz; dazu näher§ 3 B I) Hauptversammlungsbeschlüsse mit Anfechtungsklagen einzig mit dem Ziel angreifen, sich den aus der Registersperre resultierenden Lästigkeitswert solcher Anfechtungsklagen von der betroffenen Aktiengesellschaft abkaufen zu lassen.[255] Die Motivation für ein solches Vorgehen ist also einzig finanzieller Natur und nicht – wie vom Gesetzgeber bezweckt[256] – ideeller Natur. Denn der Vorstand einer von Anfechtungsklagen bedrohten Aktiengesellschaft wird die Nachteile für die Gesellschaft, die aus der Anfechtungsklage selbst oder der aus ihr resultierenden Registersperre, zu vermeiden versuchen oder versuchen, den Schaden zumindest gering zu halten, wenn der Beschluss zu seiner Wirksamkeit der Eintragung in das Handelsregister bedarf. Der Weg hierzu besteht meist in der Zahlung einer geldwerten Leistung, um bereits die Klageerhebung zu vermeiden oder sie zumindest vergleichsweise zu beenden. Ausgangspunkt der Betrachtung ist dabei aber auch die Hauptversammlung selbst, deren Durchführung bestimmt wird durch eine hohe Formalisierung, die schon denknotwendig eine gewisse Fehleranfälligkeit impliziert. So zeigen auch die bisher zu den Anfechtungsprozessen durchgeführten Studien, dass insbesondere Verfahrensfehler in den Ranglisten der Anfechtungsgründe eine führende Position einnehmen.[257]

Diese Fehler werden von den Klägern aber nicht etwa „geduldig" abgewartet. Sie werden vielmehr teilweise selbst von ihnen provoziert.[258] So kam es nicht selten vor, dass Aktionäre das ihnen zustehende Rede- und Fragerecht überstrapazierten, um so bei einem Abbruch durch den Versammlungsleiter wegen Verletzung des Rede- und Fragerechts den Beschluss anfechten zu können. Diese Situation wurde vor dem UMAG durch die zu dieser Zeit herrschende Ansicht begünstigt, dass eine zeitliche Beschränkung des Rederechts nicht auch die Beschränkung des Fragerechts nach sich ziehen dürfe.[259] Zur gängigen Praxis der

---

[255] *Hüffer,* AktG, § 245 Rn. 22

[256] Zum Zweck des Anfechtungsrechts oben § 3 B.

[257] *Baums/Keinath/Gajek*, ZIP 2007, 1629, 1640; *Baums/Drinhausen/Keinath*, ZIP 2011, 2329, 2339

[258] *Schiessl*, in: Gesellschaftsrecht in der Diskussion (1999), S. 59; *Ek*, Hauptversammlung, S. 163 Rn. 610; *Göz/Holzborn*, in: WM 2006, 157, 160; *Hemeling*, AG 2004, 262 („zähes Frage/Antwort-Spiel zwischen einer kleinen Gruppe von Aktionären und der Verwaltung").

[259] BGHZ 44, 245, 252; *Zöllner*, in: KölnKomm AktG, § 119 Rn. 84; *Kubis*, in: MünchKomm AktG, § 119 Rn. 159; *Schaaf*, ZIP 1997, 1324, 1327; *Grüner*, NZG 2000, 770, 775.

Anfechtungkläger gehört es beispielsweise aber auch bereits im Vorfeld der Hauptversammlung umfangreiche Fragenkataloge bei der Gesellschaft einzureichen, um durch ausufernde Fragen den Vorstand zu Informationsfehlern zu verleiten, um so den Anfechtungsgrund der fehlerhaften oder unvollständigen Informationserteilung nutzen zu können.

Was genau den Missbrauch des Anfechtungsrechts ausmacht, wie sich eine Aktionärsgattung von Berufsklägern aufgrund der historischen Gesetzesentwicklung überhaupt entwickeln konnte und welche Maßnahmen der Gesetzgeber ergriffen hat, um dem Missbrauch Einhalt zu gebieten, soll im Folgenden erörtert werden.

A. Der Missbrauchstatbestand

Die Anfechtungsbefugnis ist ein aus der Mitgliedschaft in der Aktiengesellschaft resultierendes Recht.[260] Kann es dann überhaupt missbräuchlich gebraucht werden? Die Antwort hierauf findet sich schon im allgemeinen Zivilrecht: dort ist anerkannt, dass die Ausübung eines bestimmten Rechts im Einzelfall treuwidrig und folglich unzulässig sein kann, wobei zwischen einem individuellen und einem institutionellen Rechtsmissbrauch unterschieden wird.[261] So ist auch im Aktienrecht die Möglichkeit einer missbräuchlichen Erhebung der Anfechtungsklage nach allgemeiner Ansicht mittlerweile anerkannt.[262] Die früher teilweise vertretene Ansicht, dass die Anfechtungsklage aufgrund ihrer Kontrollfunktion gar nicht missbraucht werden kann, weil sie unabhängig von den Motiven des Aktionärs ist, gilt mittlerweile als überholt.[263]

Was genau qualifiziert aber die Anfechtung eines Hauptversammlungsbeschlusses als rechtsmissbräuchlich? Die Unzulässigkeit der Rechtsausübung ergibt sich nach dem Grundgedanken von Treu und Glauben aus einem rücksichtslosen und

---

260 § 245 Nr. 1 AktG.

261 *Grüneberg*, in: Palandt/Heinrichs, BGB, § 242 Rn. 40.

262 RGZ 146, 385, 395 f.; BGHZ 33, 175, 186 f.; 36, 121, 136 ff.; 107, 296, 308 ff; 112, 9, 30; BGH NJW, 1990, 322; BGH, AG 1991, 102, 104; BGH, AG 1992, 448; BGH, NJW 1992, 569; *K. Schmidt*, in: GroßKomm AktG, § 245 Rn. 49; *Hüffer,* in: MünchKomm AktG, § 245 Rn. 47; *ders*., AktG, § 245 Rn. 23; *Hirte*,BB 1988, 1471.

263 So vertreten von *Schilling*, in: GroßKomm AktG, 3. Aufl., § 243 Rn. Anm. 25; Mestmäcker, Verwaltung, S. 14; *Bokelmann*, BB 1972, 733, 736 f.

eigennützigen[264] oder gar widersprüchlichen[265] Handeln. Aber schon diese Aussage zeigt, dass eine genaue Definition des Rechtsmissbrauchs gar nicht möglich ist. Im Gegenteil lassen sich nur Eckpfeiler für die Bestimmung der Rechtsmissbräuchlichkeit finden, da hinter der Ausnutzung eines bestimmten Rechts immer subjektive Beweggründe stehen, die im Fall der Missbräuchlichkeit nur schwerlich verallgemeinert werden können und vielmehr von Fall zu Fall variieren. Anknüpfungspunkt ist jedenfalls die Zweckentfremdung des Anfechtungsrechts.[266] Aber auch hier können keine verallgemeinernden Aussagen getroffen werden und so haben sich auch in Bezug auf Bestimmung der Missbräuchlichkeit bei aktienrechtlichen Anfechtungsklagen Fallgruppen herausgebildet, die es im Folgenden zu beleuchten gilt.

I. Individueller oder institutioneller Rechtsmissbrauch?

Bei der Qualifizierung der Klageerhebung als missbräuchlich ist zunächst wie auch nach allgemeinen zivilrechtlichen Grundsätzen zwischen dem individuellen und dem institutionellen Missbrauch des Anfechtungsrechts zu unterscheiden. Ein individueller Missbrauch liegt vor, wenn ein Rechtsinstitut zwar seinem Zweck entsprechend angewandt wird, nach der inneren Gesinnung des Rechtsanwenders aber mit zivilrechtlichen Grundsätzen unvereinbar und daher zu missbilligen ist.[267] Der institutionelle Rechtsmissbrauch ist dagegen durch eine dem Zweck des Rechtsinstituts zuwiderlaufende Anwendung desselben gekennzeichnet.[268] Der BGH hat in seiner „Kochs-Adler"-Entscheidung für die Bestimmung des Rechtsmissbrauchs zwar die Kontrollfunktion der Anfechtungsklage betont, aber aufgrund des durch die Dispositionsbefugnis des Klägers ihr zusätzlich anhängenden individuellen Charakters die Möglichkeit einer eigensüchtige Interessenverfolgung im Sinne eines individuellen Missbrauchs

---

264 BGH, WM 1967, 643, 645; 1971, 824, 826; BGHZ 58, 146, 147 f.; *Hohloch*, in: Erman, BGB, § 242 Rn. 105 ff.

265 BGH, WM 1980, 341 m.w.N.; BGH, NJW 1992, 834; *Heinrichs*, in: Palandt/Heinrichs, BGB, § 242 Rn. 55, 57.

266 OLG Stuttgart, AG 2003, 456, 457; *K. Schmidt*, in: Hopt/Wiedemann, § 245, Rn. 53; *ders.*, in: GroßKomm AktG, § 245 Rn. 53; *Hirte*, BB 1988, 1469, 1472; *Kiethe*, NZG 2004, 489, 491.

267 *Looschelders*, in: Staudinger BGB, § 242 Rn. 218.

268 *Grüneberg*, in: Palandt/Heinrichs, BGB, § 242 Rn. 40; *Looschelders*, in: Staudinger BGB, § 242 Rn. 218.

bejaht.[269] Dem ist die herrschende Meinung in der Literatur gefolgt und hat den institutionellen Missbrauch des Anfechtungsrechts unter Hinweis auf dessen Kontrollfunktion abgelehnt.[270] Dennoch könne die Funktion der Rechtmäßigkeitskontrolle der Anfechtungsklage nicht dazu führen, dass ein Rechtsmissbrauch desselben gänzlich ausgeschlossen sein soll. Dort wo die Eigeninitiative des Aktionärs die Rechtmäßigkeitskontrolle des Handelns der AG und damit das öffentliche Interesse wahren soll, müssen die Grenzen beachtet werden, die dieser privaten Initiative gezogen sind.[271] Dabei geht die herrschende Literatur allerdings von einem engen Zusammenhang von individuellem und institutionellem Charakter der Anfechtungsklage aus. Sie schließt zwar einerseits einen institutionellen Rechtsmissbrauch aus. Spricht aber andererseits von „Zweckentfremdung" und „Funktionswidrigkeit". So hat beispielsweise *K. Schmidt* die Bedeutung der Rechtmäßigkeitskontrolle als fremdnützigem Ziel der Anfechtungsklage für die Missbrauchsqualifikation betont. Der Einsatz der Klage entgegen ihrer Kontrollfunktion begründe den Missbrauchseinwand, der ein individueller sei. [272]

Ein institutioneller Rechtsmissbrauch der Anfechtungsklage ist nach dem zuvor Gesagten folglich ausgeschlossen und wird mit dem nach hier vertretenen Verständnis von der Doppelfunktion der Anfechtungsklage auch abgelehnt. Der Zweck der Beschlusskonrolle wird objektiv mit jeder Anfechtungsklage erreicht, unabhängig davon, ob sie altruistisch oder missbräuchlich erhoben wird. Die Rechtsmissbräuchlichkeit kann daher nur aus einer subjektiven Gesinnung des Klägers herrühren. Dass diese Gesinnung die Zweckentfremdung des Rechtsinstituts umfassen kann, führt aber nicht zur Bejahung eines institutionellen Rechtsmissbrauchs. Vielmehr ist die Ausnutzung des eigentlichen Zwecks der Anfechtungsklage zur Erreichung weiterer, nicht mit ihr zu vereinbarender Zwecke das Resultat einer höchstpersönlichen Betätigung und damit einer subjektiven Gesinnung, sodass nur ein individueller Rechtsmissbrauch der Anfech-

---

[269] BGH, NJW 1989, 2689, 2691 f. („Kochs-Adler").

[270] *Hüffer*, AktG, § 245, Rn. 2; *ders.*, in: MünchKomm AktG, § 245 Rn. 50 ff.; *K. Schmidt*, in: GroßKomm AktG, § 245 Rn. 53; *Lutter*, in: Festschrift 40 Jahre DB, 193, 209; *Boujong*, in: FS Kellermann, 1, 6; *Diekgräf*, Sonderzahlungen, S. 46 f; *Mack*, Anfechtbarkeit, S. 139 ff.; *Wallenhorst*, Schranken, S. 87f.; *Wardenbach*, ZGR 1992, 563, 564.

[271] *Hüffer*, in: Geßler/Hefermehl/Eckardt/Kropf, AktG, § 245 Rn. 50.

[272] *K. Schmidt*, in: GroßKomm AktG, § 245 Rn. 50.

tungsklage möglich ist. Ein anderes Ergebnis ließe sich nur vertreten, wenn man einen rein individuellen Schutzzweck der Anfechtungsklage anerkennen würde. Der Zweck der Anfechtungsklage bestünde dann in der Beseitigung einer individuellen Rechtsverletzung. Dies würde aber auch zu dem abstrusen Ergebnis führen, dass der Kläger, der einen Beschluss ohne eigene Rechtsverletzung überprüfen ließe, missbräuchlich handelte, unabhängig davon, dass das Urteil einen möglicherweise rechtswidrigen Beschluss beseitigen würde.

II. Subjektive Merkmale

Um eine Zweckentfremdung des Anfechtungsrechts feststellen zu können, werden gemäß dem individuellen Rechtsmissbrauch subjektive Kriterien herangezogen, mittels derer sich eine verwerfliche Zweck-Mittel-Relation ergeben soll.[273] Die Klage muss also erhoben worden sein, um andere Zwecke als die der Beschlusskontrolle zu verfolgen.[274] In der Rechtsprechung haben sich insbesondere drei richtungsweisende Urteile zu den subjektiven Voraussetzungen der missbräuchlichen Klageerhebung geäußert.

Das Reichsgericht hatte zunächst angenommen, dass die Klageerhebung rechtsmissbräuchlich sei, wenn das Anfechtungsrecht ausgeübt wird, um selbstsüchtig der beklagten Gesellschaft den eigenen Willen (also den des klagenden Aktionärs) aufzuzwingen.[275] Mit der soeben zitierten "Kochs-Adler"-Entscheidung[276] des BGH wurde dagegen genauer ausgeführt, dass ein individueller Rechtsmissbrauch schon dann gegeben sein kann, wenn die Anfechtungsklage mit dem Ziel erhoben werde, die beklagte Gesellschaft in grob eigennütziger Weise zu einer Leistung zu veranlassen, auf die der klagende Aktionär keinen Anspruch hat und den er billigerweise auch nicht erheben kann. Bei Ausübung seines Anfechtungsrechts müsse sich der Aktionär von der Vorstellung leiten lassen, die beklagte AG werde die Leistung erbringen, um damit durch die Anfechtung drohende Schäden und Nachteile gering zu halten oder gar zu vermeiden.[277] Dabei

[273] *K. Schmidt*, in: GroßKomm AktG, § 245 Rn. 53; *Lutter*, in: FS 40 Jahre DB, 1988, 209.
[274] *K. Schmidt*, in: GroßKomm AktG, § 245 Rn. 53;
[275] RGZ 146, 385, 395.
[276] BGHZ 107, 296 ff. = NJW 1989, 2689 ff. („Kochs-Adler").
[277] BGH NJW 1989, 2689, 2692 („Kochs-Adler"); WM 1962, 456 (457); BGHZ 36, 121 (135 f.) = NJW 1962, 104 *Zöllner*, in: KölnKomm AktG, § 245 Rn. 79 ff.; *Hüffer*, AktG, § 245 Rn. 23; *Lutter*, in: FS 40 Jahre DB, 193, 208 f.

bedarf es nach dieser Ansicht weder eines Rückgriffs auf strafrechtlich relevantes Verhalten, wie z.B. Nötigung oder Erpressung, noch auf die gesellschafterliche Treuepflicht.[278] Das "DAT/Altana"-Urteil des BGH[279] erweiterte die "Kochs-Adler"-Entscheidung dahingehend, dass eine Anfechtungsklage auch dann missbräuchlich erhoben sein kann, wenn die verklagte Gesellschaft zu einer Zahlung veranlasst werden soll, auf die der Kläger keinen Anspruch hat und billigerweise auch nicht erheben kann, wenn die Klage in der Erwartung rechtshängig gemacht worden ist, die Gesellschaft werde sich unter dem Druck der wirtschaftlichen Nachteile, die sich aus der Klage ergeben können, an den Kläger wenden und ihm ein Zahlungsangebot unterbreiten.

In subjektiver Hinsicht zeigt sich die Zweckentfremdung folglich in der Verknüpfung von Nichterhebung oder Rücknahme der Klage und der Erwartung einer (objektiv unangemessenen) Leistung hierfür.[280] Unangemessen ist die Leistung nach der oben genannten Rechtsprechung dann, wenn der klagende Aktionär keinen Anspruch auf die Leistung hat und billigerweise auch nicht erheben kann. Daraus wird teilweise gefolgert, es sei zwischen berechtigten und unberechtigten Zahlungen zu unterscheiden.[281] Vielmehr sollte aber nach der Verhältnismäßigkeit der erstrebten Zahlung zu den durch den Beschluss erlittenen wirtschaftlichen bzw. rechtlichen Nachteilen gefragt werden. Dabei kann ein leichtes Übersteigen der wirtschaftlichen Nachteile und Aufwendungen des Klägers für die Unangemessenheit der Leistung immer noch unschädlich sein.[282] Die Absicht aber, sich den Lästigkeitswert einer Anfechtungsklage abkaufen zu lassen, begründet hingegen unabhängig von der Höhe der Zahlung immer den Vorwurf eines individuellen Rechtsmissbrauchs.[283]

Wann die Absicht der missbräuchlichen Ausnutzung der Klage bei dem Kläger entstanden ist, spielt keine große Rolle. Mittlerweile ist von der Rechtsprechung

---

[278] BGH NJW 1989, 2689, 2692 („Kochs-Adler").

[279] BGH, WM 1990, 140 ff.

[280] *K. Schmidt*, in: GroßKomm AktG, § 245 Rn. 56; *Kiethe*, NZG 2004, 489, 492.

[281] *Dieckgräf*, Sonderzahlungen, S. 47.

[282] *K. Schmidt*, in: GroßKomm AktG, § 245 Rn. 57; dem teilweise ähnelnd *Dieckgräf*, Sonderzahlungen, S. 257 ff.

[283] BGHZ 107, 296, 208 ff.; *K. Schmidt*, in: GroßKomm AktG, § 245 Rn. 57; *Heinrichs*, in: Palandt/Heinrichs, § 242 Rn. 72; *Kiethe*, NZG 2004, 489, 492.

anerkannt, dass die Gesinnung auch nach Klageerhebung entstehen kann, beispielsweise durch später einsetzende Vergleichsverhandlungen (dazu sogleich im objektiven Klägerverhalten).[284] Aufgrund der Dispositionsbefugnis des Klägers kann die Zweckverfolgung, also die Rechtmäßigkeitskontrolle des Hauptversammlungsbeschlusses, jederzeit abgebrochen werden. Demensprechend ist die Konstellation denkbar, dass die Anfechtungsklage bereits mit funktionsfremder, rechtlich zu missbilligender Intention erhoben wurde oder die rechtmäßige Zweckverfolgung nach Klageerhebung aufgegeben wurde.[285]

Der Vollständigkeit halber sei darauf hingeweisen, dass eine Klage aber auch dann missbräuchlich sein, wenn die geforderte Leistung sich wirtschaftlich nicht gegen die Gesellschaft, sondern gegen einen Mitaktionär richtet.[286]

III. Objektive Kriterien als Indiz für Rechtsmissbräuchlichkeit?

Die Beweislast für die Missbräuchlichkeit der Klageerhebung liegt bei der beklagten Gesellschaft.[287] Dass dies in Bezug auf die soeben dargestellten subjektiven Merkmale des Rechtsmissbrauchs enorme Schwierigkeiten bereitet, ist offensichtlich. Fraglich ist daher, ob auch objektive Kriterien zur Bestimmung der Rechtsmissbräuchlichkeit der Klageerhebung herangezogen werden können.[288] Die Motivation des Klägers als eine innere Tatsache nachzuweisen, wird in der Regel nämlich nur durch Indizien möglich sein.[289] In Rechtsprechung und Literatur haben sich diesbezüglich Fallgruppen von objektiven Kriterien herausgebildet, die im Einzelfall als Indiz für die Rechtsmissbräuchlichkeit einer erhobenen Anfechtungsklage dienen können. Diese gilt es im Folgenden kritisch zu betrachten.

[284] BGH, AG 1992, 86; OLG Frankfurt a.M., AG 1991, 206, 207.

[285] BGH, AG 1992, 86.

[286] OLG Frankfurt a.M. vom 13. Januar 2009, 5 U 183/07 Rn. 33, abzurufen unter http://www.juris.de = AG 2009, 200, 203.

[287] RGZ 146, 385; 396 f.; BGH, NJW 1989, 2689, 2692; OLG Koblenz, ZIP 2001, 1093, 1095; *K. Schmidt*, in: GroßKomm AktG, § 245 Rn. 69; *Hüffer*, AktG, § 245 Rn. 25; *ders.*, in: MünchKomm AktG, § 245 Rn. 57; *Henze*, in: FS Hadding 2004, 409, 411.

[288] Für die Bildung auch objektiver Missbrauchstatbestände schon *K. Schmidt*, in: GroßKomm AktG, § 245 Rn. 54.

[289] *Henze*, in: FS Hadding 2004, 409, 411; *Kiethe*, NZG 2004, 489, 492.

1. Umfang und Zeitpunkt des Aktienerwerbs

Zunächst könnte der Umfang des Aktenbesitzes ein Indiz für eine missbräuchliche Klageerhebung sein. Es drängt sich dabei nämlich der Verdacht auf, dass das Halten von einer Aktie bzw. einem nur geringen Bestand von Aktien einzig dem Zwecke dient, sich das Recht zur Anfechtung zu erkaufen, ist doch der Besitz von nur einer oder wenigen Aktien mangels entsprechendem Stimmrecht bzw. rentablem Gewinnbezugsrecht kein sinnvolles Investment. Dass der Erwerb von nur einer (oder weniger) Aktie(n) oftmals nur dem Zwecke dient, sich in die Gesellschaft ein- und damit ein Anfechtungsrecht zu erkaufen macht folgender Fall deutlich:

Das OLG Köln hatte am 06. Oktober 2003[290] einen Fall zu entscheiden, bei dem ein Aktionär nach Ankündigung der Hauptversammlung einer AG, bei der ein Squeeze-out von der Hauptversammlung beschlossen werden sollte, eine einzige Aktie erwarb und sodann den Squeeze-out angefochten hatte. Der Anschaffungswert der Aktie lag dabei über dem angebotenen Abfindungswert und machte daher wirtschaftlich betrachtet keinen Sinn. Dennoch sah das OLG Köln diesen Sachverhalt nicht als Indiz für die Rechtsmissbräuchlichkeit der Klage. Solange jedoch das Gesetz selbst die Anfechtung schon bei einem Aktienbesitz von nur einer Aktie zulässt, kann ein geringer Aktienbesitz nicht gleichsam als Indiz für eine missbräuchliche Klageerhebung gelten.[291] Dieser Ansicht ist zuzustimmen. Das Anfechtungsrecht, das auch dem Minderheitenschutz, dient kann nicht dadurch ausgehebelt werden, dass die Erhebung der Klage als missbräuchlich gelten soll, wenn der Aktionär nur wenige Anteile hält. Eine solche Ansicht würde auch der Kontrollfunktion der Anfechtungsklage zuwider laufen. Eine effiziente Rechtmäßigkeitskontrolle kann nur dann erreicht werden, wenn nicht ein Aktionär mit geringem Anteilsbesitz fürchten muss, seine Klage würde als missbräuchlich gelten, wenn er einen fehlerhaften Beschluss anficht.

Die Problematik ist damit klar. Die Anfechtungsbefugnis bei einem Aktienbesitz von nur einer Aktie steht hier der indiziellen Wirkung eines geringen Aktienbe-

---

[290] OLG Köln, BB 2003, 2307 ff. mit kritischem Kommentar von *Aha*, BB 2003, 2310 f.

[291] EuGH AG 2000, 470; BGHZ 122, 211, 216; BayOblG, BB 1974, 711, 712; OLG München, WM 1991, 1843, 1854; OLG Stuttgart, AG 2003, 456, 457; OLG Köln, Der Konzern 2004, 27, 28; *K. Schmidt*, in: GroßKomm AktG, §245 Rn. 68; *Heinrich*, Die Abwehr des Missbrauchs der Anfechtungsklage, S. 131; *Kiethe*, NZG 2004, 489, 493.

sitzes entgegen. Das OLG Frankfurt hatte hingegen in jüngster Zeit einem geringen Aktienbesitz in seinen Entscheidungsgründen zumindest Aufmerksamkeit geschenkt.[292] Allerdings traten hier noch weitere Kriterien zu dem geringen Anteilsbesitz hinzu. Auf die Problematik der Maßgeblichkeit des Umfangs des Aktienbesitzes für die Missbräuchlichkeit wird unten (§ 11) nochmals einzugehen sein.

Der oben genannte Fall des OLG Köln zeigt aber auch ein zweites mögliches Indiz, nämlich den Zeitpunkt des Aktienerwerbs. Nach früherer Ansicht war die Besitzdauer zwar kein die Rechtsmissbräuchlichkeit begründender Umstand.[293] Jedoch konnte der Erwerb einer Aktie kurz vor der Hauptversammlung durchaus als Indiz dafür gelten. Mit der Einführung einer Mindestbesitzdauer gemäß § 245 Nr. 1, 3 AktG, wonach die Aktie(n) bereits vor Bekanntmachung der Tagesordnung erworben sein muss, ist diese Ansicht jedoch obsolet. Die Dauer des Aktienbesitzes kann damit nicht mehr als taugliches Kriterium für die Missbräuchlichkeit einer Klageerhebung gesehen werden. Diese gesetzliche Mindestbesitzzeit kann auch durchaus als ausreichend betrachtet werden. Eine längere Vorbesitzzeit würde die Handelbarkeit der Aktien nämlich möglicherweise einschränken. Wer möchte denn Aktien erwerben, wenn die Gefahr besteht, dass in der nächsten Hauptversammlung ein für ihn nachteiliger Beschluss gefasst wird und er sich nicht dagegen zur Wehr setzen darf? Der Minderheitenschutz würde damit durch eine zu lange Mindestvorbesitzzeit unterlaufen werden.

Andere kritisieren aber, dass gerade der Umstand, dass das Anfechtungsrecht nur den Besitz einer einzigen Aktie voraussetze, es den Berufsklägern ermögliche, Aktien von für sie interessanten Unternehmen auch „auf Vorrat" zu erwerben,[294] das heißt, dass sich willige Anfechtungskläger eine Aktie von verschiedenen Unternehmen halten, um sich so die Möglichkeit der Anfechtung offen zu halten und insofern also eine Vorbesitzzeit keinerlei Wirkung entfaltet. Zudem scheint aber auch die Wirksamkeit dieses Kriteriums im Hinblick auf die verfolgte Zielgruppe fraglich. Das Kriterium einer Vorbesitzzeit trifft nämlich den

---

[292] OLG Frankfurt a.M. vom 13. Januar 2009, 5 U 183/07 Rn. 49 = AG 2009, 200, 203.

[293] LG Braunschweig, AG 1993, 434, 435; *K. Schmidt*, in: GroßKomm AktG, § 245 Rn. 68; *Wardenbach*, ZGR 1992, 568 f.

[294] Abschlussbericht der Regierungskommission Corporate Governanec, BT-Drucks., 14/7515, S. 76 f. Rn. 146; *Baums*, Aktionärsklagerechte, F 108, *Jahn*, BB 2005, 6, 10.

missbräuchlich agierenden Aktionär gleichermaßen wie den redlichen Aktionär und kann daher nur in Zusammenschau mit anderen Indizien herangezogen werden.[295]

2. Prozessuales und außerprozessuales Klägerverhalten

Um objektive Indizien für die Rechtsmissbräuchlichkeit des Klägerverhaltens zu erlangen, bietet es sich aber an, das Verhalten des Klägers prozessual wie außerprozessual zu betrachten.[296] So kann beispielsweise das Verhalten des Klägers in früheren oder parallel geführten Anfechtungsverfahren Indizwirkung haben.[297] Hat der jetzige Kläger bereits in anderen Verfahren sachwidrige Vorteile erstrebt, soll dies auch für missbräuchliches Verhalten im aktuellen Prozess sprechen.[298] In der „Kochs-Adler"-Entscheidung des BGH wurde betont, dass dies umso mehr gelte, wenn der klagenden Aktionäre die Gesellschaft in Gesprächen explizit auf andere geführte Anfechtungsklagen mit entsprechend hohen Geldleistungen hingewiesen und zu adäquaten Vergleichszahlungen aufgefordert habe.[299] Obwohl in diesem Fall der dritte Kläger keine Abstandssumme zur Vermeidung einer Klage gefordert hatte, leitete der BGH eine ähnliche Absicht aus seinem Vorgehen in früheren Anfechtungsverfahren ab.[300] Besonders soll hierbei der zeitliche Zusammenhang der Anfechtungsverfahren im Sinne eines Fortsetzungszusammenhangs indiziell auf Rechtsmissbräuchlichkeit hinweisen können.[301] Aber auch ein früheres missbräuchliches Verhalten ohne jeglichen Sachzusammenhang zum gegenwärtigen Rechtsstreit solle genügen.[302]

---

[295] *Schwab*, in: Schmidt/Lutter (Hrsg.), AktG, § 245 Rn. 44; *Wardenbach*, ZGR 1992, 563, 569.

[296] OLG Frankfurt a.M., AG 2009, 200, 203; Hüffer, AktG, § 245 Rn. 25; *Martens/Martens*, AG 2009, 173, 174, 175 f.

[297] BGH, NJW-RR 1992, 1388; OLG Stuttgart, AG 2003, 456, 457; *Hüffer*, AktG, § 245 Rn. 25; *Kiethe*, NZG 2004, 489, 493.

[298] BGH, NJW 1989, 2689, 2692 („Kochs-Adler"); BGH, AG 1991, 102, 104; OLG Karlsruhe, ZIP 1991, 1145; AG 1992, 273; OLG Stuttgart, AG 2003, 456, 457; OLG Frankfurt, AG 2009, 200, 203; *Schwab*, in: Schmidt/Lutter (Hrsg.), AktG, § 245 Rn. 43; *Diekgräf*, Sonderzahlungen, S. 66; *Poelzig/Meixner*, AG 2008, 196, 207; *Martens/Martens*, AG 2009, 173, 176.

[299] BGH, NJW 1989, 2689, 2692 („Kochs-Adler").

[300] BGH, NJW 1989, 2689, 2692.

[301] OLG Stuttgart, AG 2003, 456, 457.

[302] OLG Stuttgart, AG 2003, 456, 457; *Hüffer*, AktG, § 245 Rn. 25.

Die Anerkennung dieser indizielle Wirkung von klägerischen Verhaltensweisen in anderen Verfahren ist aufgrund der Schwierigkeit des Nachweises subjektiver Motivationen sehr zu begrüßen. Gleichwohl weist sie Schwächen auf. Zum einen ist sie ungeeignet, wenn es um Erstkläger geht. Zum anderen findet sie ihre Grenzen dort, wo einschlägig bekannte Berufskläger Strohmänner einsetzen.[303] Schließlich kann aber auch nicht verallgemeinernd festgelegt werden, dass der einmal missbräuchlich klagende Aktionär die Anfechtunsgklage immer zweckentfremdend einsetzen wird.[304] Ergänzend müssen daher zu dem Klägerverhalten weitere Indizien hinzutreten, aus deren Gesamtschau sich der Missbrauch des Anfechtungsrechts ableiten lässt.

So kann zum Beispiel die Ablehnung einer Vergleichsbemühung durch den Kläger, wonach ein etwaiger Beschlussmangel *korrigiert* werden soll, die Rechtsmissbräuchlichkeit indizieren.[305] Das Desinteresse des Klägers an einer Fehlerbeseitigung ist ein objektives und unzweifelhaftes Kriterium. Will der Kläger entgegen dem Ziel der Anfechtungsklage keine Nichtigerklärung des Beschlusses, liegt die Zweckentfremdung der Klage auf der Hand. An ihre Grenzen stößt dieses Kriterium nur dort, wo die Gesellschaft den ersten Schritt macht und ein Vergleichsangebot unterbreitet. Anfechtungskläger können bei Erhebung der Klage durchaus auf diesen ersten Schritt der Gesellschaft spekulieren. Dies gilt isnbesondere dann, wenn die Gesellschaft unter enormem Druck in Bezug auf die Umsetzung einer Strukturmaßnahme steht. Die Rechtsprechung wirkt hier entgegen und stellt klar, dass Vergleichsverhandlungen nicht initiativ vom Kläger ausgehen müssen, sondern dass es vielmehr auch genügt, dass der Kläger die Klage in der Erwartung erhoben habe, die Gesellschaft werde sich unter dem Druck der Klage zu einer Zahlung verleiten lassen.[306] Allerdings besteht bei dieser Herangehensweise die Gefahr, dass eine Gesellschaft auch einen redlichen Aktionär zum Missbrauchstäter dadurch degradieren kann, dass sie ernsthafte Vergleichsverhandlungen vortäuscht in der Hoffnung, der Kläger werde sich da-

[303] *Heinrich*, Die Abwehr des Missbrauchs der Anfechtungsklage, S. 134.

[304] *Heinrich*, Die Abwehr des Missbrauchs der Anfechtungsklage, S. 134; *Mertens*, AG 1990, 49, 55.

[305] OLG Stuttgart, NZG 2001, 277, 278 ff.; *Hüffer*, AktG, § 245 Rn. 25; *Jäger*, NZG 2003, 1033, 1039; *Kiethe*, NZG 2004, 489.

[306] BGH, AG 1990, 259, 262; AG 1991, 102, 104; OLG Frankfurt, AG 1992, 271; OLG Karlsruhe, WM 1991, 1755, 1758; OLG Düsseldorf, AG 1994, 228, 229.

rauf einlassen. In diesem Fall handelt die Gesellschaft gegen Treu und Glauben (§ 242 BGB).[307] Dass man hier freilich an Grenzen in Bezug auf den Nachweis eines solchen Verhaltens stößt, ist offensichtlich. Allerdings hat das OLG Frankfurt a.M. im Jahr 2009 mit einem Urteil dahingehend für Aufsehen gesorgt, dass es die Rechtsmissbräuchlichkeit einer Anfechtungsklage von einem Vermögensvorteil abgekoppelt hat. Danach wurde Rechtsmissbräuchlichkeit bejaht, trotzdem der Kläger allen von der Gesellschaft in Aussicht gestellten Vermögensvorteilen widerstanden hatte. Maßgeblich für die Beurteilung war nur eine im Vorfeld bestehende Vergleichsbereitschaft in Zusammenschau mit den geltend gemachten Klagegründen, dem geringen Anteilsbesitz und der früheren Beteiligung des Klägers an Vergleichsverfahren.[308] Die Beurteilung der Rechtsmissbräuchlichkeit kann damit auch anhand vergangener Verhaltensweisen ohne eine aktuelle vermögensorientierte Gesinnung stattfinden.

Ein hervorstechendes Indiz stellt außerdem die Forderung des Klägers nach einer *unverhältnismäßig hohen* Gegenleistung für den Fall der Klagerücknahme oder der Erledigungserklärung dar, die nicht durch realistischerweise entstandene Kosten und mögliche wirtschaftliche Schäden gedeckt ist.[309] Keine Rolle spielt es dabei, ob die Gegenleistung eine direkte Vergleichszahlung sein soll, als Honorar[310] für anwaltliche Beratung getarnt wird oder gar andere Leistungen als Geld[311] gefordert werden. Dabei ist aber auch zu unterscheiden, ob die Gegenleistung ausdrücklich gefordert wird, was die Rechtsmissbräuchlichkeit schon objektiv indizieren kann, oder ob die Klage in der Erwartung erhoben wird, die Gesellschaft werde sich aufgrund des Lästigkeitswerts auf eine unverhältnismäßige Gegenleistung einlassen,[312] was wiederum als subjektive Motivation durch Würdigung aller Indizien festzustellen ist.[313] Allein die Annahme ei-

[307] BGH, AG 1990, 259, 262; OLG Frankfurt, AG 1991, 206, 207.

[308] OLG Frankfurt a.M., AG 2009, 200 ff.

[309] *Hüffer*, AktG, § 245 Rn. 25; *K. Schmidt*, in: GroßKomm AktG, § 245 Rn. 66; Heinrich, Die Abwehr des Missbrauchs der Anfechtungsklage, S. 135; *Feltkamp*, Anfechtungsklage, S. 125 f.; *Korte*, Anfechtungsbefugnis, S. 44.

[310] BGH, NJW 1992, 569 (10 Mio DM für angebliche Rechtsberatung).

[311] So beispielsweise die Forderung eines Klägers gegen die Hauptaktionärin, ihre Bezugsrechte nicht auszuüben, OLG Frankfurt a.M. vom 13. Januar 2009, 5 U 183/07 Rn. 35.

[312] So BGH, AG 1990, 259, 262 („DAT/Altana“); BGH, NJW 1992, 2821, 2822;

[313] *K. Schmidt*, in: GroßKomm AktG, § 245 Rn. 66.

ner hohen Gegenleistung, kann umgekehrt ohne Nachweis einer entsprechenden Absicht die Rechtsmissbräuchlichkeit aber nicht begründen.[314]

Geht man mit der früheren Rechtsprechung, soll auch der Umstand, dass ein Anfechtungskläger mit Klageerhebung ein im Vergleich zu seinen aus der Klage resultierenden möglichen wirtschaftlichen Vorteilen trotz Streitwertbegrenzung nach § 247 AktG relativ hohes Kostenrisiko eingeht, auf die Rechtsmissbräuchlichkeit hindeuten.[315] Dieser Ansicht ist aber nicht zu folgen. Die Durchsetzung eines Rechts, hier des Rechts auf Beschlusskontrolle, kann nicht, nur weil sie mit einem hohen Kostenrisiko verbunden ist, als missbräuchlich gelten. Die Verknüpfung mit einem wirtschaftlichen Vorteil ist bei der Rechtsdurchsetzung nicht zwingend und kann daher auch nicht in Relation mit einem Kostenrisiko gesetzt werden.[316] Dies würde insbesondere auch der Kontrollfunktion der Anfechtungsklage zuwider laufen.

Schließlich stellt aber auch die Erhebung einer evident aussichtslosen Anfechtungsklage ein Indiz sein für eine missbräuchlich erhobene Klage dar. [317]

3. Gegenstand des angefochtenen Beschlusses

Ob auch eine Unterteilung der Beschlussgegenstände nach ihrer Missbrauchsanfälligkeit dahingehend vorgenommen werden kann, dass bei einer Betroffenheit lediglich von Interessen anderer Aktionäre nur die Erlangung von finanziellen Vorteilen das alleinige Ziel des Anfechtungsklägers sein soll, scheint fraglich.[318] Jedenfalls geht diese Ansicht fehl, wenn man mit der herrschenden Meinung gerade keine individuelle Betroffenheit des Anfechtungsklägers für die Erhebung der Anfechtungsklage verlangt.[319]

---

[314] So auch *Heinrich*, Die Abwehr des Missbrauchs der Anfechtungsklage, S. 135.

[315] OLG Karlsruhe, WM 1991, 1755, 1758; OLG Karlsruhe, WM 1991, 1759, 1760; *Wallenhorst*, Schranken, S. 97; *Mertens*, in: AG 1990, 49, 54.

[316] So iE auch *Heinrich*, Die Abwehr des Missbrauchs der Anfechtungsklage, S. 134.

[317] *K. Schmidt*, in: GroßKomm AktG, § 245 Rn. 65 m.w.N; *Kiethe*, NZG 2004, 489.

[318] Dafür *Martens*, AG 1988, 118, 122.

[319] *Heinrich*, Die Abwehr des Missbrauchs der Anfechtungsklage, S. 134.

IV. Rechtsfolgen einer Missbräuchlich erhobenen Klage

Die Rechtsprechung hat hinsichtlich der Rechtsfolgen einer rechtsmissbräuchlich erhobenen Klage bisher entschieden, dass sie als unbegründet abgewiesen wird und der Gesellschaft ein Schadensersatzanspruch gegen den Kläger aus § 826 BGB zusteht.[320] Dieser Hinweis möge an dieser Stelle genügen, da zu beiden Rechtsfolgen Erläuterungen im eigenen Lösungsvorschlag erfolgen (unten § 10).

V. Strafrechtliche Aspekte einer missbräuchlich erhobenen Klage

Schaut man sich die Vorgehensweise der Berufskläger an, welche die Erhebung der Anfechtungsklage und die mit ihr verbundenen Wirkungen zur Erlangung gewissen finanzieller Vorteile benutzen, kommt die Frage nach einer strafrechtlichen Beurteilung dieses Verhaltens auf. Bezweckt der Anfechtungskläger, mit der Klageerhebung die Gesellschaft zu einer Gegenleistung zu veranlassen, dürfte neben der rechtsmissbräuchlichkeit typischerweise der Tatbestand einer (zumindest versuchten) Erpressung nach §§ 253 Abs. 1, 3, 22, 23 StGB erfüllt sein.[321] Das angedrohte empfindliche Übel liegt aufgrund der mit ihr verbundenen Blockadewirkung hinsichtlich der Eintragung des Hauptversammlungsbeschlusses in der Androhung der Klageerhebung. Die Klageerhebung soll die beklagte Gesellschaft zu einer Vermögensverfügung genötigt werden, um so eine ungerechtfertigte Bereicherung zu erlangen.[322] Ob die Klage berechtigt oder unberechtigt erhoben wird, spielt dabei keine Rolle, da insofern anerkannt ist, dass auch rechtmäßiges Verhalten, wie die Erhebung einer zivilrechtlichen Klage, als Drohung mit einem empfindlichen Übel qualifiziert wird.[323] Ebensowenig wirkt es sich aus, wenn der Kläger keine eindeutige Zahlungsaufforderung abgibt, sondern darauf spekuliert, die Gesellschaft werde sich unter dem Druck der Klage zu einem Zahlungsangebot hinreißen lassen.[324] Maßgeblich ist allein die vom Kläger geschaffene Zwangslage.[325]

---

[320] Zuletzt OLG Frankfurt a.M., WM 2009, 309; LG Hamburg, WM 2009, 1330.

[321] *Hirte*, BB 1988, 1469, 1474; *Kiethe*, NZG 2004, 489, 492.

[322] *Bison*, Missbrauch, S. 229 ff. m.w.N.; *Heinrich*, Die Abwehr des Missbrauchs der Anfechtungsklage, S. 126; *Kiethe*, NZG 2004, 489, 492.

[323] *Sander*, in: MünchKomm StGB, § 253 Rn. 11.

[324] BGH, NJW 1992, 2821, (2831).

[325] BGH, NJW 1992, 2821, (2831).

In subjektiver Hinsicht erfordert der Erpressungstatbestand zum einen Vorsatz hinsichtlich einer Nötigung (§ 240 StGB) sowie die Absicht der Bereicherung und Schädigung fremden Vermögens.[326] Auch der subjektive Tatbestand ist unproblematisch gegeben, da der Aktionär durch die Erhebung der Klage die Absicht verfolgt, sich mit der von der Gesellschaft zu leistenden Sonderzahlung zu bereichern und damit der Gesellschaft zu schaden. Denn trotz der Gesellschafterstellung des Klägers ist dieses Vermögen für ihn zumindest auch fremd.

Die Rechtswidrigkeit im Sinne des § 253 Abs. 2 StGB ergibt sich aus der Zweck-Mittel-Relation. Zwar ist die Erhebung der Anfechtungsklage als ein dem Aktionär zustehendes Recht nicht rechtswidrig. Die Verknüpfung der Klage als Nötigungsmittel mit der angestrebten rechtswidrigen Abfindung als Nötigungszweck steht aber im Widerspruch zur Rechtsordnung und ist zudem als verwerflich zu qualifizieren. Darüber hinaus ist implizit der Tatbestand der Nötigung nach § 240 StGB erfüllt.

Die Subsumtion des Klägerverhaltens unter einen Strafrechtstabestand ist praktisch aber kaum relevant. Zum einen bestehen erhebliche Beweisprobleme, vor allem im Hinblick auf das teilweise verschleiernde Vorgehen mancher Kläger.[327] Zum anderen hat bisher auch trotz Erfüllung der Tatbestände von Nötigung und Erpressung keine Gesellschaft Strafanzeige erstattet,[328] sodass die Abschreckungsfunktion nicht gegeben ist und daher strafrechtliche Aspekte für die Eindämmung missbräuchlicher Anfechtungsklagen kaum eine Rolle spielen werden.[329] Warum die Gesellschaften diesen Schritt bisher nicht gegangen sind, ist unverständlich, zumal aus der Verletzung des Straftatbestandes ein zivilrechtlicher Schadensersatzanspruch folgen würde (§ 823 Abs. 2 BGB i.V.m. § 253 StGB). Es scheint aber auch fraglich, ob die strafrechtliche Abschreckungsfunktion sich nicht auch negativ auf die aktienrechtlich vorgesehene Kontrollfunktion der Anfechtungsklage auswirken könnte. Denkbar wäre insofern, dass Aktio-

---

[326] *Fischer*, StGB, § 253 Rn. 16.

[327] *Schiessl*, in: Gesellschaftsrecht in der Diskussion (1999), S. 64; *Baums*, Aktionärsklagerechte, F 149, 152 f.; *Baums/Vogel/Tacheva*, ZIP 2000, 1649; *Jahn*, BB 2005, 6.

[328] *Heinrich*, Die Abwehr des Missbrauchs der Anfechtungsklage, S. 127; *Volhard*, AG 1998, 397, 403.

[329] So auch *Heinrich*, Die Abwehr des Missbrauchs der Anfechtungsklage, S. 127.

näre die Anfechtungsklage aus Angst vor strafrechtlichen Konsequenzen meiden, wenn ihnen im Grunde ein durch das Zivilprozessrecht gewährter Verfahrensgrundsatz – die Dispositionsmaxime – dadurch verwehrt bleibt. Allerdings kann man den Druck der strafrechtlich in Betracht kommenden Kosequenzen auch positiv dahingehend betrachten, dass durch ihn die Kontrollfunktion der Anfechtungsklage wiederhergestellt wird. Denn dem Kläger bleibt es freilich unbenommen, die Klage bei ungenügenden Erfolgsaussichten zurück zu nehmen.

VI. Zusammenfassung

Dass das Anfechtunsgrecht trotz seiner objektiven Kontrollfunktion missbraucht werden kann, ist heute anerkannt.[330] Zur Begründung wird trotz der Doppelfunktionalität dieses Rechtsinstituts allerdings auf seine individualrechtliche Komponente abgestellt. Die Dispositionsbefugnis des Anfechtungsklägers über dieses Recht beinhaltet die Möglichkeit einer zwekentfremdenden Rechtsausübung.[331] Zur Qualifikation dieser Zweckentfremung und damit der Missbräuchlichkeit hat die Rechtsprechung, wie die vorstehenden Ausführungen gezeigt haben, zahlreiche Kriterien entwickelt, die im Grunde einen Spiegel der Gerichtspraxis darstellen. Dabei wird in subjektiver Hinsicht auf die Gesinnung des Klägers abgestellt, der mit der Klage die Erwartung verbindet, von der beklagten Gesellschaft eine Sonderzahlung zu erhalten, um so das Verfahren auch ohne streitiges Urteil und damit ohne Entscheidung über die Rechtmäßigkeit des Beschlusses zu beenden.[332] Die Beweisschwierigkeiten solch subjektiver Merkmale machen zusätzlich das Vorliegen von objektiven Kriterien erforderlich, wobei hier insbesondere das (außer -)prozessuale Klägerverhalten herangezogen wird, wie z.B. seine Vergleichsbereitschaft oder das Desinteresse an einer Fehlerbeseitigung hinsichtlich des Beschlussmangels.[333] Allgemeingültige Kriterien, die

---

[330] RGZ 146, 385, 395 f.; BGHZ 33, 175, 186 f.; 36, 121, 136 ff.; 107, 296, 308 ff; 112, 9, 30; BGH NJW, 1990, 322; BGH, AG 1991, 102, 104; BGH, AG 1992, 448; BGH, NJW 1992, 569; *K. Schmidt*, in: GroßKomm AktG, § 245 Rn. 49; *Hüffer,* in: MünchKomm AktG, § 245 Rn. 47; *ders*., AktG, § 245 Rn. 23; *Hirte*, BB 1988, 1471.

[331] *Hüffer*, in: Geßler/Hefermehl/Eckardt/Kropf, AktG, § 245 Rn. 50.

[332] BGH NJW 1989, 2689, 2692 („Kochs-Adler"); WM 1962, 456 (457); BGHZ 36, 121 (135 f.) = NJW 1962, 104 *Zöllner*, in: KölnKomm AktG, § 245 Rn. 79 ff.; *Hüffer*, AktG, § 245 Rn. 23; *Lutter*, in: FS 40 Jahre DB, 193, 208 f.

[333] BGH, NJW 1989, 2689, 2692 („Kochs-Adler"); BGH, AG 1991, 102, 104; OLG Karlsruhe, ZIP 1991, 1145; AG 1992, 273; OLG Stuttgart, AG 2003, 456, 457; OLG Frankfurt,

zweifelsfrei die Rechtsmissbräuchlichkeit der Klageerhebung definieren, lassen sich bisher nicht finden. Dies erklärt sich aber aus der Natur der Sache heraus. Individueller Rechtsmissbrauch ist von persönlichen, vielfältigen und daher nicht verallgemeinerungsfähigen Motiven getrieben. In Zusammenschau mit einem durch zahlreiche gerichtliche Verfahren in Erscheinung getretenen Täterprofil kann man mit den von der Rechtsprechung bisher entwickelten Kriterien die Zielgruppe, die es einzudämmen gilt, identifizieren. Trotz der Entwicklung eines Missbrauchstatbestandes durch die Rechtsprechung konnte das Berufsklägertum aber nicht wirksam eingedämmt werden. Wie oben gezeigt, hemmt der Missbrauchstatbestand nicht die Klageerhebung, sondern führt nach herrschender Meinung zu einer Klageabweisung als unbegründet, sodass das Druckpotenzial erhalten bleibt. Es sollen daher im Folgenden die gesetzgeberischen Aktivitäten beleuchtet werden, die zur Eindämmung des Klagegewerbes bisher ergriffen worden sind.

B. Die Entwicklung des Beschlussmängelrechts und der Maßnahmen gegen räuberische Aktionäre

Bevor nun aber die aktuellen gesetzgeberischen Bemühungen zur Eindämmung des Klagegewerbes einer Würdigung unterzogen werden sollen, soll zunächst ein Überblick über die historische Entwicklung des Beschlussmängelrechts geschaffen werden, um die heutigen Maßnahmen einordnen zu können.

I. ADHGB 1861 und AktG 1884

Die Gründung einer Aktiengesellschaft war bis in das 19. Jahrhundert nur durch einen hoheitlichen Akt möglich (Oktroisystem), der zugleich eine Art Eingangskontrolle zugunsten beitrittswilliger Aktionäre darstellte.[334] Erst mit der Einführung des Allgemeinen Deutschen Handelsgesetzbuchs (ADHGB) von

AG 2009, 200, 203; *Schwab*, in: Schmidt/Lutter (Hrsg.), AktG, § 245 Rn. 43; *Diekgräf*, Sonderzahlungen, S. 66; *Poelzig/Meixner*, AG 2008, 196, 207; *Martens/Martens*, AG 2009, 173, 176.

[334] Aufgrund der Haftungsbeschränkung der AG auf das vorhandene Stammkapital nach Art. 207 Abs. 1 ADHGB 1861 sah sich der Staat verpflichtet, Anleger sowie Gesellschaftsgläubiger „gegen Schwindel und Unsolidarität" durch ein staatliches Genehmigungsverfahren zu schützen; ausführlich *Lieder*, in: Aktienrecht im Wandel, Kap. 10, Rn. 5.

1861 wurde erstmals ein standardisiertes Aktienrecht geschaffen, das aber immer noch ein staatliches Genehmigungsverfahren für die Gründung einer AG vorsah (Konzessionssystem).[335] Normiert war ein Beschlussmängelrecht bis dahin noch nicht. Im Zuge des ADHGB wurde aber zumindest auf die Notwendigkeit hingewiesen, Minderheitsaktionäre vor möglichen aus Mehrheitsbeschlüssen resultierenden Nachteilen zu schützen.[336]

Mit der Aktienrechtsreform von 1870 erfolgte keine wesentliche Veränderung auf dem Gebiet des Beschlusmängelrechts.[337] In der Rechtsprechung allerdings, wurde das Recht des Aktionärs, Beschlüsse der Generalversammlung, die gegen Gesetz oder Satzung verstießen, anzufechten, ausdrücklich anerkannt.[338] Ein Novum der Reform war aber jedenfalls die Abschaffung des staatlichen Genehmigungsverfahrens (Übergang zum System der Normativbedingungen) sowie die Einführung eines fakultativen Aufsichtsrates.[339] Der Gesetzgeber war der Ansicht, dass aufgrund des standardisierten Aktienrechts nunmehr eine wirksame Selbstaufsicht der Gesellschaft erfolgen würde und somit die staatliche Kontrolle entfallen könne. Was folgte war aber ein wahrer Gründer-Boom, der als "Gründerjahre" bekannt wurde, und in einer schweren Krise endete.[340]

Positiv-gesetzlich geregelt wurde das Anfechtungsrecht, nachdem es zuvor als Institut zur Kontrolle gesetzes- oder satzungswidrige Generalversammlungsbeschlüsse ja bereits von der Rechtsprechung anerkannt wurde, mit der Aktienrechtsreform von 1884.[341] Nach dem Wegfall des staatlichen Genehmigungsverfahrens sollten die Art. 222, 190a HGB eine Art Gegengewicht zur Kontrolle der Großaktionäre bilden. Der Grund für die Einführung des Anfechtungsrechts liegt damit also mehr bei der rechtstatsächlichen und wirtschaftlichen Notwendigkeit eines Minderheitenschutzes vor dem Hintergrund der damaligen

---

335 *Seibert*, in: Handbuch des Aktienrechts, 1. Kapitel Rn. 3.

336 *Emmerich*, Historische Entwicklung, S. 117.

337 *Emmerich*, Historische Entwicklung, S. 108 f.

338 ROHGE 23, 272, 275.

339 *Raiser/Veil*, Recht der Kapitalgesellschaften, § 2 Rn. 3; *Seibert*, in: Handbuch des Aktienrechts, 1. Kapitel Rn. 3.

340 Statistische Nachweise zu Gründungen und Liquidationen in den Jahren 1870 bis 1873 bei *Schubert/Hommelhoff*, S. 404 ff., 409 ff.

341 *Schubert/Hommelhoff*, S. 97, 392, 398.

Wirtschaftskrise.[342] Gleichwohl wurde das Anfechtungsrecht aber auch als ein individuelles Recht des Aktionärs betrachtet, welches gleichwertig neben den sonstigen aus der Aktionärsstellung folgenden Rechten steht.[343]

Die Missbrauchsanfälligkeit des Instituts der Anfechtungsklage war jedoch bereits dem Novellengesetzgeber bekannt.[344] Die Einführung des Anfechtungsrechts in Art. 190 a, 222 HGB galt daher nicht seiner Anerkennung als Instrument des Aktionärs, sondern seiner Begrenzung durch Einführung eines Widerspruchserfordernisses, einer Frist zur Anfechtung sowie dem Erfordernis zur Hinterlegung und der Möglichkeit des Gerichts, auf Verlangen der beklagten AG den Aktionär zu einer Sicherheitsleistung zu bestimmen (Art. 190a Abs. 3, 222 HGB). Um der Missbrauchsanfälligkeit weiter entgegenzuwirken, wurde darüber hinaus in Art. 190b, 222 HGB die Haftung des anfechtenden Aktionärs für den Fall statuiert, dass mit der Anfechtung eine "bösliche Handlungsweise" verfolgt werde und der Gesellschaft hieraus ein Schaden entstünde.[345] Voraussetzung für die Haftung nach § 190b, 222 HGB war die positive Kenntnis der Rechtswidrigkeit der Anfechtung.[346]

Trotz dieser neueren gesetzlichen Beschränkungen wurde fortan über die weiter bestehende Gefahr des Anfechtungsmissbrauchs und Vorschläge für weitere Einschränkungen diskutiert. Eine im Rahmen des 1926 stattfinden 34. Deutschen Juristentags eingesetzte Kommission kam jedoch zu dem Ergebnis, dass eine Einschränkung der Befugnis zur Anfechtung nicht empfehlenswert sei, da andernfalls ein notwendiges Korrektiv gegenüber missbräuchlichem Verhalten des Verwaltungsorgans einer AG fehle und dies wiederum eine

---

342 *Mühlbert*, Aktiengesellschaft, S. 56; *Heinrich,* Die Abwehr des Missbrauchs der Anfechtungsklage, S. 55; aA *Emmerich*, Historische Entwicklung, S. 136, der allein die Notwendigkeit eines verbesserten Minderheitenschutzes als Grund für die Einführung des Anfechtungsrechts sieht.

343 *Schubert/Hommelhoff*, S. 466.

344 Begr. RegE 1884, RGBl. 1884, 123, 157 („...zweischneidiges Mittel, welches Schikanen und Erpressung Thür und Thor öffnet"); *Schubert/Hommelhoff*, S. 467.

345 Zu dieser Zeit war für eine „bösliche Handlungsweise" das Bewusstsein des Aktionärs für eine rechtswidrige Verhaltensweise erforderlich, *Schubert/Hommelhoff*, S. 468, 576.

346 *Heinrich*, Die Abwehr des Missbrauchs der Anfechtungsklage, S. 57 Fn. 229.

erneute staatliche Kontrolle implizieren müsste.[347] Aber auch in der Folge wurden weiter die Forderungen nach Einschränkungen laut, insbesondere im Jahr 1934 die Forderung nach einem Mindestaktienbesitz, der die Anfechtungsbefugnis erst begründen sollte.[348]

Im Jahre 1935 bestätigte das Reichsgericht darüber hinaus erstmals, dass eine Anfechtungsklage auch dann als rechtsmissbräuchlich abgewiesen werden kann, wenn sie an sich begründet ist.[349]

II. AktG 1937

Nach einer durch die Wirtschaftskrise im Jahr 1929 bedingten Teilreform des Aktienrechts folgte im Jahr 1937 eine Gesamtreform, die dem Aktienrecht erstmals ein eigenes, vom HGB losgelöstes Regelungswerk gab – das Aktiengesetz war geboren.[350] Hauptbestandteil der Reform war ein umfassender Entzug von Kompetenzen der Haupt-versammlung sowie die Einrichtung einer Gemeinwohlbindung der Aktiengesellschaft (§ 70 AktG 1937), die aus einem nach dem ersten Weltkrieg aufkommenden Sozialpflichtsgedanken resultierte.[351] Die Beschneidung der Zuständigkeit der Hauptversammlung bewirkte zugleich eine Einschränkung des Anfechtungsrechts, das darüber hinaus durch eine verschärfte Haftung nach § 200 Abs. 2 AktG 1937 (Haftung auf grobe Fahrlässigkeit bei unbegründeter Anfechtung) und eine Neuregelung des Steitwerts nach § 199 Abs. 6 AktG 1937 (Streitwert richtet sich nach dem

---

[347] Bericht der Kommission, 1928, S. 31. Vgl. des Weiteren *Heymann*, Verhandlungen des 34. Deutschen Juristentags Köln, 1926, S. 753; *Ludewig*, Hauptprobleme der Reform des Aktienrechts, 1926, S. 151f; *Schindler/Witzel*, NZG 2001, 577.

[348] Gefordert wurde, die Anfechtungsbefugnis an einen Mindestaktienbesitz von 5% des Grundkapitals zu knüpfen, Bericht des Ausschusses für Aktienrecht, in: *Schubert*, Akademie für Deutsches Recht 1933 – 1945, Band I, S. 231 ff.

[349] RGZ 146, 385, 394 ff. Voraussetzung für die Rechtsmissbräuchlichkeit der Klageerhebung war danach aber nicht die Erfüllung von § 226 BGB (Schikaneverbot).

[350] RGBl. I (1937), S. 107, berichtigt S. 588, 1140; *Semler*, in: MünchKomm AktG, Einl. Rn. 26; *Seibert*, in: Handbuch des Aktienrechts, 1. Kapitel Rn. 5; *Hoffmann-Becking*, in: MünchHdb. der AG, § 1 Rn. 12 – 14; *Mülbert*, Aktiengesellschaft, S. 60 ff.; *Raiser/Veil*, Recht der Kapitalgesellschaften, § 2 Rn. 5.

[351] *Raiser/Veil*, Recht der Kapitalgesellschaften, § 2 Rn. 5.

Interesse der Gesellschaft an der Durchführung des Beschlusses) weiter begrenzt wurde.[352]

Die Stellung des Aktionärs nach dem AktG von 1937 wurde insbesondere dadurch unterstrichen, dass eine Ungleichbehandlung bei der Stimmrechtsausübung danach, ob es sich um kurzfristige oder langfristige Aktionäre handelt, abgelehnt wurde und darüber hinaus den Aktionären erstmalig ein Auskunftsrecht eingeräumt wurde.[353] Ungeklärt blieb die Schutzrichtung der Kontrollrechte.[354]

III. Aktienrechtsreform 1965

Am 01. Januar 1966 trat nach zwölf Jahren Reformarbeit dann das Aktiengesetz vom 06. September 1965 sowie das dazu gehörige Einführungsgesetz in Kraft.[355] Als wesentliche Errungenschaft der Reform kann die Einführung eines Konzernrechts (§§ 15 ff., 291 ff. AktG) gesehen werden, die eine rechtliche Ordnung in die vermehrt sich entwickelnden Konzernstrukturen bringen sollte.[356] Darüber hinaus wurde der Mindestnennwert einer Aktie auf 50 DM abgesenkt, Vorschriften über Beschlüsse für die Wahl des Aufsichtsrats in §§ 250 bis 252 AktG eingeführt und nach § 244 AktG erstmalig die Möglichkeit zur Bestätigung eines anfechtbaren Hauptversammlungsbeschlusses zugelassen. Insgesamt sollten mit der Reform die Rechte der Aktionäre als Kapitalgeber und Risikoträger gestärkt werden.[357] Die Gesetzesbegründung stellte darauf ab, dass der Aktionär nur solchen Beschränkungen unterliegen sollte, die sich aus der Besonderheit der Mitgliedschaft in einer Gesellschaft ergeben, die als Kapitalsammelbecken konzipiert ist und die sich darüber hinaus auch sowohl

---

[352] *Geiler*, Die wirtschaftlichen Strukturwandlungen und die Reform des Aktienrechts (1927); *Haussmann*, Vom Aktienwesen und vom Aktienrecht; ausführlich *Rathenau,* Vom Aktienwesen; *Godin/Wilhelmi*, AktG (1. Aufl. 1937), § 70 Anm. 1, 6; *Timm*, in: Timm (Hrsg.), Missbräuchliches Aktionärsverhalten, S. 3; *Adams*, AG 2000, 396, 403

[353] *Mülbert*, Aktiengesellschaft, S. 61; .

[354] *Mülbert*, Aktiengesellschaft, S. 61; .

[355] BGBl. I (1965), S. 1089.

[356] *Raiser/Veil*, Recht der Kapitalgesellschaften, § 2 Rn. 6.

[357] „Der Aktionär als wirtschaftlicher Eigentümer des Unternehmens", *Doralt/Diregger*, in: MünchKomm AktG, Einl. Rn. 30.

wirtschaftlich wie gesellschaftspolitisch rechtfertigen lassen.[358] Hauptversammlungszuständigkeiten sollten daher wieder ausgeweitet und ihre Durchsetzung erleichtert werden, zudem das Auskunftsrecht des Aktionärs erweitert und durchsetzbarer werden.[359]

Die bis dato bestehenden Regelungen des Beschlussmängerechts sah der Reformgesetzgeber als eine "ungerechtfertigte Benachteiligung" der Anfechtungskläger[360] und lockerte daher die Vorschriften. So wurde das Erfordernis einer Sicherheitsleistung wieder abgeschafft, die Streitwertfestsetzung neu geregelt[361] und auch die Haftung eines Aktionärs für die unbegründete Klageerhebung wurde nicht übernommen.[362] In den kommenden Jahren nach der Reform, insbesondere den 80er Jahren, war jedoch ein unverhältnismäßiger Anstieg der Anfechtungsklagen zu verzeichnen und ein erster Versuch der Rechtsprechung, missbräuchliche Klagen einzudämmen, wurde mit der bereits erwähnten "Kochs/Adler"-Entscheidung[363](allerdings erfolglos) unternommen.

IV. Weitere Reformen im Jahr 1994

Mit dem Gesetz für kleine Aktiengesellschaften und zur Deregulierung des Aktienrechts[364] aus dem Jahr 1994 sollte eine Vereinfachung des Aktienrechts erreicht und mittelständischen Unternehmen der Zugang zum Kapitalmarkt über diese Gesellschaftsform ermöglicht werden.[365] Überdies wurden Erleichterungen bei der Beschlussfassung der Hauptversammlung geschaffen. Die Rechtsprechung hatte sich vielfach mit der Kontrolle von Beschlüssen über den Bezugsrechtsausschluss im Rahmen von Kapitalmaßnahmen zu befassen.[366] Der

---

[358] *Heinrich*, Die Abwehr des Missbrauchs der Anfechtungsklage, S. 59; *Mülbert*, Aktiengesellschaft, S. 61.

[359] *Doralt/Diregger*, in: MünchKomm AktG, Einl. Rn. 31; *Kropff*, in: Aktienrecht im Wandel, Kap. 16 Rn. 75, 77 und 79; *Seibert*, in: Handbuch des Aktienrechts, 1. Kapitel Rn. 7.

[360] RegBegr. AktG, Kropff, S. 45

[361] Ausführlich *Saenger*, AG 2002, 536, 537 f.

[362] *Timm*, in: Timm (Hrsg.), Missbräuchliches Aktionärsverhalten, S. 3.

[363] BGHZ 107, 296.

[364] BGBl I (1994), S. 1961; RegE, BT-Drucks. 12/6721.

[365] *Doralt/Diregger*, in: MünchKomm AktG, Einl. Rn. 55.

[366] *Mülbert*, Aktiengesellschaft, S. 67 f.; *Marsch-Barner*, AG 1994, 532, 534; *Spindler*, AG 1998, 53; 72; *Hofmeister*, NZG 2000, 713, 714.

Gesetzgeber schuf deshalb mit § 186 Abs. 3 S. 4 AktG eine Vereinfachung in Bezug auf die Zulässigkeit des Bezugsrechtsausschlusses.[367]

Mit dem Gesetz zur Bereinigung des Umwandlungsrechts[368] vom 28. Oktober 1994 ergaben sich schließlich weitere bedeutsame Regelungen auch für das Aktienrecht. Das zuvor in unterschiedlichen Gesetzen[369] geregelte Umwandlungsrecht wurde in einem eigenen Regelungswerk zusammengefasst, systematisiert und weiterentwickelt. Neben der Erweiterung der Informa-tionsrechte der Aktionäre[370] ist insbesondere die Einführung des Freigabe-verfahrens nach § 16 Abs. 3 UmwG von Bedeutung, hatten sich doch gerade Verschmelzungsbeschlüsse in der Praxis als besonders anfechtungsgefährdet erwiesen, da die Verzögerung der zum Wirksamwerden des Beschlusses erforderlichen Eintragung in das Handelsregister durch die Klageerhebung blockiert wurde und so der Druck auf die Gesellschaft und damit die Bereitschaft zum Abschluss eines Vergleichs stieg.[371]

V. Modernisierung des Anfechtungsrechts im Jahr 2005 durch das UMAG

Doch auch die im Jahr 1994 eingeführten aktien- und umwandlungsrechtlichen Änderungen brachten nicht den gewünschten Erfolg im Hinblick auf die Eindämmung des Klagegewerbes, insbesondere das neu eingeführte Freigabeverfahren brachte keine nennenswerte Einschränkung.[372] Die rechtstatsächlichen Erfahrungen mit dem Missbrauch des Anfechtungsrechts haben den Gesetzgeber im Jahr 2005 daher zu einer "Modernisierung" desselben ermutigt. Bereits im Jahr 2000 wurde eine Regierungskommission "Corporate Governance – Unternehmensführung – Unternehmenskontrolle – Moderniesierung des Anfechtungsrechts" mit dem Ziel eingesetzt, Vorschläge

[367] *Doralt/Diregger*, in: MünchKomm AktG, Einl. Rn. 55.

[368] BGBl. I (1994), S. 3210; BT-Drucks. 12/6699 und 12/7265; BT-Drucks. 12/7850 (Ausschussempfehlung); BR-Drucks. 843/94 (Vermittlungsausschuss).

[369] Die Vorschriften fanden sich im AktG, UmwG, KapErhG, VAG und GenG. Dazu *Claussen*, AG 1995, 163, 167.

[370] *Doralt/Diregger*, in: MünchKomm AktG, Einl. Rn. 55.

[371] *Bison,* Mißbrauch, S. 317; *Heinrich*, Die Abwehr des Missbrauchs der Anfechtungsklage, S. 61; *Kiem*, AG 1992, 430 ff.

[372] *Seibert*, BB 2005, 1457.

zur Behebung der auf dem Gebiet der Unternehmensführung und Unternehmenskontrolle bekannt gewordenen Defizite und ein modernes, der Globalisierung sowie der zunehmenden Internationalisierung der Kapitalmärkte Rechnung tragendes Regelungswerk zu erarbeiten.[373] Die am 14. August 2001 vorgelegten Vorschläge der Regierungskommission sowie das von der Bundesregierung aufgestellte 10-Punkte-Programm zur Stärkung des Anlegerschutzes und der Unternehmensintegrität[374] wurde durch drei Stufen umgesetzt: 1.) Einsetzung der Kommission Deutscher Corporate Governance Codex sowie 2.) Inkrafttreten des Transparenz- und Publizitätsgesetzes (TransPuG)[375] vom 19.07.2002. Mit dem am 01. November 2005 in Kraft getreten Gesetz zur Unternehmensintegrität und Modernisierung des Anfechtungsrechts (UMAG)[376] – der dritten Stufe – sollte schließlich, wie schon der Name impliziert, unter anderem die aktienrechtliche Beschlusskontrolle reformiert werden. Ziel des Gesetzgebers war es, die Klagemöglichkeiten zu beschneiden, ohne ihnen aber die Präventivwirkung zu nehmen.[377]

Das hier relevante UMAG soll etwas ausführlicher dargestellt werden, da es die Grundlage der gesetzlichen Änderungen bildet, die im Jahr 2009 mit dem Gesetz zur Umsetzung der Aktionärsrechterichtlinie (ARUG)[378] durchgeführt wurden. Es wird zu zeigen sein, dass der Gesetzgeber mit dem UMAG einen Weg eingeschlagen hat, der zu einer Umgehung bzw. Aushebelung des geltenden Beschlussmängelrechts führt und gerade nicht nur den "räuberischen Aktionär" trifft, sondern darüber hinaus auch den redlichen Aktionär in seinen Rechten beschneidet.

1. Die gesetzlichen Neuregelungen

Das Reformbedürfnis des Beschlussmängelregimes stand im Jahr 2005 außer Frage. Die Vorschläge diesbezüglich waren zahlreich und wurden sogar durch

[373] Abschlussbericht der Kommission „Corporate Governance“, BT-Drucks. 14/7515, S. 3, abzurufen unter: http://www.bundestag.de.

[374] Abzurufen unter http://www.bmj.de.

[375] BGBl. I (2002), S. 2681. Zu den gesetzlichen Änderungen durch das TransPuG *Hucke/Ammann*, DStR 2002, 689 ff.; *Knigge*, WM 2002, 1729 ff.

[376] oben Fn. 7.

[377] RegE UMAG, BT-Drucks. 15/5092, S. 66.

[378] Gesetz zur Umsetzung der Aktionärsrechterichtlinie (ARUG), BGBl. I (2009) Nr. 50, S. 2479 – 2492.

den 63. Deutschen Juristentag sowie die Regierungskommission Corporate Goernance angemahnt.[379] Umgesetzt wurden von diesen Vorschlägen aber nur wenige, insbesondere die viel geforderte Mindestbesitzquote[380] als Voraussetzung für die Befugnis zur Anfechtung wurde nicht eingeführt. Im Vordergrund des gesetzgeberischen Reformbestrebens stand die Ausweitung des Anwendungsbereichs des Freigabeverfahrens auf Kapitalmaßnahmen und Unternehmensverträge (§ 246a AktG a.F.).[381]

1.1 Erfordernis einer Mindestbesitzzeit

Neu eingeführt wurde in § 245 Nr. 1 und 3 AktG a.F. das Erfordernis einer gewissen Vorbesitzzeit. Danach besteht die Befugnis zur Anfechtung nur dann, wenn der Aktionär die Aktien bereits *vor* Bekanntmachung der Tagesordnung erworben hat. Hintergrund dieser gesetzlichen Neuregelung war, dass viele der später anfechtenden Aktionäre die Bekanntmachung der Tagesordnung großer Aktiengesellschaften auf anfechtungsträchtige Tagesordnungspunkte hin untersuchten und erst dann ihre Aktien erwarben. Die Regierungsbegründung verweist darauf, dass solche Aktionäre weniger schützenswert seien, da sie wissen, welche Beschlüsse zu erwarten sind.[382] Diese Beschränkung der Anfechtungsbefugnis wurde bereits lange zuvor in der Literatur als geeignetes Mittel zur Eindämmung des Klagegewerbes gesehen.[383] Das Erfordernis einer Vorbesitzzeit ist im Aktienrecht kein unbekanntes. So ist sie erforderlich für Bestellung von Sonderprüfern (§ 142 Abs. 2 S. 4 AktG), für die Geltendmachung von Ersatzan-sprüchen (§ 148 Abs. 1 S. 2 Nr. 1 AktG), die Bestellung von

---

379 Verhandlungen des 63. Deutschen Juristentages, Band 2/2, 2001; *Baums*, Empfiehlt sich eine Neuregelung des aktienrechtlichen Anfechtungs- und Organhaftungsrechts, insbesondere der Klagemöglichkeiten von Aktionären?, Gutachten F zum 63. Deutschen Juristentag, 2000, S. 28 ff.; *ders.*, Bericht der Regierungskommission Corporate Governance, 2001, Rn. 145 ff.; *Bayer*, NJW 2000, 2609, 2615 ff.; *Lutte*r, JZ 2000, 837 ff.

380 So beispielsweise schon gefordert von *Hüffer*, in: FS Brandner (1996), 57, 67 f.; *Schissl*, in: VGR, Gesellschaftsrecht in der Diskussion (1998), Band 2, 57, 72; *Schlaus*, AG 1998, 113, 117; ablehnend aber z.B. *K. Schmidt*, in: GroßKomm AktG, §245 Rn. 11; *Baums*, Bericht der Regierungskommission Corporate Governance, 2001, Rn. 146; *Zöllner*, AG 2000, 145, 147.

381 Die Abkürzung „a.F.“ meint in diesem Abschnitt die Fassung des AktG vom 06. September 1965, i.d.F. vom 01. November 2005.

382 RegE UMAG, BR-Drucks. 3/05, S. 55, anzurufen unter: http://www.bundesrat.de.

383 RegE UMAG, BR-Drucks. 3/05, S. 55; *Schiessl*, in: Gesellschaftsrecht in der Diskussion (1999), 57, 78; *Krieger*, ZHR 163 (1999), 343, 361; Nachweise zur älteren Literatur bei *Wallenhorst*, Schranken, S. 153 Fn. 923.

Sonderprüfern bei Unternehmensbewertungen (§ 258 Abs. 2 S. 4 AktG), die gerichtliche Entscheidung über Feststellungen der Sonderprüfer (§ 260 Abs. 1 S. 2 AktG) sowie Bestellung der Abwickler (§ 265 Abs. 3 S. 2 AktG). Die Rechtsprechung hatte aber gerade den Erwerb von Aktien nach Bekanntwerden der Tagesordnung bis dato *nicht* als sicheres Indiz für die Rechtsmissbräuchlichkeit einer Klageerhebung gesehen.[384]

Aber auch sonst scheint die Geeignetheit der Mindestvorbesitzzeit zur Bekämpfung missbräuchlicher Klageerhebung schon unter zwei Gesichtspunkten eher fragwürdig. Zum einen genügt zur Klageerhebung bereits eine einzelne Aktie. Für professionelle Anfechtungskläger stellt es daher kein besonderes finanzielles Hindernis dar, eine solche auch von vielen (Dax-) Unternehmen zu halten, um sich die Möglichkeit der Anfechtung zu eröffnen.[385] Zum anderen bildet gerade bei börsenunternehmen die kapitalmarktrechtliche Ad-hoc-Publizität eine schnelle Informationsquelle für Berufsläger, sodass es auf die Bekanntmachung der Tagesordnung der Hauptversammlung teilweise gar nicht ankommt.[386] Wie zunächst von der Literatur angenommen[387] hat nach dem heutige Kenntnisstand die Einführung einer Vorbesitzzeit auch nicht (wesentlich) zur Eindämmung missbräuchlicher Klagen führen können.[388]

1.2 Einschränkung des Anfechtungsrechts nach § 243 Abs. 4 AktG a.F.

Eine völlig neue Fassung erhielt dagegen der § 243 Abs. 4 AktG a.F. durch das UMAG. Nach dessen Satz 1 kann wegen unrichtiger, unvollständiger oder verweigerter Erteilung von Informationen ein Hauptversammlungsbeschluss nunmehr nur dann angefochten werden, wenn ein objektiv urteilender Aktionär die Erteilung der Information als wesentliche Voraussetzung für die sachgerechte Wahrnehmung seiner Teilnahme- und Mitgliedschaftsrechte angesehen

384 OLG Köln, Der Konzern 2004, 27, 28; OLG Stuttgart, AG 2003, 456, 457.

385 *Heinrich*, Die Abwehr des Missbrauchs der Anfechtungsklage, S. 140; *Baums*, Aktionärsklagerechte, F 108; Schiessl, in: Gesellschaftsrecht in der Diskussion (1999), S. 57 73, der die Vorbesitzzeit nur in Verbindung mit einem Mindestquorum für wirksam erachtet; *Schindler/Witzel*, NZG 2001, 577, 580.

386 *Fleischer*, NJW 2005, 3525, 2529; *Veil*, AG 2005, 567, 568.

387 So auch der Abschlussbericht der Regierungskommission „Corporate Governance", BT-Drucks. 14/7515, S. 76 f. Rdn. 146; *Korte*, Anfechtungsbefugnis, S. 72 f.; *Bison*, Missbrauch, S. 271; *Fleischer*, NJW 2005, 3525, 2529; *Aha*, BB 2003, 2310 f.

388 Zu den Auswirkungen des UMAG die Studie von *Baums/Keinath/Gajek*, ZIP 2007, 1629 ff.

hätte. Wegen unrichtiger, unvollständiger oder unzureichender Informationen in der Haupversammlung über die Ermittlung, Höhe und Angemessenheit von Ausgleich, Abfindung, Zuzahlung oder über sonstige Kompensationen kann eine Anfechtungsklage darüberhinaus gemäß § 243 Abs. 4 S. 2 AktG a.F. nicht gestützt werden, wenn das Gesetz für solche Bewertungsrügen ein Spruchverfahren vorsieht. Die Norm präzisiert damit die Voraussetzungen einer Anfechtungsklage, die auf Informationsmängel in Form eines Verfahrensfehlers[389] (§ 243 Abs. 1 AktG S. 1 AktG a.F.) gestützt werden soll und schließt sie zugunsten eines bestehenden Spruchverfahrens sogar gänzlich aus, soweit sich der Informationsmangel auf eine Kompensation bezieht (§ 243 Abs. 1 S. 2 AktG a.F.).[390] Hinsichtlich der Auslegung des unbestimmten Rechtsbegriffs "objektiv urteilender Aktionär" gibt die Gesetzesbegründung vor, dass dies ein solcher ist, der vernünftig und im wohlver-standenen Interesse des Unternehmens handelt und nicht lediglich kurzfristige Ziele verfolgt, sondern vielmehr an der langfristigen Ertrags- und Wettbewerbsfähigkeit der Gesellschaft interessiert ist.[391]

1.2.1 Höchstrichterliche Rechtsprechung als Ausgangspunkt

Ausgangspunkt der Neufassung von § 243 Abs. 4 AktG a.F. durch das UMAG war die höchstrichterliche Rechtsprechung zu der Anfechtung wegen Informationsmängeln, durch die bereits Grundsätze für ihre Zulässigkeit aufgestellt wurden. Zunächst stellte der BGH darauf ab, ob ein objektiv urteilender Aktionär ohne den Verfahrensverstoß bzw. in Kenntnis der ihm zu erteilenden Information(en) bei der Beschlussfassung anders abgestimmt hätte als er das tatsächlich in der Hauptversammlung getan hat – mithin stellte der BGH hier noch auf die Kausalität ab.[392] Diese Grundsätze verwarf er aber und hob später auf die Relevanz[393] des jeweiligen Verfahrensverstoßes für die

[389] Nach *Kersting*, ZGR 2007, 319, 327 ff. soll § 243 Abs. 4 AktG dagegen ein neben § 243 Abs. 1 AktG stehender selbständiger Anfechtungsgrund sein. Nach dessen Alternativkonzept liegt der Anfechtungsgrund in der Beeinträchtigung mitgliedschaftlicher Entscheidungsbefugnisse des Aktionärs.

[390] RegE UMAG, BR-Drucks. 3/05, S. 52; *Hüffer*, AktG, § 243 Rn. 45.

[391] RegE UMAG, BR-Drucks. 3/05, S. 53 f.

[392] BGHZ 36, 121, 140; 86, 1, 3; 103, 184, 186; 107, 296, 306 f., 119, 1,18; 122, 211, 238; *Raiser/Veil*, Recht der Kapitalgesellschaften, § 16 Rn. 140.

[393] Zur Relevanz eines Verfahrensverstoßes bzw. dessen Wesentlichkeit *Zöllner*, in: KölnKomm AktG, § 243 Rn. 137; *K. Schmidt*, Gesellschaftsrecht, S. 858 f.

Mitgliedschafts- und Mitwirkungsrechte des Aktionärs ab. Es wurde nunmehr ein dem Beschluss anhaftendes Legitimationsdefizit verlangt, das bei wertender Betrachtung des mit der Norm verfolgten Schutzzwecks die Anfechtung rechtfertigt. Auch hinsichtlich bewertungsrelevanter Informationsmängel hatte der BGH mit seinen Entscheidungen "MEZ"[394] und "Aqua Butzke"[395] klar Stellung bezogen. Ausgangspunkt hierbei war der umwandlungsrechtliche Anfechtungsausschluss nach § 210 UmwG, demgemäß eine Klage gegen die Wirksamkeit des Umwandlungsbeschlusses nicht darauf gestützt werden kann, dass das Angebot nach § 207 UmwG zu niedrig bemessen oder dass die Barabfindung im Umwandlungsbeschluss nicht oder nicht ordnungsgemäß angeboten worden ist. Der BGH legte diesen Klageausschluss extensiv dahingehend aus, dass wenn schon das gänzliche Fehlen einer Barabfindung eine Klage nicht rechtfertigen solle, eine unvollständige oder unrichtige Erläuterung eines Abfindungsangebots erst recht nicht die Anfechtbarkeit des Beschlusses begründen kann (*a maiore ad minus*).[396]

Diese höchstrichterliche Rechtsprechung sollte mit der Neufassung des § 243 Abs. 4 AktG a.F. aufgegriffen und positivrechtlich "verdichtet" werden.[397] § 243 Abs. 1 S. 1 AktG a.F. stellt jedoch hinsichtlich der unrichtigen, unvollständigen oder verweigerten Information auf ihre Gewichtigkeit ab. Sie muss ein derart wesentliches Element für die Meinungsbildung des Aktionärs über den fraglichen Beschlussgegenstand darstellen, dass sein Abstimmungsverhalten von der Erteilung der Information abhängt.[398] Nach der Rechtsprechung ist es allerdings nicht erforderlich, dass der Informationsinhalt das Abstimmungsverhalten tatsächlich beeinflusst hätte. Es kommt vielmehr darauf an, ob der Inhalt der Information für einen objektiv urteilenden Aktionär für eine sachgerechte Beurteilung des Beschlussgegenstandes erforderlich ist.[399] Ein Grund für diese

---

[394] BGHZ 146, 179.
[395] BGH, NJW 2001, 1428.
[396] BGHZ 146, 179, 186.
[397] RegE UMAG, BR-Drucks. 3/05, S. 53, *Seibert/Schütz*, ZIP 2004, 252, 256.
[398] RegE UMAG, BR-Drucks. 3/05, S. 53.
[399] *Raiser/Veil*, Recht der Kapitalgesellschaften, § 16 Rn. 141.

Abweichung der gesetzlichen Regelung von der Rechtsprechungslinie ist nicht ersichtlich.[400]

1.2.2 Würdigung der Norm

Positiv zu würdigen ist, dass der Gesetzgeber die Eindämmung von gerade auf Informationsmängeln gestützten Anfechtungsklagen in Angriff genommen hat und sich dabei weitestgehend an der zuvor ergangenen Rechtsprechung orientiert. Außer der Verrechtlichung der Rechtsprechung an sich ist durch den neu gefassten § 243 Abs. 4 AktG a.F. aber nicht viel gewonnen. Der Fokus hätte stärker darauf gelegt werden müssen, inwiefern eine bestimmte Information überhaupt irgendeine Bedeutung für den Beschlussgegenstand hat.[401]

Kritisch zu betrachten sind überdies die Bemerkungen in der Gesetzesbegründung. Verwunderlich scheint zunächst die durch die Regierungsbegründung beschriebene Definition des Wesentlichkeitserfordernisses. Ein Informationsmangel ist danach wesentlich, wenn "der Aktionär ohne die vorherige ordnungsgemäße Erteilung der Information der Beschlussvorlage nicht zugestimmt hätte".[402] Trotz kodifiziertem Relevanzerfordernis wird damit also wieder auf die potenzielle Kausalität abgestellt. Dies ist nicht schlüssig und wohl auf die unglückliche Gesetzesformulierung zurückzuführen. Das Wesentlichkeitserfordernis kann nämlich im Rahmen der Relevanztheorie entfallen. Wird die Relevanz eines Informationsmangels für die Mitgliedschaftsrechte nach der o.g. Formel bereits bejaht, impliziert dies auch seine Wesentlichkeit.[403]

Aber auch hichsichtlich der in der Gesetzesbegründung aufgeführten Definition des "objektiv urteilenden Aktionärs" bleibt zu fragen, warum gerade nur ein solcher mit langfristigen Anlageinteressen objektiv urteilen soll oder ob die Objektivität der Beurteilung sich nicht vielmehr auf die Art der Information zu beziehen hat.[404] Das Abstellen auf die Dauer von Anlageinteressen stellt insofern

---

[400] *Raiser/Veil*, Recht der Kapitalgesellschaften, § 16 Rn. 141; kritisch *Weißhaupt*, WM 2004, 705, 710.

[401] *Heinrich*, Die Abwehr des Missbrauchs der Anfechtungsklage

[402] RegE UMAG, BR-Drucks. 3/05, S. 53.

[403] *Hüffer*, AktG, § 243 Rn. 46 b; *Veil*, AG 2005 567, 569; Koch, ZGR 2006, 769, 795; aA *Weißhaupt*, ZIP 2005, 1766, 1771.

[404] AA *Diekmann/Leuering*, NZG 2004, 249, 253, die der Gesetzesbegründung zustimmen.

kein sicheres Kriterium dar.[405] Ein Anleger, der nur kurzfristig investiert, kann genauso objektiv urteilen und abstimmen, wie ein solcher mit längerfristigem Investment. Es sollte daher vornehmlich die Bedeutung einer Information für die Beurteilung des Beschlussgegenstandes als Kriterium herangezogen werden.[406]

Kritisch ist aber auch zu bemerken, dass die Vorschrift nur solche Bewertungen einschließt, für die ein Spruchverfahren existiert. Damit sind Beschlüsse der Hauptversammlung der übernehmenden Gesellschaft in einem Verschmelzungsverfahren von § 243 Abs. 4 S. 2 AktG a.F. ebensowenig erfasst wie Beschlüsse über Kapitalmaßnahmen, da in beiden Fällen für Bewertungsrügen gerade kein Spruchverfahren vorgesehen ist. Wie in einer Studie aber mittlerweile nachgewiesen wurde, gehören diese Fälle mit zu den anfechtungsrelevanten Beschlüssen.[407] Diese unterschiedliche Handhabung führt in Bezug auf die Verschmelzung in der Praxis also beispielsweise zu dem (abstrusen) Ergebnis, dass Aktionäre der übernehmenden Gesellschaft den Verschmelzungsbeschluss aufgrund einer Bewertungsrüge anfechten können, während die Aktionäre des übertragenden Rechtsträgers auf das Spruchverfahren verwiesen sind (§§ 14 Abs. 2, 15 UmwG). Da in solchen Fällen die Anfechtungsgefahr nicht ausgeschlossen und damit die Strukturmaßnahme potenziell gefährdet ist, behilft sich die deutsche Beratungspraxis bei rein Deutschen Transaktionen daher mit der umständlicheren Lösung der Verschmelzung beider Gesellschaften auf eine neu gegründete andere Gesellschaft (sog. "NewCo-Lösung"). Diese Lösung ist jedoch immer mit Mehrbelastungen verbunden, die aber von den Transaktionspartnern mit Blick auf die Sicherheit der Durchführung der Transaktion hingenommen werden.[408]

Des weiteren unverständlich ist, warum die Präklusion des § 243 Abs. 4 S. 2 AktG a.F. sich nur auf Informationen innerhalb der Hauptversammlung bezieht. Praktisch wichtig sind nämlich auch die Fälle, in denen Informationen eines Strukturberichts angefochten werden, so z.B. eines Verschmelzungsberichts (§ 8 UmwG). Auf die Spitze getrieben führt diese unterschiedliche Behandlung dazu,

---

[405] So auch *Heinrich*, Die Abwehr des Missbrauchs der Anfechtungsklage, S. 162.
[406] So auch *Heinrich*, Die Abwehr des Missbrauchs der Anfechtungsklage, S. 163.
[407] Empirischer Nachweis bei *Baums/Keinath/Gajek*, ZIP 2007, 1629, 1640 f.
[408] *Vetter*, AG 2008, 177, 181.

dass ein Aktionär wegen Informationsmängeln eines Strukturberichts anfechten kann, wenn er auf der Hauptversammlung Fragen zum Strukturbericht stellt und der Vorstand nur auf den Strukturbericht verweist. Wiederholt der Vorstand aber in der Hauptversammlung den Inhalt des Strukturberichts auf Befragung des Aktionärs, ist der Aktionär aufgrund § 243 Abs. 4 S. 2 AktG a.F. von der Anfechtung ausgeschlossen und auf das Spruchverfahren verwiesen.[409]

Festzuhalten bleibt daher, dass die positivrechtliche Verankerung der Rechtsprechung zu Informationsmängeln zwar zu begrüßen ist, da in der Tat nicht jede Informationsverweigerung oder unrichtige bzw. unvollständige Information die Anfechtung und damit Blockade eines Beschlusses rechtfertigen kann. Im Hinblick auf § 243 Abs. 4 S. 2 AktG aber ist die Auslassung der praktisch wichtigen Fälle von Beschlüssen über Kapitalmaßnahmen und Verschmelzungsbeschlüssen sowie die unterschiedliche Behandlung von Informationen innerhalb und außerhalb der Hauptversammlung nicht nachvollziehbar. Die Vorschrift ist insgesamt nicht ganz gelungen und daher verbesserungswürdig bzw. durch die Rechtsprechung ausbauwürdig. Sie stellt aber zugleich eine einschneidende Maßnahme in Bezug auf das wichtige Informationsrecht des Aktionärs dar, die daher einer präzisen Fassung bedarf.

1.3 Beschränkung des Auskunftsrechts des Aktionärs, § 131 Abs. 2 S. 2, Abs. 3 Nr. 7 AktG

1.3.1 Regelungsgehalt

Neben dem Informationsrecht hat der Gesetzgeber aber auch eine Beschneidung des Auskunftsrechts des Aktionärs als erforderlich zur Eindämmung missbräuchlicher Klagen erachtet. In § 131 Abs. 2 S. 2, Abs. 3 Nr. 7 AktG a.F. hat er daher den Aktionären selbst das Recht eingeräumt, durch die Satzung dem Versammlungsleiter die Autonomie zu übertragen, das Rede- und Fragerecht des Aktionärs zeitlich an-gemessen zu beschränken (§ 131 Abs. 2 S. 2 AktG a.F.) und dem Vorstand das Recht eingeräumt, eine Auskunft sogar gänzlich zu verweigern, soweit die Auskunft auf der Internetseite der Gesellschaft über mindestens 7 Tage vor Beginn und in der Hauptversammlung durchgängig zugänglich ist (§ 131 Abs. 3 Nr. 7 AktG a.F.). § 131 Abs. 2 S. 2 AktG a.F. versteht sich dabei ausweislich der Gegesetzesbegründung als Erweiterung der

---

409 *Martens/Martens*, in: FS K. Schmidt (2009), 1129, 1140.

Satzungs- und Geschäftsordnungsautonomie.[410] Dem Hauptversammlungsleiter kann durch die Satzung das Recht eingeräumt werden, einen zeitlichen Rahmen für den gesamten Verlauf der Hauptversammlung, für jeden Tagesordnungspunkt gesondert sowie für den einzelnen Redner zu bestimmen. Dabei müssen Beschränkungen aber angemessen sein und sich nach den in der Hauptversammlung zu Beschluss stehenden Tagesordnungspunkten richten.[411]

Die Vorschrift geht zurück auf die gängige Praxis einiger Berufskläger, von ihrem Rede- und Fragerecht in den Hauptversammlungen exzessiven und teilweise sachfremden Gebrauch zu machen, um so die Hauptversammlung in die Länge zu ziehen oder gar einen Ausschluss von der Hauptversammlung bzw. den Entzug des Wortes zu provozieren und dann deswegen den Beschluss anfechten zu können.[412] Das Bundesverfassungsgericht hatte schon zuvor eine Beschränkung des Rede- und Fragerechts durch die Gerichte im Hinblick auf Art. 14 GG befürwortet, um so die Abhaltung einer Hauptversammlung in angemessener und auch zumutbarer Zeit zu gewährleisten.[413] Der Gesetzgeber bezweckt mit der gesetzlichen Verankerung eine Straffung der Hauptversammlung und eine Konzentration ihres Inhalts auf wesentliche strategische Entscheidungen, um sie so wieder attraktiver für Großaktionäre zu machen.[414]

§ 131 Abs. 3 Nr. 7 AktG a.F. wurde auf Vorschlag der Regierungskommission Corporate Governace eingeführt.[415] Auch diese Vorschrift dient der Straffung der Hauptversammlung, indem beispielsweise Standardfragen bereits im Vorgang zur Hauptversammlung durch Veröffentlichung bestimmter Informationen auf der Internetseite der Gesellschaft beantwortet werden, um so eine Konzentration auf wesentliche inhaltliche Fragen in der Hauptversammlung zu ermöglichen. Dabei wird der Umfang der zur Verfügung gestellten Informationen durch den

---

[410] RegE UMAG, BT-Drucks. 15/5092, S. 17.

[411] RegE UMAG, BT-Drucks. 15/5092, S. 17.

[412] RegE UMAG, BT-Drucks. 15/5092, S. 17.

[413] RegE UMAG, BT-Drucks. 15/5092, S. 17.

[414] RegE UMAG, BT-Drucks. 15/5092, S. 17, wobei die Regierungsbegründung hier nett umschrieben von „Attraktivität für Aktionären mit ernst zu nehmenden Stimmanteilen" spricht.

[415] RegE UMAG, BT-Drucks. 15/5092, S. 17; *Baums* (Hrsg.), Bericht, 2001, Rn. 105; *Spindler*, in: Schmidt/Lutter (Hrsg.), AktG, § 131 Rn. 88; *Hüffer*, AktG, § 131 Rn. 32a.

Vorstand festgelegt.[416] Dieser kann auch bereits im Vorfeld gestellte Fragen über den Mechanismus des § 131 Abs. 3 Nr. 7 AktG a.F. beantworten, solange sie bereits 7 Tage vor der Hauptversammlung gestellt worden sind und so Fragen hierzu in der Hauptversammlung präkludieren.[417] Die technische Ausgestaltung des Zugänglichmachens auf der Internetseite der Gesellschaft muss dabei dergestalt gewählt sein, dass ein Aktionär ohne Suchen entweder direkt auf der Startseite der Internetpräsenz oder aber durch höchstens eine Verknüpfung mit der jeweiligen Folgeseite (Link) auf die Informationen Zugriff erlangt.[418] Bei alledem geht der Gesetzgeber immer davon aus, dass heutzutage jeder Aktionär in der Lage ist, sich des Internets bedienen zu können.[419]

1.3.2 Würdigung der Norm

Als Reaktion auf die ausufernde Wahrnehmung des Rede- und Fragerechts (§ 131 Abs. 1 AktG a.F.) durch molestierende Minderheitsaktionäre sind die Regelungen des § 131 Abs. 2 S. 2, Abs. 3 S. 7 AktG a.F. angemessen. Der mit ihnen verfolgte Zweck der Straffung der Hauptversammlung kommt allen Aktionären zugute und unterstützt damit die Beschlussfassung in der Hauptversammlung im Sinne einer Konzentration der inhaltlichen Diskussion auf wesentliche Punkte.

Mit der Ermächtigung des Versammlungsleiters zur zeitlichen Beschränkung der Hauptversammlung durch die Satzung hat der Gesetzgeber begrüßenswert bereits bestehende Rechtsprechung normiert. Das Auskunftsrecht des Aktionärs wird hier in verfassungsrechtlich zulässiger Art und Weise beschnitten, da insofern auch die Eigentumsgarantie des Art. 14 GG einen Informationsanspruch des Aktionärs nur in Bezug auf *wesentliche* Informationen unterstützt, die für den zu fassenden Beschluss von Bedeutung sind, nicht aber sachfremde Informationen.[420]

---

[416] RegE UMAG, BT-Drucks. 15/5092, S. 17; *Spindler*, in: Schmidt/Lutter (Hrsg.), AktG, § 131 Rn. 88.

[417] RegE UMAG, BT-Drucks. 15/5092, S. 18.

[418] RegE UMAG, BT-Drucks. 15/5092, S. 17, *Spindler*, in: Schmidt/Lutter (Hrsg.), AktG, § 131 Rn. 89.

[419] RegEUMAG, BT-Drucks. 15/5092, S. 17, 18.

[420] *Schwab*, in: Schmidt/Lutter (Hrsg.), AktG, § 243 Rn. 33.

Zudem wird auch durch das Auskunftsverweigerungsrecht des § 131 Abs. 3 Nr. 7 AktG a.F. das Auskunftsrechts des Aktionärs nicht übermäßig beschnitten, da die Stellung von Zusatz- und Ergänzungsfragen in der Hauptversammlung damit nicht verwehrt wird.[421] Allerdings ist die Abgrenzung, wann eine Frage bereits erschöpfend beantwortet wurde und damit die Frage, ob ein Aktionär in der Hauptversammlung (zulässige) Zusatzfragen stellen darf, nicht eindeutig.[422] Hier bietet sich ein Einfallstor für die unberechtigte Verweigerung einer Auskunft gegenüber einem Aktionär. Insofern hat auch die Studie von Baums zwei Jahre nach dem UMAG gezeigt, dass die Verletzung des Auskunftsanspruchs noch immer zu den Top-Anfechtungsgründen zählte.[423]

Problematisch ist schließlich aber auch die technische Komponente der Vorschrift, nämlich das Zugänglichmachen auf der Internetseite. Sicher mag es die absolute Ausnahme sein, wenn ein Aktionär heutzutage keinen Internetanschluss hat. Die Fallgestaltung ist aber dennoch denkbar und bedeutet damit einen Ausschluss des Auskunftsrechts des betroffenen Aktionärs in bezug die veröffentlichten Informationen. Zudem verlangt die Regierungsbegründung, dass der Zugang zu den Informationen auf der Internetseite über 7 Tage stets, das heißt durchgängig, verfügbar sein muss, wobei allerdings geringfügige Störungen unbeachtlich und damit hinzunehmen seien.[424] Störungen, die sich aus den technischen Vorrichtungen des Aktionärs selbst oder aber allgemein des Netzbetreibers ergeben können, werden hierbei nicht berücksichtigt. Allerdings werden diese Unwägbarkeiten, die nunmal aus dem Einsatz moderner Kommunikationsmedien resultieren können, zumindest ansatzweise dadurch ausgeglichen, dass die gesamten Informationen nach dem Wortlaut des § 131 Abs. 3 Nr. 7 AktG a.F. auch während der gesamten Hauptversammlung zur Verfügung gestellt werden müssen. Zwar ist sicher fraglich, ob ein Aktionär, der die Informationen auf der Hauptversammlung erstmalig zu Gesicht bekommt, sich in der Kürze der Zeit ausreichend informieren kann, um eventuelle Zusatzfragen an den Vorstand richten zu können. Dies ist aber unter dem Aspekt hinzunehmen, dass ein Aktionär, der tatsächlich an einer aktiven Mitwirkung in

---

[421] RegE UMAG, BT-Drucks. 15/5092, S. 17; *Spindler*, in: Schmidt/Lutter (Hrsg.), AktG, § 131 Rn. 88.

[422] *Spindler*, in: Schmidt/Lutter (Hrsg.), AktG, § 131 Rn. 89.

[423] *Baums/Keinath/Gajek*, ZIP 2007, 1629, 1640.

[424] RegE UMAG, BT-Drucks. 15/5092, S. 18.

der Hauptversammlung interessiert ist, rechtzeitig versuchen wird, sich umfassend zu informieren. Die Zugänglichmachung der Informationen auf der Hauptversammlung selbst kann daher immer nur als letztmögliche Chance wahrgenommen werden.

Zusammenfassend lässt sich daher festhalten, dass die Begrenzung des Auskunftsrechts an einem anfechtungsträchtigen Aktionärsrecht ansetzt, dabei aber die Beschränkung insgesamt geeignet ist, sich positiv auf die Beschlussfassung auszuwirken, wenn die Hauptversammlung dadurch einen geordneteren und strafferen Ablauf erhält. Zur Bekämpfung des Missbrauchs kann die Vorschrift aber nicht wesentlich beitragen, da gerade der unbestimmte Rechtsbegriff der "angemessenen" zeitlichen Beschränkung Unwägabrkeiten beinhaltet.

1.4 Das Freigabeverfahren, § 246a AktG a.F.

Kernstück der Änderungen des UMAG in Bezug auf Beschlussmängeklagen war allerdings die Einführung des sog. Freigabeverfahrens in § 246a AktG a.F. für Kapitalmaßnahmen (§§ 182 bis 240 AktG) und Unternehmensverträge (§§ 291 bis 307 AktG), das seiner Konzeption nach den bereits existierenden Freigabeverfahren ent-nommen worden ist (so für die Eingliederung, § 319 Abs. 6 AktG; den Squeeze-out, § 319 Abs. 6 i.V.m. § 327e Abs. 2 AktG; die Verschmelzung, § 16 Abs. 3 UmwG sowie kraft entsprechender Verweisung bei Spaltung (§ 125 UmwG), Vermögensübertragung (§ 176 UmwG) und Formwechsel, (§ 198 Abs. 3 UmwG)). Sinn und Zweck des Ver-fahrens nach § 246a AktG a.F. ist sowohl die Durchsetzung von Registereintragungen trotz anhängiger Anfechtungsklage (§ 246 Abs. 1 S. 1 AktG) als auch der Bestandsschutz bereits erfolgter Eintragungen, wenn sich die Anfechtungsklage im Nachhinein als begründet erweist (§ 246 Abs. 4 S. 2 AktG).[425] Es ist ein Eilverfahren *sui generis*,[426] das der Zivilprozessordnung[427] unterliegt und das es der Gesellschaft ermöglicht, nach § 246a Abs. 1 AktG a.F. durch Beschluss des

[425] *Hüffer*, AktG, § 246a Rn. 1; *Raiser/Veil*, Recht der Kapitalgesellschaften, § 16 Rn. 129.

[426] *Stratz*, in: Schmitt/Hörtnagl/Stratz, Umwandlungsgesetz, § 16 Rn. 28; *Weber/Kersjes*, Hauptversammlungsbe-schlüsse vor Gericht, § 3 Rn. 1.

[427] *Hüffer*, AktG, § 246a Rn. 1; *Weber/Kersjes*, Hauptversammlungsbeschlüsse vor Gericht, § 3 Rn. 1; *Heinrich*, Die Abwehr des Missbrauchs der Anfechtungsklage, S. 141.

Prozessgerichts feststellen zu lassen, dass die Klageerhebung der Eintragung des Beschlusses in das Handelsregister nicht entgegensteht und eventuelle Mängel des Beschlusses die Wirkung der Eintragung unberührt lassen. Das Freigabeverfahren dient damit dem Schutz der Gesellschaft vor unzumutbaren Belastungen, die sich aus der Registersperre und dem damit verbundenen Erpressungspotenzial ergeben sowie vor der schwierigen Rückabwicklung bereits vollzogener Strukturmaßnahmen.[428]

1.4.1 Voraussetzungen der Freigabe

Voraussetzung eines jeden Freigabeverfahrens ist zunächst die Erhebung der Anfechtungsklage. Das Registergericht sieht in solchen Fällen regelmäßig von der Eintragung des Hauptversammlungsbeschlusses aufgrund der faktischen oder gesetzlichen Registersperre (oben § 2 E. Registerrechtliche Folgen) ab, weshalb die Feststellung, die Klageerhebung stünde der Eintragung nicht entgegen, überhaupt erst erforderlich wird.[429] Darüber hinaus normiert § 246a Abs. 2 AktG a.F., dass es drei Gründe für die Freigabeentscheidung geben kann. Entweder ist die erhobene Klage unzulässig (Var. 1), offensichtlich unbegründet ist (Var. 2) oder das alsbaldige Wirksamwerden des Hauptversammlungsbeschlusses erscheint nach freier Überzeugung des Gerichts unter Berücksichtigung der Schwere der mit der Klage geltend gemachten Rechtsverstöße zur Abwendung der von dem Antragsteller dargelegten wesentlichen Nachteile für die Gesellschaft und ihrer Aktionäre vorranging (Interessenabwägung, Var. 3). Die beiden ersten genannten Möglichkeiten waren durch die höchstrichterliche Rechtsprechung bereits vor Einführung des Freigabeverfahrens in § 16 Abs. 3 UmwG anerkannt worden, sodass bereits nach damaligem Rechtsverständnis in Fällen der Unzulässigkeit oder offensichtlichen Unbegründetheit der Klage die Eintragung des Hauptversammlungsbeschlusses erfolgen konnte.[430] Die Prüfung der drei Varianten hat aufeinander aufbauend zu erfolgen, das heißt, die Verneinung der einen, hat die Prüfung der nächsten Variante zur Folge.

---

[428] *Weber/Kersjes*, Hauptversammlungsbeschlüsse vor Gericht, § 3 Rn. 3; *Leuering*, NJW-Spezial 2009, 543.

[429] *Semler*, in: MünchHdb. AG, § 41 Rn. 77; *Weber/Kersjes*, Hauptversammlungsbeschlüsse vor Gericht, § 3 Rn. 2.

[430] BGHZ 112, 9 ff.; *Hüffer*, AktG, § 243 Rn. 53; *Heinrich*, Die Abwehr des Missbrauchs der Anfechtungsklage, S. 142; *Feltkamp*, Anfechtungsklage, S. 32; *Bokelmann*, DB 1994, 1341.

1.4.1.1 Unzulässige Anfechtungsklage (§ 246 a Abs. 2 Var. 1 AktG a.F.)

Bei einer Freigabe wegen Unzulässigkeit der Anfechtungsklage prüft das Prozessgericht vollumfänglich die Zulässigkeit im Zeitpunkt der Entscheidung über den Freigabeantrag.[431] Das heißt, ist eine Anfechtungsklage im Zeitpunkt des Freigabeantrags unzulässig, wobei die Unzulässigkeit aber freilich behoben werden kann, hindert dies die Freigabe nicht.[432] Die Unzulässigkeit der Klage kann sich beispielsweise aus der Unzuständigkeit des angerufenen Gerichts ergeben, wenn nicht rechtzeitig ein Verweisungsantrag gestellt wurde oder aber die Klageschrift nicht den Voraussetzungen des § 253 ZPO genügt.[433] Eine Verfristung führt hingegen nicht zur Unzulässigkeit, sondern zur Unbegründetheit der Klage. Die Monatsfrist des § 246 Abs. 1 AktG ist nämlich eine materiell-rechtliche Ausschlussfrist.[434] Aufgrund der Neufassung des § 243 Abs. 4 S. 2 AktG durch das UMAG, der Anfechtungsklagen wegen Bewertungsrügen zugunsten eines gesetzlich vorgesehen Spruchverfahrens ausschließt, ist eine auf solche Bewertungsmängel bezogene Anfechtungsklage unzulässig, so dass ein Freigabebeschluss ergehen würde.[435] Praktisch besonders bedeutsam wird dies in Bezug auf die Angemessenheit der Barabfindung im Rahmen eines Squeeze-out. Hierfür ist nach § 327f AktG in Verbindung mit § 1 Nr. 3 SpruchG das Spruchverfahren vorgesehen..[436]

1.4.1.2 Offensichtlich unbegründete Anfechtungsklage (§ 246 a Abs. 2 Var. 2 AktG a.F.)

Nach § 246 a Abs. 2 Var. 2 AktG a.F. ergeht ein Freigabebeschluss, wenn die Anfechtungsklage offensichtlich unbegründet ist. Vor der Einführung des Frei-

---

[431] OLG Düsseldorf, DB 2004, 590; *Schwab*, in: Schmidt/Lutter (Hrsg.), AktG, § 246a Rn. 2; *Schnorbus*, in: Schmidt/Lutter (Hrsg.), AktG, § 327e Rn. 11; *Heinrich*, Die Abwehr des Missbrauchs der Anfechtungsklage, S. 144 (m.w.N.); *Faßbender*, AG 2006, 872, 875.

[432] *Schwab*, in: Schmidt/Lutter (Hrsg.), AktG, § 246a Rn. 2 m.w.N.

[433] *Heinrich*, Die Abwehr des Missbrauchs der Anfechtungsklag, S. 144; *Fuhrmann/Linnerz*, ZIP 2004, 2306 (m.w.N.)

[434] So schon RGZ 123, 204, 207; *Hüffer*, AktG, § 246 Rn. 20.

[435] *Schnorbus*, in: Schmidt/Lutter (Hrsg.), AktG, § 327 f Rn. 9 mit zahlreichen Nachweisen für die bereits vor der Neufassung des § 243 Abs. 4 AktG ergangene Rechtsprechung, welche die Anfechtung wegen auf die Berechnung einer Barabfindung gestützte Informationsmängel ausschloss und in das Spruchverfahren verwies; *Heinrich*, Die Abwehr des Missbrauchs der Anfechtungsklage, S. 144 f.; *Faßbender*, AG 2006, 572, 575.

[436] *Schnorbus*, in: Schmidt/Lutter (Hrsg.), AktG, § 327 f Rn. 1; *Heinrich*, Die Abwehr des Missbrauchs der Anfechtungsklage, S. 144.

gabeverfahrens in § 246a AktG a.F. wurde zu der Parallellvorschrift des § 16 Abs. 3 UmwG teilweise die Offensichtlichkeit schon angenommen, wenn das Gericht aufgrund einer nur kursorischen Prüfung, d.h. ohne sachliche Ermittlungen und ohne schwierige rechtliche Überlegungen, zu der Überzeugung gelangt, dass die Klage zweifelsfrei unbegründet sei.[437] Die entgegengesetze Meinung hielt dagegen eine vollumfängliche rechtliche Würdigung der Umstände und unter Einschluss auch schwieriger rechtlicher Prüfungen für erforderlich.[438]

Für das Freigabeverfahren nach § 246 a AktG a.F. hat sich die Gesetzesbegründung in Bezug auf die Offensichtlichkeit der letztenannten Ansicht angeschlossen. So wird ausgeführt, dass es bei der Auslegung des Kriteriums "offensichtlich unbegründet" nicht darauf ankommen soll, welcher Prüfungsumfang erforderlich ist, um die Unbegründetheit festzustellen, sondern es soll stattdessen ein gewisses Maß an Sicherheit erforderlich sein, mit dem sich die Unbegründetheit prognostizeren lässt. Danach ist eine Anfechtungsklage nur dann offensichtlich unbegründet, wenn sich mit hoher Sicherheit die Unbegründetheit vorhersagen lässt. Der dafür erforderliche Prüfungsaufwand sei nicht entscheidend.[439] Demnach hat das Gericht auch schwierige Rechtsfragen zu klären, auch unabhängig von deren Anzahl.[440] Denn wenn sich solche im Rahmen eines Anfechtungsprozesses stellen, kann ohne deren Prüfung nicht die Offensichtlichkeit bejaht werden.[441] Ebenso spricht aber die Notwendigkeit einer

---

437 OLG Düsseldorf, AG 2002, 47; *Bork*, in: Lutter, UmwG, § 16 Rn. 19a.

438 OLG Frankfurt, AG, 1998, 428, 429; AG 2003, 573; OLG Hamburg, AG 2003, 441; OLG Düsseldorf, AG 2004, 207; OLG Köln, AG 2004, 39; *Vollhard*, in: Semler/Stengel, UmwG, § 16 Rn. 3 (m.w.N.); *Marsch-Barner*, in: Kallmeyer, (3. Aufl. 2006) UmwG, § 16 Rn. 41; *Rieckers*, BB 2005, 134, 135; zustimmend auch *Faßbender*, AG 2006, 872, 876.

439 RegE UMAG, BT-Drucks. 15/5092 (li.Sp.). So auch in der Praxis OLG Karlsruhe, DB 2007, 331; OLG München, NZG 2006, 298; OLG Düsseldorf, AG 2004, 207, 207 f. („Edscha AG"); OLG Hamm, AG 2005, 773, 774 („GEA AG"); AG 2005, 854 („Harpen AG/RWE"); OLG Hamburg, NZG 2005, 86 („RWE DEA AG"); LG Düsseldorf, NZG 2004, 1168 („Kapms"); LG Frankfurt, AG 2005, 740, 741 („Hoechst AG"); *Schnorbus*, in: Schmidt/Lutter (Hrsg.), AktG, § 327e Rn. 11 (m.w.N. auch zur Umwandlung); *Hüffer*, AktG, § 246a Rn. 4; *Faßbender*, AG 2006, 872, 876; *Wilsing*, ZIP 2004, 1082, 1083.

440 OLG München, WM 2006, 291, 291 f. („Lindner Holding KGaA"); *Hüffer*, AktG, § 246a Rn. 4; *Paschos/Johannsen-Roth*, NZG 2006, 327, 329; aA LG Landshut AG 2005, 934, 935 („Lindner Holding KGaA").

441 *Schnorbus*, in: Schmidt/Lutter (Hrsg.), AktG, § 327e Rn. 11 mit Fn. 18.

Beweisaufnahme gegen die Offensichtlichkeit.[442] Anders verhält es sich, wenn die Beweise in der mündlichen Verhandlung bereits präsent sind und aufgenommen werden können.[443] Kann nach umfassender Prüfung der Rechts- und Sachlage die offensichtliche Unbe-gründetheit nicht klar beantwortet werden (*non liquet*), so geht dies zulasten der antragstellenden Gesellschaft, d.h. die Eintragung muss weiter abgelehnt werden.[444]

1.4.1.3 Vorrangiges Vollzugsinteresse der Gesellschaft (Interessenabwägungsklausel, § 246a Abs. 2 Var. 3 AktG a.F.)

Als dritte Variante für die Möglichkeit einer Freigabe bot § 246a Abs. 2 AktG a.F. eine Interessenabwägung. Danach konnte das alsbaldige Wirksamwerden der einzutragenden Maßnahme auch vorrangig erscheinen, wenn nach freier Überzeugung des Gerichts die Nachteile der Gesellschaft und ihrer Aktionäre durch die Nichteintragung schwerer wogen als die durch den klagenden Aktionär geltend gemachte Rechtsverletzung. Da die Unzulässigkeit oder offensichtliche Unbegründetheit der Klage in der Praxis wohl eher zu Problemen und damit zur Verneinung der ersten und zweiten Variante des § 246a Abs. 2 AktG a.F. führen würden, sei die Interessenabwägung daher die praktisch bedeutsamste, um einen Freigabebeschluss zu erwirken.[445] Dies, so wurde angeführt, sei vor allem vor dem Hintergrund zu betrachten, dass auf einer Interessen-abwägung beruhende Freigabebeschlüsse wesentlich rechtsmittelfester seien und es den Obergerichten schwerer fiele, Einschätzungsfehler zu ermitteln.[446] Darüber hinaus, ermöglicht die Interessenabwägung aber sogar eine Freigabe trotz zulässiger und begründeter Anfechtungsklage.[447]

Hinsichtlich der Kriterien, nach denen sich die Interessenabwägung zu richten hat, verwies die Gesetzesbegründung nur auf die bisher zu den Freigabe-

---

[442] LG Frankfurt, AG 2005, 740, 741 („Hoechst AG"); *Schnorbus*, in: Schmidt/Lutter (Hrsg.), AktG, § 327 e Rn. 11.

[443] *Schnorbus*, in: Schmidt/Lutter (Hrsg.), AktG, § 327e Rn. 11 m.w.N.

[444] *Schnorbus*, in: Schmidt/Lutter (Hrsg.), AktG, § 327e Rn. 11.

[445] *Baums*, Aktionärsklagerechte, F 158; *Faßbender*, AG 2006, 872, 876; *Fuhrmann/Linnerz*, ZIP 2004, 2306 ff.; aA Heinrich, Die Abwehr des Missbrauchs der Anfechtungsklage, S. 151, der mit Blick auf OLG Köln, BB 2003, 2307 und OLG Stuttgart, AG 2004, 105 in der Praxis die Freigabe nach „offensichtlicher Unbegründetheit" als vorrangig sieht.

[446] *Faßbender*, AG 2006, 872, 876; *Fuhrmann/Linnerz*, ZIP 2004, 2306, 2311.

[447] RegE UMAG, BT-Drucks. 15/5092, 29.

verfahren nach § 16 Abs. 3 S. 2 UmwG sowie § 319 Abs. 6 S. 2 AktG entwickelten Kriterien, überließ aber ansonsten der Praxis die Möglichkeit, einheitliche Leitlinien zu entwickeln.[448] Fraglich war dabei zunächst, welche Umstände in den Abwägungsprozess mit einzubeziehen sein sollten. Ganz allgemein kann dabei gesagt werden, dass das Ziel der gesetzlichen Regelung die Abwägung aller durch eine (erfolgreiche) Anfechtungsklage tangierten rechtlichen und wirtschaftlichen Interessen war.[449] Zu unterscheiden war dem zufolge nach den Interessen des Anfechtungsklägers und denen der Gesellschaft.

1.4.1.3.1 Interessen des Anfechtungsklägers

Bei den Belangen des Anfechtungsklägers sollten in rechtlicher Hinsicht die Schwere der geltend gemachten Rechtsverletzung sowie in wirtschaftlicher Hinsicht die möglicherweise daraus folgenden Schäden in die Abwägung mit einzubeziehen sein.[450] Die Umstände, welche in die Beurteilung der Schwere der Rechtsverletzung oder der daraus folgenden Schäden mit einbezogen werden sollten, wurden im Gesetz nicht genannt.[451] Nach dem Willen des Gesetzgebers sollten aber die für die umwandlungsrechtlichen Freigabeverfahren entwickelten Kriterien auch für § 246a AktG a.F. gelten.[452] Fraglich war daher zunächst , ob der aus den umwandlungsrechtlichen Freigabeverfahren bekannte Streit um die Einbeziehung der Beteiligungshöhe in die Abwägung auch im Rahmen von § 246a AktG a.F. relevant werden sollte. Für die umwandlungsrechtlichen Freigabeverfahren wurde nämlich teilweise vertreten, dass die Höhe der Beteiligung des klagenden Aktionärs bei der Abwägung der Interessen außer Betracht zu bleiben hat.[453] Andere wiederum forderten, dass sich eine geringe Beteiligungsquote des Anfechtungsklägers zugunsten der antragstellenden Gesellschaft auszuwirken hat;[454] die Beteiligungshöhe mithin eine Rolle spielen

---

[448] RegE UMAG, BT-Drucks. 15/5092, 29.

[449] RegE UMAG, BT-Drucks. 15/5092, 29; *Faßbender*, AG 2006, 872, 876

[450] *Faßbender*, AG 2006, 872, 877.

[451] *Heinrich*, Die Abwehr des Missbrauchs der Anfechtungsklage, S. 147; *Fuhrmann/Linnerz*, ZIP 2004, 2306, 2310 f.

[452] RegE UMAG, BT-Drucks. 15/5092, S. 29; *Faßbender*, AG 2006, 872, 877.

[453] *Bork*, in: Lutter, UmwG (4. Aufl. 2004), § 16 Rn. 22 a; *Winter*, in: FS Ulmer (2003), S. 699, 715; *Decher*, AG 1997, 388, 394; *Sosnitza*, NZG 1999, 965, 972; *Martens*, AG 2000, 301, 306; einschränkend *Marsch-Barner*, in: Kallmyer UmwG, § 16 Rn. 45.

[454] LG Heilbronn, EWiR 1997, 43 mit kritischen Anmerkungen von *Bayer/Schmitz-Rioli*; LG Frankfurt a.M., DB 1999, 2304 f.; *Volhard*, in: Semler/Stengel, UmwG (2003), § 16 Rn. 37; *Rieger/Schockenhoff*, ZIP 1997, 2105, 2109; *Heckschen*, DB 1998, 1385, 1392; *Noack*,

sollte.[455] Allein der Umstand, dass der Gesetzgeber die Anfechtungsbefugnis ganz bewusst nicht von einem Mindestanteilsbesitz abhängig gemacht hat,[456] konnte dabei nicht ausreichen, um eine generelle Außerachtlassung der Beteiligungshöhe zu rechtfertigen.[457] Der Gesetzgeber selbst führte in der Begründung zum Regerieungsenturf des UMAG an, dass "ein sehr geringes ökonomisches Interesse des klagenden Kleinaktionärs [...] im Vergleich zu den regelmäßig erheblichen wirtschaftlichen Interessen der Gesellschaft im Einzelfall dadurch aufgewogen werden [kann], dass der behauptete Rechtsverstoß so schwer wiegt, dass eine Bestandskraft des Beschlusses nicht erträglich wäre".[458] Differenziert man wie oben nach sowohl rechtlichen als auch wirtschaftlichen Belangen, die insgesamt das Interesse des klagenden Aktionrs bestimmen, musste auch an dieser Stelle differenziert werden. Der Gesetzgeber selbst implizierte zwar, dass die Beteiligungshöhe eine Rolle spielen sollte. Eine niedrige Beteiligungshöhe konnte aber dennoch nicht einen schweren Rechtsverstoß beseitigen. Sie konnte nur gegen eine relevante Beeinträchtigung der wirtschaftlichen Interessen des Aktionärs sprechen. Der Rechtsverstoß selbst konnte dennoch schwer wiegen.[459]

Damit war also in einem nächsten Schritt zu beurteilen, welche Art von Beschlussmängeln einen schweren Rechtsverstoß implizieren sollten. Dabei war grundsätzlich auf die Bedeutung der Norm sowie das Ausmaß der Normverletzung abzustellen.[460] Bei bloßen Verfahrensfehlern konnte man die Freigabe des Beschlusses ohne weiteres bejahen. Gemäß § 244 AktG können diese nämlich durch einen Bestätigungsbeschluss mit materiell-rechtlicher Wirkung geheilt werden und die Eintragung des Beschlusses soll dann

ZHR 164 (2000), 274, 285; differenzierend *Fuhrmann/Linnerz*, die eine Beteiligungshöhe nur in die Abwägung einfließen lassen wollen, wenn es um die Vermögensinteressen des klagenden Aktionärs geht.

[455] So auch OLG München v. 19. Mai 2006 – 23 W 1411/06, n.v.

[456] RegE UMAG, BT-Drucks. 15/5092, S. 29.

[457] Ebenso *Volhard*, in: Semler/Stengel, UmwG (2003), § 16 Rn. 37 mit Fn. 139; *Faßbender*, AG 2006, 872, 878.

[458] RegE UMAG, BT-Drucks. 15/5092, S. 29.

[459] Nicht ganz eindeutig *Faßbender*, AG 2006, 872, 878, der eine geringe Beteiligungshöhe schon regelmäßig als Indiz gegen eine schwere Rechtsverletzung gelten lassen will, es sei denn es kommt im Einzelfall die Verletzung elementarer Aktionärsrechte hinzu.

[460] *Faßbender*, AG 2006, 872, 878.

regelmäßig erfolgen.[461] Dies sprach folglich auch gegen eine schwere Rechtsverletzung.[462] Ähnlich wurde mit Informationsmängeln verfahren. Soweit das Anfechtungsrecht nach § 243 Abs. 4 S. 1 AktG ausgeschlossen war, konnte auch nicht von einer schweren Rechtsverletzung ausgegangen werden.

Darüber hinaus sollte es eine Rolle spielen, ob durch den Beschlussmangel lediglich individuelle Interessen des Klägers betroffen sind, oder ob die verletzte Vorschrift auch dem Schutz anderer (öffentlicher) Interessen dient mit der Folge, dass bei Verletzung bloßer Individualinteressen der Freigabebeschluss zu ergehen hat und die Möglichkeit der Kompensation im Wege des Schadensersatzes eröffnet würde.[463] Dieser Ansicht ist ist im Grundsatz zuzustimmen. Die Gesetzesbegründung selbst stellte zunächst auf die wirtschaftlichen Interessen der Beteiligten ab und befürwortete einen Freigabebeschluss auch für den Fall einer voraussichtlichen Begründetheit der Klage mit der Begründung, dass die wirtschaftlichen Interessen der Gesellschaft regelmäßig erheblich schwerer wiegen als die des klagenden Aktionärs.[464] Ein lediglich individuelles Interesse des Klägers konnte folglich nicht geeignet sein das Wirksamwerden eines Hauptversammlunsgbeschlusses zu verhindern. Ausnahmen waren aber dann zu machen, wenn es sich bei der verletzten Norm um eine solche handelt, die ganz elementare Aktionärsrechte beinhaltete.[465] Dies sind seine aus der Mitgliedschaft folgenden Verwaltungs- und Vermögensrechte.[466] Waren darüber hinaus aber auch andere, so z.B. Gläuberinteressen oder die Interessen anderer Aktionäre betroffen, musste eine Freigabe auch unabhängig von der Bedeutung der Norm für das Individualinteresse unterbleiben. Soweit das Gericht feststellt, dass neben dem individuellen Interesse des Klägers auch andere (öffentliche) Interessen betroffen sind, hat die Freigabe zu unterbleiben. Dies gebietet der Zweck der Anfechtungsklage, der vorrangig die Kontrolle des

---

[461] OLG Stuttgart, AG 1997, 139; *Schwab*, in: Schmidt/Lutter (Hrsg.), AktG, § 246a Rn. 7; *Volhard*, in: Semler/Stengel, UmwG (2003), § 16 Rn. 36; *Bork*, in: Lutter, UmwG (2004), § 16 Rn. 22a; *Faßbender*, AG 2006, 872, 878.

[462] *Faßbender*, AG 2006, 872, 878.

[463] So *Heinrich*, Die Abwehr des Missbrauchs des Anfechtungsrechts, S. 150; *Faßbender*, AG 2006, 872, 879; *Kösters*, WM 2000, 1921, 1928; *Fuhrmann/Linnerz*, ZIP 2004, 2306, 2309; offen gelassen von OLG Stuttgart, AG 2003, 456, 460.

[464] RegE UMAG, BT-Drucks. 15/5092, S. 29.

[465] So auch die Begründung im RegE UMAG, BT-Drucks. 15/5092, S. 29.

[466] *Raiser/Veil*, Recht der Kapitalgesellschaften, § 11 Rn. 22 ff.

Hauptversam-mlungsbeschlusses und damit die Wahrung der Rechte vieler und nicht nur des Einzelnen bezweckt.[467] Die Bedeutung der verletzten Norm hatte damit in die Beurteilung der besonderen Schwere des Rechtsverstoßes mit einzufließen.

Schließlich war aber zudem noch fraglich, ob das Gericht auch die Erfolgsaussichten der Klage mit in die Abwägung einbeziehen sollte.[468] Das Gesetz schweigt hierzu. Zwar könnte man argumentieren, dass die Unbegründetheit der Klage als eigenständiges Freigabemerkmal in § 246a Abs. 1 Var. 2 AktG a.F. bereits existierte und sie daher im Rahmen der Interessenabwägung keine Rolle spielen sollte. Die Gesetzesbegründung jedoch führte selbst aus, dass bei dem Abwägungsprozess sogar die Begründetheit der Klage zu unterstellen sei, aufgrund derer dann die Interessenabwägung vorzunehmen sei.[469] Zudem erfolgte eine Interessenabwägung auch nur dann, wenn bereits § 246a Abs. 1 Var. 1 und 2 AktG a.F. ausschieden, die Klage also weder unzulässig noch offensichtlich unbegründet war. So musste also schon denknotwendig die Begründetheit der Klage in den Abwägungsprozess mit einbezogen werden.[470]

1.4.1.3.2 Interessen der Gesellschaft

In Bezug auf das in die Wertung einzubeziehende Interesse der Gesellschaft ließ sich der Gesetzesbegründung entnehmen, dass bei Abwägung der Interessen der Gesellschaft nicht nur die Nachteile für die Gesellschaft einzubeziehen sein sollten, die durch die Verzögerung der Eintragung infolge des Anfechtungsprozesses eintreten würden (Verzögerungsschaden), sondern auch die Nachteile, die der Gesellschaft bei einem Erfolg der Anfechtungsklage entstehen (Nichteintragungsschaden).[471] In der Rechtsprechung haben sich darüber hinaus weitere, sowohl wirtschaftlich quantifizierbare wie nicht quantifizierbare Fallgruppen von Nachteilen herausgebildet, welche ein überwiegendes Vollzugsinteresse der

---

[467] Zum Zweck des Anfechtungsrechts oben § 3 B.

[468] So die Ansicht von *Hirschberger/Weiler*, DB 2004, 1137, 1138f.; *Fuhrmann/Linnerz*, ZIP 2004, 2306, 2308.

[469] RegE UMAG, BT-Drucks. 15/5092, S. 29.

[470] AA KG, AG 2007, 359 ff.; OLG Karlsruhe, AG 2007, 284, 286; *Grunewald*, in: MünchKomm AktG, § 319 Rn. 38; *Schwanna*, in: Semler/Stengel, UmwG, § 16 Rn. 40; *Habersack*, in Emmerich/Habersack, AktG, § 319 Rn. 36a; *Halfmeier*, WM 2006, 1465, 1469.

[471] RegE UMAG, BT-Drucks. 15/5092 S. 29.

Gesellschaft begründen können. Wirtschaftlich quantifizierbar ist dabei beispielsweise eine drohende Insolvenz,[472] der (auch nur zeitweilige) Verlust von angestrebten Synergieeffekten,[473] der Verlust von Steuervorteilen,[474] Zinsverluste sowie Zinsbelastungen[475] und die Abwanderung qualifizierten Personals.[476] Nicht wirtschaftlich quantifizierbar, aber dennoch anzuerkennende und zu berücksichtigende Nachteile sind zudem Reputationsverluste oder die Verunsicherung von Geschäftspartnern[477] oder gefährdete Geschäftschancen.[478]

1.4.1.3.3 Vorrang des Vollzugsinteresses

Waren die jeweiligen Interessen der beteiligten Parteien festgestellt, hatte ein Abwägungsprozess stattzufinden, aus dem sich der Vorrang der Interessen der einen oder anderern Partei ergab. Standen bloße Individualinteressen des klagenden Aktionärs den wirtschaftlichen Interessen der beklagten Gesellschaft gegenüber, hatte der Vollzug der Maßnahme schon ausweislich der Gesetzesbegündung Vorrang.[479] Die Norm ließ aber dennoch keinen generellen Vorrang der Gesellschaftsinteressen gelten. Auch bloße Individualinteressen konnten ein hohes ökonomisches Interesse der Gesellschaft überwiegen, wenn die Schwere des geltend gemachten Rechtsverstoßes eine Bestandskraft des Hauptversammlungsbeschlusses unerträglich erscheinen ließ.[480] Andernfalls wäre auch der in § 246a AktG a.F. vorgesehene Schadensersatzanspruch ins Leere gelaufen.[481]

1.4.2 Verfahrensbeschleunigung

Damit das aus der Registersperre resultierende Erpressungspotential geringer wird, wurde mit § 246a Abs. 3 AktG a.F. auch eine Verfahrensbeschleunigung

[472] OLG Düsseldorf, AG 1999, 418.
[473] OLG Stuttgart, AG 2003, 456, 460; ZIP 1997, 75, 77; OLG Düsseldorf, AG 1999, 418.
[474] OLG Düsseldorf, ZIP 2001, 1717, 1720; OLG München, DB 2006, 1608, 1609.
[475] LG Berlin, Der Konzern 2003, 483, 494.
[476] *Faßbender*, AG 2006, 872, 877.
[477] OLG Düsseldorf, AG 1999, 418; LG Duisburg, NZG 1999, 564.
[478] OLG Frankfurt, AG 2003, 573, 575.
[479] RegE UMAG, BT-Drucks. 15/5092, S. 29.
[480] RegE UMAG, BT-Drucks. 15/5092, S. 29.
[481] *Faßbender*, AG 2006, 872, 879; aA *Heinrich*, die Abwehr des Missbrauchs der Anfechtungsklage, S. 150, der die in § 246a Abs. 4 AktG vorgesehene Kompensationsmöglichkeit als Rechtfertigung für das grundsätzliche Vollzugsinteresse und den damit grundsätzlich zu ergehenden Freigabebeschluss sieht.

angestrebt.[482] Dem Prozessgericht wurde nach § 246a Abs. 3 S. 6 AktG a.F. auferlegt, dass die Freigabeentscheidung spätestens drei Monate nach Antragstellung durch die Gesellschaft ergehen *soll.* Zwar war auch eine Fristüberschreitung möglich (§ 246a Abs. 3 S. 6. HS2 AktG a.F.), diese bedurfte aber einer besonderen Begründung.[483] Darüber hinaus wurde auch das Rechtsmittelverfahren entsprechend abgeändert. Dies aber erst nach Inkrafttreten des UMAG, nämlich mit dem Zweiten Gesetz zur Änderung des Umwandlungsgesetzes.[484] Hintergrund war eine Entscheidung des BGH, der bereits ohne entsprechende gesetzliche Grundlage entschied, dass eine Rechtsbeschwerde nicht statthaft sei im Freigabeverfahren.[485]

In dem zugrunde liegenden Fall war Antragstellerin eine AG, deren Anteile zunächst zu 90, 14 % von der Deutschen Telekom AG gehalten wurden und die später ihr gesamtes Vermögen per Verschmelzungsvertrag vom 08. März 2005 auf die ehemalige Hauptaktionärin übertrug. Dabei sollten die Aktionäre der Antragstellerin für 25 Stückaktien der Antragstellerin 13 Stückaktien der Deutschen Telekom erhalten. Zwar stimmte die Hauptversammlung der Antragstellerin dem Verschmelzungsvertrag mit einer Mehrheit von 99,46 % zu, dennoch wurden von Aktionäre der Antragstellerin Anfechtungs- und Nichtigkeitsklagen erhoben. Die Antragstellerin beantragte daraufhin festzustellen, dass die Klagen der Ein-tragung der Verschmelzung nicht entgegenstehen. Das zuständige Landgericht wies den Antrag jedoch zurück. Auf die Beschwerde der Antragstellerin hat das zuständige OLG dem Antrag stattgegeben und die Rechtsbeschwerde wegen grundsätzlicher Bedeutung und zur Fortbildung des Rechts zugelassen.[486] Die Antragsgegner griffen die Freigabeentscheidung mittels Rechtsbeschwerde an. Der BGH entschied, dass eine Rechtsbeschwerde im Freigabeverfahren nicht statthaft sei. Allein aus dem Umstand, dass eine entsprechende Regelung zur Rechtsbeschwerde in § 246a AktG a.F. sowie § 16 Abs. 3 UmwG a.F. fehle, könne man nicht schlussfolgern, dass im Gegenzug die Rechtsbeschwerde nach § 574 ZPO zulässig sei. Vielmehr ergebe sich der Ausschluss des Rechtsmittels hier schon aus der Natur der Sache. Die

---

[482] *Seibert/Schütz*, ZIP 2004, 252, 257; *Koch*, ZGR 2006, 769, 799.

[483] RegE UMAG, BT-Drucks. 15/5092, S. 28.

[484] BGBl. I (2007), S. 542 ff.

[485] BGH, WM 2006, 1204; dazu *Neumann/Siebmann*, DB 2006, 435, 437 f.

[486] OLG Frankfurt a.M., NJW 2006, 1008.

Eilbedürftigkeit der Herbeiführung einer rechtskräftigen Freigabeentscheidung rechtfertige den Ausschluss der Rechtsbeschwerde.[487]

Mit Inkrafttreten des Zweiten Gesetzes zur Änderung des Umwandlungsgesetzes wurde daher die Rechtsbeschwerde für das Freigabeverfahren nach §§ 246a Abs. 3 S. 4, 319 Abs. 6 S. 6 AktG a.F. sowie § 16 Abs. 3 S. 7 UmwG a.F. ausdrücklich ausgeschlossen.

1.4.3 Bestandskraftregelung und Schadensersatz

Um dem Freigabeverfahren auch den nötigen Nachdruck zu verleihen, entschied sich der Gesetzgeber zudem für eine Bestandskraftregelung. Nach §§ 242 Abs. 2 S. 5, 246a Abs. 1, Abs. 4 S. 2 HS 2 AktG a.F. kann die Feststellung der Nichtigkeit eines Be-schlusses in einem aus einer Beschlussmängelklage resultierenden Urteil nicht mehr in das Handelsregister eingetragen werden, wenn der Beschluss bereits nach § 246a Abs. 1 AktG a.F. zur Eintragung freigegeben wurde. Die für und gegen jedermann wirkende Eintragung wurde mit § 246a Abs. 3 S. 4 AktG a.F. erstmals als Bestandskraft be-zeichnet. Eine Löschung des Beschlusses nach § 144 Abs. 2 FGG (jetzt § 398 FamFG) darf damit (auch noch nach heutigem Recht) nicht mehr vorgenommen werden. Folglich wurde mit dem Freigabeverfahren zugleich die endgültige Irreversibilität der Eintragung – unabhängig von dem Ergebnis der Anfechtungsklage – bewirkt. Diese Bestandskraftregelung gilt jedoch nur für das Freigabeverfahren nach § 246a AktG und damit für Beschlüsse bezüglich Kapitalmaßnahmen und Unternehmensverträge. Weder für das Freigabeverfahren einer Eingliederung (§ 319 Abs. 5 AktG) noch des Squeeze-Outs gab es eine gleichlaufende eine ähnliche Regelung.

Als Gegengewicht zur Bestandskraftregelung wurde in § 246a Abs. 4 S. 1 AktG a.F. eine Schadensersatzregelung eingeführt. Sollte sich eine Anfechtungsklage, nachdem der Beschluss aufgrund eines erfolgreichen Freigabeverfahrens eingetragen und damit bestandskräftig geworden ist, dennoch als begründet herausstellen, so erhält der Kläger Schadensersatz. Die bis heute unveränderte Regelung sieht vor, dass die Gesellschaft, die den (Freigabe-)Beschluss erwirkt

[487] BGH, DStR 2006, 1145, 1146.

hat, dem Antragsgener (dem Aktionär) den Schaden zu ersetzen hat, der ihm aus einer auf dem Beschluss beruhenden Eintragung des Hauptversammlungsbeschlusses entstanden ist.

1.4.4 Kritik

1.4.4.1 Zum Freigabeverfahren

Die Einführung des Freigabe – oder Unbedenklichkeitsverfahrens – in § 246a AktG a.F. ist als Maßnahme gegen räuberische Aktionäre grundsätzlich positiv zu werten, da der Gesetzgeber damit das seit langem bestehende und sich weiter verschlimmernde Problem des Berufsklägertums zunächst zumindest *irgendwie* in Angriff genommen hat. Allerdings ist dieser Aspekt aber auch beinahe der einzig positive. Zum einen begegnen die Regelungen des durch das UMAG neu eingeführten § 246a AktG a.F. hinsichtlich ihrer *Wirksamkeit* in verschiedener Hinsicht Bedenken, zum anderen hat der Gesetzgeber mit der Einführung des Freigabeverfahrens in das Aktienrecht aber den Grundstein für ein dogmatisches Dilemma gelegt, das sich – wie später noch zu zeigen sein wird (dazu unten § 6 A III) – auch in der weiteren Gesetzgebung weiter vergrößern wird.

Betrachten wir zunächst die Wirksamkeit der Neuregelungen zur Eindämmung des Klagegewerbes. Mit der Einführung des Eilverfahrens war bezweckt, Eintragungen von Hauptversammlungsbeschlüssen trotz erhobener Klagen zu ermöglichen und die Dauer der Eintragung wesentlich zu verringern, um so das Erpressungspotential zu mindern. Zwar muss bei positiver Freigabeentscheidung kein unter Umständen langwieriges Hauptsachverfahren mehr abgewartet werden bis der Beschluss zu seiner Wirksamkeit gelangt. Dennoch kann aber schon die Verzögerung der Eintragung um nur einige Monate erhebliche Schäden für die Gesellschaft bdeuten.[488] Die Möglichkeit, die Entscheidungsfrist nach § 246 a Abs. 3 S. 6 AktG a.F. zu verlängern, unterstreicht diese Bedeken. Die Möglichkeit der Fristverlängerung ist dabei aber unter dem Aspekt zu betrachten, dass schwierige Rechtsfragen, die ja, wie oben erläutert, vollumfänglich zu prüfen sind, nicht immer innerhalb der dreimonatigen Frist geklärt werden können. Gerade im Aktienrecht ist die Sach- und Rechtslage

[488] *Schiessl*, in: Gesellschaftsrecht in der Diskussion 1999, S. 63; *Baums*, Aktionärsklagerechte, F 157 f.; *Bungert*, in: Gesellschaftsrecht in der Diskussion 2004, S. 93.

zumeist schwer zu beurteilen,[489] weshalb die Fristüberschreitung nicht unwahrscheinlich ist.[490] Hier zeigt sich damit aber auch eher noch ein weiteres Problem an einer ganz anderen Stelle. Ist die Pflicht zur vollumfänglichen Beurteilung der Sach- und Rechtslage im Eilverfahren dann überhaupt sinnvoll? Spricht nicht die geforderte Offensichtlichkeit im Rahmen der Prüfung der offensichtlichen Unbegründetheit bzw. die Unterstellung der Begründetheit der Klage (und damit also das Annehmen einer Rechtsverletzung) im Rahmen der Interessenabwägung gerade *gegen* die vollumfängliche Prüfung sämtlicher auch schwerer Rechtsprobleme? Auf der anderern Seite kann eine bloß kursorische Prüfung nicht die schwerwiegende Freigabeentscheidung und die mit ihr verbundene Bestandskraft rechtfertigen. Eine bloß kursorische Prüfung umfangreicher und komplexer Sachverhalte übergeht den Aktionärsschutz und unterläuft eine wirksame Rechtsmäßigkeitskontrolle des Beschlusses. Erweist sich ein Beschluss, dem beispielsweise ein komplexer Sachverhalt zugrunde liegt, später als rechtswidrig, weil er unter Umständen sogar schwerwiegend in Aktionärsrechte eingreift, hebelt hier die bloß kursorische Prüfung im Freigabeverfahren mit der Bestandskraft die wirksame Rechtmäßigkeitskontrolle aus, da diese nunmal die Vernichtung des Beschlusses bei seiner Rechtswidrigkeit vorsieht und somit umgangen wird.

Zudem war aber auch die Fassung der Interessenabwägungsklausel nach § 246a Abs. 2 S. 1 Var. 3 AktG a.F. missglückt. Zwar gab die Regierungsbegründung zum UMAG einige gewichtige Auslegungshinweise. Unklarheiten bestanden aber dennoch hinsichtlich der Einordnung des Merkmals des "besonders schweren Rechtsverstoßes" innerhalb des Prüfungsprozesses. Die Interessenabwägungsklausel wurde daher auch eher restriktiv angewendet.[491] Das OLG Jena äußerte sich im Rahmen einer Freigabeentscheidung beispiels-weise wie folgt: eine "allzu großzügige Interessenabwägung [darf] nicht dazu führen, dass die formellen und materiellen Aktionärsrechte im Ergebnis leer laufen".[492] Diese eher restriktive und sogar zurückhaltende Handhabung der Interessenabwägungsklausel kontakarierte aber – unabhängig von ihrer Richtigkeit – die

489 *Ek*, Hauptversammlung, S. 163, Rn. 611; *Wilsing*, ZIP 2004, 1082.
490 *Heinrich*, Die Abwehr des Missbrauchs der Anfechtungsklage, S. 154.
491 *Rubel*, DB 2009, 2027, 2028.
492 OLG Jena, ZIP 2006, 1989, 1997.

Intention des Gesetzgebers, mehr Möglichkeiten für eine schnellere Freigabe zu schaffen und missbräuchlichen Klagen dadurch entgegenzuwirken.[493]

Zusammenfassend bleibt daher in Bezug auf die *Wirksamkeit* des Freigabeverfahrens festzuhalten, dass es freilich zunächst positiv für die betroffenen Gesellschaften eine Möglichkeit bietet, dem angefochtetenen Hauptversammlungsbeschluss schneller zu seiner Wirksamkeit zu verhelfen. Andererseits weist es aber konzeptionelle Schwächen auf, die darauf hinweisen, dass auch trotz des Freigabevrfahrens die Eintragung von Hauptversammlungsbeschlüssen sich zumidest länger als die eigentlich vorgesehenen drei Monate hinziehen würden und darüber hinaus die Interessenabwägungsklausel Zündstoff für eine uneinheitliche Rechtsprechung bietet.

Auf der anderen Seite bleibt *dogmatisch* zu beleuchten, was der Gesetzgeber mit der Einführung des Freigabeverfahrens in § 246a AktG a.F. überhaupt bewirkt hat. Der Gesetzgeber hat sich nämlich damit zu einer absolut unsauberen Lösung entschlossen, die wohl eher der Not als einem wirklichen Plan geschuldet ist. In Anbetracht des rechtstatsächlichen Dilemmas der Ausnutzung des geltenden Beschlussmängelrechts durch molestierende Minderheitsaktionäre und der sich daraus ergebenden Erpressungssituation entschied der Gesetzgeber sich, die Lösung in einer Umgehung der eigentlich selbst durch ihn angeordneten Registersperre zu suchen. Ein Hauptversammlungsbeschluss, der angefochten wurde, sollte nach der Lösung des UMAG dann eingetragen werden können, wenn die Voraussetzungen der Freigabe aus § 246a Abs. 2 AktG a.F. vorlagen. Mal abgesehen von der Unzulässigkeit und der offensichtlichen Unbegründetheit der Anfechtungsklage konnte dies auch dann der Fall sein, wenn eine Abwägung der widerstreitenden Interessen von Gesellschaft und Anfechtungskläger ergab, dass die Nachteile der Gesellschaft bei Nichteintragung des Beschlusses größer waren als die des Anfechtungsklägers bei Eintragung des Beschlusses, es sei denn es lag ein besonders schwerer Rechtsverstoß vor. Wie bereits gezeigt (oben § 4 B V 1.4.1.3) ging der Gesetzgeber davon aus, dass, solange nur das Individualinteresse des Anfechtungsklägers zu berücksichtigen ist, die Abwägung immer zugunsten der Gesellschaft ausgehen wird. Man gelangt somit also zu dem Ergebnis, dass ein Beschluss, der also

[493] *Rubel*, DB 2009, 2027, 2028.

tatsächlich das Gesetz oder die Satzung verletzt und damit rechtswidrig ist und somit folglich eigentlich nach der eigentlichen gesetzgeberischen Wertung nicht in das Handelsregister eingetragen werden darf, trotzdem in das Handelsregister eingetragen wurde, wenn die Freigabevoraussetzungen vorlagen. Dies war und ist unter dogmatischen Gesichtspunkten ein untragbares Ergebnis, wird hier doch Unrecht verrechtlicht und somit das Beschlussmängelrecht teilweise ausgehebelt. Das Prozessgericht erkennt nämlich eine Rechtsverletzung, trägt aber dennoch ein. Wozu man dann überhaupt noch ein Beschlussmängelrecht brauchen soll, weiß wohl nur der Gesetzgeber selbst.[494]

1.4.4.2 Zur Bestandskraftregelung

Sieht man die Inkosistenz der damit geschaffenen Rechtslage aber auch noch in Kombination mit der Bestandskraftregelung der §§ 242 Abs. 2 S. 5, 246a Abs. 1, Abs. 4 S. 2 HS 1, Abs. 3 S. 4 HS 2 AktG a.F., mutet die Konstruktion nun endgültig als gesellschaftsrechtlicher "Fremdkörper" an.[495] Überspitzt gesagt hängt die Frage, ob ein Beschlussmangel geahndet wird oder nicht, davon ab, wie eilig die Eintragung im Interesse der Gesellschaft erfolgen soll.[496] Der weitere Fortgang der Anfechtungsklage hat dann aber keinen Einfluss mehr auf die Wirksamkeit der Eintragung: der freigegebene Beschluss bleibt trotz eventuell festgestellter Rechtswidrigkeit und damit Nichtigkeit bestehen; eine eigentlich nichtige Maßnahme bleibt damit wirksam. Die Bestandskraftregelung erweist sich aber auch im Hinblick auf ihre Formulierung als wenig geglückt. Auslegungsfähig und auch –bedürftig ist in § 246a Abs. 3 S. 5 HS 2 AktG a.F. nämlich, ob die Regelung die Bestandskraft des Hauptversammlungsbeschlusses meint oder aber die Bestandskraft der Eintragung. Überdies wird auch nicht deutlich, ob die Bestandskraft gesetzliche Folge der Eintragung sein soll oder ob sie gesondert gerichtlich festzustellen ist.[497] Das Gesetz selbst spricht von der "Feststellung der Bestandskraft". Danach müsste folglich ein Verfahren für diese Feststellung existieren, das aber durch das Gesetz selbst nicht vorgegeben wird. Die Regierungsbegründung kann insoweit nicht herangezogen, da sie widersprüchlich zum einen formuliert, dass das Gericht die

---

[494] Kritisch dazu auch *Martens/Martens*, in: FS K.Schmidt (2009), 1129, 1141; *Habersack*, ZGR 2010, 710, 717 f.

[495] So *Martens/Martens*, in: FS K.Schmidt (2009), 1129, 1141

[496] *Martens/Martens*, in: FS K.Schmidt (2009), 1129, 1141

[497] *Habersack*, ZGR 2010, 710, 718.

Bestandskraft auf Antrag der Gesellschaft feststelle, zum anderen dann aber vorgibt, dass der Freigabebeschluss dem Hauptversammlungsbeschluss die Bestandskraft verleihe.[498] Man wird hier wohl davon ausgehen können, dass eine gesonderte Feststellung und damit auch die Regelung des § 246a Abs. 3 S. 4 HS 2 nur dann sinnvoll ist, wenn die Wirkungen der Eintragung tatsächlich einmal bestritten werden sollten.[499]

Schließlich ist auch die Schadensersatzregelung des § 246a Abs. 4 AktG a.F. als wenig positiv zu bewerten. Freilich muss der Aktionär seinen Schaden ersetzt bekommen. Hierzu zählen insbesondere die Prozesskosten oder Vermögensschäden, die auf die Eintragung zurückzuführen sind, wie z.B. der Verwässerungsschaden bei Kapitalerhöhungen unter Bezugsrechtsausschluss.[500] Allerdings zielt die Vorschrift nur auf den Ersatz des individuellen Vermögenschadens des Aktionärs ab. Die Anfechtungsklage verliert hiermit noch mehr ihre Zweitfunktion als Instrument zur Wahrung der Aktienrechtsordnung. Sollten sich für den Aktionär einmal Beweisschwierigkeiten in Bezug auf einen konkret erlittetenen Vermögensschaden ergeben, was wohl nicht selten der Fall sein wird,[501] läuft die Vorschrift sogar gänzlich ins Leere.

1.5. Bekanntmachung in den Gesellschaftsblättern, § 248a AktG i.V.m. § 149 Abs. 2 und 3 AktG

Flankierend zu den Regelungen des Freigabeverfahrens wurde durch das UMAG neu in § 248a AktG i.V.m. § 149 Abs. 2 und 3 AktG die Publizität der Verfahrensbeendigung von Anfechtungsklagen eingeführt. Danach haben börsennotierte Gesellschaften die Verfahrensbeendigung eines Anfechtungsprozesses unverzüglich in ihren Gesellschaftsblättern bekannt zu machen. Die Wirksamkeit von Zahlungsverpflichtungen der Gesellschaft im Zusammenhang mit der gerichtlichen oder außergerichtlichen Beendigung von Anfechtungsprozessen in anderer Weise als durch Urteil des Prozessgerichts soll dabei von der

---

[498] RegE UMAG, BT-Drucks. 15/5092 S. 28.

[499] *Habersack*, ZGR 2010, 710, 719.

[500] RegE UMAG, BT-Drucks. 15/5092, S. 28; *Hüffer*, AktG, § 246a, Rn. 13; *Schwab*, in: Schmidt/Lutter (Hrsg.), AktG, § 246a Rn. 46; *Paschos/Johannsen-Roth*, NZG 2006, 327, 332; *Spindler*, NZG 2005, 825, 830.

[501] *Martens/Martens*, in: FS K.Schmidt (2009), 1129, 1141; *Zöllner*, in: FS Westermann (2008),1631, 1638.

Einhaltung der Publizitätspflicht abhängen,[502] sodass bereits geleistete Zahlungen bei Nichteinhaltung der Publizitätspflicht nach §§ 248a, 149 Abs. 2 AktG zurückgefordert werden können. Bekannt zu machen ist folglich nicht nur die Beendigung per Urteil, sondern auch durch Prozesshandlungen wie Klagerücknahmen und Erledigungserklärungen sowie die Einigung im Vergleich.[503] Entsprechendes gilt für Vereinbarungen, die zur Vemeidung eines Prozesses getroffen werden (§§ 248, 149 Abs. 3 AktG). Die Vorschrift wurde auf den Vorschlag der Regierungskommission Corporate Govenance und der Beschlussempfehlung des 63. Deutschen Juristentages eingeführt.[504] Hintergrund war das Bestreben, durch Transparenz der Prozesse eine Art Abschreckungswirkung für missbräuchliche Klageerhebung, also eine Präventivfunktion, zu entfalten.[505] Zu veröffentlichen sind nach der Vorschrift nämlich der gesamte Wortlaut aller getroffenen Vereinbarungen, die von der Gesellschaft oder ihr zurechenbaren Dritten erbrachten Leistungen und die Namen aller am Prozess Beteiligten.[506]

Aber auch die Wirksamkeit dieser Vorschrift scheint in Bezug auf das gesetzgeberische Ziel der Vermeidunng bzw. Eindämmung missbräuchlicher Klagen eher zweifelhaft. Der mehrfach in Erscheinung getretene Berufskläger wird sich wohl kaum durch die Veröffentlichung seines Namens abschrecken lassen. Positiv zu bewerten ist diese Vorschrift aber im Hinblick darauf, dass sie eine empirische Untersuchung wie die von *Prof. Baums* aus dem Jahr 2007[507] ermöglicht und damit dazu beigetragen hat, den Missstand im Beschlussmängelrecht zumindest genauer zu beleuchten.

---

[502] RegE UMAG, BT-Drucks. 15/5092 S. 30.

[503] RegE UMAG, BT-Drucks. 15/5092 S. 30.

[504] RegE UMAG, BT-Drucks. 15/5092 S. 30.

[505] RegE UMAG, BT-Drucks. 15/5092 S. 24; Abschlussbericht der Regierungskommission Corporate Governance, BT-Drucks. 14/7515, S. 79f. Rn. 158 f.; *Baums*, Aktionärsklagerechte, F 183 f.; *Bungert*, in: Gesellschaftsrecht in der Diskussion (2004), S. 98; *Holzborn/Bunnemann*, BKR 2005, 51, 56; *Wilsing*, ZIP 2004. 1082, 1090.

[506] Stellungnahme des DAV zum UMAG (April 2004) zu Nr. 22 (3) sowie Stellungnahme des DAV zum UMAG (März 2005) Nr. 16 (2), die aber kritisiert, dass die Einbeziehung Dritter inkonsequent sei, da weder das Gleichbehandlungsgebot noch das Verbot der Einlagenrückgewähr tangiert werden.

[507] *Baums/Keinath/Gajek*, ZIP 2007, 1629 ff.

2. Wirksamkeit der gesetzlichen Neuregelungen durch das UMAG

Mit dem UMAG verfolgte der Gesetzgeber das ehrgeizige Ziel, das für den Aktionär wichtige Schutzinstrument der Anfechtungsklage zu bewahren und dennoch die missbräuchliche Ausnutzung derselben zu unterbinden und Schaden von den betroffenen Gesellschaften abzuwenden.[508] Wie die vorstehenden Ausführungen aber gezeigt haben, hat er dieses Ziel nur im Ansatz und auch nur einseitig erreicht. Faktisch werden durch die Änderungen des UMAG nämlich nur die betroffenen Gesellschaften begünstigt. Dies ist freilich dahingegehend zu begrüßen, dass den Gesellschaften endlich mit dem Freigabeverfahren zunächst wenigstens irgendeine Waffe an die Hand geggeben wurde, um sich gegen das zweischneidige Schwert der Anfechtungsklage zur Wehr setzen zu können. Allerdings stellen die Regelungen des Freigabeverfahrens auf der andereren Seite keine besonders einschneidenen Maßnahmen dar. Sie führen im Gegenteil dazu, dass zum einen der das Anfechtungsrecht redlich gebrauchende Aktionär in gleichem Maße betroffen ist wie der das Anfechtungsrecht missbräuchlich ausübende Aktionär. Zum anderen stellt die Lösung über ein Freigabeverfahren eine inkonsistente und das Beschlussmängelrecht aushebelnde Marschroute dar, die das Ziel des Gesetzgebers, die Anfechtungsklage als Schutzinstrument des Aktionärs beizubehalten, weit verfehlt hat.

VI. Sonderaktienrecht für den Finanzsektor

Dass die Problematik der missbräuchlichen Anfechtungsklagen bei der gesetzgeberischen Tätigkeit im Bereich des Gesellschaftsrecht allgegenwärtig und zu berücksichtigen ist, zeigen auch die zur Stabilisierung des Finanzsektors aufgrund der Finanzmarktkrise im Jahr 2008 erlassenen Finanzmarktstabilisierungsgesetze. Im Folgenden sollen die für die Thematik der missbräuchlichen Anfechtungsklagen und ihrer Bekämpfung relevanten Sonderregelungen für den Finanzsektor dargestellt und analysiert werden. Dabei wird zu zeigen sein, dass in der Krisensituation der Gesetzgeber die Notwendigkeit gesehen hat, den Minderheitenschutz in Form der Rechtmäßigkeitskontrolle von Hauptversammlungsbechlüssen zum Wohle von Unternehmen aus dem Finanzsektor fast gänzlich zurückzudrängen. Es wird allerdings auch deutlich werden, dass dieser Weg nur für den hier speziellen Fall einer Finanzmarktkrise und

[508] RegE UMAG, BT-Drucks. 15/5092 S. 1 f.

auch nur aufgrund der Systemrelevanz der Banken eine Lösung des Problems missbräuchlicher Anfechtungsklagen darstellen kann und sich nicht als neuer Ansatzpunkt für eine generelle Neuregelung des Beschlussmängelrechts eignet. Positiv wird aber die Einführung eines *Missbrauchstatbestands* aufzuzeigen sein.

1. Hintergrund: Finanzmarktkrise

Seit Mitte des Jahres 2007 befand sich die Wirtschaft in einer Krise, die durch die Finanzmärkte ausgelöst und als so genannte Finanzkrise oder „Subprime-Krise“ bekannt wurde.[509] Ursache war die in den USA bis dahin stark zunehmenden Vergabe von Immobilienkrediten an Kreditnehmer mit eher schwacher Bonität („Subprime-Lending“), die durch die dort vorherrschenden hohen Immobilienpreise und die Erwartung ihres weiteren Anstiegs bedingt war.[510] Kennzeichnend für die Vergabe von Immobilienkrediten ist am amerikanischen Markt die Weitergabe der Kredite oder zumindest des mit dem Kredit verbundenen Ausfallrisikos über diverse Kreditrisikotransferinstrumente an die Märkte für strukturierte Anleihen, wobei diese Anleihen bei institutionellen Anlegern platziert wurden.[511] Ermöglicht und begünstigt wurde die Entwicklung dieses Sekundärmarktes für Kreditrisiken zusätzlich durch die von der US-Regierung unterstützte Gesellschaft Fannie Mae und Freddie Mac, die Garantien übernahmen.[512] Teilweise wurden die Kredite auch durch Kreditausfallversicherungen (Credit Default Swaps, CDS) von den großen Versicherern, wie AIG, abgesichert. Da mit der verbriefung und dem Weiterverkauf der Kredite kein Risiko bei den Banken verblieb, sank die Sorgfalt der Banken bei der Auswahl der Kreditnehmer („Moral Hazard“), was schließlich dazu führte, dass Kredite sogar an Kreditnehmer ohne festes Einkommen und ohne Eigenkapitalbeitrag vergeben wurden.[513] Die mehrfache Verbriefung von Hypothekenforderungen schlechter Qualität und deren Mischung mit Hypothekenforderungen sehr guter Qualität führte zu Intransparenzen, da Gläubiger häufig keinen Einblick in die einer Collateralized Debt Obligation (CDO) zugrunde liegenden Hypotheken-

---

[509] Eine detaillierte Analyse der Hintergründe zur Finanzmarktkrise findet sich bei *Rudolph*, ZGR 2010, 1 ff.

[510] *Rudolph*, ZGR 2010, 1, 7.

[511] *Rudolph*, ZGR 2010, 1, 8.

[512] *Rudolph*, ZGR 2010, 1, 8 f.

[513] So genannte „Ninjas“ (No Income, No Job or Assets), *Rudolph*, ZGR 2010, 1, 8.

portfolien nehmen konnten. Die Verbriefungen wurden weltweit gehandelt und unter anderem stark in Europa gekauft; hier typischerweise von den Landesbanken aber auch von Privatbanken wie der IKB. Als 2007 die Immobilienblase platze – die Preise auf den Immobilienmärkten in den USA sanken – und Kreditnehmer die aus der steigenden Verschuldung resultierenden Zins- und Tilgungsleistungen nicht mehr erbringen konnten, kam es zu Ausfällen in den Verbriefungen.[514]

Aufgrund der weltweiten Vernetzung der Finanzmärkte und des dynamischen Wachstums der Märkte für Verbriefungen, an denen u.a. von Investmentbanken verbriefte und in Wertpapieren gebündelte Immobilienkredite (Asset-Backed-Securities, ABS) weltweit gehandelt wurden, blieben diese Auswirkungen aber nicht auf die USA begrenzt. Nachdem in den USA zunächst die Bank Lehman Brothers Konkurs anmeldete[515] und Bear Stearns von JPMorganChase übernommen worden war, gerieten in Deutschland als erstes die Mittelstandsbank IKB[516] und die Landesbank Sachsen in eine Schieflage. Als sich 2008 die Finanzkrise dann erneut zuspitzte, beschloss der Gesetzgeber, einzuschreiten.[517]

2. Finanzmarktstabilisierungsgesetze

Die seit Mitte 2007 vorherrschende Finanzmarktkrise und ihre weitere Verschärfung im Jahr 2008 hatten weltweit und damit auch in Deutschland zu einer angespannten Liquiditätslage geführt.[518] Auf internationaler Ebene wurden seitens der großen Industrienationen Milliardenprogramme zur Stabilisierung der Finanzmärkte entwickelt und auch in Deutschland reagierte der Gesetzgeber in vorher nur selten da gewesener Geschwindigkeit.[519] Am 18. Oktober 2008 trat nach nur einwöchiger Beratungen das Finanzmarktstabilisierungsgesetz

[514] Zur Chronologie der Finanzkrise *Sinn*, Kasino Kapitalismus, S. 316 ff.

[515] 15. September 2008.

[516] Süddeutsche Zeitung v. 21. August 2008, IKB-Verkauf an Lone Star.

[517] Siehe Fn. 518.

[518] Gesetzesbegründung FMStG, S. 1. Insbesondere benötigten die Hypo Real Estate AG und die Commerzbank AG dringend frisches Eigenkapital (Handelsblatt vom 9. Januar 2009 zur Eigenkapitalhilfe des Sonderfonds Finanzmarktstabilisierung („SOFFIN") in Höhe von insgesamt Euro 18,2 Mrd. bei der Commerzbank AG).

[519] *Wieneke/Fett*, NZG 2009, 8.

(FMStG) in Kraft.[520] Durch das FMStG wurden das Finanzmarkstabilisierungsfondsgesetz (FMStFG)[521] und das Finanzmarktstabilisierungsbeschleunigungsgesetz (FMStBG)[522] neu eingeführt sowie einige wenige Änderungen im Bereich des Bank- und Versicherungsaufsichtsrechts sowie des Insolvenzrechts[523] durchgeführt. Dabei regelt das FMStFG u.a. die Errichtung eines teilrechtsfähigen Finanzmarktstabilisierungsfonds (§§ 1 und 3 FMStFG) nebst zugehöriger Anstalt, der Leistungen bereitstellt, die durch Unternehmen des Finanzsektors in Anspruch genommen werden können. Nach diesem Gesetz können Unternehmen, die im Rahmen der Krise in finanzielle Not geraten sind, Leistungen in Höhe eines Gesamtvolumens von zu der Zeit 80 Millarden Euro für die Übernahme von problembehafteten Risikopositionen (§ 8 FMStFG) und die Bereitstellung von Eigenkapital (Rekapitalisierung § 7 FMStFG) in Anspruch nehmen. Der Fonds agiert unter der Bezeichnung „Sonderfonds Finanzmarktstabilisierung" („SoFFin"). Weitere 20 Milliarden Euro waren als Deckungsbetrag für Garantien (§ 6 FMStFG) vorgesehen, mit denen der Fonds für neu begründete Refinanzierungsverbindlichkeiten mit Laufzeiten von bis zu drei Jahren[524] einstehen kann. Aufgrund der Eilbedürftigkeit der Stabilisierungsmaßnahmen wurden mit dem FMStBG bestimmte gesellschaftsrechtliche Regelungen, insbesondere hin-sichtlich Kapitalerhöhungen und Anteilserwerb, abgeändert. Zwei Tage später, nämlich am 20. Oktober 2008, trat zudem die Durchführungsverordnung zum Finanzmarktstabilisierungsfondsgesetz (FMStFV)[525] in Kraft. Sie enthält Details zur Umsetzung und Ausgestaltung einzelner (Stabilisierungs-) Maßnahmen. Nur wenige Monate später wurden die durch das FMStG eingeführten Gesetze und Änderungen aber bereits adjustiert. Seit dem Inkrafttreten des FMStG war klar geworden, dass dem Fonds eine flexiblere Handhabung der

[520] Gesetz zur Umsetzung eines Maßnahmenpakets zur Stabilisierung des Finanzmarktes (kurz: Finanzmarktstabilisierungsgesetz, FMStG) vom 17. Oktober 2008, BGBl. I, S. 1982.

[521] Gesetz zur Errichtung eines Finanzmarkstabilisierungsfonds (kurz: Finanzmarkstabilisierungs-fondsgesetz – FMStFG) vom 17. Oktober 2008, BGBl. I, S. 182.

[522] Gesetz zur Beschleunigung und Vereinfachung des Erwerbs von Anteilen an sowie Risikopositionen von Unternehmen des Finanzsektors durch den Fonds „Finanzmarktstabilisierungsfonds-FMS" (kurz: Finanzmarktstabilisierungsbeschleunigungsgesetz – FMStBG) vom 17. Oktober 2008, BGBl. I, S. 182.

[523] So wurde das Kreditwesengesetz (KWG), das Versicherungsaufsichtsgesetz (VAG) und die Insolvenzordnung (InsO) geändert.

[524] In der aktuellen Fassung ist eine Laufzeit von nicht mehr 60 Monaten vorgesehen.

[525] Verordnung zur Durchführung des Finanzmarktstabilisierungsfondsgesetzes (FMStFV) vom 20. Oktober 2008, eBAnz. Nr. 123, S. 1.

Stabilisierungsmaßnahmen ermöglicht werden musste.[526] Mit dem Finanzmarktstabilisierungsergänzungsgesetz (FMStErgG)[527] vom 07. April 2009 sollten daher die zuvor geschaffenen Rahmenbedingungen des Finanzmarktstabilisierungsfondsgesetzes sowie die gesellschaftsrechtlichen Begleitmaßnahmen für Rekapitalisierungsmaßnahmen punktuell ergänzt werden, um so eine erleichterte Übernahme zum Zweck der Stabilisierung zu ermöglichen.[528] Mit dem Gesetz sollte der Fonds im Interesse eines stabilen Finanzmarktes erweiterte zivil- und gesellschaftsrechtlichen Handlungsoptionen erhalten.[529] Als ultima ratio wurde mit dem FMStErgG zudem die Möglichkeit der Verstaatlichung eines sanierungsbedürftigen Unternehmens für den Fall, dass selbst die Nutzung der erweiterten zivil- und gesellschaftsrechtlichen Handlungsoptionen nicht ausreicht, eingeführt.[530] Insgesamt hat also der Gesetzgeber mit den Finanzmarktstabilisierungsgesetzen ein zeitlich befristetes Sonderrecht für Unternehmen des Finanzsektors geschaffen, das der möglichst raschen Umsetzung von Sanierungsmaßnahmen dienen soll.[531] Die Dringlichkeit der Durchführung bestimmter Sanierungsmaßnahmen zum Zwecke der Finanzmarktstabilität und der Stärkung des Vertrauens in den Finanzmarkt hatte dem Gesetzgeber aber auch die Gefahr der Verzögerung solcher Strukturmaßnahmen durch missbräuchliche Anfechtungsklagen ins Gedächtnis gerufen. Mit dem FMStBG und dem FMStErgG wurde darum auch versucht, dem Missbrauch des Anfechtungsrechts Einhalt zu gebieten.[532] Zum Zwecke der Straffung des Umfangs wird die Darstellung auf die Regelungen zu Kapitalerhöhungen beschränkt.

---

[526] Regierungsbegründung zum Entwurf eines Gesetzes zur weiteren Stabilisierung des Finanzmarktes (Finanzmarktstabiliserungsergänzungsgesetz – FMStErgG), BT-Drucks. 16/12100, S. 1.

[527] Gesetz zur weiteren Stabilisierung des Finanzmarktes (Finanzmarktstabilisierungsergänzungsgesetz - FMStErgG) vom 07. April 2009, BGBl I, S. 725.

[528] RegE FMStErgG, BT-Drucks. 16/12100, S. 1.

[529] RegE FMStErgG, BT-Drucks. 16/12100, S. 1.

[530] RegE FMStErgG, BT-Drucks. 16/12100, S. 1.

[531] *Langenbucher*, ZGR 2010, 75, 76.

[532] Hopt/Fleckner/Kumpan/Steffek, WM 2009, 821, 827.

3. Die „bankaktienrechtlichen" Sondervorschriften

3.1 Kapitalerhöhungen nach FMStBG

Um Liquiditätsengpässe zu beheben, ist die Kapitalerhöhung gegen Einlagen praktisch wohl am bedeutsamsten.[533] Gleichzeitig sind Hauptversammlungsbeschlüsse über Maßnahmen der Kapitalbeschaffung aber auch häufig Angriffsziel klagefreudiger Aktionäre.[534] Der Gesetzgeber hat daher den verbandsinternen Willensbildungsprozess, die Beschlusskontrolle der Aktionäre und die Überprüfungsmöglichkeiten des Registerrichters im Rahmen der Kapitalerhöhung (und auch –herabsetzung) sowie des genehmigten Kapitals beschnitten.[535] Die Regelungen des FMStBG waren seit ihrem Inkrafttreten Änderungen und Anpassungen unterworfen. Durch Art. 3 des Zweiten Finanzmarktstabilisierungsgesetzes[536] sind dies Regelungen zum gesetzlich genehmigten Kapital mit Wirkung vom 01. März 2012 sogar wieder aufgehoben worden. Einen Auszug aus diesen Sonderregelungen gilt es dennoch im Folgenden exemplarisch darzustellen. Dabei wird der Rechtsstand bis zum 28. Februar 2012 mit dem Ziel zugrunde gelegt, einen Überblick über die durch die Finanzmarktkrise bedingten und für das Beschlussmängelrecht relevanten Aweichungen vom AktG zu geben.

3.1.1 Beschlussfassung unter Ausschluss der Hauptversammlung – gesetzlich genehmigtes Kapital nach den Änderungen des FMStBG

3.1.1.1 Regelungsgehalt

Die gemäß den §§ 202 ff. AktG vorgesehene Möglichkeit der Hauptversammlung, die Verwaltung zu ermächtigen, nach § 203 Abs. 2 S. 1 AktG eine Kapitalerhöhung auch unter Ausschluss des Bezugsrechts, aber maximal bis zur Hälfte des bei Beschlussfassung vorhanden Stammkapitals, vorzunehmen, wurden für den Finanzsektor nach § 3 FMStBG modifiziert.[537] Nach § 3 Abs. 1 FMStBG wurde dem Vorstand eines als Aktiengesellschaft verfassten Unternehmens des Finanzsektors *per Gesetz* die Möglichkeit eingeräumt, bis zum 31. Dezember 2010 das Grundkapital bis zur Hälfte des Grundkapitals, das zum Zeitpunkt des

[533] *Seiler/Wittgens*, ZIP 2008, 245, 246.

[534] *Baums/Keinath/Gajek*, ZIP 2007, 1629, 1640.

[535] *Langenbucher*, ZGR 2010, 75, 92.

[536] Zweites Gesetz zur Umsetzung eines Maßnahmenpakets zur Stabilisierung des Finanzmarktes (Zweites Finanzmarktstabilisierungsgesetz – 2. FMStG) vom 24. Februar 2012, BGBl. I S. 206.

[537] § 3 FMStBG aufgehoben durch Art. 3 Nr. 1 a des 2. FMStBG.

Inkrafttretens des FMStBG vorhanden ist, durch Ausgabe neuer Aktien gegen Einlagen an den Finanzmarktstabilisierungsfonds zu erhöhen. Die Erhöhung bedurfte nach § 3 Abs. 2 FMStBG ausdrücklich nicht der Zustimmung der Hauptversammlung, die ansonsten nach §§ 179, 186 Abs. 3 S. 1, 202 Abs. 2, 203 Abs. 2 AktG für eine diesbezügliche Beschlussfassung zuständig wäre, sondern sie bedurfte nach § 3 Abs. 1 S. 2 FMStBG nur der Zustimmung des Aufsichtsrats. Darüber hinaus wurde das Bezugsrecht der Aktionäre nach § 3 Abs. 3 FMStBG bereits von vornherein ausgeschlossen. Die Durchführung der Maßnahme wurde schließlich dadurch sichergestellt, dass ihre Rückgängigmachung gemäß § 3 Abs. 5 S. 5 FMStBG i.V.m. § 246a Abs. 4 S. 2 AktG ausdrücklich nicht verlangt werden kann.

3.1.1.2 Würdigung

Die vorgenannten gesetzlichen Regelungen in Bezug auf das gesetzlich genehmigte Kapital nach § 3 FMStBG wichen beachtlich von den eigentlichen Vorgaben der §§ 202 ff. AktG ab. Sie widerstrebten dem seit 1884 bestehenden System der zwingenden Hauptversammlungszuständigkeit[538] und entsprachen darüber hinaus nicht den europarechtlichen Vorgaben des Art. 25 Abs. 1 S. 1 der Kapitalrichtlinie,[539] der für *jede* Kapitalerhöhung auch einen Hauptversammlungsbeschluss verlangt, und des Art. 29 Abs. 4 und 5, der zwingend ein Bezugsrecht der Aktionäre vorsieht. Bei verschiedenen Aktiengattungen wird nach Art. 25 Abs. 3 der Richtlinie sogar ein Sonderbeschluss für jede Aktiengattung verlangt. Das gesetzlich genehmigte Kapital nach dem FMStBG verlangte aber lediglich einen Vorstandsbeschluss und die Zustimmung des Aufsichtsrats. Die Regelungen des § 3 FMStBG konnten daher zu recht als revolutionär bezeichnet werden.[540]

---

[538] *Seiler/Wittgens*, ZIP 2008, 2245, 2247.

[539] Zweite Richtlinie 77/91/EWG des Rates vom 13. Dezember 1976 zur Koordinierung der Schutzbestimmungen, die in den Mitgliedstaaten den Gesellschaften im Sinne des Artikels 58 Absatz 2 des Vertrages im Interesse der Gesellschafter sowie Dritter für die Gründung der Aktiengesellschaft sowie für die Erhaltung und Änderung ihres Kapitals vorgeschrieben sind, um diese Bestimmungen gleichwertig zu gestalten, Amtsblatt Nr. L 026 vom 31. Januar 1977 S. 0001 – 0013; *Spindler*, DStR 2008, 2268, 2273; *Seiler/Wittgens*, ZIP 2008, 2245, 2248; *Langenbucher*, ZGR 2010, 75, 84 m.w.N.; aA *Noack*, AG 2009, 227 f.

[540] So *Seiler/Wittgens*, ZIP 2008, 2245, 2247.

Hintergrund der eigentlichen Hauptversammlungszuständigkeit bei Kapitalerhöhungen ist aus verfassungsrechtlicher Sicht Art. 14 Abs. 1 GG. Die Eigentumsgarantie impliziert nämlich, dass eine Fremdbestimmung über die Mediatisierung der Mitgliedschafts- und Vermögensrechte nicht hinzunehmen ist.[541] Die Einschaltung der Hauptversammlung soll eine Machtbalance zwischen den einzelnen Gesellschaftsorganen bringen.[542] Aktionären soll die Möglichkeit eröffnet werden, durch ihre Beteiligung bei der Beschlussfassung Mitentscheidungsbefugnis insbesondere bei Geschäftsführungsmaßnahmen des Vorstands zu erhalten, die besonders tief in die Aktionärsrechte eingreifen,[543] so wie dies bei einer Kapitalerhöhung aus genehmigtem Kapital unter Ausschluss des Bezugsrechts der Fall ist (Verwässerung des Anteilsbesitzes).[544] Fraglich ist deshalb, ob die Regelungen des § 3 FMStBG überhaupt mit Art. 14 Abs. 1 GG vereinbar waren. Die gesetzliche Ermächtigung des § 3 FMStBG, ohne Mitwikung der Hauptversammlung eine Kapitalerhöhung aus genehmigtem Kapital durchzuführen sowie der gesetzliche Ausschluss des Bezugsrechts, griffen massiv in die aus dem Aktieneigentum folgenden und durch Art. 14 Abs. 1 GG geschützten Leitungs- und Vermögensrechte der Aktionäre ein.[545] De facto wurde durch den Ausschluss der Hauptversammlung nämlich auch das Anfechtungsrecht versagt.[546] Denn wo kein Hauptversammlungsbeschluss, da keine Anfechtung. Gerade aber die effektive Rechtsschutzmöglichkeit ist nach der Rechtsprechung des Bundesverfassungsgerichts erforderlich, um solch weitreichende Eingriffe in das Anteilseigentum zulassen zu können.[547] Die einzige Möglichkeit, die zur Blockade der Maßnahme dennoch bestünde, wäre eine einstweilige Verfügung (§§ 916 ff., 936, 935 ZPO) gegen den Vorstand gewesen, die Ausnutzung des gesetzlich genehmigten Kapitals zu unterlassen. Der Verfügungsanspruch hätte dabei auf den unzulässigen Eingriff in das verfassungsrechtlich garantierte Anteilseigentum gestützt werden können.[548]

---

[541] *Pfeifer*, in: MünchKomm AktG, § 182 Rn. 1; *Krieger*, in: MünchHdb. AG, § 56 Rn. 14; *Seiler/Wittgens*, ZIP 2008, 245, 248.

[542] *Hüffer*, AktG, § 119 Rn. 1.

[543] BGH, NJW 1982, 1703 („Holzmüller"); *Haertlein*, NZG 2009, 576.

[544] *Veil*, in: Schmidt/Lutter (Hrsg.), AktG, § 186 Rn. 1.

[545] *Seiler/Wittgens*, ZIP 2008, 245, 248;

[546] Für eine analoge Anwendung des § 249 AktG *Roitzsch/Wächter*, DZWiR 2009, 1, 3.

[547] BVerfG, ZIP 2007, 1261, 1262; *Seiler/Wittgens*, ZIP 2008, 245, 248.

[548] BVerfG, NZG 2009, 512; *Spindler*, DStR 2008, 2268, 2274; *Seiler/Wittgens*, ZIP 2008, 245, 250; *Waclawik*, ZIP 2008, 2339; *Haertlein*, NZG 2009, 576.

Zudem bestanden, wie oben bereits kurz angedeutet, ebenfalls Bedenken hinsichtlich der Vereinbarkeit der Regelungen des § 3 FMStBG mit der Kapitalrichtlinie. Da die Richtlinie außer im Falle eines Ermächtigungsbeschlusses für ein genehmigtes Kapital (Art. 25 Abs. 2, 29 Abs. 4) aber keine Ausnahmen für die Entbehrlichkeit eines Hauptversammlungsbeschlusses und den Ausschluss des Bezugsrechts kennt, scheint fraglich, ob man eine ungeschriebene Beschränkung der Richtlinie für den Fall einer globalen Finanzkrise annehmen könnte.[549] Die bisherige Rechtsprechung des EuGH[550] lässt eher Gegenteiliges vermuten. Insbesondere wurden abweichende einzelstaatliche Sonder- oder Ausnahmeregelungen zu Kapitalerhöhungen auch dann als unzulässig erachtet, wenn sie in einer Krisensituation der Gesellschaftssanierung dienen sollen.[551] Diese Rechtsprechung gelte sogar für Banken, bei denen in einer Finanzkrise die Situation eine andere sei als bei gewöhnlichen Aktiengesellschaften. Eine Erhöhung des Grundkapitals unter Mitwirkungsausschluss der Hauptversammlung sei überdies auch dann nicht möglich, wenn die Sanierung der betroffenen Gesellschaft von großer Bedeutung für die Volkswirtschaft eines Mitgliedstaates sei.[552] Der EuGH begründet diese rigorose Handhabung damit, dass andernfalls die Verbindlichkeit und die einheitliche Anwendung des Gemeinschaftsrechts beeinträchtigt würde. Ausnahmeregelungen kämen nur in Betracht, wenn sie ausdrücklich durch die Richtlinie zugelassen würden.[553] Es wäre daher auch möglich gewesen, das Argument der Unvereinbarkeit von § 3 FMStG mit der Kapitalrichtlinie im Rahmen des Verfügungsanspruchs bei einer einstweiligen Verfügung gegen den Vorstand vorzubringen.[554]

---

[549] *Langenbucher*, ZGR 2010, 75, 84; zweifelnd *Seiler/Wittgens*, ZIP 2008, 245, 250.

[550] EuGH Slg. 1991, I – 2691 ff. („Karella"); EuGH Slg. 1996, I – 1347 ff. („Pafitis") = ZIP 1996, 1543; ausführlich zur letzteren Entscheidung *Habersack*, Europäisches Gesellschaftsrecht (2004), § 6 Rn. 58 ff.; *Klinke*, ZGR 1996, 567, 587 ff.

[551] EuGH Slg. 1991, I – 2691, 2718 f., Rn. 27 ff. („Karella"); ebenso *Habersack*, Europäisches Gesellschaftsrecht (2004), § 10 Rn. 58 ff; *ders.*, Europäisches Gesellschaftsrecht (2006), § 6 Rn. 58 ff .; *Seiler/Wittgens*, ZIP 2008, 245, 248.

[552] EuGH Slg. 1991, I – 2691, 2718, Rn. 27 (Karella"); EuGH Slg. 1996, I – 1347, 1375, Rn. 40 („Pafitis"); *Seiler/Wittgens*, ZIP 2008, 245, 248.

[553] EuGH Slg. 1991, I – 2691, 2719, Rn. 31 (Karella"); EuGH Slg. 1996, I – 1347, 1375, Rn. 39 f. („Pafitis"); *Seiler/Wittgens*, ZIP 2008, 245, 248.

[554] *Seiler/Wittgens*, ZIP 2008, 245, 250.

Obwohl die vorgenannten durchgreifenden Bedenken schon bei Inkrafttreten des FMStG bestanden,[555] hat der Gesetzgeber die Vorschrift des § 3 FMStBG in Bezug auf die Zuständigkeit der Beschlussfassung nicht durch das FMStErG adjustiert. Im Gegenteil wurde die Möglichkeit der Ausnutzung des gesetzlich genehmigten Kapitals mit dem FMStErG dahingehend erweitert, dass nunmehr Anteile aus einer Kapitalerhöhung aus gesetzlich genehmigtem Kapital nicht nur an den Fonds, sondern auch an Dritte ausgegeben werden können. Nach einer Entscheidung der EU-Kommission vom 27. Oktober 2008, welche das FMStG als eine EU-konforme Beihilferegelung ansah und für gemäß Art. 87 Abs. 3 lit. b) EG zulässig erklärte, ging die Bundesregierung nämlich von der generellen europarechtlichen Zulässigkeit des FMStG und damit auch der Regelungen zum gesetzlich genehmigten Kapital aus.[556] Dabei übersah der Gesetzgeber allerdings, dass die Prüfung der EU-Kommission sich lediglich der Beurteilung der Stabilisierungsmaßnahmen der einzelnen Mitgliedstaaten im Rahmen der Finanzmarktkrise im Hinblick auf wettbewerbsrechtliche Fragen widmete. Die Vereinbarkeit des Gesetzeswerks mit sonstigem Gemeinschaftsrecht wurde hingegen nicht beurteilt.[557]

In der Praxis stieß § 3 FMStBG nach dem zuvor Gesagten auf durchgreifende Bedenken. Die sich hieraus ergebenden Unsicherheiten zeigen, warum im Rahmen der Stabilisierungsmaßnahmen kein Gebrauch vom gesetzlich genehmigten Kapital des § 3 FMStBG gemacht wurde.[558] Der Ausschluss der Hauptversammlung von der Beschlussfassung und darüber hinaus der damit verbundene Anfechtungsausschluss stellten einen krassen Eingriff in das Schutzsystem des Aktienrechts dar. Freilich kann man hier zumindest entgegenhalten, dass die Vorschriften nur auf solche Unternehmen des Finanzsektors Anwendung fanden, denen Stabilisierungsmaßnahmen gewährt wurden (§ 1 FMStBG), mithin solche Unternehmen, die die strengen Anforderung des § 10 FMStBG i.V.m. § 5 FMStFV erfüllten, was insbesondere die Geschäftspolitik und Vergütungssys-

[555] *Ziemons*, Börsenzeitung vom 20. Oktober 2008, *Hellwig*, in: FAZ vom 05. November 2008, *Binder*, WM 2008, 2340, 2347; *Brück/Schalast/Schanz*, BB 2008, 2526, 2531.

[556] Pressemitteilung des Bundesministeriums für Wirtschaft und Technologie vom 28. Oktober 2008, abrufbar unter: http://www.bmwi.de; *Seiler/Wittgens*, ZIP 2008, 245, 249.

[557] *Seiler/Wittgens*, ZIP 2008, 245, 248; *Hellwig*, FAZ vom 05. November 2008, Nr. 259, S. 23 (die beihilferechtliche Entscheidung sei „kein Persilschein für etwaige Verstöße gegen sonstiges Gemeinschaftsrecht").

[558] *Gurlit*, NZG 2009, 601.

teme betrifft. Auch die Zwischenschaltung des Aufsichtsrats als Zustimmungs- und Kontrollorgan hinsichtlich der Ausnutzung des genehmigten Kapitals bot den Aktionären einen gewissen Schutz. Man kann hier also davon ausgehen, dass der Ausschluss der Hauptversammlung dadurch gerechtfertigt werden sollte, dass es sich um Unternehmen mit Liquiditätsengpässen handelt, deren Zusammenbruch andernfalls die Finanzmärkte beeinträchtigen würde und somit die Stabilisierung des Eigenkapitals erforderlich war. In diesem Sinne liegt dem gesetzlich genehmigten Kapital also bereits eine gesetzliche Abwägung zulasten der Anteilseigner und zum Schutze der Stabilität der Finanzmärkte und damit der gesamten Volkswirtschaft zugrunde. Das Erfordernis eines Hauptversammlungsbeschlusses im Sinne der Kapitalrichtlinie lässt sich aber dennoch, auch unabhängig von den zugrunde liegenden gesetzgeberischen Bewertungen, nicht umgehen. Die Zuführung neuen Kapitals in das Gesellschaftsvermögen führt immer zu einer Verwässerung der Anteile der Altaktionäre, wenn sie wie hier vom Bezugsrecht ausgeschlossen sind. Der durch Art. 14 GG garantierte Schutz der Verwaltungs- und Vermögensrechte wird damit beeinträchtigt, ohne den betroffenen Aktionären eine Abwehrmöglichkeit an die Hand zu geben. Aufgrund dieser Unsicherheiten wäre die Ausnutzung des genehmigten Kapitals genauso angreifbar und daher unsicher bezüglich ihrer Durchführung wie eine „gewöhnliche“ Beschlussfassung über ein genehmigtes Kapital. Damit wäre die Beschleunigungsfunktion aber gefährdet gewesen.

3.1.2 Beschleunigung der Beschlussfassung in der Hauptversammlung

Als weiteres Rekapitalisierungsinstrument sieht § 7 FMStBG erhebliche Verfahrensvereinfachungen vor, wenn die Eigenkapitalausstattung eines Unternehmens des Finanzsektors im Rahmen einer ordentlichen Kapitalerhöhung (§§ 182 ff. AktG) verbessert werden soll. Die Maßnahme wird hier allerdings *nicht* unter Ausschluss der Hauptversammlung beschlossen, sondern es gibt Regelungen, welche die Durchführung beschleunigen und missbräuchliche Anfechtungsklagen reduzieren sollen.

3.1.2.1 Regelungsgehalt

§ 7 FMStBG bietet im Hinblick auf die Beschlussfassung einer ordentlichen Kapitalerhöhung zwei wesentliche Erleichterungen, nämlich zum einen die Möglichkeit der Einberufung und Durchführung einer Sonder-Hauptversammlung

(§ 7 Abs. 1 FMStBG) und zum anderen die Möglichkeit eines Bezugsrechtsausschlusses zugunsten des Finanzmarktstabilisierungsfonds.

3.1.2.1.1 Einberufung und Durchführung einer Sonder-Hauptversammlung

§ 7 Abs. 1 FMStBG bestimmt auch nach seiner derzeit geltenden Fassung, dass eine Hauptversammlung, welche zur Beschlussfassung über die Erhöhung des Grundkapitals und den Ausschluss des Bezugsrechts zugunsten des Finanzmarktstabilisierungsfonds einberufen wird, nach den Grundsätzen des § 16 Abs. 4 WpÜG einzuberufen und durchzuführen ist (Satz 1). Allerdings wurde die von § 16 Abs. 4 WpÜG vorgesehene Mindesteinberufungsfrist von 2 Wochen nicht übernommen, sondern bis zum 02. August 2009 auf mindestens einen Tag verkürzt. Danach, also ab dem 03. August 2009, verlängerte sich die Einberufungsfrist nach § 7 Abs. 1 S. 3 FMStBG[559] auf 21 Tage – dies in Einklang mit Art. 5 Abs. der Aktionärsrechterichtlinie, die bis zum 02. August 2009 umzusetzen war (Art. 15 der Aktionärsrechterichtlinie).[560] Die vorgenannten Verfahrenserleichterungen gelten nach § 7 Abs. 1 S. 4 FMStBG zudem für den Fall, dass die Kapitalerhöhung nicht nur durch den Finanzmarktstabilisierungsfonds gezeichnet werden kann, sondern auch von einem Dritten und den Aktionären selbst.

3.1.2.1.2 Bezugsrechtsausschluss

Darüber hinaus enthält § 7 Abs. 3 FMStBG die Möglichkeit, das Bezugsrecht der Altaktionäre im Zuammenhang mit einer Rekapitalisierungsmaßnahme nach § 7 Abs. 1 FMStFG aber auch auszuschließen. In Abweichung von § 186 Abs. 3 S. 2 AktG genügt für den Beschluss nach § 7 Abs. 3 S. 1 FMStBG eine Mehrheit von 2/3 der abgegebenen Stimmen oder des vertretenen Grundkapitals. Für den Fall, dass die Hälfte des Grundkapitals vertreten ist, soll nach § 7 Abs. 3 S. 2 FMStBG sogar die einfache Mehrheit für den Bezugsrechtsausschluss genügen.[561] Neben den abweichenden Mehrheitserfordernissen bricht das FMStBG auch mit den bisher für den Ausschluss des Bezugsrechts geltenden materiellen Anforderungen an seine Rechtfertigung. § 7 Abs. 3 S. 4 FMStBG fingiert nämlich diese materielle Rechtfertigung eines Bezugsrechtsausschlusses zugunsten des Finanzmarktstabilisierungsfonds. Danach ist der Ausschluss des Bezugs-

---

[559] Korrigierender Eingriff des Gesetzgebers durch Art. 2 Nr. 4 FMStErgG. Das FMStBG in seiner ursprünglichen Form sah nur die Ein-Tages-Frist vor.

[560] *Langenbucher*, ZGR 2010, 75, 93.

[561] Zur Europarechtskonformität der geänderten Mehrheitserfordernisse des § 7 FMStBG *Langenbucher*, ZGR 2010, 75, 94f.

rechts zur Zulassung des Fonds zur Übernahme der Aktien in jedem Fall zulässig.

3.1.2.2 Würdigung

Im Gegensatz zu dem gesetzlich genehmigten Kapital des § 3 FMStBG handelt es sich bei § 7 FMStBG nicht um eine völlig neue Form der Kapitalerhöhung, sondern lediglich um eine verfahrensrechtliche Modifikation der Vorschriften zur ordentlichen Kapitalerhöhung nach §§ 182 ff. AktG. Bedenken wurden hier insbesondere in Bezug auf die bis zum 02. August 2009 nach § 7 Abs. 1 S. 2 FMStBG geltende Verkürzung der Einberufungsfrist auf 1 Tag geäußert.[562] Denn mit einer solchen kurzen Frist kann der allgemeine Normzweck einer Einberufungsfrist,[563] nämlich den Aktionären eine sachgerechte Vorbereitung zu ermöglichen, kaum gewährleistet werden.[564] Zum einen wurde auf die Rechtsprechung des EuGH verwiesen, der aus einer Gesamtbetrachtung der Art. 10 Abs. 2, 249 Abs. 3 EG und einer zur Umsetzung anstehenden Richtlinie das Gebot ableitet, sämtliche Maßnahmen zu unterlassen, welche das Erreichen des mit der entsprechenden Richtlinie verfolgten Ziels ernstlich in Frage stellen, wenn die in Rede stehende Maßnahme auch nach Umsetzung der Richtlinie noch rechtliche oder zumindest faktische Auswirkungen hat.[565] Unbedenklich sind deshalb nur solche Maßnahmen, die zwar nicht konform mit dem Richtlinienziel sind, deren Wirkung sich aber auf die Zeit vor der Richtlinieumsetzung beschränkt.[566] Zum Zeitpunkt des Inkrafttretens des FMStG lief bereits die Umsetzungsfrist für die Aktionärsrechterichtlinie.[567] In deren Art. 5 Abs. 1 wurde eine Mindesteinberufungsfrist von 21 Tagen für Hauptversammlungen vorgeschrieben. Möglichkei-

---

562 So schon kritisch vor der Korrektur der frist durch Art. 2 Nr. 4 FMStErgG *Seiler/Wittgens*, ZIP 2008, 2245, 2251 f.; *Brück/Schalast/Schanz*, BB 2008, 2526, 2533; *Spindler*, DStR 2008, 2268, 2274; *Ziemons*, DB 2008, 2635, 2639; kritisch aber auch unter Hinweis auf die Vorwirkung von Richtlinien *Bachmann*, ZIP 2009, 1249, 1250.

563 *Hüffer*, AktG § 123 Rn. 1.

564 *Seiler/Wittgens*, ZIP 2008, 2245, 2251.

565 Jüngst die Entscheidung des EuGH vom 14. Juni 2007 C – 422/05 („Kommission ./. Belgien") Rn. 62, 66f.; *Langenbucher*, ZGR 2010, 75, 93 m.w.N.

566 *Hopt/Fleckner/Kumpan/Steffek*, WM 2009, 821, 828; *Langenbucher*, ZGR 2010, 75, 93 m.w.N; aA wohl *Bachmann*, ZIP 2009, 1249, 1250; *Noack*, AG 2009, 227, 231; *Seiler/Wittgens*, ZIP 2008, 2245, 2252.

567 RICHTLINIE 2007/36/EG DES EUROPÄISCHEN PARLAMENTS UND DES RATES vom 11. Juli 2007 über die Ausübung bestimmter Rechte von Aktionären in börsennotierten Gesellschaften (Aktionärsrechterichtlinie), Abl. EU 2007 Nr 184, S. 17 – 24.

ten für eine Fristverkürzung sah die Richtlinie selbst nur in Art. 5 Abs. 1 für den Fall Sonder-Hauptversammlung bei Übernahmeangeboten sowie nach Art. 5 Abs. 2 Aktionärsrechterichtlinie für die Beschlussfassung der Hauptversammlung über eine Fristverkürzung vor. Mit dem FMStErgG hat der Gesetzgeber diese Bedenken richtigerweise beseitigt, in dem die Einberufungsfrist zumindest ab dem Zeitpunkt des Inkrafttretens des ARUG – dem Umsetzungsgesetz zur Aktionärsrechterichtlinie – auf 21 Tage angehoben wurde.

Zum anderen wurde hinsichtlich der kurzen Einberufungsfrist des § 7 Abs. 1 S. 2 FMStBG kritisiert, in ihr könnte eine Umgehung des Art. 25 Abs. 1 der Kapitalrichtlinie liegen. Denn im praktischen Ergebnis werde die Hauptversammlung bei einer eintägigen Einberufungsfrist gar nicht beteiligt.[568] Die Kapitalrichtlinie selbst enthält keine Vorschriften hinsichtlich einer Mindesteinberufungsfrist. Da eine Befassung mit dem jeweiligen Beschlussgegenstand im Vorfeld einer Hauptversammlung aber notwendig ist, um den Aktionären die Abstimmung über den Beschlussgegenstand auf einer fundierten Basis zu ermöglichen, musste man der Einberufungsfrist von lediglich einem Tag zu Recht mit großen Bedenken begegnen. Freilich konnte auch hier das Argument der Krisensituation angebracht werden. Dennoch wird man auch hier keinen Ausnahmetatbestand annehmen können.

Hinsichtlich der in § 7 Abs. 3 FMStBG vorgesehenen Möglichkeit des Bezugsrechtsausschlusses und seiner bereits gesetzlich fingierten Zulässigkeit fragt sich, ob der damit bewirkte Ausschluss einer gerichtlichen Kontrolle im Hinblick auf den mit der bisherigen Rechtsprechung zur materiellen Beschlusskontrolle verfolgten Zweck des Minderheitenschutzes vereinbar ist. Das erforderliche Interesse der Gesellschaft an dem Bezugsrechtsausschluss besteht in der Notwendigkeit der Rekapitalisierung durch den Stabilisierungsfonds.[569] Aufgrund des Umfangs der notwendigen Kapitalzufuhr ist zudem davon auszugehen, dass ohne Ausschluss des Bezugsrechts die Rekapitalisierung nicht zu erreichen wäre. Denn außer für den Fall, dass es sich bei den Altaktionären ebenfalls um Kreditinstitute oder Großinvestoren handelt, ist nicht davon auszugehen,

[568] *Seiler/Wittgens*, ZIP 2008, 2245, 2251 f.; *Noack*, AG 2009, 227, 231.

[569] BGHZ 71, 40 („Kali + Salz“); *Veil*, in: Schmidt/Lutter (Hrsg.), AktG, § 186 Rn. 24 ff.; *Hüffer*, AktG, § 186 Rn. 25 ff.; *Raiser/Veil*, Recht der Kapitalgesellschaften, § 20 Rn. 19.

dass das benötigte Eigenkapital über das Bezugsrecht der Altaktionäre generiert werden könnte. Zudem ist zu beachten, dass es sich bei dem Einstieg des Finanzmarktstabilisierungsfonds in ein betroffenes Unternehmen durch Übernahme neu ausgegebener Aktien nicht um eine erwerbswirtschaftliche Betätigung eines Aktionärs, sondern um eine zeitlich begrenzte Rekapitalisierungsmaßnahme handelt, die der öffentlichen Aufgabe der Finanzmarktstabilisierung dient.[570] Insofern handelt es sich um eine nur vorübergehende Beeinträchtigung der Altaktionäre. Anders verhält es sich unter Umständen, wenn man die Frage dahingehend erweitert, ob mit der gesetzlichen Fiktion des § 7 Abs. 3 S. 4 FMStBG auch Dritte in den Kreis der Zeichnungsberechtigten aufgenommen werden können. Dazu bestimmt nämlich § 7e FMStBG, dass die §§ 7 bis 7d FMStBG entsprechend auch für Kapitalmaßnahmen im Zusammenhang mit einer Stabilisierungsmaßnahme gelten, bei denen die neuen Aktien auch oder ausschließlich von Dritten gezeichnet werden sollen.[571] Folglich gilt damit der für den Bezugsrechtsausschluss zugunsten des Fonds geltende Ausschluss der materiellen Beschlusskontrolle nach § 7 Abs. 3 S. 4 FMStBG bei einem Bezugsrechtsausschluss (auch) zugunsten von Dritten. Der Wortlaut des § 7e FMStBG ordnet nämlich eine umfassende Öffnung der Instrumentarien der zitierten Vorschriften an. Eine gerichtliche Kontrolle des Bezugsrechtsausschluss unterbleibt also nicht nur bei einem Einstieg des SoFFin, sondern auch dann, wenn privatrechtlich organisierte Dritte, beispielsweise andere Kreditinstitute, die neu ausgegebenen Aktien übernehmen.[572] Der Beschluss über den Bezugsrechtsausschluss trägt seine Rechtfertigung mithin in sich.[573] Potentiellen Investoren ist es damit möglich, Beteiligungen an betroffenen Kreditinstituten ohne gerichtliche Sachkontrolle hinsichtlich der beschleunigten Durchführung der Maßnahme samt dem Bezugsrechtsausschluss zu erlangen. Dies scheint unter verfassungs-

---

[570] *Langenbucher*, ZGR 2010, 75, 95f.

[571] Zunächst war die entsprechende Geltung der §§ 7 bis 7d FMStBG bis zum 31. Dezember 2010 begrenzt. Durch Gesetz vom 9. Dezember 2010 (BGBl. I S. 1900) wurde diese zeitliche Begrenzung aber aufgehoben.

[572] *Langenbucher*, ZGR 2010, 75, 96; wohl aA noch vor Einführung des § 7e FMStG mit dem FMStErgG *Seiler/Wittgens*, ZIP 2008, 2245, 2252, die zwar die Übernahme neu ausgegebener Aktien durch Dritte für möglich hielten, dann aber unter Hinweis auf § 7 Abs. 2 FMStG a.F. eine gesonderte Begründung und Rechtfertigung für den Bezugsrechtsausschluss zugunsten der Dritten verlangten.

[573] *Seiler/Wittgens*, ZIP 2008, 2245, 2252.

rechtlichen Gesichtspunkten allerdings bedenklich.[574] Der durch Art. 14 Abs. 1 GG bewirkte Schutz des Aktieneigentums wird durch das FMStBG nicht ausgehebelt. Im Gegenteil sind die Vorschriften des FMStBG mit Blick auf andere (private) Investoren als dem SoFFin weiter im Lichte des Art. 14 Abs. 1 GG auszulegen. Bedenkt man die mit dem Beitritt neuer Aktionäre bewirkte Verwässerung der Beteiligung der Altaktionäre, ist bei diesem intensiven Grundrechtseingriff darauf hinzuweisen, dass private Investoren anders als der SoFFin nicht nach dem staatlichen Auftrag der Finanzmarktstabilisierung handeln, welcher der verfassungsrechtlichen Bindung des Art. 1 Abs. 3 GG unterliegt.[575] Die Gefahr der Verwässerung wird nämlich zusätzlich durch die gesetzliche Fiktion der Angemessenheit des Ausgabekurses nach § 5 Abs. 3 FMStBG erheblich erhöht. Schließlich sinkt die Gewähr für eine „richtige" Entscheidung der Hauptversammlung mit dem Absenken des Mehrheitserfordernisses für den Hauptversammlungsbeschluss über den Bezugsrechtsausschluss.[576] Der Ausschluss der richterlichen Kontrolle des Bezugsrechtsausschlusses für den Fall des Einstiegs Dritter ist unter verfassungsrechtlichen Gesichtspunkten folglich nicht tragbar.[577] Eine Anfechtungsklage könnte ihren Zweck der umfassenden Beschlusskontrolle aufgrund der entzogenen Inhaltskontrolle nicht mehr erfüllen.

3.1.3 Beschleunigung der Eintragung und Verkürzung gerichtlicher Kontrolle

Eines der Hauptangriffsziele räuberischer Aktionäre waren bisher insbesondere Beschlüsse über Kapitalerhöhungen unter Ausschluss des Bezugsrechts der Altaktionäre, die mittels Anfechtungs- und Nichtigkeitsklagen die Eintragung der Kapitalerhöhung zu blockieren versuchen.[578] Beachtenswert sind daher im Rahmen der Finanzmarkt-stabilisierungsgesetze auch die Vorschriften, die der Beschleunigung der Eintragung und der Verkürzung der gerichtlichen Kontrolle des Hauptversammlungsbeschlusses dienen.

---

[574] Zur Europarechtskonformität der Regelung *Langenbucher*, ZGR 2010, 75, 94 ff.

[575] *Langenbucher*, ZGR 2010, 75, 112.

[576] *Langenbucher*, ZGR 2010, 75, 112.

[577] So iE auch *Langenbucher*, ZGR 2010, 75, 112.

[578] Für den empirische Nachweis *Baums/Keinath/Gajek*, ZIP 2007, 1629, 1639 ff.; *Seiler/Wittgens*, ZIP 2008, 2245, 2250.

3.1.3.1 Regelungsgehalt

§ 3 Abs. 5 S. 3 FMStBG[579] ordnet an, dass die Durchführung der Kapitalerhöhung aus dem gesetzlich genehmigten Kapital *unverzüglich* in das Handelsregister einzutragen ist. Darüber hinaus wird mit § 3 Abs. 5 S. 4 FMStBG jegliche Überprüfung des Hauptversammlungsbeschlusses durch den Registerrichter *ausgeschlossen.*[580]

Im Falle einer ordentlichen Barkapitalerhöhung nach § 7 FMStBG ist der Vorstand gemäß § 7c S. 1 FMStBG verpflichtet, den Beschluss unverzüglich zum Handelsregister anzumelden. Der Registerrichter überprüft ihn nach § 7c S. 2 FMStBG nur auf das Vorliegen *offensichtlicher* Nichtigkeitsgründe. Liegen solche nicht vor, ist auch der Beschluss über die ordentliche Barkapitalerhöhung *unverzüglich* in das Handelsregister einzutragen.[581] Hinsichtlich der Prüfungskompetenz unterscheidet sich § 7c FMStBG also von § 3 Abs. 5 FMStBG: Beim gesetzlich genehmigten Kapital prüft der Registerrichter gar nicht, bei den anderen Kapitalmaßnahmen prüft er nur auf Nichtigkeitsfehler hin. Eine Begründung zu dieser gesetzlichen Inkongruenz wird aus der Gesetzesbegründung allerdings nicht ersichtlich.[582] Besonders bemerkenswert ordnet § 7c S. 3 FMStBG an, dass Klagen sowie Anträge auf Erlass von Entscheidungen im einstweiligen Anordnungsverfahren der Eintragung von Kapitalmaßnahmen mit Beteiligung der Hauptversammlung nach §§ 7, 7a und 7b FMStBG (ordentliche Barkapitalerhöhung, bedingte Kapitalerhöhung und Schaffung eines genehmigten Kapitals) nicht entgegenstehen. Ein Freigabeverfahren ist dementsprechend nicht notwendig.

3.1.3.2 Würdigung

Im Rahmen der gesetzlich bereits bekannten, aber abgewandelten Kapitalmaßnahmen geht der Gesetzgeber zur Beschleunigung der Restrukturierung, wie die vorstehenden Ausführungen zeigen, also einen anderen Weg. Die Hauptversammlung fasst zwar den Beschluss über die Kapitalmaßnahme, weswegen auch

---

579 § 3 FMStBG aufgehoben durch Art. 3 Nr. 1 a des 2. FMStBG.

580 Zur Prüfungskompetenz des Registerrichters bereits oben § 3 D.

581 Der Vollständigkeit halber sei darauf verwiesen, dass die Regelungen des § 7c FMStBG ebenso für die Schaffung eines bedingten Kapitals nach § 7a FMStBG sowie die Schaffung eines genehmigten Kapitals durch die Hauptversammlung nach § 7b FMStBG gilt.

582 *Langenbucher*, ZGR 2010, 75, 100.

die Möglichkeit der Beschlussanfechtung besteht, verhindern kann eine erhobene Anfechtungsklage die Eintragung aber nicht. Nur das Vorliegen eines offensichtlichen Nichtigkeitsgrundes (§ 241 AktG) kann die Eintragung verhindern, wobei die Prüfung durch das Registergericht damit ebenfalls verkürzt ist. Nach der gesetzgeberischen Wertung soll damit jeder Hauptversammlungsbeschluss über eine Barkapitalerhöhung zur Eintragung kommen, es sei denn er leidet an einem offensichtlichen Nichtigkeitsgrund. Andere Beschlussmängel sollen die Eintragung und damit die Durchführung der Kapitalmaßnahme nicht verhindern können. Mit der Erklärung der entsprechenden Anwendbarkeit des § 246a Abs. 4 S. 2 AktG wird dem einmal eingetragenen Beschluss auch Bestandskraft verliehen, sodass eine Rückgängigmachung nicht mehr möglich ist. Mangels Verweises auf § 246a Abs. 4 S. 1 AktG kommt die Schadensersatzregelung allerdings nicht zum Tragen. Zugunsten eines stabilien Finanzsystems und damit dem Schutz der Kapitalmärkte wird der Aktionärsschutz also gänzlich auf Null reduziert. Im Rahmen der Anfechtungsklage erfolgt zwar noch eine Beschlusskontrolle. Eine Beschlusskassation hingegen ist nicht möglich. Ebensowenig erhalten die Aktionäre für einen durch den fehlerhaften Beschluss eventuell erlittenen Schaden einen finanziellen Ausgleich. Dieses Ergebnis steht freilich im Einklang mit dem Ziel des Gesetzgebers, Rekapitalisierungsmaßnahmen zur Stabilisierung eines Instituts und zum Schutz des Finanzsytstems so schnell wie möglich durchführen zu können. Dass dabei die Aktionärsrechte in derartigem Umfang beeinträchtigt werden, ist vor dem Hintergrund der Gefährdung der Kapitalmärkte und damit insbesondere der Kunden eines betroffenen Instituts hinzunehmen. Auch das Fehlen eines Schadensersatzanspruchs ist konsequent, da es sich um krisengeschüttelte Unternehmen handelt, die gerade Kapitalmaßnahmen *zur* Rekapitalisierung durchführen müssen. Mit der dennoch möglichen Beschlusskontrolle ist zumindest die Fortentwicklung des objektiven Rechts sichergestellt.

Eine Überprüfung des gesetzlich genehmigten Kapitals durch den Registerrichter unterbleibt hingegen vollständig. Geht man von dem „Normalfall" der Ausnutzung eines durch die Hauptversammlung beschlossenen genehmigten Kapitals aus, wird die Ausnutzungsentscheidung des Vorstands formell wie auch materiell überprüft.[583] Dabei wird insbesondere auch überprüft, ob die Vorausset-

[583] *Veil*, in: Schmidt/Lutter (Hrsg.), AktG, § 203 Rn. 16, § 188 Rn. 34.

zungen für die Ausübung des genehmigten Kapitals vorliegen.[584] Im Falle des gesetzlich genehmigten Kapitals fehlt jegliche Kontroole, also auch hinsichtlich der Rechtmäßigkeit der Ausnutzung. Daher besteht die Gefahr, dass Kapital auch über dem gesetzlich vorgeschriebenen Höchstbetrag aufgenommen wird, was die Verwaltungs- und Vermögensrechte der Aktionäre durch Verwässerung ihrer Anteile weiter beeinträchtigen würde. Warum der Gesetzgeber diese Kontrolle hier gänzlich verwehrt, könnte wohl nur mit dem Beschleunigungsgedanken begründet werden. Das genehmigte Kapital dient schon nach der aktienrechtlichen Konzeption dem Vorstand, um schnell am Markt auch ohne langwierige Beschlussfassung durch die Hauptversammlung reagieren zu können, wenn sich die Möglichkeit der Kapitalaufnahme bietet.[585] Allerdings zielt die Beschleunigung in diesem Fall nur auf die Umgehung des Kapitalerhöhungsbeschlusses durch die Hauptversammlung, nicht aber auf die registerrichterliche Kontrolle. Eine weitere Beschleunigung dahingegehend, dass nunmehr auch die Eintragung ohne jegliche Kontrolle stattfinden soll, erklärt sich nicht. Mutmaßen kann man wohl nur, dass unter allen Umständen die Rekapitalisierung sichergestellt werden soll.

3.2 Die Missbrauchsklausel des § 7 Abs. 7 FMStBG als Kodifikation von „Girmes“

Mit § 7 Abs. 7 FMStBG geht der Gesetzgeber bei der Bekämpfung missbräuchlicher Anfechtungsklagen einen neuen Weg. Nach dieser Vorschrift sollen Aktionäre, die eine für den Fortbestand der Gesellschaft erforderliche Kapitalmaßnahme, insbesondere durch ihre Stimmrechtsausübung oder die Einlegung *unbegründeter* Rechtsmittel, verzögern oder vereiteln, der Gesellschaft gesamtschuldnerisch zum Schadenersatz verpflichtet sein. Der Gesetzgeber präzisiert dadurch die mit der “Girmes“-Entscheidung[586] des BGH entwickelte Treuepflicht der Aktionäre.[587] Dabei wird die Haftung in diesem besonderen Fall aber, anders als vom BGH im Fall „Girmes“ vorgesehen, nicht nur auf die vorsätzliche Schadenszufügung begrenzt, sondern dahingehend erweitert, dass sie

[584] *Veil*, in: Schmidt/Lutter (Hrsg.), AktG, § 203 Rn. 16.

[585] *Veil*, in: Schmidt/Lutter (Hrsg.), AktG, § 202 Rn. 2.

[586] BGHZ 129, 136 („Girmes“) = BGH, NJW 1995, 1739 ff.

[587] RegE FMStErgG, BT-Drucks. 16/12100, S. 12 spricht von der Treuepflicht der Aktionäre gegenüber der Gesellschaft.

auch verschuldensunabhängig eingreifen kann.[588] Nach § 7 Abs. 7 S. 2 FMStBG kann ein Aktionär nämlich nicht geltend machen, dass seine Stimmrechtsausübung für das Beschlussergebnis deshalb nicht ursächlich war, weil auch andere Aktionäre ihr Stimmrecht in gleicher Weise ausgeübt haben.

3.2.1 Haftungsauslösendes Verhalten

Als erste Alternative für eine haftungsauslösende Handlung nennt das Gesetz eine Stimmrechtsausübung, die eine für den Fortbestand der Gesellschaft erforderliche Kapitalerhöhung vereitelt oder verzögert. Dabei bleibt unbeantwortet, ob hierunter nur die tatsächliche Gegenstimme zu verstehen ist, mit der ein Beschluss abgelehnt wird oder ob auch schon die bloße Stimmenthaltung haftungsauslösend wirkt.[589] Auslegungsbedürftig ist darüber hinaus, was mit Einlegung „unbegründeter" Rechtsmittel als zweiter haftungsauslösender Handlung gemeint ist.[590] Als Rechtsmittel kommen entweder nur die Anfechtungs- bzw. Nichtigkeitsklage oder aber vorbeugend einstweiliger Rechtsschutz gegen die Anmeldung der Maßnahme durch den Vorstand in Betracht.[591] Ist mit dem Merkmal „unbegründet" die Abweisung einer Anfechtungs- oder Nichtigkeitsklage als unbegründet gemeint? Oder ist es erforderlich, dass eine solche Klage „rechtsmissbräuchlich" im Sinne der BGH-Rechtsprechung eingelegt wurde, insofern spricht das Gesetz ja von der Absicht ungerechtfertigter Bereicherung?

Der Wortlaut des Gesetzes benachteiligt die Aktionäre darüber hinaus, indem ihnen das Risiko der gerichtlichen Entscheidung aufgebürdet wird.[592] Um Haftungsrisiken zu vermeiden, müsste im Vorfeld einer Klageerhebung beispielsweise für den Fall bisher nicht judizierter Rechtsfragen durch den Aktionär und seines Rechtsberaters die mögliche Entscheidung des Gerichts abgeschätzt werden. Letztendlich stellt die Regelung damit praktisch die Versagung eines Rechtsmittels dar.[593] Dies ruft freilich verfassungsrechtliche Bedenken hervor, ist es den Aktionären damit doch *de facto* versagt, ihre Interessen gerichtlich ef-

---

[588] *Langenbucher*, ZGR 2010, 75, 97.

[589] *Ziemons*, NZG 2009, 369, 374.

[590] *Ziemons*, NZG 2009, 369, 374.

[591] Ein Freigabeverfahren scheidet (wie oben bereits dargestellt) wegen § 7 c FMStBG bereits aus. BVerfG, NJW 2009, 1331, 1332, dazu *Haertlein*, NZG 2009, 576, 577; *Langenbucher*, ZGR 2010, 75 ff.

[592] *Ziemons*, NZG 2009, 369, 374.

[593] *Ziemons*, NZG 2009, 369, 374.

fektiv durchsetzen zu können.[594] Das Risiko ließe sich allenfalls mindern, wenn Aktionäre ihre Beteiligung über Zweckgesellschaften halten, die geringfügig kapitalisiert sind und so die Haftung auf das Gesellschaftsvermögen beschränkt bliebe.[595] Auf der anderen Seite ist es dem Gesetzgeber aber auch nicht verwehrt, Sanktionsmaßnahmen zu ergreifen, um unbegründete Rechtsmitteleinlegungen zu verhindern.[596] Im Gegenteil kennt die Rechtsordnung eine solche Sanktionierung bereits aus den §§ 799a, 945 ZPO wo die Haftung jeweils verschuldensunabhängig eingreift.[597] Die verfassungsrechtlichen Bedenken greifen aber nicht mehr, stellt man einmal die Interessen der jeweils Beteiligten gegenüber, nämlich das Interesse eines Aktionärs an der Erhebung eines unbegründeten Rechtsmittels sowie das Interesse der betroffenen Gesellschaft am eigenen Fortbestand. Die vom Gesetzgeber getroffene Regelung ist daher vom Grundsatz vertretbar.[598]

Fraglich ist aber, ob die Klausel in Bezug auf die Rechtsmitteleinlegung überhaupt einen Anwendungsbereich hat. Insofern verlangt § 7 Abs. 7 FMStBG nämlich, dass die Einlegung des unbegründeten Rechtsmittels die Rekapitalisierung *verhindert oder verzögert*. Dies ist aber gerade wegen der Regelung des 7c FMStBG, nach dem Beschlüsse der Hauptversammlung nach den §§ 7, 7a und 7b unverzüglich zur Eintragung in das Handelsregister anzumelden und einzutragen sind, sofern sie nicht offensichtlich nichtig sind, gerade nicht möglich. Beschlüsse werden unabhängig davon eingetragen, ob gegen sie Klage erhoben worden oder ein einstweiliges Rechtsschutzverfahren eingeleitet worden ist. Auch die Gesetzesbegründung bietet keine Antwort; sie geht nur auf die Stimmrechtsausübung der Aktionäre ein.[599] Es ist daher davon auszugehen, dass die Missbrauchsklausel keine Anwendung auf Anfechtungsklagen (oder andere Klagen) findet.

---

[594] *Langenbucher*, ZGR 2010, 75, 99.
[595] Hopt/Fleckner/Kumpan/Steffek, WM 2009, 821, 827.
[596] *Langenbucher*, ZGR 2010, 75, 99; aA *Bachmann*, ZIP 2009, 1249, 1254.
[597] *Stöber*, in: Zöller, ZPO, § 799a Rn. 1 und 7, § 945 Rn. 13.
[598] *Langenbucher*, ZGR 2010, 75, 99.
[599] RegE FMStErgG, BT-Drucks. 16/12100, S. 12.

3.2.2 Verschulden

Hält man die Missbrauchsklausel trotz des zuvor Gesagten auch auf die Rechtsmitteleinlegung anwendbar, ist gesondert noch auf den Verschuldensmaßstab des § 7 Abs. 7 FMStBG hinzuweisen. Der Wortlaut selbst enthält keinen Verschuldensmaßstab. Gehaftet wird folglich schon für leichte Fahrlässigkeit.[600] Die Einlegung eines Rechtsmittels wird also nicht nur dadurch erschwert, dass der Aktionär die mögliche Unbegründetheit abschätzen muss, sondern er haftet dann auch noch für schon nur leichte Fahrlässigkeit. Der Gesetzgeber hätte hier gesetzlich verankern können, dass eine Haftung erst bei grober Fahrlässigkeit eingreifen soll.[601] Andererseits scheint dann aber die Erreichung des Ziels der Vermeidung von Blockaden der für die Rekapitalisierung erforderlichen Maßnahmen schon wieder fraglich.

3.2.3 Würdigung

Die Einführung einer Sanktionierung treupflichtwidriger Stimmrechtsausübung sowie der treupflichtwidrigen Einlegung von Rechtsmitteln ist mit Blick auf die Bekämpfung missbräuchlicher Klagen vom Grundsatz her zu begrüßen, die Wirksamkeit des § 7 Abs. 7 FMStBG ist aber in verschiedener Hinsicht zu bezweifeln. Ob die Haftungsklausel des § 7 Abs. 7 FMStBG überhaupt auf die Anfechtungsklage anwendbar ist, scheint mit Blick auf die durch § 7c FMStBG bewirkte beschleunigte Eintragung und die Bestandskraft solcher Eintragungen fraglich. Darüber hinaus zeigt die Klausel Mängel im Hinblick auf ihre Wirksamkeit, opponierende Aktionäre wirklich abzuschrecken. Die Abschreckungswirkung kann schon durch eine nur geminderte Haftung deutlich abgeschwächt werden und ohnehin, wie bereits angedeutet, durch die Zwischenschaltung von Zweckgesellschaften kraftlos werden. Wünschenswerter wäre die positivrechtliche Verankerung der dem Schadensersatzanspruch zugrunde liegenden Pflicht der Aktionäre zu einem bestimmten Abstimmungsverhalten mit einer entsprechenden Sanktionierung für den Fall der Nichtbeachtung gewesen. Die Gesetzesbegründung hätte sodann genauere Erläuterungen zu der Art des Abstimmungsverhaltens und zur Unbegründetheit des Rechtsmittels geben können.[602]

---

[600] *Ziemons*, NZG 2009, 369, 374.

[601] *Ziemons*, NZG 2009, 369, 374; die Haftung auf Vorsatz einschränkend hingegen BGHZ 129, 136 („Girmes") = BGH, NJW 1995, 1739.

[602] Mit entsprechendem Formulierungsvorschlag für den genauen Gesetzeswortlaut *Ziemons*, NZG 2009, 369, 374.

Eine Missbrauchsklausel in Bezug auf die Rechtsmitteleinlegung hätte hingegen ohne das Erfordernis, dass die Einlegung des Rechtsmittels zur Verzögerung oder gar Verhinderung der Eintragung führt, formuliert werden müssen.

4. Fazit und Stellungnahme

Insgesamt ist das Konzept, mit dem der Gesetzgeber versucht, Rekapitalisierungsmaßnahmen bei Unternehmen des Finanzsektors, die sich in einer Krise befinden, positiv zu bewerten. Wie die vorangegangenen Ausführungen gezeigt haben, kann dieses Konzept aber nur einen Notablaufplan darstellen, der wegen der besonderen Umstände den Unternehmen des Finanzsektors vorbehalten bleiben sollte.[603] Die Zurückdrängung des Aktionärsschutzes wie hier durch Vorschriften zur erleichterten Kapitalerhöhung durch Verkürzung der Mitwirkungs- und Überprüfungsmöglichkeiten durch die Anteilseigner ist nämlich nur dann geboten, wenn durch die drohende Insolvenz eines Unternehmens Gläubiger in einem Umfang beeinträchtigt sind, wie dies bei Kreditinstituten der Fall ist und darüber hianus aufgrund der internationalen Verflechtung der Unternehmen Auswirkungen auf ein ganzes System drohen. In diesem Fall haben Rechte der Anteilseigner hinter dem öffentlichen Interesse an einem stabilen Finanzsystem zurückzustehen. Ungereimtheiten, welche sich aus den gesetzlichen Regelungen ergeben bestehen aber im Hinblick auf die Beschlussfassung unter Ausschluss der Hauptversammlung im Rahmen des gesetzlich genehmigten Kapitals. Sie führten in der Praxis zu einer Vermeidung dieses Instruments.

VII. Ergebnisse des zweiten Kapitels

Das zweite Kapitel hat gezeigt, dass die Anfechtungsklage seit ihrer gesetzlichen Einführung im Jahr 1884 ein sowohl der allgemeinen Rechtskontrolle dienendes wie auch individualschützendes Rechtsinstitut ist, wobei der Schwerpunkt auf der gesetzgeberisch intendierten Beschlusskontrolle liegt. Der Gesetzgeber bedient sich seit der Aufgabe des Konzessionssystems hinsichtlich der Überprüfung der Rechtmäßigkeit von Hauptversammlungsbeschlüssen der Privatinitiative des Aktionärs. Dabei kann die Anfechtungsklage von jedem in der Hauptversammlung erschienen Aktionär unabhängig von der Höhe seines Anteilsbesitzes angefochten werden, wenn er nur die Aktien bereits vor der Be-

[603] Unter Umständen wäre noch denkbar, ähnliche Regelungen für andere regulierte Sektoren wie z.B. den Versicherung- oder Energiesektor einzuführen.

kanntmachung der Tagesordnung erworben und Widerspruch zur Niederschrift in der Hauptversammlung erklärt hat (§ 245 Nr. 1 AktG). Angefochten werden kann wegen der Verletzung des Gesetzes oder der Satzung, wobei § 243 AktG die Anfechtungsgründe präzisiert. Darüber hinaus hat sich in der Rechtsprechung aber auch eine materielle Beschlusskontrolle entwickelt. Die Erhebung der Anfechtungsklage hat zur Folge, dass eintragungsbedürftige Beschlüsse nicht in das Handelsregister eingetragen werden und auch nicht eintragungsbedürftige Beschlüsse aufgrund des Ermessensspielraums des Registerrichters regelmäßig nicht eingetragen werden. Diese gesetzliche oder faktische Registersperre (dazu oben § 3 D) bildet den Ausgangspunkt der missbräuchlichen Ausübung des Anfechtungsrechts und der Entwicklung eines wahren Klagegewerbes. Anfechtungskläger haben sich den aus der Registersperre resultierenden Druck auf die Gesellschaften, die insbesondere bei Strukturmaßnahmen auf eine rasche Umsetzung des Hauptversammlungsbeschlusses angewiesen sind, zunutze gemacht, um sich das Anfechtungsrecht durch hohe Sonderzahlungen, sei es im Vorfeld der Klageerhebung oder zur Beendigung des Prozesses ohne streitiges Urteil, abkaufen zu lassen. Diese Gefahr der unberechtigten Blockade war bereits dem Gesetzgeber von 1884 ersichtlich und hat sich als bittere Gerichtspraxis[604] erwiesen. Um diesem Missstand der Zweckentfremdung der Anfechtungsklage entgegenzuwirken, hat der Gesetzgeber bereits verschiedene Maßnahmen ergriffen. Das UMAG bildete dabei den größten Einschnitt in der jüngeren Gesetzgebung. Mit der Einführung des Freigabeverfahrens wurde aber eine dogmatisch unsaubere Lösung geschaffen. Durch dieses in § 246a AktG normierte Unbedenklichkeitsverfahren ergab sich nämlich die Möglichkeit, auch einen Hauptversammlungsbeschluss, der rechtswidrig ist und damit für nichtig zu erklären wäre, in das Handelsregister einzutragen, wenn nur das Interesse der Gesellschaft am alsbaldigen Wirksamwerden des Beschlusses, das Interesse des klagenden Aktionärs an der Verhinderung der Maßnahme überwiegt, was nach der Gesetzesbegründung außer im Falle eines besonders schweren Rechtsverstoßes immer der Fall sein soll.[605] Das Freigabeverfahren setzt sich damit über die Kontrollfunktion der Anfechtungsklage hinweg, bezieht überdies sachfremde Erwägungen in den Abwägungsprozess mit ein, die im Hauptsacheverfahren

[604] Dazu die Studien von *Baums/Keinath/Gajek*, ZIP 2007, 1629 ff. und *Baums/Drinhausen/Keinath*, ZIP 2011, 2329 ff.

[605] Oben § 4 B V 1.4.1.3.

keinerlei Rolle spielen, und umgeht das geltende Beschlussmängelrecht, indem es dem einmal freigegebenen Beschluss auch noch Bestandskraft verleiht (§246a Abs. 4 S. 2 AktG). Andere durch das UMAG eingeführte Regelungen hingegen, wie z.B. das Erfordernis einer Vorbesitzzeit sowie die Einschränkung der Anfechtbarkeit wegen Informationsmängels, stellten hingegen sinnvolle Neuerungen dar. Dennoch konnten die missbräuchlichen Klagen nicht eingedämmt werden (zu dem rechtstatsäclichen Befund nach dem UMAG auch sogleich unter § 5). Der Gesetzgeber sah sich daher insbesondere durch die im Jahr 2007 aufgekommene Finanzkrise gezwungen, zum Schutz der Kapitalmärkte und ihrer Anleger sowie des Vertrauen ins die Stabilität des Finanzsystems Sonderregelungen für Unternehmen des Finanzsektors einzuführen. Mit dem FMStG und FMStErG wurden neue gesetzliche Regelungen eingeführt, mittels derer Unternehmen mit Liquiditätsengpässen unter anderem ein vereinfachtes Verfahren für Kapitalerhöhungen an die Hand gegeben wurde, welches allerdings mit einer absoluten Verdrängung der Aktionärsrechte einhergeht. So kann die Anfechtungsklage zwar noch erhoben werden, sie kann aufgrund der beschleunigten Eintragung und ihrer Bestandskraftwirkung nach § 7c FMStBG nicht die Eintragung des Beschlusses verhindern, unabhängig von der Schwere des Rechtsverstoßes. Die zusätzliche Missbrauchsklausel des § 7 Abs. 7 FMStBG, mit der unter anderem die Rechtsmitteleinlegung gegen Rekapitalisierungsmaßnahmen beschränkt werden sollte, ist hingegen misslungen und kann daher keine Anwendung finden. Dennoch haben die Vorschriften ihre Wirksamkeit nicht verfehlt. Soweit bekannt, haben Berufskläger bei Rekapitalisierungsmaßnahmen nach dem FMStBG keinen Erfolg gehabt. Wie gezeigt, kann dieses dem Zweck der Anfechtungsklage zuwiderlaufende und den Aktionärsschutz vernachlässigende Normengeflecht aber nur in Krisensituation und nur für den Finanzsektor aufgrund dessen Bedeutung Anwendung finden. Im Folgenden soll daher untersucht werden, welche weiteren gesetzlichen Maßnahmen ergriffen worden sind, um dem Missbrauch der Anfechtungsklage nach Aktienrecht Einhalt zu gebieten.

3. Kapitel: Erneuter Versuch der Eindämmung des Klagegewerbes durch das ARUG

§ 4 Rechtstatsächlicher Befund nach dem UMAG und Entstehungsgeschichte des ARUG

A. Einleitung

Obwohl die Modifikationen des aktienrechtlichen Minderheitenschutzes, die durch das UMAG eingeführt wurden, überwiegend positiv aufgefasst wurden,[606] zeigten sie kaum Wirkung[607] und es mangelte daher in der Praxis nicht an weiteren Reformvorschlägen.[608] Hintergrund hierfür war, dass trotz dieser Maßnahmen des Gesetzgebers die Zahl der Mitteilungen über Klageerhebungen weiter gestiegen war, was durch Studien belegt wurde, die aufgrund von § 246 Abs. 4 S. 1, § 249 Abs. 1 S. 1 AktG a.F.[609] sowie der durch das UMAG neu eingeführten Veröffentlichungspflicht von Verfahrensbeendigungen nach § 248a AktG ermöglicht wurden.[610]

Im folgenden Abschnitt soll zunächst die rechtstatsächliche Entwicklung des Klagegewerbes nach der Einführung der zur Eindämmung desselben entwickelte Vorschriften durch das UMAG dargestellt und die Auswirkungen auf die be-

---

606 So z.B. *Winter*, Liber Amicorum Wilhelm Happ (2006), 363, 364 ff; *Fleischer*, NJW 2005, 3525 ff.; *Thielmann*, WM 2007, 1686 ff.

607 Dazu die empirische Studie von *Baums/Keinath/Gajek*, ZIP 2007, 1629 ff.

608 U.a. *Waclawik*, DStR 2006, 2177; *Seibert*, NZG 2007, 841, 843 ff.; Vorschlag des Handelsrechtsausschus ses des DAV zum Spruchverfahren bei Umwandlung und Sachkapitalerhöhung und zur Erfüllung des Ausgleichsanspruchs durch Aktien, NZG 2007, 497 ff.; *Assmann*, AG 2008, 208 ff; *Vetter*, AG 2008, 177, 182 ff.; *Poelzig/Meixner*, AG 2008, 196 ff.; *Baums/Drinhausen*, ZIP 2008, 145 ff.

609 Danach war der Vorstand bereits vor Einführung des § 248a AktG verpflichtet, die Erhebung von Anfechtungs- und Nichtigkeitsklagen gegen Hauptversammlungsbeschlüsse in den Gesellschaftsblättern bekannt zu machen.

610 So ergingen Studien vom „Institute for Law and Finance“ der Johann Wolfgang Goethe-Universität Frankfurt am Main durchgeführt von *Baums/Keinath/Gajek* und veröffentlicht in: ZIP 2007, 1629 ff; eine Kurzstudie des DAI vom März 2007, durchgeführt von *Bieder* (DAI), zur „Überprüfung des Gesetzes zur Unternehmensintegrität und Modernisierung des Anfechtunsgrechts (UMAG): Zur Verbreitung von Haftungsklagen, Sonderprüfungen und verfahrensbeendenden Vergleichen nach den Angaben des Elektronischen Bundesanzeigers“, abzurufen unter http://www.dai.de; *Fischer/Herold*, in: Going Public 4/07, S. 50; *Theisen/Raßhofer*, Der Aufsichtsrat 2007, 107.

troffenen Unternehmen und die gesamte Volkswirtschaft untersucht werden. Im Anschluss werden die neuesten Bemühungen des Gesetzgebers zur Eindämmung des Klagegewerbes, nämlich die gesetzlichen Neuregelungen des ARUG, dargestellt und sodann deren Wirksamkeit im Hinblick auf das erklärte Ziel der Eindämmung missbräuchlicher Anfechtungsklagen untersucht werden.

B. Rechtstatsächlicher Befund

I. Anstieg der Zahl der Anfechtungsklagen und Vorgehen der Anfechtungskläger

Zwei Jahre nach dem Inkrafttreten des UMAG veröffentlichten *Baums/Keinath/Gajek* eine Studie, die belegt, dass trotz der gesetzlichen wie richterlichen Bemühungen im Hinblick auf die Eindämmung missbräuchlich erhobener Anfechtungsklagen im Zeitraum von 2003 bis 2006 die Zahl der Mitteilungen über Klageerhebungen um mehr als 70 Prozent gestiegen ist.[611] Von insgesamt 619 untersuchten Klagen wurden mehr als die Hälfte von nur elf Klägern bzw. den von ihnen gehaltenen Gesellschaften erhoben. Insofern kann also wirklich bereits von einem „Klagegewerbe der Berufskläger" gesprochen werden.[612] Dabei ist auch ein deutlicher Anstieg der als „Berufskläger" bezeichneten Kläger zu verzeichnen. In den letzten 7 Jahren ist deren Anzahl von 6 auf mehr als 40 gestiegen.[613] Bemerkenswert ist auch, dass sich fast alle dieser Klagen gegen eintragungspflichtige Beschlüsse der betroffenen Aktiengesellschaften richteten, sodass diese Beschlüsse aufgrund der Registersperre jahrelang gesperrt werden können.[614]

Im Hinblick auf die Verfahrensbeendigung dieser untersuchten Prozesse fällt auch auf, dass sie mit dem zweifachen Wert im Vergleich zu anderen Zivilprozessen vor dem Landgericht im Durchschnitt sehr viel häufiger durch einen Vergleich beendet werden.[615] Doch damit nicht genug. Aufgrund der hohen Streit-

---

611 *Baums/Keinath/Gajek*, ZIP 2007, 1629, 1633.
612 *Baums/Keinath/Gajek*, ZIP 2007, 1629, 1637.
613 *Baums/Keinath/Gajek*, ZIP 2007, 1629, 1636.
614 *Baums/Keinath/Gajek*, ZIP 2007, 1629, 1642 f.
615 *Baums/Keinath/Gajek*, ZIP 2007, 1629, 1643.

werte fallen bei diesen Vergleichen auch außergewöhnlich hohe Anwaltsgebühren an. In 57 % der untersuchten Fälle lag der Vergleichswert über dem in Anfechtungsprozessen nach § 247 Abs. 1 AktG grundsätzlich zulässigen Wert von 500.000 Euro, der nur überschritten werden darf, wenn die Bedeutung der Sache für den Kläger höher zu bewerten ist.[616] In Einzelfällen wurde gar ein Vergleichswert von über 30 Mio. Euro erreicht.[617]

Doch das Problem liegt nicht nur bei der immer weiter zunehmenden Zahl von Anfechtungsklagen. Kritisch zu betrachten sind auch die immer neuen Praktiken der Anfechtungskläger, die eingesetzt werden, um Verfahren in die Länge zu ziehen und so das Druckpotential für die betroffene Gesellschaft und damit auch die Vergleichsbereitschaft zu steigern. So wurden teilweise durch die Anfechtungskläger Unternehmen mit Sitz im Ausland gegründet, deren Zweck oftmals nur darin bestand, den Aktienbesitz der Anfechtungskläger zu halten. Diese Zweckgesellschaften bevollmächtigten ihre deutschen Rechtsvertreter ausdrücklich nur zur Führung der Beschlussmängelklage, nicht aber auch des Freigabeverfahrens.[618] Aufgrund der prozessualen Selbständigkeit des Freigabeverfahrens im Verhältnis zur Anfechtungsklage selbst, muss der Freigabeantrag dann der im Ausland ansässigen Zweckgesellschaft selbst zugestellt werden (§ 172 Abs. 1 S 1 ZPO).[619] Bei Privatpersonen im Ausland hat diese Zustellung sogar nach § 183 Abs. 1 ZPO regelmäßig durch die Behörden des Sitzstaates zu erfolgen.[620] Die in beiden Fällen aus den Zustellungserschwernissen resultierende Verfahrensverzögerung liegt auf der Hand. Bekannt geworden sind Zweckgesellschaften sogar mit Sitz in der Volksrepublik China sowie in Dubai.[621]

Darüber hinaus wurde das Freigabeverfahren aber auch ganz simpel durch unvollständiges oder spätes Einzahlen des Prozesskostenvorschusses hinausgezögert. Bis zur vollständigen Einzahlung des Prozesskostenvorschusses wird nämlich auch die Anfechtungsklage der beklagten Gesellschaft nicht zugestellt. Das Recht zur Akteneinsicht, die eine Notwendigkeit zur Vorbereitung des Frei-

---

[616] *Baums/Keinath/Gajek*, ZIP 2007, 1629, 1646.

[617] *Baums/Keinath/Gajek*, ZIP 2007, 1629, 1646 mit Fn. 121.

[618] RegE ARUG, BT-Drucks. 16/11642 S. 40.

[619] RegE ARUG, BT-Drucks. 16/11642 S. 40; *Waclawik*, ZIP 2008, 1141, 1142.

[620] RegE ARUG, BT-Drucks. 16/11642 S. 40.

[621] RegE ARUG, BT-Drucks. 16/11642 S. 40.

gabeantrags darstellt, besteht nach § 299 ZPO aber erst *nach* Zustellung der Klage.[622] Weitere Verzögerungen einer rechtskräftigen Entscheidung im Freigabeverfahren wurden zudem dadurch erreicht, dass in der Beschwerdeinstanz vor den OLG Nichtigkeitsklagen nachgereicht wurden.[623]

Dieses Vorgehen der „räuberischen Aktionäre“ kann aus ökonomischer Sicht mit vier Faktoren begründet werden, aus welchen sich die Motivation der Kläger ergibt. Im Vordergrund stehen finanzielle Anreize. Geklagt wird, wenn der hohen Ertragsmöglichkeit ein geringes Sanktionsrisiko gegenübersteht (sog. „asymmetrischer Pay-Off“[624]).[625] Bedingt werden die finanziellen Anreize durch die mit der Anfechtungsklage geschaffenen Hebelwirkung, die aus der gesetzlichen oder faktischen Registersperre[626] resultiert und damit den zweiten Motivationsfaktor bildet.[627] Um diese auszunutzen, muss der Aktionär aber auch überhaupt klagen können. Hier kommt die derzeit bestehende Anfechtungsbefugnis, die nur an die Bedingungen des § 245 AktG geknüpft ist, als dritter Motivationsfaktor ins Spiel.[628] Schließlich zeigen sich aber auch Lerneffekte als letzter Motivationsfaktor. Erfolgreiche und profitable Anfechtungsklagen haben seit jeher Nachahmer[629] gefunden und werden dies auch in Zukunft.[630]

---

[622] RegE ARUG, BT-Drucks. 16/11642 S. 41.

[623] *Grobecker*, NZG 2010, 165, 170.

[624] Zur Problematik der Asymmetrie von Prozessaufwand und Gewinnchancen bei Nebenin-ter-venienten *Waclawik*, in: DStR 2007, 1257.

[625] *Poelzig/Meixner*, AG 2008, 196, 198.

[626] Dazu oben § 3 D.

[627] *Poelzig/Meixner*, AG 2008, 196, 198.

[628] *Poelzig/Meixner*, AG 2008, 196, 198.

[629] Dies wird unterlegt durch die von *Baums/Keinath/Gajek* durchgeführte Studie, ZIP 2007, 1629, 1647.

[630] *Poelzig/Meixner*, AG 2008, 196, 198.

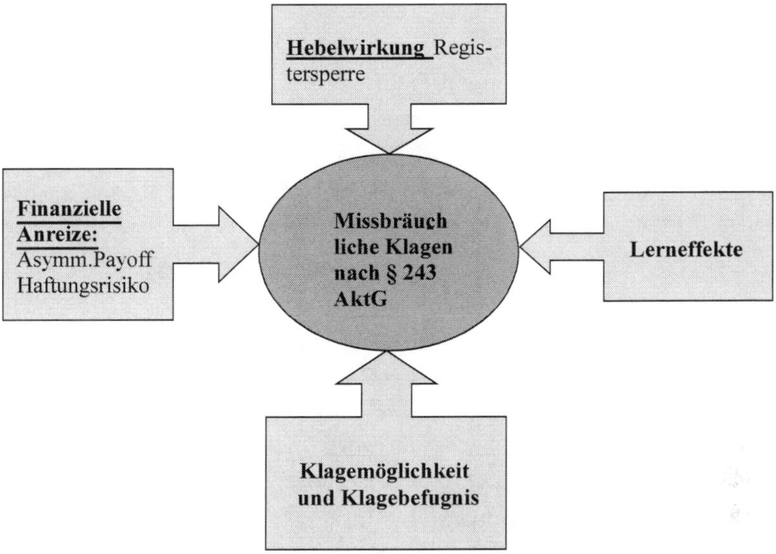

Abb. 1: Motivationsfaktoren für missbräuchliche Klageerhebungen, nach *Poelzig/Meixner*, AG 2008, 196, 198.

II. Folgen für betroffene Aktiengesellschaften und ihre Aktionäre

Ausweislich der soeben dargestellten Entwicklungen zeigt sich, dass die nach dem UMAG bestehende Rechtslage immer noch wirtschaftliche Anreize geboten hat, Anfechtungsklagen zu erheben.[631] Mit einiger Sicherheit werden aktien- und umwandlungsrechtliche Strukturmaßnahmen angefochten.[632] Selbst wenn im günstigsten Fall ein Freigabeverfahren zur Verfügung steht und dem Antrag sogar stattgegeben wird, konnten bis zum Wirksamwerden nach der Rechtslage des UMAG immer noch 9 – 12 Monate bis zum Wirksamwerden der Maßnahme vergehen.[633] Zwar *sollte* nach dem neuen § 246 a Abs. 3 S. 5 AktG a.F. der Freigabebeschluss innerhalb von drei Monaten ergehen, jedoch ergibt sich schon al-

[631] So auch *Vetter*, AG 2008, 177, 178.

[632] *Baums/Keinath/Gajek*, ZIP 2007, 1629, 1639 f. (Tabelle 9).

[633] Empirischer Nachweis bei *Baums/Keinath/Gajek*, ZIP 2007, 1629, 1648 f.

lein in Verbindung mit der Klagefrist sowie der Frist zur Einlegung der sofortigen Beschwerde ein zeitlicher Rahmen von acht Monaten für beide Instanzen. Im ungünstigeren Fall, in dem ein Freigabeverfahren gar nicht erst eröffnet ist bzw. dem Antrag nicht stattgegeben wurde, bleibt für die Gesellschaft die Aussicht auf einen möglicherweise mehrjährigen Anfechtungsprozess, der sich unter Umständen durch alle Instanzen zieht und sich nicht anders als durch eine vergleichsweise Beendigung beschleunigen lässt.[634]

Das Problem wird ganz besonders virulent, wenn es sich bei der angefochtenen Maßnahme beispielsweise um eine dringend für die Stabilität des Unternehmens benötigte Strukturmaßnahme handelt. So bei der im März 2008 auf der Hauptversammlung der Mittelstandsbank IKB beschlossenen Kapitalerhöhung, die nicht nur für das Institut selbst, sondern vermutlich auch für einige anderen Banken sowie damit für das Vertrauen der Anleger in das gesamte Finanzsystem unerlässlich war. Dennoch wurde von 10 Aktionären wegen Beschränkung des Rede- und Fragerechts angefochten, die am Ende Vergleichszahlungen von je über 100.000 Euro erhielten.[635] Auch Deutsche Bank Chef *Josef Ackermann* beklagte 2007, dass die stetig zunehmende Anzahl von Anfechtungsklagen die Umstrukturierung von Unternehmen mit erheblichen Risiken belaste.[636]

Die Folgen sind klar: die stetig zunehmende Zahl von missbräuchlichen Anfechtungsklagen schädigt nicht nur die Unternehmen selbst, sondern die Volkswirtschaft insgesamt. Sie haben einen nicht zu unterschätzenden negativen Einfluss auf den Wirtschaftsstandort Deutschland.[637]

III. Volkswirtschaftliche Folgen

Welche Möglichkeit bleibt nun aber den Unternehmen, um Anfechtungsklagen zu umgehen? Hauptversammlungsbeschlüsse müssen ohne jede Frage gefasst werde, insbesondere im Hinblick auf die sich immer ausweitenden, auch ungeschriebenen Hauptversammlungszuständigkeiten.[638] Bisher ist daher der Trend

---

[634] *Vetter*, in: AG 2008, 177, 178; empirischer Nachweis der Häufigkeit der vergleichsweisen Beendigung bei *Baums/Keinath/Gajek*, ZIP 2007, 1629, 1643.

[635] Wirtschaftswoche Nr. 23 vom 30. Mai 2009, S. 90.

[636] Nach einer Meldung der FAZ vom 20. November 2007, S. 23.

[637] *Josef Ackermann*, FAZ vom 20. November 2007, S. 23.

[638] *Raiser/Veil*, Recht der Kapitalgesellschaften, § 16 Rn. 10 ff.

zu beobachten, dass bestimmte Strukturmaßnahmen vermieden werden und zu ihrem Ersatz andere, meist kompliziertere und kostenspieligere Wege beschritten werden. So werden im Rahmen von M & A – Transaktionen, also Unternehmenskäufen und Unternehmenszusammenschlüssen, anders als in den USA oder anderen europäischen Ländern in Deutschland nur in höchst seltenen Fällen Aktien als Akquisitionswährung eingesetzt („Share-for-share“).[639] Stattdessen handelt es sich zumeist um reine Bartransaktionen, welche aufgrund des regelmäßig hohen Transaktionswertes für die Erwerbergesellschaft erhebliche wirtschaftliche Konsequenzen beinhaltet: hohe Verschuldung und Schwächung der Gesellschaft durch Fremdfinanzierung, dadurch Auswirkungen auf das Rating sowie die Finanzierungskosten.[640] Bei einem „Share-for-Share“-Deal ergeben sich demgegenüber die Vorteile einer aufgrund höheren bilanziellen Eigenkapitals auch höheren Marktkapitalisierung um den Wert des erworbenen Unternehmens, während diese bei einem Cash-Deal weitgehend unberührt bleibt.[641] Dem (einfacheren) Erwerb durch „Share-for-Share“-Transaktionen stehen aber hohe rechtliche Risiken entgegen, die sich primär aus der Anfechtungsgefahr ergeben. Zum einen kann der Rechtserfolg einer Anfechtungsklage ungewiss sein,[642] zum anderen kann selbst eine unbegründete Anfechtungsklage bei Verweigerung der Freigabe nach § 246a AktG a.F. die Maßnahme über Jahre hinweg blockieren.[643] Gerade bei Sachkapitalerhöhungen und die auf sie bezogenen Bewertungsrügen, die mittels Anfechtungsklage geltend zu machen sind, ist das Freigabeverfahren zur Entscheidung ungeeignet und die Erfolgsaussichten für den Freigabebeschluss eher gering.[644] Dementsprechend sind sie in Deutschland kaum verbreitet.[645] Solche Sachkapitalerhöhungen haben aber gerade im Rahmen von Unternehmenskäufen und –zusammenschlüssen große Bedeutung.[646]

---

639 *Handelsrechtsausschuss des DAV*, NZG 2007, 497, 498; *Vetter*, AG 2008, 177, 180 m.w.N.

640 *Handelsrechtsausschuss des DAV*, NZG 2007, 497, 498; *Vetter*, AG 2008, 177, 180.

641 Betrachtung unter Ausschluss von Synergien; *Vetter*, AG 2008, 177, 180.

642 *Hüffer*, AktG, § 248 Rn. 7a; *Winter*, in: FS Ulmer (2003), 699, 702 ff. m.w.N.; *Vetter*, AG 2008, 177, 179.

643 *Vetter*, AG 2008, 177, 179.

644 *Vetter*, ZHR 168 (2004), 8, 15 f.; *ders.*, AG 2006, 613, 624; *ders.*, AG 2008, 177, 179 m.w.N.

645 *Krieger*, in: MünchHdb. AG, § 56 Rn. 42, 47; *Vetter*, AG 2008, 177, 179.

646 *Vetter*, AG 2008, 177, 181.

Die Praxis sucht daher anderweitige Gestaltungsmöglichkeiten. Bei grenzüberschreitenden Unternehmenskäufen oder –zusammenschlüssen wird deshalb zumeist das Unternehmen als Erwerber auftreten, das Aktien als Akquisitionswährung ausgeben kann. Da dies Unternehmen aus anderen Jurisdiktionen sind, ist so die Gefahr der Verlagerung deutscher Unternehmen ins Ausland gegeben. Aktuellere Beispiele für eine solche Auslandsverlagerung ist der Zusammenschluss der Thomas Cook AG und der My Travel zur Thomas Cook Plc sowie der Zusammenschluss von TUI und First Choice, bei denen in beiden Fällen nunmehr eine englische Plc mit Börsennotierung in London die Obergesellschaft bildet.[647] Solche Auslandsverlagerungen können aber kaum gewollt sein. Das deutsche Aktienrecht vermittelt deutschen Unternehmen damit einen Wettbewerbsnachteil, der offensichtlich ist.[648]

C. Entstehungsgeschichte des ARUG

Es verwundert daher nicht, dass auch nach dem Inkrafttreten des UMAG die Rufe nach einer weiteren Bekämpfung missbräuchlicher Anfechtungsklagen nicht verstummten. Es lassen sich dabei hinsichtlich der Umsetzung im Kern zwei große Lager ausmachen: Die einen plädieren für eine „Nachjustierung“[649] des mit dem UMAG eingeleiteten Regelungsansatzes, also unbeschränkte Zulässigkeit der Anfechtungsklage, aber zusätzliche Entscheidung über die von der Anfechtungsklage ausgehende Registersperre.[650] Die anderen plädieren wiederum für einen gänzlichen Systemwechsel[651], bei dem die Zulässigkeit der Anfechtungsklage und damit die von ihr ausgehende Registersperre von dem formalen Kriterium eines Mindestanteilsbesitzes abhängig gemacht wird.[652]

Auf der Corporate-Governance-Kodex-Konferenz vom 05. Juli 2007 bemerkte die damalige Bundesjustizministerin *Zypries* daher zur weiter negativen Ent-

[647] *Vetter*, AG 2008, 177, 181 (Fn. 27).

[648] *Handelsrechtsausschuss des DAV*, NZG 2007, 497, 498; *Vetter*, AG 2008, 177, 180.

[649] *Assmann*, AG 2008, 208, 210.

[650] *Seibert*, NZG 2007, 841; *Baums/Drinhausen*, ZIP 2008, 145; Entwurf des Bundesrates für ein Gesetz zur Einführung erstinstanzlicher Zuständigkeit des OLG in aktienrechtlichen Streitigkeiten vom 12. Dezember 2007, BR-Drucks. 901/07.

[651] *Assmann*, AG 2008, 208, 210

[652] So z.B. *Vetter*, AG 2008, *Poelzig/Meixner*, AG 2008, 196 ff., jeweils m.w.N.; *Arbeitskreis Beschlussmängelrecht*, AG 2008, 617 ff.

wicklung der Beschlussmängelstreitigkeiten: „Der aufrechte Kleinaktionär, das Idealbild der Aktienrechtsreform von 1965, ist nicht mehr der Polizist im Interesse aller Mitaktionäre. Das scheint ein Auslaufmodell zu sein. Wir haben [...] eine ständig wachsende Szene klagefreudiger Kleinaktionäre, denen es meist nicht um das gemeinsame Ganze geht. Ihnen liegt vorrangig daran, sich den Lästigkeitswert ihrer Klagen abkaufen zu lassen. Diese Entwicklung beobachte ich mit großer Sorge."[653] Und auf die kleine Anfrage der FDP zu den Entwicklungen im Beschlussmängelrecht hin antwortete die damalige Bundesregierung, dass sie rechtliche Schritte gegen Berufskläger prüfe.[654]

Die Umsetzung Aktionärsrechterichtlinie[655], die auf die Stärkung der Rechte von Aktionären börsennotierter Gesellschaften sowie auf die Erleichterung der grenzüberschreitenden Ausübung von Aktionärsrechten zielt,[656] hat die Bundesregierung zum Anlass genommen, einen erneuten Versuch zur Eindämmung missbräuchlicher Aktionärsklagen durch Präzisierung und Ergänzung der bereits durch das UMAG eingeführten Vorschriften zur Modernisierung des Anfechtungsrechts zu unternehmen.[657]

Der erste Gesetzesentwurf der Bundesregierung hierzu lag bereits am 07. November 2008 vor,[658] zu dem eine Stellungnahme des Bundesrates[659] sowie

---

[653] Zitiert nach *Seibert*, NZG 2007, 841, 845.

[654] Kleine Anfrage der FDP-Bundestagsfraktion vom 10. Oktober 2007 zum „Klagegewerbe im Aktienrecht", BT-Drucks. 16/6683 und Antwort der Bundesregierung vom 26. Oktober 2007, BT-Drucks. 16/6845, S. 4; beides abzurufen unter: http://www.bundestag.de.

[655] Richtlinie 2007/36/EG des Europäischen Parlaments und des Rates vom 11. Juli 2007 über die Ausübung bestimmter Rechte von Aktionären in börsennotierten Gesellschaften (Aktionärsrechterichtlinie), ABl. EU Nr. L 184, S. 17.

[656] Erwägungsgründe 1 und 2 der Richtlinie 2007/36/EG (oben Fn. 252).

[657] Gesetzesbegründung zum Entwurf eines Gesetzes zur Umsetzung der Aktionärsrechterichtlinie (ARUG) vom 21. Januar 2009, BT-Drucks. 16/11642, S. 1, abzurufen unter: http://www.bundestag.de.

[658] Entwurf eines Gesetzes zur Umsetzung der Aktionärsrechterichtlinie (ARUG) vom 07. November 2008, BR-Drucks. 847/08, abzurufen unter http://www.jura.uni-augsburg.de/fakultaet/lehrstuehle/moellers/materialien.

[659] Stellungnahme des Bundesrates zum Entwurf eines Gesetzes zur Umsetzung der Aktionärsrichtlinie vom 19. Dezember 2008, BR-Drucks. 847/08 (B), abzurufen unter http://www.bundesrat.de

Beschlussempfehlung und Bericht des Rechtsausschusses[660] ergingen. Das Gesetz zur Umsetzung der Aktionärsrechterichtlinie (ARUG) trat dann am 01. September 2009 in Kraft.[661]

§ 5 Überblick über die gesetzlichen Neuerungen

A. Modifikation des Freigabeverfahrens

Kernstück der durch das ARUG durchgeführten aktienrechtlichen Modifikationen in Bezug auf das Beschlussmängelrecht sind allein Änderungen des Freigabeverfahrens nach §§ 246a, 319 Abs. 6 AktG (auch in Verbindung mit § 327e Abs. 2 AktG) sowie entsprechend in § 16 Abs. 3 UmwG. Dem liegt die Annahme des Gesetzgebers zugrunde, dass nicht die Anfechtungsklage selbst das Problem sei, das missbräuchliche Klagen erlaubt, sondern ihre Sperrwirkung in Bezug auf die Registereintragung des angegriffenen Hauptversammlungsbeschlusses.[662]

I. Maßnahmen zur Verfahrensbeschleunigung

1. Zustellungserleichterungen, § 246a Abs. 1 S. 2 AktG

Zur Vermeidung der oben dargestellten Verzögerungen durch Verlagerung der Prozessvehikel ins Ausland und den damit verbundenen Zustellungsschwierigkeiten wurden mit dem ARUG in § 246a Abs. 1 S. 2 AktG die §§ 82, 83 Abs. 1 sowie 84 ZPO für entsprechend anwendbar erklärt.[663] Damit wird die Wirkung der Prozessvollmacht für das Anfechtungsverfahren auch auf die unterschiedlichen Freigabeverfahren erstreckt, denn § 82 ZPO erstreckt die für das Hauptverfahren geltende Vollmacht auch auf alle anderen Nebenverfahren. Der mit dem Klageverfahren beauftragte Rechtsanwalt des Antragsgegners wird damit also

---

[660] Beschlussempfehlung und Bericht des Rechtsausschusses zu dem Gesetzesentwurf der Bundesregierung – Drucksache 16/11642 – Entwurf eines Gesetzes zur Umsetzung der Aktionärsrechterichtlinie (ARUG) vom 20. Mai 2009, BT-Drucks. 16/13098, abzurufen unter http://www.bundestag.de.

[661] BGBl. 2009, Teil I, Nr. 50, S. 2479 ff.

[662] *Seibert*, ZIP 2008, 906, 907; *Waclawik*, ZIP 2008, 1141.

[663] RegE ARUG, BT-Drucks. 16/11642 S. 40; *Hüffer*, AktG, § 246a Rn. 10.

automatisch auch zu dessen Vertreter im Freigabeverfahren.[664] Ergänzend wird durch die entsprechende Anwendung von § 83 Abs. 1 ZPO die Unabdingbarkeit dieser Erstreckung der Prozessvollmacht auch auf das Freigabeverfahren statuiert[665] und dies mit § 84 ZPO auch dann, wenn mehrere Prozessbevollmächtigte bestehen. Entsprechend ergänzt wurden die Parallelvorschriften der spezialgesetzlich geregelten Freigabeverfahren in §§ 319 Abs. 6 AktG (auch in Verbindung mit § 327e Abs. 2 AktG) sowie entsprechend in § 16 Abs. 3 UmwG.

Die Neuregelung des § 246a Abs. 1 S. 2 AktG ist eine Reaktion des Gesetzgebers auf die oben dargestellten Praktiken der Anfechtungskläger, die sich im Ausland ansässiger Unternehmen als Prozessvehikel bedienten und so die Zustellung gerichtlicher Schriftstücke und damit das ganze Freigabeverfahren verzögerten. Die Neuregelung dient damit der Beschleunigung des Freigabeverfahrens.[666] Schon vor dem Inkrafttreten des ARUG war aber teilweise eine analoge Anwendbarkeit von § 82 ZPO auf das Freigabeverfahren angenommen worden, da das Freigabeverfahren mit dem Anfechtungsverfahren genauso eng verbunden sei wie das von § 82 ZPO thematisierte Verfahren, welches sich auf Erlass eines Arrests bzw. einer einstweiligen Verfügung richtet und des jeweiligen Hauptverfahrens und.[667] Die Regelung übernimmt damit auch eine Klarstellungsfunktion. Für den Fall, dass der Kläger eine im Ausland ansässige GmbH ist, gibt es darüber hinaus bereits seit dem MoMiG[668] Zustellungserleichterungen gemäß § 13e Abs. 2 S. 4 HGB, §§ 10 Abs. 2 S. 2, 35 Abs. 2 S. 3 GmbHG.[669]

---

664 *Weber/Kersjes*, Hauptversammlungsbeschlüsse vor Gericht, § 3 Rn. 57; *Drinhausen/Keinath*, BB 2008, 2078, 2081.

665 So schon LG Münster, AG 2007, 377, 378; *Hüßtege*, in: Thomas/Putzo, Ziviprozessordnung, § 82 Rn. 1, § 83 Rn. 4; *Weber/Kersjes*; Hauptversammlungsbeschlüsse vor Gericht, § 3 Rn. 57; *Koch/Wackerbeck*, ZIP 2009, 1603, 1604; *Poelzig*, DStR 2008, 1538, 1539.

666 *Weber/Kersjes*; Hauptversammlungsbeschlüsse vor Gericht, § 3 Rn. 57.

667 LG Münster, AG 2007, 377, 378; *Hüffer*, AktG (9. Aufl.), § 246a Rn. 10; *Stratz*, in: Schmitt/Hörtnagl/Stratz; UmwG (5. Aufl.), § 16 Rn. 32; *Habersack*, in: Emmerich/Habersack, Aktien- und GmbH-Konzernrecht (5. Aufl.), § 319 AktG Rn. 37; *Krieger*, in: MünchHdb AG (3. Aufl.), §73 Rn. 27a; *Baums/Drinhausen*, ZIP 2008, 145, 154; *Vetter*, AG 2008, 177, 193; *Waclawik*, DStR 2006, 2177.

668 Gesetz zur Modernisierung des GmbH-Rechts und zur Bekämpfung von Missbräuchen (MoMiG) vom 23. Oktober 2008, BGBl. 2008 Teil 1 Nr. 48 S. 2026.

669 *Weber/Kersjes*; Hauptversammlungsbeschlüsse vor Gericht, § 3 Rn. 58.

Die Einführung des § 82 ZPO in § 246a Abs. 1 S. 2 AktG war erforderlich, um eine unterschiedliche Rechtsprechung der Instanzengerichte zu vermeiden, da bisher nicht höchstrichterlich über die analoge Anwendung des § 82 ZPO entschieden war.[670] Sie ist, da nunmehr die Zustellung gerichtlicher Schriftstücke auch im Freigabeverfahren an den in Deutschland ansässigen Prozessanwalt zu erfolgen hat, darüber hinaus auch geeignet, das Freigabeverfahren in Fällen, in denen ausländische Prozessvehikel dazwischen eingeschaltet sind oder der Anfechtungskläger als Privatpersonen im Ausland ansässig sind, zu beschleunigen.

2. Konzentration des Freigabeverfahrens beim OLG und Rechtsmittelausschluss

2.1 Regelungsgehalt

2.1.1 Zuständigkeitskonzentration

Nach den neuen §§ 246a Abs. 1 S. 3, 319 Abs. 6 S. 7[671] AktG, § 16 Abs. 3 S. 7 UmwG ist für die Entscheidung über die Freigabe eines Hauptversammlungsbeschlusses nunmehr zwingend ein Senat des Oberlandesgerichts (OLG) erst- sowie letztinstanzlich zuständig. Zudem wird durch § 246a Abs. 3 S. 1 AktG die Übertragung der Entscheidung auf den Einzelrichter ausgeschlossen. Diese Regelung wurde erst in letzter Minute in das ARUG mit eingebaut. Der Gesetzesentwurf sah noch keine Konzentration der Eingangszuständigkeit für Freigabeverfahren vor. Mit seiner Stellungnahme vom 19. Dezember 2008[672] bat der Bundesrat, die Regelungen zur Bekämpfung missbräuchlicher Anfechtungsklagen dahingehend zu ergänzen, dass die Eingangszuständigkeit in aktienrechtlichen Streitigkeiten *generell* bei den Oberlandesgerichten liegt.[673] Das bedeutet,

---

[670] So auch *Koch/Wackerbeck*, ZIP 2009, 1603, 1604; *Noack*, NZG 2008, 441, 446; aA *Sauter*, ZIP 2008, 1706, 1713, die eine gesetzliche Regelung aufgrund der ergangenen Rechtsprechung für überflüssig hält.

[671] Auch für Freigabeentscheidungen von Squeeze-out-Beschlüssen ist das OLG zuständig. Der Gesetzgeber verzichtete hier aber auf eine eigenständige Regelung und verwies stattdessen in § 327e Abs. 2 AktG auf die Regelung des § 319 Abs. 6 AktG und erklärte diese für entsprechend anwendbar. Nachfolgend wird daher auf eine gesonderte Zitierung verzichtet.

[672] Stellungnahme des Bundesrates zum Entwurf eines Gesetzes zur Umsetzung der Aktionärsrechterichtlinie (ARUG) vom 19. Dezember 2008, BR-Drucks. 847/08. Darüber hinaus hatte der Bundesrat bereits im Jahr 2007 einen Gesetzesentwurf eingebracht, der eine generelle Eingangszuständigkeit der OLG in aktienrechtlichen Streitigkeiten vorsieht, BR-Drucks. 901/07, BT-Drucks. 16/9020.

[673] Stellungnahme des Bundesrates BT-Drucks. 16/9020, S. 12.

dass also nicht nur das Freigabeverfahren, sondern auch das Anfechtungsverfahren selbst erstinstanzlich von den Landgerichten zu den Oberlandesgerichten nach dem Vorschlag des Bundesrates zu verlagern sei. Zur Begründung wird angeführt, dass eine deutliche Verfahrensbeschleunigung notwendig sei, um das Druckpotenzial der Anfechtungskläger durch die mit der Eintragungssperre entstehende „hold-up-Situation“ zu verringern.[674] Nach Ansicht des Bundesrates bedingt nicht die mangelnde Bearbeitungsroutine der Landgerichte das Berufsklägertum, sondern die lange Verfahrensdauer im Instanzenzug, der mit der Konzentration der erst- und letztinstanzlichen Entscheidung bei den Oberlandesgerichten entgegengewirkt werden könne.[675]

Nach Prüfung des Rechtsausschusses übernahm dieser den Vorschlag in seine Beschlussempfehlung vom 20. Mai 2009[676] dahingehend, dass gemäß § 246a Abs. 1 S. 3, Abs. 3 S. 1 AktG zwingend ein Senat des Oberlandesgerichts erst- wie auch letztinstanzlich über die Freigabe entscheidet.[677] Begründet wird diese Entscheidung zum einen mit Aspekten der Verfahrensbeschleunigung. Zum anderen aber auch damit, dass trotz abweichendem Entscheidungsgegenstand das Freigabeverfahren dessen Wirkung zum Teil vorwegnehme.[678] Regelmäßig würden Beschlussmängelstreitigkeiten in die Rechtsmittelinstanz getragen werden, so dass die letztinstanzliche Entscheidung auch in der Hauptsache das Oberlandesgericht treffe. Daraus wird in der Konsequenz abgeleitet, dass das Oberlandesgericht auch abschließend über die (nicht-)Freigabe, also die Kassationsmacht des Anfechtungsklägers entscheiden sollte.[679] Der Ausschluss der Übertragung der Sache auf einen Einzelrichter gemäß § 246a Abs. 3 S. 1 AktG beruht dagegen auf den in Beschlussmängelstreitigkeiten regelmäßig auftretenden tatsächlichen und rechtlichen Schwierigkeiten.[680]

---

[674] Stellungnahme des Bundesrates BT-Drucks. 16/9020, S. 12.

[675] Stellungnahme des Bundesrates BT-Drucks. 16/9020, S. 13.

[676] Beschlussempfehlung und Bericht des Rechtsausschusses zum Entwurf eines Gesetzes zur Umsetzung der Aktionärsrechterichtlinie (ARUG) vom 20. Mai 2009, BT-Drucks. 16/13098.

[677] Beschlussempfehlung des Rechtsausschusses BT-Drucks. 16/13098, S. 59.

[678] Beschlussempfehlung des Rechtsausschusses BT-Drucks. 16/13098, S. 59 f.

[679] Beschlussempfehlung des Rechtsausschusses BT-Drucks. 16/13098, S. 60.

[680] Beschlussempfehlung des Rechtsausschusses BT-Drucks. 16/13098, S. 60.

2.1.2 Rechtsmittelausschluss

Mit der Zuständigkeitskonzentration von Freigabenentscheidungen bei den OLG zur Verfahrensbeschleunigung korrespondiert die Regelung der §§ 246a Abs. 3 S. 4, 319 Abs. 6 S. 9 AktG, § 16 Abs. 3 S. 9 UmwG, welche die Freigabeentscheidung für schlechthin unanfechtbar erklären. Die Möglichkeit der sofortigen Beschwerde gegen den Freigabebeschluss ist damit weggefallen. Dies soll das Verfahren weiter beschleunigen.[681] Mit Blick auf den verfassungsrechtlich gewährleisteten Justizgewährungsanspruch begegnet diese Regelung keinen Bedenken. Dieser garantiert nämlich nicht den Instanzenzug selbst, sondern nur einen wirkungsvollen Rechtsschutz.[682]

2.2 Würdigung

Die Einführung der Konzentrationsregelung der §§ 246a Abs. 1 S. 3, 319 Abs. 6 S. 7 AktG, § 16 Abs. 3 S. 7 UmwG ist grundsätzlich zu begrüßen, da eine Instanzenverkürzung geeignet ist, das Verfahren in der Praxis zu beschleunigen.[683] Jedoch ist zumindest anzumerken, dass in der Zuständigkeitsverlagerung von den Landgerichten auf die Oberlandesgerichte zivilprozessual ein klarer Systembruch liegt.[684] Ein Oberlandesgericht ist eine Rechtsmittelinstanz. Auch wenn die Kompetenzverlagerung aufgrund des vormals rechtstatsächlichen Instanzenzuges konsequent ist, lässt sich diese Argumentation in Kombination mit der Rechtsmittelversagung auch genauso auf eine Zuständigkeitskonzentration bei den Landgerichten anwenden. Das Gegenargument, dass OLG-Richter mehr Kompetenz zur Entscheidung solcher Streitigkeiten hätten, greift wohl nicht, da die große Mehrzahl der Freigabeentscheidungen in der Rechtsmittelinstanz bestätigt wurde.[685] Zudem ist ein Landgericht die schnellere Instanz.[686] Ausweislich der empirischen Studie von *Baums/Keinath/Gajek* haben Landgerichte die durch das UMAG eingeführte Dreimonatsfrist zur Entscheidung nach § 246a

---

681 Beschlussempfehlung des Rechtsausschusses BT-Drucks. 16/13098, S. 59.

682 RegE ARUG, BT-Drucks. 16/11642, S. 42; BVerfG, NJW 2003, 1924; KG Berlin, ZIP 2010, 180, 181; *Weber/Kersjes*, Hauptversammlungsbeschlüsse vor Gericht, § 3 Rn. 73.

683 So auch *Koch/Wackerbeck*, ZIP 2009, 1603, 1605; *Stohlmeier*, NZG 2010, 1011; *Grobecker*, NZG 2010, 165, 170.

684 *Florstedt*, AG 2009, 465, 469.

685 *Florstedt*, AG 2009, 465, 469.

686 *Florstedt*, AG 2009, 465, 469; *Baums/Keinath/Gajek*, ZIP 2007, 1629 ff.

Abs. 3 S. 6 AktG zumindest überwiegend eingehalten.[687] OLG-Senate entfernten sich, wie der folgende Fall zeigt, dagegen zum Teil deutlich von der vorgegebenen Frist.[688]

Das LG Frankfurt a.M.[689] hatte über einen Freigabeantrag der Deutschen Bank zu entscheiden, nachdem Aktionäre einen Hauptversammlungsbeschluss über die Schaffung eines genehmigten Kapitals und anderer Tagesordnungspunkte wegen (angeblicher) Ladungsfehler angefochten hatten. Die Deutsche Bank stellte den Freigabeantrag am 25. September 2008, der Beschluss der KfH erging daraufhin am 17. Dezember 2008, also innerhalb der Dreimonatsfrist des § 246a Abs. 3 S. 6 AktG. Gegen den Beschluss des Landgerichts erhob die Deutsche Bank sofortige Beschwerde zum OLG Frankfurt a.M., dessen Beschluss aber erst am 08. Juni 2009 erging.

Der Systembruch in der Zuständigkeitsverteilung mag auch der Grund für die OLG-Zuständigkeit „auf Probe“[690] sein. Im Bericht des Rechtsausschusses heißt es nämlich: „Der Rechtsausschuss fordert das Bundesministerium der Justiz auf, bis Ende 2011 eine rechtstatsächliche Untersuchung darüber durchzuführen, ob die Verfahrensbehandlung bei den Oberlandesgerichten gegenüber den bisherigen Verfahrensdauern bei den Landgerichten [...] zu einer Verbesserung oder Verschlechterung geführt hat.“[691] Die aktienrechtliche Gerichtsverfassung unterliegt damit im kommenden Jahr einer eingänglichen Prüfung, welche eine weitere (und damit begrüßenswerte) Reformbereitschaft vermuten lässt.

Nicht nachvollziehbar ist allerdings, warum die Konzentration der Eingangszuständigkeit entgegen dem Vorschlag des Bundesrates[692] nicht auch für das Hauptsacheverfahren übernommen wurde. Mit der aktuellen gesetzlichen Lage kommt man zu dem absurden Zustand, dass auf der einen Seite ein Oberlandes-

---

[687] *Florstedt*, AG 2009, 465, 469; *Baums/Keinath/Gajek*, ZIP 2007, 1629, 1649.

[688] Natürlich sind andererseits auch zahlreiche Verfahren innerhalb der vorgegebenen Frist beendet worden, in diesem Sinne *Stohlmeier*, NZG 2010, 1011 m.w.N.

[689] LG Frankfurt a.M., NZG 2009, 1066 („Deutsche Bank“).

[690] *Florstedt*, AG 2009, 465, 469.

[691] Beschlussempfehlung des Rechtsausschusses BT-Drucks. 16/13098, S. 60.

[692] Stellungnahme des Bundesrates zum Entwurf eines Gesetzes zur Umsetzung der Aktionärsrechterichtlinie (ARUG) vom 19. Dezember 2008, BR-Drucks. 847/08.

gericht sich im Rahmen des Freigabeverfahrens bereits teilweise mit dem Hauptsacheverfahren auseinandersetzt, nämlich wenn es beispielsweise um die Prüfung der Unzulässigkeit oder offensichtlichen Unbegründetheit geht, das Hauptsacheverfahren aber völlig losgelöst vom Freigabeverfahren weiterhin beim Landgericht anhängig ist und in der ersten Rechtsmittelinstanz dann sogar wieder beim Oberlandesgericht landen kann.

3. Recht auf Akteneinsicht vor Zustellung der Klageschrift

Die oben geschilderte Praktik der „räuberischen Aktionäre", das Freigabeverfahren dadurch zu verzögern, dass der Prozesskostenvorschuss im Hauptsacheverfahren verspätet eingezahlt wird und die beklagte Gesellschaft so die Klageschrift auch erst verspätet zugestellt bekommt, wird durch das ARUG mit der Änderung des § 246 Abs. 3 S. 5 AktG in Angriff genommen. Danach kann die Gesellschaft abweichend von § 299 ZPO, der eine Akteneinsicht erst nach Zustellung der Klageschrift vorsieht,[693] eine eingereichte Klage bereits unmittelbar nach Ablauf der Anfechtungsfrist (Monatsfrist nach § 246 Abs. 1 AktG), noch vor der Zustellung der Klageschrift und damit bevor die Klage rechtshängig ist, einsehen und sich von der Geschäftsstelle Auszüge und Abschriften erteilen lassen. Dieses neue Akteneinsichtsrecht hat für die Gesellschaft den Vorteil, dass sie auch ohne Zustellung der Klage schon frühzeitig von deren Inhalt Kenntnis erlangt und sie so den Freigabeantrag entsprechend vorbereiten kann.[694] Die Änderung des § 246 Abs. 3 S. 5 AktG dient damit ebenfalls der Verfahrensbeschleunigung.[695]

Dic Einführung dieser Vorschrift ist sinnvoll und daher zu begrüßen. Bereits vor dem Inkrafttreten des ARUG hatten vereinzelt Gerichte den Gesellschaften Akteneinsicht bereits nach Ablauf der Anfechtungsfrist gegeben, die Handhabung war aber insgesamt nicht einheitlich.[696] Die Einführung der Vorschrift ist daher auch aus Gründen der Rechtssicherheit begrüßenswert. Der Zustellungszeitpunkt der Klageschrift ist damit nicht mehr ausschlaggebend für das Recht auf Akteneinsicht und damit auch nicht mehr als Mittel der „räuberischen Aktionä-

---

[693] *Zöller/Greger*, ZPO, § 299 Rn. 6c.

[694] *Weber/Kersjes*, Hauptversammlungsbeschlüsse vor Gericht, § 3 Rn. 31.

[695] RegE ARUG, BT-Drucks. 16/11642, S. 41.

[696] RegE ARUG, BT-Drucks. 16/11642, S. 41; *Paschos/Goslar*, AG 2009, 14, 20; *Koch/ Wackerbeck*, ZIP 2009, 1603, 1605.

re“ zur Verfahrensverzögerung geeignet. Dass allerdings die zügige Vorbereitung insofern ins Leere geht, als dass der Freigabeantrag dennoch erst dann gestellt werden kann, wenn die Klage rechtshängig ist und unter Umständen die Rechtshängigkeit durch eine Verzögerung der Einzahlung des Gerichtskostenvorschusses vom Kläger herausgezögert werden kann – die schnelle Vorbereitung der Gesellschaft also ins Leere geht – ist vom Gesetzgeber wohl übersehen worden und wird noch zu zeigen und zu erläutern sein.

II. Gewinnbegrenzung durch Streitwertdeckelung, § 246a Abs. 1 S. 2 i.V.m. § 247 AktG ?

Mit dem ARUG wird zudem die vormals bereits für Anfechtungs- und Nichtigkeitsklagen nach § 247 AktG geltende Festsetzung angemessener Streitwerte auch für das Freigabeverfahren übernommen. Die §§ 246 a Abs. 1 S. 2, 319 Abs. 6 S. 2 AktG, § 16 Abs. 3 S. 2 UmwG erklären nunmehr für die Bestimmung des Streitwerts den § 247 AktG für entsprechend anwendbar. Damit im Freigabeverfahren ist der festgesetzte Streitwert lediglich als Gebührenstreitwert relevant, da die Zuständigkeit in §§ 246 a Abs. 1 S. 3, 319 Abs. 6 S. 7 AktG, § 16 Abs. 3 S. 7 UmwG bereits geregelt ist und es gegen den Freigabebeschluss nach §§ 246a Abs. 3 S. 4, 319 Abs. 6 S. 9 AktG, § 16 Abs. 3 S. 9 UmwG auch kein Rechtsmittel gibt.[697]

Die entsprechende Anwendbarkeit des § 247 AktG auch im Freigabeverfahren bezweckt mit der Sicherstellung angemessener Regelstreitwerte den Schutz der wirtschaftlich schwächeren Prozesspartei.[698] Zur Lösung eines ganz erheblichen Problems, nämlich der durch die Vergleichsmehrwerte erzielten teilweise erheblichen Gewinnspanne, welche die Anfechtungskläger durch den Abkauf des Lästigkeitswerts der Anfechtungsklage erlangen können, lässt sich damit allerdings nicht beitragen, da die Vorschrift nicht die Entstehung von Vergleichsmehrwerten verhindert.[699] Abhilfe könnte hier eine gesetzliche Beschränkung von Vergleichsmehrwerten[700] bringen (mehr dazu unten).

---

[697] *Hüffer,* AktG, § 246a Rn. 10, *Weber/Kersjes*, Hauptversammlungsbeschlüsse vor Gericht, § 3 Rn. 66.

[698] RegE ARUG, BT-Drucks. 16/11642, S. 41.

[699] *Koch/Wackerbeck*, ZIP 2009, 1603, 1606.

[700] Für eine solche gesetzliche Beschränkung *D. Schwintowski*, DB 2007, 2695, 2700; *Baums/Drinhausen*, ZIP 2008, 145, 155; *Koch/Wackerbeck*, ZIP 2009, 1603, 1606.

III. Neufassung der Freigabevoraussetzungen, §§ 246a Abs. 2, 319 Abs. 6 S. 3 AktG, § 16 Abs. 3 S. 3 UmwG

Kernstück der Neuregelungen zur Bekämpfung missbräuchlicher Anfechtungsklagen ist die Neuformulierung und Änderung der §§ 246a Abs. 2, 319 Abs. 6 S. 3 AktG, § 16 Abs. 3 S. 3 UmwG. Danach ist der Freigabeantrag einer Gesellschaft begründet, wenn die Klage unzulässig oder offensichtlich unbegründet ist (Nr. 1), der Kläger nicht binnen einer Woche nach Zustellung des Antrags durch Urkunden nachgewiesen hat, dass er seit Bekanntmachung der Einberufung einen anteiligen Betrag von mindestens EUR 1.000 hält (Nr. 2) oder das alsbaldige Wirksamwerden des Hauptversammlungsbeschlusses vorrangig erscheint, weil die vom Antragsteller dargelegten wesentlichen Nachteile für die Gesellschaft und ihre Aktionäre nach freier Überzeugung des Gerichts die Nachteile für den Antragsgegner überwiegen, es sei denn, es liegt eine besondere Schwere des Rechtsverstoßes vor (Nr. 3).[701]

1. Allgemeines

Die Freigabevoraussetzungen des § 246a Abs. 2 AktG wurden im Zuge der Rechtsänderungen durch das ARUG zunächst übersichtlicher gefasst, wie die folgende Gegenüberstellung der Wortlaute der verschiedenen Fassungen des § 246 a Abs. 2 AktG nach altem wie neuem Recht zeigt:

§ 246a Abs. 2 AktG a.F.	**§ 246 a Abs. 2 AktG n.F.**
Ein Beschluss nach Absatz 1 darf nur ergehen, wenn die Klage unzulässig oder offensichtlich unbegründet ist oder wenn das alsbaldige Wirksamwerden des Hauptversammlungsbeschlusses nach freier Überzeugung des Gerichts unter Berücksichtigung der Schwere der mit der Klage gel-	Ein Beschluss nach Absatz 1 ergeht, wenn 1. die Klage unzulässig oder offensichtlich unbegründet ist, 2. der Kläger nicht binnen einer Woche nach Zustellung des Antrags durch Urkunden nachgewiesen hat, dass er seit Be-

[701] Aufgrund des Gleichlaufs der Wortlaute der §§ 246a Abs. 2, 316 Abs. 6 S. 3 AktG, § 16 Abs. 3 UmwG wird im Folgenden auf die Zitierung aller §§ verzichtet und nur auf § 246a Abs. 2 AktG verwiesen.

tend gemachten Rechtsverletzung zur Abwendung der vom Antragsteller dargelegten wesentlichen Nachteile für die Gesellschaft und ihre Aktionäre vorrangig erscheint.	kanntmachung der Einberufung einen anteiligen Betrag von mindestens 1 000 Euro hält oder 3. das alsbaldige Wirksamwerden des Hauptversammlungsbeschlusses vorrangig erscheint, weil die vom Antragsteller dargelegten wesentlichen Nachteile für die Gesellschaft und ihre Aktionäre nach freier Überzeugung des Gerichts die Nachteile für den Antragsgegner überwiegen, es sei denn, es liegt eine besondere Schwere des Rechtsverstoßes vor.

Im Gegensatz zur alten Fassung des § 246a Abs. 2 AktG *darf* der Freigabebeschluss nunmehr aber nicht nur ergehen, wenn die Freigabevoraussetzungen vorliegen, sondern er *ergeht*. Mit der Wahl dieses Wortlauts ist den Registerrichtern keine Ermessensentscheidung bezüglich der Freigabe eines Hauptversammlungsbeschlusses überlassen; es ist eine gebundene Entscheidung.[702] Liegt einer der Freigabevoraussetzungen vor, *ergeht* der Freigabebeschluss.

Die Aufzählung dieser Unbedenklichkeitstatbestände ist auch nach der Neufassung abschließend.[703] Dabei ist zu beachten, dass wie nach der Gesetzeslage des UMAG für den Fall, dass mehrere Anfechtungs- oder Nichtigkeitsklagen erhoben wurden, die Voraussetzungen der Freigabe für jede einzelne der Klagen zu prüfen ist.[704] Damit eine Freigabeentscheidung ergehen kann, müssen folglich in Bezug auf alle Klagen Unzulässigkeit, offensichtliche Unbegründetheit oder ein

---

[702] *Rubel*, DB 2008, 2027, 2028.

[703] *Weber/Kersjes*, Hauptversammlungsbeschlüsse vor Gericht, § 3 Rn. 36; *Habersack*, in: Emmerich/Habersack, Aktien- und GmbH-Konzernrecht, § 319 AktG Rn. 33.

[704] KG Berlin, ZIP 2009, 1223, 1226; *Weber/Kersjes*, Hauptversammlungsbeschlüsse vor Gericht, § 3 Rn. 36; *Leuering*, NJW-Spezial 2009, 543, 544; *Verse*, NZG 2009, 1127, 1129.

vorrangiges Vollzugsinteresse der Gesellschaft vorliegen.[705] Wenn auch nur bei einer Klage keiner der Unbedenklichkeitstatbestände erfüllt ist, wird der Freigabeantrag abgelehnt.[706]

Darüber hinaus ist es aber ausreichend, dass nur einer der Unbedenklichkeitstatbestände erfüllt ist, um den Freigabebeschluss zu erwirken.[707] Auch die optisch abgestufte Neuformulierung des § 246a Abs. 2 AktG ändert daran nichts. Die Nummerierungen sind nicht im Sinne einer Abstufung nach der Gewichtung der Unbedenklichkeitstatbestände zu verstehen. Daraus folgt, dass ein Freigabebeschluss selbst dann zu ergehen hat, wenn es sich um eine besonders schwere Rechtsverletzung handelt und die Eintragung der Maßnahme deshalb nach § 246a Abs. 2 Nr. 3 AktG eigentlich unerträglich wäre, solange nur das Mindestquorum der Nr. 2 nicht erreicht wurde.[708]

2. Einführung eines Mindestquorums gemäß § 246a Abs. 2 Nr. 2 AktG

2.1 Regelungsinhalt und Hintergrund

Mit dem ARUG wurde in § 246a Abs. 2 Nr. 2 AktG ein gänzlich neuer alternativer Unbedenklichkeitstatbestand eingeführt. Ein Freigabebeschluss ergeht danach, wenn der Antragsgegner (d.h. der Anfechtungskläger) nicht binnen einer Woche nach Zustellung des Freigabeantrags durch Urkunden nachgewiesen hat, dass er seit Bekanntmachung der Einberufung der Hauptversammlung einen anteiligen Aktienbesitz von mindestens EUR 1.000 hält. Dieses sog. Bagatellquorum wurde in der Höhe von EUR 1.000, was einem Börsenwert von etwa EUR 10.000 bis 20.000 entspricht,[709] erst in letzter Minute eingeführt. Der Gesetzesentwurf vom 21. Januar 2009 sah in § 246a Abs. 2 Nr. 2 AktG dagegen noch

---

[705] *Weber/Kersjes*, Hauptversammlungsbeschlüsse vor Gericht, § 3 Rn. 36; *Leuering*, NJW-Spezial 2009, 543, 544.

[706] *Weber/Kersjes*, Hauptversammlungsbeschlüsse vor Gericht, § 3 Rn. 36; *Leuering*, NJW-Spezial 2009, 543, 544. So auch schon nach dem UMAG, BT-Drucks. 15/5092, S. 28; OLG Frankfurt a.M., ZIP 2007, 629.

[707] *Weber/Kersjes*, Hauptversammlungsbeschlüsse vor Gericht, § 3 Rn. 36; *Drinhausen/Keinath*, BB 2008, 2078, 2081; *Seibert*, ZIP 2008, 906, 910.

[708] *Weber/Kersjes*, Hauptversammlungsbeschlüsse vor Gericht, § 3 Rn. 36; *Leuering*, NJW-Spezial 2009, 543; *Drinhausen/Keinath*, BB 2008, 2078, 2081; *Noack*, NZG 2008, 441, 446; *Sauter*, ZIP 2008, 1706, 1712.

[709] RegE ARUG, BT-Drucks. 16/11642, S. 42.

ein Mindestquorum von nur EUR 100, was einem Börsenwert von etwa EUR 1.000 bis 2000 entspricht,[710] vor.[711]

Zur Berechnung des Quorums wird aber nicht der Börsenwert der Gesellschaft oder der Kurs der Aktie herangezogen, sondern es kommt allein auf den anteiligen Betrag an, der sich aus der Division des Grundkapitals durch die Aktienzahl, bzw. bei Nennbetragsaktien aus dem Nennbetrag ergibt.[712] Fechten mehrere Aktionäre einen Hauptversammlungsbeschluss an und erreicht aber nur einer von ihnen den anteiligen Aktienbesitz von mindestens EUR 1.000im Rahmen des Freigabeverfahrens und weist er diesen innerhalb der Wochenfrist des § 246a Abs. 2 Nr. 2 AktG nach, scheidet ein Freigabebeschluss nach § 246a Abs. 2 Nr. 2 AktG bereits aus.[713] Hinsichtlich der Unbedenklichkeitstatbestände des § 246a Abs. 2 Nr. 1 und 2 AktG ist dann auch nur noch der Vortrag des Klägers zu prüfen, der den anteiligen Aktienbesitz von EUR 1.000 hält.[714]

Ein Bagatellquorum wurde in der Literatur zur Eindämmung des Klagegewerbes bereits vielfach gefordert;dies jedoch immer im Zusammenhang mit der Anfechtungsbefugnis.[715] Zwar wurde auch die im Regierungsentwurf des ARUG vorgesehene Quorumsregelung begrüßt, ihre Höhe von EUR 100 aber als zu gering kritisiert.[716] Der anteilige Betrag von vormals EUR 100 wurde dann auf Empfehlung des Rechtsausschusses auf EUR 1.000 heraufgesetzt.[717]

Die Regierungsbegründung zum ARUG wie auch der Abschlussbericht des Rechtsausschusses weisen aber explizit darauf hin, dass eine solche Quorumsregelung innerhalb des Freigabeverfahrens die vorzugswürdigere Variante sei, da

---

[710] RegE ARUG, BT-Drucks. 16/11642, S. 42.

[711] Art. 1 Nr. 39 des RegEntwurfs ARUG, BT-Drucks. 16/11642, S. 13.

[712] OLG Stuttgart, NZG 2010, 27, 28; *Weber/Kersjes*, Hauptversammlungsbeschlüsse vor Gericht, § 3 Rn. 47; *Verse*, NZG 2009, 1127, 1129.

[713] *Weber/Kersjes*, Hauptversammlungsbeschlüsse vor Gericht, § 3 Rn. 47; *Verse*, NZG 2009, 1127, 1129.

[714] *Weber/Kersjes*, Hauptversammlungsbeschlüsse vor Gericht, § 3 Rn. 47; *Verse*, NZG 2009, 1127, 1129.

[715] *Vetter*, AG 2008, 177, 185; *Poelzig/Meixner*, AG 2008, 196, 201.

[716] *Waclawik*, in ZIP 2008, 1141, 1143; kritisch auch *Paschos/Goslar*, AG 2008, 605, 616; *Drinhausen/Keinath*, BB 2008, 2078; 2082.

[717] Beschlussempfehlung des Rechtsausschusses (oben Fn. 507), S. 60.

sie nicht die Anfechtungsbefugnis an sich beschneide,[718] sondern lediglich die aus ihr resultierende Kassationsmöglichkeit nur solchen Aktionären zu gewähren, die ein ökonomisch nachvollziehbares Investment getätigt und somit ein Interesse an der nachhaltigen Entwicklung des Unternehmens haben.[719] Als ökonomisch sinnvoll wird in diesem Zusammenhang ein Anteilswert von EUR 1.000 gesehen, der im Normalfall einem Börsenwert von EUR 10.000, im Extremfall einem Börsenwert von EUR 20.000 entspreche.[720] Die Quorumsregelung im Freigabeverfahren soll aber nicht vornehmlich der Eindämmung missbräuchlicher Anfechtungsklage dienen, sondern eher das Aufspringen von Trittbrettfahrern verhindern, die sich mit Kleinstbeteiligungen von oftmals nur einer Aktie den Verfahren anschließen und diese damit aufblähen und erschweren.[721]

2.2 Zeitpunkt des Anteilsbesitzes

Bei vergleichender Betrachtung der Wortlaute der §§ 246a Abs. 2 Nr. 2 und 245 Nr. 1 AktG fällt auf, dass der Aktionär im Rahmen des Freigabeverfahrens nachzuweisen hat, dass er „*seit* Bekanntmachung der Einberufung" einen anteiligen Betrag von mindestens EUR 1.000 hält. Im Rahmen der Anfechtungsbefugnis nach § 245 Nr. 1 AktG wird hingegen gefordert, dass der Aktionär seine Aktie(n) bereits „*vor* Bekanntmachung der Tagesordnung" erworben hat. Fraglich ist daher, ob es sich hierbei um ein Versehen handelt, oder ob der Gesetzgeber absichtlich auf einen Gleichlauf der §§ 246a Abs. 2 Nr. 2 und 245 Nr. 1 AktG verzichtet hat.

Die Gesetzesbegründung schweigt hierzu. Einerseits kann man wohl davon ausgehen, dass dem Gesetzgeber die Problematik, welche die Neuregelung des UMAG, nach der anfechtungsbefugt nur der sein sollte, der eben den erforderlichen Mindestbesitz von einer Aktie schon vor der Bekanntmachung der Tagesordnung erworben hatte, durchaus noch bekannt sein sollte und ähnliches daher

[718] RegE ARUG, BT-Drucks. 16/11642, S. 42; *Hüffer*, AktG, § 246a Rn. 20.

[719] Beschlussempfehlung und Bericht des Rechtsausschusses (oben Fn. 507) S. 60; OLG Stuttgart, Beschluss vom 19. Oktober 2009, Az. AR (Freig.) 1/09; *Poelzig*, DStR 2008, 1538; *Florstedt*, AG 2009, 465, 472; *Leuering*, NJW-Spezial 2009, 543; *Verse*, NZG 2009, 1127 1129.

[720] Beschlussempfehlung und Bericht des Rechtsausschusses vom 20. Mai 2009, BT-Drucks. 16/13098, S. 60.

[721] RegE ARUG, BT-Drucks. 16/11642, S. 42; Beschlussempfehlung und Bericht des Rechtsausschusses; BT Drucks. 16/13098, S. 60.

im Freigabeverfahren ebenfalls passieren kann. Daher könnte man von einer absichtlichen Andersformulierung ausgehen. Andererseits soll nach dem Sinn und Zweck der Norm gerade die Möglichkeit der Kleinaktionäre beschnitten werden, eine Freigabe zu verhindern.[722] Folglich wird man auch nicht zulassen dürfen, dass Kleinstaktionäre sich bei täglicher Aktualisierung des elektronischen Bundesanzeigers vermeintlich gewinnversprechende Strukturmaßnahmen in Ladungen zu Hauptversammlungen herauszusuchen, um sogleich den eigenen (Kleinst-)Aktienbestand zur Erreichung des Mindestquorums von EUR. 1.000 aufzustocken.[723] Dies verkennen *Weber/Kersjes*, die zwar zuvor mit dem Normzweck betonen, dass das Quorum den Kleinstaktionären die Kassationsmöglichkeit beschneiden soll,[724] den Kleinstaktionären dann aber wiederum gerade die Möglichkeit eröffnen wollen, einen Freigabebeschluss durch Aktienhinzuerwerb am Tag der Einberufung doch noch zu verhindern.[725] Ein Aktionär, der bis zum Tag der Einberufung kein ökonomisch sinnvolles Investment getätigt hatte, mit dem er Einfluss auf die Unternehmensentwicklung nehmen konnte, wird nicht in einem plötzlichen Sinneswandel seinen Anteilsbesitz bis zur erforderlichen Grenze aufstocken, um nunmehr aktiv an der Unternehmensgestaltung teilzunehmen. Vielmehr liegt die Vermutung nahe, dass bei einem Erwerb am Tag der Bekanntmachung der Einberufung aufgestockt wird, um missbräuchlich den Freigabeantrag gegebenenfalls zu verhindern und sich den Lästigkeitswert abkaufen zu lassen. Es ist daher eine Auslegung des Wortlauts des § 246a Abs. 2 Nr. 2 AktG dahingehend angezeigt, dass der Aktionär den erforderlichen anteiligen Betrag von EUR 1.000 bereits *vor* Bekanntmachung der Einberufung erworben haben muss. Eine entsprechende Anpassung des Wortlauts sollte ebenfalls angestrebt werden.

Fraglich ist darüber hinaus, ob im Falle eines Aktienhinzuerwerbs zur Erreichung des Mindestquorums *vor* Bekanntmachung der Einberufung für das „Halten“ der Aktien im Sinne von § 246a Abs. 2 Nr. 2 AktG auf den schuldrechtlichen Übereignungsanspruch oder die dingliche Eigentümerstellung ankommt. Beim Wertpapierkauf sind nämlich im Normalfall drei Phasen zu unterscheiden.

---

[722] RegE ARUG, BT-Drucks. 16/11642, S. 41.

[723] *Rotheley*, GWR 2009, 312, 314.

[724] *Weber/Kersjes*, Hauptversammlungsbeschlüsse vor Gericht, § 3 Rn. 45.

[725] *Weber/Kersjes*, Hauptversammlungsbeschlüsse vor Gericht, § 3 Rn. 45.

Der Abschluss des Kaufvertrages erfolgt zum Zeitpunkt t0 an einem bestimmten Handelstag. Hierbei handelt es sich um einen schwebenden Vertrag, ähnlich einem Termingeschäft, mit dem Inhalt, dass Leistung und Gegenleistung erst in der Zukunft erbracht werden. Der Anspruch auf Zahlung des Kaufpreises des Verkäufers sowie der Anspruch des Käufers auf die dingliche Übereignung der Wertpapiere entstehen dabei erst am Valutatag (t2), der typischerweise zwei Geschäftstage nach dem Handelstag liegt. Die tatsächliche dingliche Übereignung der Wertpapiere erfolgt dann aber erst mit der Depotgutschrift, also der Einbuchung der Wertpapiere in das Personendepotbuch am settlement date (tx), der im Idealfall mit dem Valutatag zusammenfallen soll, unter normalen Bedingungen aber ebenfalls in zeitlichem Abstand zum Valutatag liegt.[726]

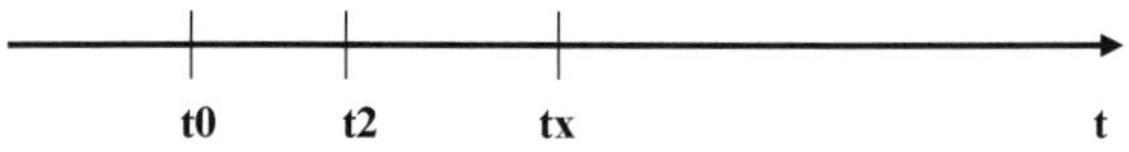

Abb. 2: Zeitlicher Ablauf eines Wertpapierkaufs.
T0 = Handelstag: Übergang von Chancen und Risiken
T2 = Valutatag: Schuldrechtlicher Übereignungsanspruch
Tx = Settlement Date (Abwicklungs/-Liefertag): Depotgutschrift

Im Rahmen des § 246a Abs. 2 Nr. 2 AktG sollte für das „Halten“ der Aktien auf den Valutatag abgestellt werden. Zwar gehen mit dem Abschluss des Kaufvertrages ökonomisch betrachtet bereits die Chancen und Risiken aus den Wertpapieren (Kursverluste/-gewinne) auf den Käufer über. Der Anspruch auf Übereignung der Wertpapiere entsteht aber eben erst zeitlich versetzt am Valutatag. Das Abstellen auf das settlement date, also die tatsächliche Entstehung der dinglichen Eigentümerposition wäre dagegen zu weit gegriffen. Sie kann nämlich beispielsweise aufgrund von Buchungsunterschieden, allgemeiner technischer Abwicklungsschwierigkeiten oder Lieferschwierigkeiten des Verkäufers einige Tage in Anspruch nehmen. Um den erwerbenden Aktionär nicht unnötig zu benachteiligen, sollte daher für das „Halten“ der Aktien auf die Entstehung des dinglichen Übereignungsanspruchs, also den Valutatag, abgestellt werden. Dieser muss, wie oben dargestellt, *vor* Bekanntmachung der Einberufung liegen.

[726] Abgesehen davon gibt es den Sonderfall des same date settlement, bei dem Valutatag und Abwicklungstag zeitlich zusammenfallen (Nachweis).

2.3 Erreichung der Bagatellgrenze durch Zusammenrechnung, Bündelung oder Wertpapierleihe?

Fraglich ist, ob der anteilige Aktienbesitz von EUR 1.000 auf jeden einzelnen klagenden Aktionär zu entfallen hat, oder aber ob das Mindestquorum des § 246a Abs. 2 Nr. 2 AktG auch durch Zusammenrechnung, Bündelung oder Wertpapierleihe erreicht werden kann.

2.3.1 Keine Zusammenrechnung anteiliger Aktienbesitze bei mehreren Klägern

Der Wortlaut der Norm, der von den einzelnen Kläger nennt („Der Kläger nicht binnen einer Woche..."), spricht bereits zumindest gegen die Möglichkeit der Zusammenlegung. Das Aktiengesetz kennt dabei durchaus die Möglichkeit der einer solchen Zusammenlegung von Anteilsbesitz zur Erreichung eines bestimmten Schwellenwertes, so z.B. in §§ 142 Abs. 2, 148 Abs. 1 und 254 Abs. 2 S. 3 AktG, die allesamt ausdrücklich darauf hinweisen, dass die geforderte Bagatellgrenze durch Zusammenlegung des Anteilsbesitzes aller antragstellenden Aktionäre zu berechnen ist.[727] Zudem sind auch im Rahmen der anderen Unbedenklichkeitstatbestände (§ 246a Abs. 2 Nr. 1 und 3 AktG) bei mehreren Klägern die Vorträge jedes einzelnen Klägers auf die Zulässigkeit bzw. offensichtliche Unbegründetheit (Nr. 1) hin zu überprüfen und im Rahmen der Interessenabwägungsklausel (Nr. 3) das Vollzugsinteresse der Gesellschaft muss gegenüber den Nachteilen jedes der klagenden Aktionäre überwiegen.[728] Mithin spricht auch die Systematik des § 246a Abs. 2 AktG gegen eine Zusammenlegung der anteiligen Aktienbesitze. Schließlich wäre eine Zusammenlegung von Aktien aber auch nicht mit dem Sinn und Zweck der Regelung vereinbar. Wenn schon das Aufspringen von Aktionären mit Kleinstaktienbesitz als Trittbrettfahrer verhindert werden soll,[729] kann dann nicht eine Addition von Anteilsbesitzen zur Erreichung des Quorums zugelassen werden.[730]

---

[727] *Weber/Kersjes*, Hauptversammlungsbeschlüsse vor Gericht, § 3 Rn. 48; *Poelzig*, DStR 2008, 1538, 1541.

[728] RegE UMAG, BT-Drucks. 15/5092, S. 28; *Hüffer*, AktG, § 246a Rn. 15; *Weber/Kersjes*, Hauptversammlungsbeschlüsse vor Gericht, § 3 Rn. 48; *Leuering*, NJW-Spezial 2009, 543.

[729] RegE ARUG, BT-Drucks. 16/11642, S. 41.

[730] *Weber/Kersjes*,, Hauptversammlungsbeschlüsse vor Gericht, § 3 Rn. 48.

Nach alledem bleibt festzuhalten, dass eine Zusammenlegung von Aktien zur Erreichung des Mindestquorums des § 246a Abs. 2 Nr. 2 AktG ausscheidet.[731]

2.3.2 Bündelung von Aktien

Möglich ist dagegen aber eine Bündelung von Aktien zur Erreichung der Bagatellgrenze.[732] So können Aktionäre mit Kleinstbesitz ihre Anteile auf einen gemeinsamen Rechtsträger übertragen, der dann in sich den erforderlichen Mindestbesitz vereint und so als Kläger und damit Antragsgegner im Freigabeverfahren auftritt.

2.3.3 Erreichung des Quorums durch Wertpapierleihe?

Spätestens seit der „Lindner" - Entscheidung des BGH[733] unterliegt eine Anteilsbündelung durch Wertpapierleihe im Rahmen des Squeeze-out bis zu dem erforderlichen Schwellenwert von 95% zur Erlangung der Hauptaktionärsstellung keinen Zulässigkeitsbedenken mehr.[734] Fraglich ist daher, ob auch im Rahmen des Freigabeverfahrens das Erreichen des erforderlichen anteiligen Mindestaktienbesitzes von EUR 1.000 nach § 246a Abs. 2 Nr. 2 AktG durch Wertpapierleihe zulässig ist.

2.3.3.1 Begriff der Wertpapierleihe (securities lending)

Unter dem Begriff der Wertpapierleihe (securities lending) versteht man verschiedene Aktivitäten zur vorübergehenden, entgeltlichen Überlassung von Wertpapieren. Dabei kann es sich in Abhängigkeit von der rechtlichen und wirtschaftlichen Gestaltung Wertpapierdarlehensgeschäfte (Wertpapierleihe im engeren Sinne), Pensionsgeschäfte Repurchase-Agreements (Repo-Geschäftc) oder Buy/sell-back-Geschäfte (Wertpapierpensionsgeschäfte) handeln. Wirtschaftlich betrachtet führen allerdings alle drei Formen der Wertpapierleihe zu demselben Ergebnis. Die hier maßgeblichen Begriffe Wertpapierleihe und Wertpapierdarlehen werden in Deutschland synonym verwendet. Hierunter versteht

---

[731] OLG Frankfurt a.M., NZG 2010, 824, 826; noch offen gelassen: OLG München, ZIP 2010, 84; *Marsch-Barner*, in: Kallmeyer, UmwG, § 16 Rn. 41b; *Simon*, in: KölnKomm UmwG, § 16 Rn. 104; *Weber/Kersjes*, Hauptversammlungsbeschlüsse vor Gericht, § 3 Rn. 48; *Poelzig*, DStR 2008, *Leuering*, NJW-Spezial 2009, 543; *Verse*, NZG 2009, 1127, 1129.

[732] *Weber/Kersjes*, Hauptversammlungsbeschlüsse vor Gericht, § 3 Rn. 48; *Sauter*, ZIP 2008, 1706, 1712 f.; *Verse*, NZG 2009, 1127, 1129.

[733] BGH, NZG 2009, 585 ff. zur Zulässigkeit der Erreichung der 95%-Schwelle beim Squeeze-out durch Wertpapierleihe.

[734] So schon *Schnorbus*, in: Schmidt/Lutter (Hrsg.), AktG, § 327f Rn. 15 m.w.N.

man ein Sachdarlehen im Sinne von § 607 BGB über börsengehandelte Wertpapiere, wobei dem Darlehensnehmer die Wertpapiere darlehensweise gegen ein laufzeitabhängiges Entgelt überlassen werden. Der Wertpapierdarlehensnehmer verpflichtet sich, nach Ablauf der Leihfrist, die Wertpapiere in der gleichen Ausstattung dem Wertpapierdarlehensnehmer zurück zu übereignen.[735]

2.3.3.2 Zulässigkeit im Rahmen des Freigabeverfahrens

Durch die Quorumsregelung des § 246a Abs. 2 Nr. 2 AktG kommt die gesetzgeberische Entscheidung zum Ausdruck, die Freigabe eines Hauptversammlungsbeschlusses zugunsten desjenigen klagenden Aktionärs zu erschweren, der den erforderlichen Mindestanteil an Aktien hält. Andersherum soll den Aktionären, die nicht den erforderlichen Mindestbesitz halten, die Freigabeverweigerung als Instrument zur effektiven Kontrolle einer bestimmten unternehmerischen Maßnahme verwehrt werden. Die Ausgestaltung der Unbedenklichkeitstatbestände des § 246a Abs. 2 AktG erfolgte dabei durch den Gesetzgeber bewusst anhand objektiver Kriterien; Absichten des Aktionärs spielen ausweislich des Wortlauts keine Rolle.

Wird nun durch den § 246a Abs. 2 Nr. 2 AktG gefordert, dass der Aktionär einen anteiligen Aktienbesitz von EUR 1.000 „hält“, ist hierbei trotz abweichenden Wortlauts von § 327a Abs. 1AktG, der verlangt, dass dem Hauptaktionär die Aktien „gehören“, ebenfalls auf die formale Eigentümerposition abzustellen.[736] Ein Wertpapierdarlehen, das ein Sachdarlehen im Sinne von § 607 BGB darstellt, vermittelt dem Darlehensnehmer Volleigentum an den entliehenen Aktien[737] und muss daher auch im Rahmen des Freigabeverfahrens als zulässig erachtet werden, um die Schwelle des anteiligen Aktienbesitzes von EUR 1.000 zu erreichen.[738]An diesem Ergebnis ändert sich auch dann nichts, wenn die Wertpapierleihe einzig dem Zwecke diente, die Schwelle des anteiligen Aktienbesitzes von

---

[735] *Krumnow/Gramlich*, Gabler-Bank-Lexikon, S. 1411.

[736] So für den Squeeze-out OLG Frankfurt a.M., NZG 2010, 585, 586; *Hüffer*, AktG, § 327a Rn. 12; *Schnorbus*, in: Schmidt/Lutter, AktG, § 327a Rn. 5; *Habersack*, in: Emmerich/Habersack, Aktien- und GmbH-Konzernrecht, § 327a Rb. 16; *Schäfer/Dett*e, NZG 2009, 1, 4f.

[737] OLG Frankfurt a.M., NZG 2010, 585, 586; *Kort*, AG 2006, 557, 563.

[738] So iE auch *Weber/Kersjes*, Hauptversammlungsbeschlüsse vor Gericht, § 3 Rn. 49; *Drinhausen/Keinath*, BB 2008, 2078, 2082; *Sauter*, ZIP 2008, 1706, 1713; *Waclawik*, ZIP 2008, 1141, 1143; *Verse*, NZG 2009, 1127, 1129; *Koch/Wackerbeck*, ZIP 2009, 1603, 1606.

EUR 1.000 nur vorübergehend zu erreichen, um eine Freigabe nach § 246a Abs. 2 Nr. 2 AktG zu verhindern. Denn das Gesetz selbst gibt für den Zeitpunkt der Erlangung des Schwellenwertes nur vor, dass er vor Bekanntmachung der Einberufung liegen muss; hinsichtlich der Dauer des Anteilsbesitzes oder seines Grundes werden gar keine Angaben macht.

Im Ergebnis wird man daher auch im Rahmen des Freigabeverfahrens eine Erreichung der Aktienbesitzschwelle gemäß § 246a Abs. 2 Nr. 2 AktG durch Wertpapierleihe nach dem derzeitigen Stand der Wissenschaft für zulässig erachten müssen.[739]

2.3.3.3 Kritik

Das vorstehende Ergebnis ist aber dennoch befremdlich. Ausgangspunkt der Kritik ist der mit der Regelung verfolgte Zweck. Ausweislich der Gesetzesbegründung sollen mit § 246a Abs. 2 Nr. 2 AktG solche Aktionäre geschützt werden, die aufgrund der Höhe ihres Investments ein langfristiges Interesse an der Unternehmensentwicklung haben,[740] also an den Chancen und Risiken des Unternehmens langfristig partizipieren wollen. Bei der Wertpapierleihe ist der Darlehensnehmer zwar der rechtliche Eigentümer der Aktien, dies allerdings nur temporär. Typischerweise werden die Wertpapierdarlehensverträge in der Praxis derart ausgestaltet, dass die Dividende, obwohl sie rechtlich betrachtet dem Wertpapierdarlehensnehmer zusteht, an den Wertpapierdarlehensgeber durchgereicht wird. Der Wertpapierdarlehensnehmer partizipiert in einem solchen Fall also nicht an den Chancen und Risiken des Unternehmens. Aber auch bei abweichender vertraglicher Gestaltung hinsichtlich der Dividenden, treffen die Chancen und Risiken der Wertpapierleihe den Wertpapierdarlehensgeber. Sinkt beispielsweise während der Laufzeit des Wertpapierdarlehens der Börsenkurs der Aktien, trifft das volle Risiko nicht den Wertpapierdarlehensnehmer. Dieser überträgt am Ende der Laufzeit die Aktien zurück auf den Wertpapierdarlehensgeber, der damit einzig und allein die Risiken aus der Beteiligung trägt, in diesem Fall also den gesunkenen Wert seiner Beteiligung. Der Wertpapierdarlehensnehmer hat einzig den Schaden geringer oder keiner Dividenden. Ebenso

739 *Weber/Kersjes*, Hauptversammlungsbeschlüsse vor Gericht, § 3 Rn. 49; *Drinhausen/Keinath*, BB 2008, 2078, 2082; *Sauter*, ZIP 2008, 1706, 1713; *Waclawik*, ZIP 2008, 1141, 1143; *Verse*, NZG 2009, 1127, 1129; *Koch/Wackerbeck*, ZIP 2009, 1603, 1606.

740 RegE ARUG, BT-Drucks. 16/11642, S. 42.

verhält es sich bei steigendem Börsenkurs. Zwar erhält der Wertpapierdarlehensnehmer entsprechende Dividenden, die Chancen aus dem gestiegenen Anteilswert hat am Ende aber der Wertpapierdarlehensgeber.

Vergleicht man dieses Ergebnis nun mit dem Zweck der Regelung des § 246a Abs. 2 Nr. 2 AktG, muss die Zulässigkeit der Wertpapierleihe im Rahmen des Freigabeverfahrens noch einmal überdacht werden. Wenn eine Freigabe verhindert werden kann, weil ein Aktionär aufgrund der Höhe seines Investments ein langfristiges wirtschaftliches Interesse an der Entwicklung eines Unternehmens hat, kann die Erreichung des Mindestanteilsbesitzes von EUR 1.000 nicht durch Wertpapierleihe zugelassen werden, die dem Wertpapierdarlehensnehmer gerade keine langfristige Partizipation an den Chancen und Risiken eines Unternehmens ermöglicht.

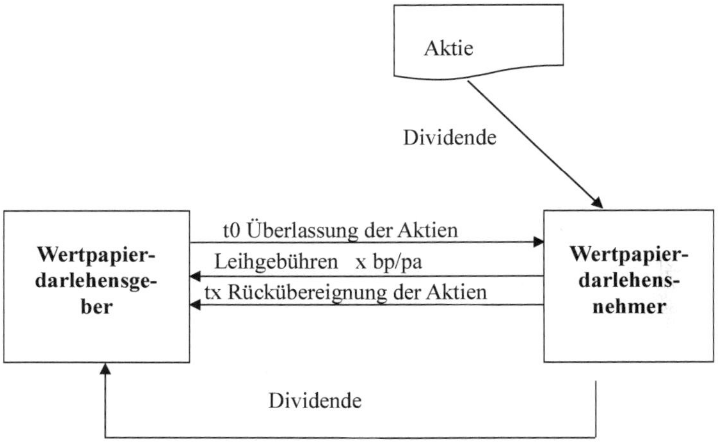

Abb. 3: typische Ausgestaltung einer Wertpapierleihe.

2.4 Verfassungsmäßigkeit des Mindest quorums

Bereits im Vorfeld des Inkrafttretens des ARUG wurden verschiedene Diskussionen um die Einführung eines Mindestquorums geführt. Dabei ist zu unterscheiden zwischen denjenigen, die einen bestimmten Mindestaktienbesitz forderten, um überhaupt die Befugnis zur Anfechtung zu erhalten[741] und der jetzigen Quorumslösung im Rahmen des Freigabeverfahrens. Diskutiert wurde in diesem Zusammenhang, ob die Einführung eines solchen Mindestaktienbesitzes – unabhängig von seiner gesetzlichen Verortung bei der Anfechtungsbefugnis oder dem Freigabeverfahren – überhaupt mit der durch die Verfassung in Art. 14 Abs. 1 GG statuierten Eigentumsgarantie vereinbar wäre, denn das in einer Aktie verkörperte Anteilseigentum genießt den Schutz des Art. 14 GG.[742]

Nunmehr hatte sich auch die Rechtsprechung mit der Verfassungsmäßigkeit des Mindestquorums zu beschäftigen. Das OLG Stuttgart war das erste Gericht, das zu der Frage schon kurz nach Inkrafttreten des ARUG im Rahmen eines Freigabeverfahrens Stellung bezog.[743] In dem zugrunde liegenden Fall hatte die ordentliche Hauptversammlung der antragstellenden AG am *20. Mai 2009* mit einer Mehrheit von mehr als 99% des vertretenen Grundkapitals die Übertragung der Aktien der Minderheitsaktionäre auf die Hauptaktionärin gegen Barabfindung nach §§ 327a ff. AktG beschlossen. Gegen diesen Beschluss erhoben fünf Minderheitsaktionäre am *19. Juni 2009* Anfechtungs-/Nichtigkeitsklage beim LG Stuttgart, woraufhin die beklagte AG am *02. September 2009* den hier maßgeblichen Freigabeantrag beim OLG Stuttgart einreichte. Drei der Antragsgegner im Freigabeverfahren hatten sich zu der Hauptversammlung mit jeweils nur einer Aktie angemeldet. Auf die Aufforderung des OLG Stuttgart an die Antragsgegner hin, binnen Wochenfrist ab Antragstellung nachzuweisen, dass sie seit Einberufung der Hauptversammlung (07. April 2009) mindestens einen anteiligen Betrag von EUR 1.000 hielten und nach Zustellung der Antragsschrift, nahmen sämtliche Antragsgegner die Hauptsacheklagen zurück. Daraufhin erklärte auch die Antragstellerin das Verfahren für in der Hauptsache erledigt. Das

[741] Dafür: *Grunewald*, NZG 2009, 967, 970; *Vetter*, in: AG 2008, 177, 186 f, *Poelzig/Meixner*, in: AG 2008, 196, 202; aA *Heidel*, BB 2007, 2526; *Baums/Drinhausen*, ZIP 2008, 145, 148f.; auch schon *Baums*, Gutachten zum 63. DJT, F 103f.

[742] BVerfG, AG 1999, 566 m. Anm. *Vetter*; BVerfG, ZIP 2007, 1261, 1262; BVerfG, ZIP 2007, 2121.

[743] OLG Stuttgart, Beschluss vom 19. Oktober 2009 – 20 AR(Freig.) 1/09, NZG 2010, 27 ff.

OLG Stuttgart hatte daher nur noch über die Kosten des Verfahrens zu entscheiden, in dessen Rahmen es auch zur Verfassungsmäßigkeit der Quorumsregelung Stellung nahm.

2.4.1 Kein Verstoß gegen das Vertrauensschutzprinzip

Der vom OLG Stuttgart zu entscheidende Fall war in einer Hinsicht ein besonderer. Die Hauptversammlung sowie die Klageerhebung lagen zeitlich bereits *vor* dem Inkrafttreten des ARUG. Die Antragstellung für die Freigabe des Hauptversammlungsbeschlusses fand aber erst *nach* dem Inkrafttreten des ARUG und damit unter den Bedingungen der Neuregelungen des Freigabeverfahrens statt. Die Übergangsvorschrift des § 20 Abs. 4 EGAktG bestimmt dazu, dass die Quorumsregelung (in dem hier vorliegenden Fall die der §§ 319 Abs. 6 S. 3 Nr. 2, 327e Abs. 2 AktG) lediglich auf solche Freigabeverfahren anzuwenden ist, die nach dem 01. September 2009 anhängig geworden sind. So liegt es in diesem Fall. Fraglich ist aber, ob dennoch ein Verstoß gegen das Vertrauensschutzprinzip vorliegt.

Die in dem zu entscheidenden Fall maßgebliche Vorschrift des § 319 Abs. 6 S. 3 Nr. 2 AktG knüpft dadurch, dass sie auf den Aktienbesitz seit Einberufung der Hauptversammlung (und damit einen Zeitpunkt vor dem Inkrafttreten des ARUG) abstellt, an einen in der Vergangenheit liegenden und noch nicht abgeschlossenen Sachverhalt an. Es handelt sich hierbei um eine sog. unechte Rückwirkung.[744] Eine solche unechte Rückwirkung ist grundsätzlich zulässig.[745] Sie begegnet nur dann verfassungsrechtlichen Bedenken, wenn entweder die Rückwirkung zur Erreichung des mit dem Gesetz verfolgten Zwecks nicht geeignet oder erforderlich ist (Verhältnismäßigkeitsprinzip) oder wenn die Bestandsinteressen des Betroffenen die Interessen des Gesetzgebers an einer Gesetzesänderung überwiegen (Vertrauensschutzprinzip).[746]

Der Gesetzgeberische Zweck, welcher hinter der Einführung eines Mindestquorums liegt, zielt auf die Erschwerung des „Aufspringens von Trittbrettfahrern“,

---

744 *Zippelius/Würtenberger*, Deutsches Staatsrecht, § 12 Rn. 71

745 OLG Stuttgart, NZG 2010, 27, 28; *Zippelius/Würtenberger*, Deutsches Staatsrecht, § 12 Rn. 73; *Nikoleyczik/Butenschön*, NZG 2010, 218, 219.

746 BVerfG, NJW 1997, 722; BVerfG, NJW 2000, 413; OLG Stuttgart, NZG 2010, 27, 28; *Zippelius/Würtenberger*, Deutsches Staatsrecht, § 12 Rn. 73; *Nikoleyczik/Butenschön*, NZG 2010, 218, 219.

die nur einen sehr geringen Aktienbesitz halten, und somit darauf, die faktische Kassationsmacht nur solchen Aktionären zuzusprechen, die aufgrund der Höhe ihres Anteilsbesitzes langfristig an der Entwicklung des Unternehmens interessiert sind.[747] Solche Aktionäre lassen sich hinsichtlich der Höhe ihres Beteiligungserwerbs nicht vordergründlich von taktischen Erwägungen leiten, welche Anzahl von Aktien erforderlich sei, um das geforderte Mindestquorum zu erreichen, um so im Freigabeverfahren die Kassationsmacht zu erhalten.

Die Einführung eines Mindestquorums ist zur Erreichung dieses Zwecks daher geeignet und auch erforderlich.[748] Ein anderes, milderes Mittel ist nicht ersichtlich, ebenso wenig überwiegendes Bestandsinteresse, da von dem Quorum nur Kleinstbeteiligungen betroffen sind.[749] Insbesondere wird auch durch die Übergangsvorschrift des § 20 Abs. 4 EGAktG der Schutz der Aktionäre in einem zum Zeitpunkt des Inkrafttretens des ARUG bereits laufenden Freigabeverfahrens dahingehend sichergestellt, dass sich der Maßstab für die Begründetheit des Freigabeantrags eben gerade nicht ändert.[750]

2.4.2 Kein Verstoß gegen das Prinzip der Normenklarheit und -bestimmtheit

Wenn der Gesetzeswortlaut der §§ 246a Abs. 2 Nr. 2, 319 Ab. 6 S. 3 Nr. 2 AktG, § 16 Abs. 3 S. 3 Nr. 2 UmwG von einem gehaltenen „anteiligen Betrag von 1000 Euro“ spricht, könnte er gegen das Gebot der Normenklarheit und –bestimmtheit verstoßen, das aus dem Rechtsstaatsprinzip (Art. 20 Abs. 3 GG)[751] abgeleitet wird. Nicht klar wird daraus nämlich, ob es sich bei diesem anteiligen Betrag um einen anteiligen Nennbetrag am Grundkapital oder des Börsenwertes handelt.[752] Die Vorschriften sind insoweit auslegungsbedürftig. Allein die Auslegungsbedürftigkeit einer Vorschrift steht dem Prinzip der Normenklarheit und –bestimmtheit aber nicht entgegen, sofern und soweit die Auslegung mit her-

[747] Beschlussempfehlung und Bericht des Rechtsausschusses; BT-Drucks. 16/13098, S. 41f.
[748] OLG Stuttgart, NZG 2010, 27, 29; *Nikoleyczik/Butenschön*, NZG 2010, 218, 219.
[749] *Nikoleyczik/Butenschön*, NZG 2010, 218, 219.
[750] OLG Stuttgart, NZG 2010, 27, 29.
[751] Dazu BVerfG, NJW 2003, 2733 m.w.N.
[752] Dafür OLG Stuttgart, AG 2010, 89, 90; *Schwab*, in: Schmidt/Lutter, AktG, § 246a Rn. 5; *Verse*, NZG 2009, 1127, 1129.

kömmlichen juristischen Methoden bewältigt werden kann.[753] Aus den Gesetzesmaterialien selbst ergibt sich dabei schon, dass nicht vom Börsenwert ausgegangen werden soll. Im Bericht des Rechtsausschusses heißt es nämlich, dass die Schwelle von EUR 1.000 „bei normalem Börsenwert im Mittelmaß und ohne Berücksichtigung von Extremfällen“ etwa einem Anlagevolumen von EUR 10.000 bis EUR 20.000 entspräche.[754] Bereits nach der historischen Auslegung kann also ein Ergebnis erzielt werden. Aber auch bei teleologischer Auslegung der Norm kommt man zu dem Ergebnis, dass nur der anteilige Betrag am Grundkapital maßgeblich für die Quorumsregelung sein kann.[755] Der Börsewert von Aktien unterliegt nämlich marktabhängigen Schwankungen.[756] Es kann nicht Sinn und Zweck der Norm sein, Aktionären die Möglichkeit der Verhinderung der Freigabe eines Hauptversammlungsbeschlusses in Abhängigkeit der jeweiligen Marksituation zu eröffnen.

Mithin ist dem Prinzip der Normenklarheit und –bestimmtheit mit dem Wortlaut der §§ 246a Abs. 2 Nr. 2, 319 Ab. 6 S. 3 Nr. 2 AktG, § 16 Abs. 3 S. 3 Nr. 2 UmwG hinreichend genüge getan.[757]

2.4.3 Kein Verstoß gegen Art. 14 Abs. 1 GG

Das in einer Aktie verkörperte Eigentum fällt in den Schutzbereich des Art. 14 Abs. 1 GG.[758] Ergeht, wie in dem vom OLG Stuttgart vorliegend zu entscheidenden Fall, ein Freigabebeschluss auf der Grundlage der §§ 319 Abs. 6 S. 3 Nr. 2, 327e Abs. 2 AktG und wird der Hauptversammlungsbeschluss daraufhin in das Handelsregister eingetragen, so gehen die Aktien der Minderheitsaktionäre gemäß § 327e Abs. 3 AktG auf den Hauptaktionär über.[759] Die Minderheitsakti-

[753] BVerfG, NJW 1991, 1471; OLG Stuttgart, NZG 2010, 27, 28; OLG Hamburg, NZG 2010 666, 667.

[754] Beschlussempfehlung und Berichts des Rechtsausschusses Beschlussempfehlung und Bericht des Rechtsausschusses; BT-Drucks. 16/13098, S. S. 41f.; OLG Stuttgart, NZG 2010, 27, 28; OLG Hamburg, NZG 2010 666, 667.

[755] Für die Maßgeblichkeit des anteiligen Betrags am Grundkapital für die Quorumsregelung auch schon zuvor *Rotheley*, GWR 2009, 312, 313.

[756] OLG Stuttgart, NZG 2010, 27, 28; OLG Hamburg, NZG 2010 666, 667.

[757] OLG Stuttgart, NZG 2010, 27, 28.

[758] BVerfGE 14, 263, 267 f.; BVerfGE 25, 371, 407; BVerfGE 50, 290, 339; BVerfG, AG 1999, 566 m. Anm. *Vetter*; BVerfG, AG 2007, 544; BVerfG, AG 2008, 27; *Nikoleyczik/Butenschön,* NZG 2010, 218, 219; *Vetter*, AG 2008, 177, 187.

[759] *Nikoleyczik/Butenschön*, NZG 2010, 218, 219.

onäre verlieren ihr Anteilseigentum damit endgültig, denn § 319 Abs. 6 S. 9 und 10 AktG bestimmt, dass der Freigabebeschluss unanfechtbar ist und die Minderheitsaktionäre damit im Falle der Begründetheit der Anfechtungsklage nur noch auf Schadensersatz verwiesen sind. Aber auch im Falle der Freigabe eines Hauptversammlungsbeschlusses nach § 246a Abs. 2 Nr. 2 AktG sowie nach § 16 Abs. 3 S. 6 Nr. 2 UmwG ist der Schutzbereich des Art. 14 Abs. 1 GG betroffen. Bedenken gegen die Verfassungsmäßigkeit der Quorumsregelung der §§ 246a Abs. 2 Nr. 2, 319 Abs. 6 S. 3 Nr. 2 AktG und des § 16 Abs. 3 S. 6 Nr. 2 UmwG bestehen aber dennoch nicht. Über die genannten Vorschriften wird vom Gesetzgeber nämlich keinen für die Erhebung der Anfechtungsklage erforderlichen Mindestaktienbesitz bestimmt, sondern er statuiert Voraussetzungen für die Beteiligung am Freigabeverfahren.[760] Das Nichtereichen des Quorums führt dann zwar dazu, dass der Hauptversammlungsbeschluss aufgrund eines erwirkten Freigabebeschlusses in das Handelsregister eingetragen wird und die betroffenen Aktionäre dann auch im Hauptsacheverfahren nur noch auf Schadensersatz beschränkt bleiben. Die Anfechtungsbefugnis selbst bleibt dem Aktionär aber erhalten.[761] Dabei dient das Quorum auch einem legitimen Zweck. Denn nur solche Aktionäre, die eine wirtschaftlich sinnvolle Beteiligung an der betroffenen AG halten, sollen wesentliche Strukturentscheidungen aufhalten können.[762] Im Umkehrschluss sollen Kleinstaktionäre sowie Trittbrettfahrer, die sich mit ebenfalls Kleinstaktienbesitz und ohne eigenen Sachvortrag anderen Klägern anschließen, diese Kassationsmacht nicht erhalten. Ihr Hinzutreten führt nämlich lediglich zu einer kostenmäßigen Aufblähung des Verfahrens und zu einer erheblichen Verzögerung der Durchführung der Strukturmaßnahme.[763] Zur Erreichung des Ziels, nur bestimmten Aktionären die Verhinderung der Eintragung eines Hauptversammlungsbeschlusses zu ermöglichen, ist die Einführung des Mindestquorums darüber hinaus auch geeignet, denn ohne entsprechende Beteiligungshöhe können Aktionäre die Freigabe eines Beschlusses nun nicht mehr verhindern.[764] Überdies ist auch die Erforderlichkeit einer solchen Regelung zu

760 OLG Stuttgart, NZG 2010, 27, 28; OLG Hamburg, NZG 2010 666, 667; *Nikoleyczik/ Butenschön*, NZG 2010, 218, 219.

761 OLG Stuttgart, NZG 2010, 27, 28; OLG Hamburg, NZG 2010 666, 667; *Nikoleyczik/ Butenschön*, NZG 2010, 218, 219

762 Beschlussempfehlung und Bericht des Rechtsausschusses; BT-Drucks. 16/13098, S. 41.

763 Beschlussempfehlung und Bericht des Rechtsausschusses; BT-Drucks. 16/13098, S. 41.

764 *Nikoleyczik/Butenschön*, NZG 2010, 218, 219.

bejahen. Zwar könnte auch ein geringeres Quorum angesetzt werden, es wäre aber weniger effektiv bei der Zielerreichung. Schließlich ist dem Gesetzgeber aber auch ein gewisser Ermessensspielraum bei der Beurteilung der Frage nach einer angemessenen Beteiligungshöhe zuzugestehen.[765]

Bei alledem kann zur Beurteilung der Verfassungsmäßigkeit der §§ 246a Abs. 2 Nr. 2, 319 Abs. 6 S. 3 Nr. 2 AktG und des § 16 Abs. 3 S. 6 Nr. 2 UmwG auch schon auf die Rechtsprechung des *BVerfG* zur Vereinbarkeit der gesetzlichen Regelungen zum Squeeze-out mit Art. 14 Abs. 1 GG zurückgegriffen werden. Den gesetzgeberischen Zweck, die Behinderung des Hauptaktionärs bei der Unternehmensführung durch Aktionäre mit Kleinstbeteiligungen zu vermeiden,[766] hatte es (das BVerfG) nämlich im Rahmen des Squeeze-out im Hinblick auf die Kompensationsmöglichkeit der Minderheitsaktionäre für verfassungsgemäß erachtet.[767] Wenn dies aber bereits für den Squeeze-out gilt, muss es erst recht auch für den gesetzgeberischen Zweck der neuen §§ 246a Abs. 2 Nr. 2, 319 Abs. 6 S. 3 Nr. 2 AktG und des § 16 Abs. 3 S. 6 Nr. 2 UmwG gelten.[768] Zudem kann auch die Argumentationslinie des BVerfG übernommen werden, dass ein Eingriff in die Mitgliedschaft weniger schwer wiegt, je kleiner die Beteiligung des betroffenen Aktionärs an der AG ist.[769] Durch die mit der Kleinstbeteiligung einhergehende geringe Einflussmöglichkeit auf die Geschicke der Gesellschaft verlagere sich nach richtiger Ansicht des BVerfG der Interessenschwerpunkt der Aktionäre auf eine vermögensrechtliche Komponente,[770] die im Rahmen des Squeeze-out durch die Barabfindung nach § 327a Abs. 1 S. 1 AktG sichergestellt wird und auch im Rahmen der §§ 246a Abs. 2 Nr. 2, 319 Abs. 6 S. 3 Nr. 2 AktG und des § 16 Abs. 3 S. 6 Nr. 2 UmwG durch entsprechende Schadensersatzregelungen für den Fall des Obsiegens der betroffenen Aktionäre im Hauptsacheverfahren gewährleistet wird. Die berechtigten Interessen der Aktionäre am Schutz

---

765 *Nikoleyczik/Butenschön*, NZG 2010, 218, 219.

766 Begründung des Regierungsentwurfs eines Gesetzes zur Regelung von öffentlichen Angeboten zum Erwerb von Wertpapieren und von Unternehmensübernahmen vom 05. Oktober 2001, BT-Drucks. 14/7034, S. 31.

767 BVerfG, NZG 2007, 587 („Edscha-AG“)

768 OLG Stuttgart, NZG 2010, 27, 28

769 BVerfG, NZG 2007, 587, 589 („Edscha-AG“); *Nikoleyczik/Butenschön*, NZG 2010, 218, 219

770 BVerfG, NZG 2007, 587, 589 („Edscha-AG“).

ihres Anteileseigentums werden folglich auch im Rahmen der Neureglung des Freigabeverfahrens in ausreichendem Maße gewahrt.[771]

Die §§ 246a Abs. 2 Nr. 2, 319 Abs. 6 S. 3 Nr. 2 AktG und der § 16 Abs. 3 S. 6 Nr. 2 UmwG stellen damit eine zulässige Inhalts- und Schrankenbestimmung im Sinne des Art. 14 Abs. 1 S. 2 GG dar.[772] Die Quorumsregelung im Rahmen des Freigabeverfahrens ist mithin verfassungsgemäß.

2.5 Würdigung

Im Rahmen des zur Zeit bestehenden Systems von unbeschränkter Anfechtungsbefugnis und möglichem Freigabeverfahren ist die Einführung eines Mindestquorums, bei dessen Unterschreitung die Eintragung des Hauptversammlungsbeschlusses nicht mehr verhindert werden kann, sicherlich als sinnvoll anzusehen. Zwar ist die Bestimmung einer solchen Grenzen des Anteilsbesitzes auch immer mit einer Art Willkür verbunden. Zu begrüßen ist aber dennoch die Erhöhung des Quorums von vormals im Referentenentwurf noch EUR 100 auf EUR 1.000 durch den Rechtsausschuss. Hierbei musste hinterfragt werden, welcher Aktionär das Recht haben soll, aufgrund eines (angeblichen) Fehlers des Hauptversammlungsbeschlusses die Eintragung der Maßnahme verhindern zu können. Nach Ansicht des Rechtsausschusses ist dies nur ein solcher Aktionär, der aufgrund der Höhe seines Investments ein langfristiges Interesse an der Entwicklung des Unternehmens zeigt. Es mag dahingestellt bleiben, ob dies auch schon bei einem anteiligen Betrag von EUR 1.000 der Fall ist, bei einem anteiligen Betrag von EUR 100 konnte aber keinesfalls davon ausgegangen werden. Da schon die Gesetzesbegründung selbst davon ausgeht, dass die Einführung des Bagatellquorums nicht geeignet und auch nicht dazu bestimmt ist, das Problem der missbräuchlichen Anfechtungsklagen im Kern anzugehen, kann dem nur zugestimmt werden. Die oben aufgezeigten Möglichkeiten der Zusammenlegung von Aktienanteilen und der Erreichung des Mindestquorums durch Wertpapierleihe machen deutlich, dass es Aktionären auch ohne eigenen anteiligen Aktienbesitz von mindestens EUR 1.000 gelingen kann, die Freigabe zu verhindern.

---

[771] *Nikoleyczik/Butenschön*, NZG 2010, 218, 219.

[772] OLG Stuttgart, NZG 2010, 27, 28; OLG Hamburg, NZG 2010 666, 667; *Nikoleyczik/ Butenschön*, NZG 2010, 218, 219; *Grunewald*, NZG 2009, 967.

Da das Gewinnstreben der „räuberischen Aktionäre“ deren Handeln maßgeblich beeinflusst, muss aber gefragt werden, ob der Mehraufwand, der investiert werden muss, um das entsprechende Quorum zu erreichen, zumindest geeignet ist, in irgendeiner Art und Weise abschreckend zu wirken. Das kann zumindest für solche Kleinaktionäre bejaht werden, die noch eher unorganisiert auftreten und sich, wie auch die Gesetzesbegründung unterstellt, als „Trittbrettfahrer“ anderen klagenden Aktionären anschließen. In Bezug auf die Berufsopponenten, die sich teilweise mit eigens dafür gegründeten Zweckgesellschaften an Aktiengesellschaften beteiligen, stellt das Quorum hingegen keine Hürde dar.

Problematisch mag das Quorum für den redlichen Kleinaktionär sein, der die Anfechtungsklage nicht aus wirtschaftlichen Gründen erhebt und daher auch keine Poolung der Aktien, eine Wertpapierleihe oder einen Hinzukauf zur Erreichung des Mindestquorums anstrebt.[773] Aus dessen Sicht mag das Quorum einer Versagung der Anfechtungsklage gleichkommen. Aber auch hierbei ist zu fragen: Soll man dem Kleinstaktionär die Möglichkeit einräumen, einen Hauptversammlungsbeschluss wegen vielleicht nur eines Formalfehlers gegen die Entscheidung Mehrheit zu blockieren? Kauft sich ein Anleger Aktien einer bestimmten Gesellschaft, geht es ihm schließlich nicht darum, Hauptversammlungsbeschlüsse auf ihre Vereinbarkeit mit Gesetz und Satzung hin zu überprüfen, sondern es geht ihm darum, sein Geld möglichst gewinnbringend anzulegen. Wird nun aber nur ein kleiner Betrag – aus welchen Gründen auch immer – investiert, muss sich der Aktionär nun mal auch vorhalten halten lassen, dass jede Aktie eine Stimme gewährt (§ 12 Abs. 1 Satz 1 AktG). Ein nur geringer Aktienbesitz bedeutet daher nur geringe Stimmmacht. Und wenig Stimmmacht kann nicht bedeuten, dass dennoch blockiert werden kann. Abhilfe schafft hier allein die Schadensersatzregelung des § 246a Abs. 4 AktG. Denn der Aktionär kann trotz erfolgter Eintragung des Beschlusses die Anfechtungsklage weiter verfolgen. Stellt diese sich nachträglich als begründet heraus, ist die AG ihm gegenüber nach § 246a Abs. 4 S. 1 AktG zu Ersatz des ihm erstandenen Schadens verpflichtet.[774] Dass diese Beschränkung auf einen vermögensrechtlichen Ausgleich legitim ist, hat das BVerfG bereits zum Squeeze-out entschieden.[775]

---

[773] *Koch/Wackerbeck*, ZIP 2009, 1603, 1606.

[774] *Hüffer*, AktG, § 246a Rn. 27.

[775] BVerfG, NZG 2007, 587 ff.

Sicherlich sind darüber hinaus die Fälle einer besonders schweren Rechtsverletzung kritisch, das heißt der Beschluss leidet an einem Mangel, der als besonders schwer zu qualifizieren ist, aber der Aktionär hält nicht den nötigen anteiligen Aktienbesitz nach § 246a Abs. 2 Nr. 2 AktG, um die Eintragung der Maßnahme verhindern zu können. Aber auch hier muss man auf die Schadensersatzregelung des § 246a Abs. 4 AktG verweisen. Ist der besonders schwere Mangel ein solcher, der auch andere Aktionäre trifft, klagen diese aber (unabhängig von der Höhe ihres Anteilsbesitzes) nicht, muss wieder argumentiert werden, dass nicht ein einziger Kleinaktionär gegen die Mehrheit der übrigen Aktionäre, zumal wenn sie selbst von der Rechtsverletzung betroffen sind, diese aber (aus wahrscheinlich gewichtigen Gründen) nicht geltend machen, einen Hauptversammlungsbeschluss blockieren kann. Trifft die Rechtsverletzung nur den klagenden Aktionär, beispielsweise wegen ungerechtfertigtem Ausschluss von der Teilnahme an der Hauptversammlung, gilt aber nichts anders. Wer die Unternehmenskultur entscheidend mitbestimmen will, braucht dafür schon bei der Abstimmung einiges an Stimmgewicht. Warum sollte also jemand ohne solches Stimmgewicht die Unternehmenskultur dann im Nachgang der Hauptversammlung entscheidend bestimmen können?

Zwar ist derzeit noch keine höchstrichterliche Entscheidung zu der Verfassungsmäßigkeit der Quorumsregelung der §§ 246a Abs. 2 Nr. 2, 319 Abs. 6 S. 3 Nr. 2 AktG und des § 16 Abs. 3 S. 6 Nr. 2 UmwG ergangen, aufgrund der Rechtsprechung des Bundesverfassungsgerichts zu der Verfassungsmäßigkeit des Minderheitenausschlussverfahrens nach §§ 327a ff. AktG kann aber davon ausgegangen werden, dass es (das BVerfG) auch im Falle der Quorumsregelung des Freigabeverfahrens nicht anders entscheiden würde. Die bisher von den Untergerichten zur Verfassungsmäßigkeit der Quorumsregelung ergangenen Entscheidungen sind jedenfalls (auch unter Hinweis auf die Rechtsprechung des Bundesverfassungsgerichts zur Vereinbarkeit des Squeeze-out mit Art. 14 Abs. 1 GG) einheitlich bejahend.

Insgesamt bleibt daher festzuhalten, dass die Quorumsregelungen der §§ 246a Abs. 2 Nr. 2, 319 Abs. 6 S. 3 Nr. 2 AktG und des § 16 Abs. 3 S. 6 Nr. 2 UmwG ihrem Gesetzeszweck entsprechend zwar dazu geeignet sind, das Aufspringen von Trittbrettfahrern im Freigabeverfahren zu verhindern. Dem Ziel der Eindämmung des Klagegewerbes insgesamt bringt uns die Quorumsregelung aber nicht wesentlich näher.

3. Verschärfung der Interessenabwägungsklausel, § 246a Abs. 2 Nr. 3 AktG

3.1 Hintergrund

Schon nach der Gesetzesbegründung des UMAG war es notwendig, im Rahmen der Interessenabwägungsklausel des § 246a Abs. 2 S. 1 Var. 3 AktG a.F. alle durch die Anfechtungsklage tangierten rechtlichen und wirtschaftlichen Interessen bei angenommenem Erfolg der Klage gegeneinander abzuwägen (oben § 4 B V 1.4.1.3). Auf Seiten der Gesellschaft waren alle aus der Nichteintragung resultierenden Schäden zu berücksichtigen, auf der Seite des Klägers dagegen die Schwere der behaupteten Rechtsverletzung und alle *seine* Schäden. Für eine positive Freigabeentscheidung musste das Interesse der Gesellschaft und ihrer Aktionäre am Wirksamwerden der Maßnahme das Interesse des Klägers am Aufschub überwiegen.[776] Der Wortlaut der Norm war allerdings etwas schwerfällig. Zwar hatte auch schon die amtliche Begründung zum UMAG gewichtige Hinweise zur Auslegung der Interessenabwägungsklausel nach § 246 Abs. 2 S. 1 Var. 3 AktG a.F. geliefert,[777] die von vielen Gerichten bei ihren Entscheidungen auch berücksichtigt wurden. Dennoch bestanden aber weiterhin Unsicherheiten über das Verständnis der Interessenabwägungsklausel[778] und so wurde vielfach gefordert, die Auslegungshinweise der amtlichen Begründung des UMAG in den Gesetzestext zu übernehmen.[779] Mit der Neuformulierung der Interessenabwägungsklausel durch das ARUG wurde diesem Verlangen nunmehr entsprochen.[780]

3.2 Regelungsgehalt und Struktur

Nach dem neuen § 246a Abs. 2 Nr. 3 AktG ergeht die Freigabeentscheidung, wenn das alsbaldige Wirksamwerden des Hauptversammlungsbeschlusses vorrangig erscheint, weil die vom Antragsteller dargelegten wesentlichen Nachteile

[776] *Rotheley,* GWR 2009, 312, 313.

[777] RegE UMAG, BT-Drucks. 15/5092, S. 29.

[778] RegE ARUG, BT-Drucks. 16/11642, S. 41.

[779] RegE ARUG, BT-Drucks. 16/11642, S. 41. Insofern auch *Zöllner*, in: FS H.P. Westermann (2008), 1631, 1641.

[780] *Weber/Kersjes*, Hauptversammlungsbeschlüsse vor Gericht, § 3 Rn. 50.

der Gesellschaft und ihrer Aktionäre nach freier Überzeugung des Gerichts die Nachteile des Antragsgegners (des Anfechtungsklägers) überwiegen, *es sei denn*, es liegt eine besondere Schwere des Rechtsverstoßes vor. Damit soll nunmehr klargestellt werden, dass die Prüfung im Rahmen der Interessenabwägung zweistufig zu erfolgen hat.[781] Auf der *ersten Stufe* findet nach dem Aufbau der Norm eine wirtschaftliche Abwägung der Interessen des Antragstellers und des Antragsgegners statt.[782] Kommt man dabei zu einem überwiegenden Interesse der Gesellschaft und ihrer Aktionäre an der Durchführung der Maßnahme, ist auf der *zweiten Stufe* zu prüfen, ob nicht ausnahmsweise die besondere Schwere des im Klageverfahren dargelegten Rechtsverstoßes der Freigabe des Hauptversammlungsbeschlusses entgegensteht.[783] Die klare hierarchische Abstufung der Prüfungsreihenfolge beendet damit die lose Aneinanderreihung gewisser Orientierungspunkte und führt zu einer Abstufung der Kassationsmacht.[784]

Die rein wirtschaftliche Nachteilsabwägung auf der ersten Stufe wird dabei aber in den allermeisten Fällen zugunsten der Gesellschaft ausgehen, wenn der Antragsgegner einen nur geringen Aktienbesitz hält.[785] Ihm verbleibt dann nur noch die Kassationsmöglichkeit, wenn er auf der zweiten Stufe die besondere Schwere des mit seiner Klage geltend gemachten Rechtsverstoßes nachweisen kann.[786] Mit dieser abgestuften Prüfung soll ausweislich der Gesetzesbegründung verhindert werden, dass Aktionäre mit sehr geringer Beteiligung unterneh-

---

781 *Weber/Kersjes*, Hauptversammlungsbeschlüsse vor Gericht, § 3 Rn. 50 ff.; *Koch/ Wackerbeck*, ZIP 2009, 1603, 1606; *Florstedt*, AG 2009, 465, 469; *Verse*, NZG 2009, 1127, 1130. Teilweise wird in der Literatur die Umkehrung der Prüfungsreihenfolge aus Praktikabilitätsgründen vorgeschlagen, d.h. nur wenn kein besonders schwerer Rechtsverstoß vorliegt, wird in die Interessenabwägung eingetreten, so *Schwab,* in: Schmidt/Lutter (Hrsg.), AktG, § 246 Rn. 10; *Enders/Ruttmann*, ZIP 2010, 2280, 2281; *Rubel*, DB 2009, 2027, 2029.

782 *Hüffer*, AktG, § 246a Rn. 21; *Raiser/Veil*, Recht der Kapitalgesellschaften, § 16 Rn. 131; *Weber/Kersjes*, Hauptversammlungsbeschlüsse vor Gericht, § 3 Rn. 50; *Koch/Wackerbeck*, ZIP 2009, 1603, 1606; Florstedt, AG 2009, 465, 469.

783 RegE ARUG, BT-Drucks. 16/11642, S. 41; *Hüffer*, AktG, § 246a Rn. 21; *Weber/Kersjes*, Hauptversammlungsbeschlüsse vor Gericht, § 3 Rn. 50; *Florstedt*, AG 2009, 465, 469; *Koch/Wackerbeck*, ZIP 2009, 1603, 1606; *Verse*, NZG 2009, 1127, 1130.

784 *Florstedt*, AG 2009, 465, 469.

785 *Florstedt*, AG 2009, 465, 469; *Koch/Wackerbeck*, ZIP 2009, 1603, 1606.

786 Beschlussempfehlung und Bericht des Rechtsausschusses , BT-Drucks. 16/13098, S. 60; *Florstedt*, AG 2009, 465, 469.

mensstrukturelle Maßnahmen der beklagten Gesellschaft aufgrund von nur wenig bedeutenden Verstößen gegen Gesetz oder Satzung blockieren.[787]

Die neue Gesetzeslage bringt allerdings keine wesentlichen sachlichen Änderungen mit sich.[788] Hinsichtlich der in die Interessenabwägung auf Seiten der Gesellschaft und des Antragsgegners einzubeziehenden Umstände kann daher vom Grundsatz her auf die obigen Ausführungen zur Interessenabwägung nach der Rechtslage des UMAG verwiesen werden (oben § 4 B V). Im Folgenden sollen daher nur die mit der Neuformulierung einhergehenden Besonderheiten erläutert werden.

3.2.1 Erste Stufe: Interessenabwägung

Konzeptionell könnte man aufgrund der Fassung des § 246a Abs. 2 Nr. 3 AktG zu dem Schluss kommen, dass, wenn der Antragsgegner erst einmal besonders schwere Nachteile dargelegt hat, die für ihn aus der (vorzeitigen) Eintragung des Beschlusses resultieren würden, der Freigabebeschluss nicht ergeht. Nach dem Freigabekonzept des UMAG sollte die Verfahrensbeschleunigung ja gerade dadurch erreicht werden, dass die Begründetheit der Anfechtungsklage im Rahmen der Interessenabwägung unterstellt wurde.[789] Doch ist die Rechtslage nach der Neufassung des § 246a Abs. 2 Nr. 3 AktG grundverschieden. Zwar wird die Begründetheit der Klage immer noch unterstellt,[790] trotz Darlegung gewichtiger Nachteile soll der Kläger aber nicht die Möglichkeit erhalten, die Eintragung des Beschlusses zu verhindern. Die Fortführung der Anfechtungsklage bleibt ihm indes unbenommen. Wörtlich heißt es dazu in der Begründung des Rechtsausschusses zum ARUG: „Überwiegen die Nachteile des Klägers (Antragsgegners) und kommt das Gericht aufgrund seiner Darlegung und Glaubhaftmachung zu dem Ergebnis, dass die Klage begründet sein dürfte, so gibt es nicht frei."[791]

Im Rahmen der Abwägung auf der ersten Stufe hat das Gericht die wirtschaftlichen Individualinteressen des klagenden Aktionärs (des Antragsgegners), die

---

[787] RegE ARUG, BT-Drucks. 16/11642, S. 41; *Weber/Kersjes*, Hauptversammlungsbeschlüsse vor Gericht, § 3 Rn. 50.

[788] *Hüffer*, AktG, § 246a Rn. 21.

[789] BT-Drucks. 15/5092, S. 29; *Florstedt*, AG 2009, 465, 470.

[790] *Lorenz/Pospiech*, BB 2010, 2515, 2520; *Waclawik*, ZIP 2008, 1141, 1142; *Baums/ Drinhausen*, ZIP 2008, 145, 151.

[791] Beschlussempfehlung und Bericht des Rechtsausschusses, BT-Drucks. 16/13098, S. 60.

Unternehmensnachteile und sowie die Nachteile der übrigen Aktionäre nach freier Überzeugung festzustellen, zu gewichten und gegeneinander abzuwägen.[792] Anders als noch nach dem UMAG ist die Darlegung wesentlicher Nachteile der Gesellschaft wie z.B. die Sanierungsbedürftigkeit oder gar eine Insolvenzgefahr (dazu oben unter § 4 B V 1.4.1.3) nach der Neufassung der Interessenabwägungsklausel und der damit verbundenen Streichung des Wesentlichkeitserfordernisses nicht mehr zwingend erforderlich.[793] Vielmehr genügt die Darlegung quantifizierbarer finanzieller Nachteile, wie z.B. solcher Kosten die sich aus der Wiederholung der Hauptversammlung oder Zinseffekten ergeben.[794] Ebenso sind Reputationsverluste[795], Steuernachteile, die Nichterreichung angestrebter Synergie- und Rationalisierungseffekte, die Gefahr der Abwanderung von Personal sowie die aus der Verzögerung der Maßnahme resultierenden Kosten in die Abwägung mit einzubeziehen (zu alledem bereits oben unter § 4 B V).[796] Allein der Umstand, dass zum Zeitpunkt der Schaffung eines genehmigten Kapitals noch kein konkreter Finanzierungsbedarf besteht, kann das Vollzugsinteresse der antragstellenden Gesellschaft nicht schmälern.[797]

3.2.1.1 Erste Rechtsprechung zur Interessenabwägungsklausel

Ob hingegen das alsbaldige Interesse der Gesellschaft an der Eintragung der Maßnahme auch davon abhängt, ob der Freigabeantrag innerhalb einer bestimmten Frist gestellt wird, das vorrangige Vollzugsinteresse der Gesellschaft mithin zu verneinen ist, wenn der Antrag durch die Gesellschaft zu spät gestellt wird, scheint mehr als fraglich. Das OLG München hatte mit seiner Entscheidung vom 04. November 2009 in diesem Sinne entschieden.[798]

---

[792] Beschlussempfehlung und Bericht des Rechtsausschusses, BT-Drucks. 16/13098, S. 42; *Weber/Kersjes*, Hauptversammlungsbeschlüsse vor Gericht, § 3 Rn. 50; *Habersack*, in: Emmrich/Habersack, Aktien- und GmbH-Konzernrecht, § 319 AktG Rn. 37; *Lorenz/ Pospiech*, BB 2010, 2515, 2519; *Koch/Wackerbeck*, ZIP 2009, 1603, 1606. Zur Mitberücksichtigung der Interessen der übrigen Aktionäre OLG Düsseldorf, AG 2009, 538, 539 f.

[793] *Hüffer*, AktG, § 246a Rn. 22; *Lorenz/Pospiech*, BB 2010, 2515, 2519.

[794] Beschlussempfehlung und Bericht des Rechtsausschusses, BT-Drucks. 16/13098, S. 42; *Lorenz/Pospiech*, BB 2010, 2515, 2519; *Koch/Wackerbeck*, ZIP 2009, 1603, 1606; *Rubel*, DB 2009, 2027, 2030.

[795] *Schall/Habbe/Wiegand*, NJW 2010, 1789, 1790; *Lorenz/Pospiech*, BB 2010, 2515, 2519.

[796] *Weber/Kersjes*, Hauptversammlungsbeschlüsse vor Gericht, § 3 Rn. 53; *Lorenz/Pospiech*, BB 2010, 2515, 2519.

[797] OLG Frankfurt a.M., NZG 2010, 824, 826 f.

[798] OLG München, AG 2010, 170 ff; dazu *Lorenz/Gullo*, GWR 2010, 13.

In dem zugrunde liegenden Fall beschloss die Hauptversammlung der betroffenen AG den Formwechsel der Gesellschaft in eine GmbH gemäß UmwG. Die Gesellschaft hatte den Aktionären das Angebot unterbreitet, die im Zuge des Formwechsels neu geschaffenen Geschäftsanteile eines jeden widersprechenden Aktionärs gegen Zahlung einer Barabfindung zu erwerben. Die Umwandlung der AG in die nicht börsenfähige Rechtsform der GmbH hätte zu einer Beendigung der Börsennotierung der AG geführt (sog. „kaltes Delisting"). Gegen den Zustimmungsbeschluss haben insgesamt 12 Aktionäre Anfechtungs- und Nichtigkeitsklagen beim LG München erhoben. Den Freigabeantrag (hier gemäß §§ 198 Abs. 2 i.V.m. § 16 Abs. 3 UmwG) stellte die beklagte Gesellschaft jedoch erst viereinhalb Monate später, nämlich am 01. September 2009, mithin am Tag des Inkrafttretens der durch das ARUG eingeführten Neuerungen.

Das OLG München wies den Antrag unter anderem mangels vorrangigem Vollzugsinteresse der Gesellschaft zurück. Es führte aus, dass ein vorrangiges Vollzugsinteresse der antragstellenden Gesellschaft am alsbaldigen Wirksamwerden einer Maßnahme nur bestehen könne, wenn die Antragstellerin auch selber zügig handle.[799] Begründet hat das OLG München diese Entscheidung mit der durch das ARUG geschaffenen wesentlich günstigeren Prozesslage der betroffenen Gesellschaften im Freigabeverfahren. Die Möglichkeit der frühzeitigen Akteneinsicht durch die Gesellschaft (§ 246 Abs. 3 S. 5 AktG), die Beschneidung der Beteiligungsfähigkeit von Aktionären mit einem Anteilsbesitz von unter 1000 Euro im Freigabe sowie insgesamt die Beschleunigung des Freigabeverfahrens rechtfertige es, dass die damit geschaffene verbesserte Prozesssituation der Gesellschaft nur dann zum Tragen kommen kann, wenn bei der Prüfung des Interesses der Gesellschaft am alsbaldigen Wirksamwerden einer Maßnahme auch der Zeitpunkt der Stellung des Freigabeantrags berücksichtigt werde. Nach Ansicht des OLG München muss die antragstellende Gesellschaft das Freigabeverfahren im Sinne des Eilverfahrens zügig betreiben.[800] Dabei sei das „zügige Betreiben" gegeben, wenn der Antrag innerhalb von ca. 3 Monaten gestellt würde.[801] Für den Beginn dieser Frist sei die Kenntnis von den Umständen, die das

[799] OLG München, BeckRS 2009, 88347.
[800] OLG München, AG 2010, 170.
[801] OLG München, AG 2010, 170.

Interesse der Gesellschaft an einer zügigen Eintragung der Maßnahme begründen, entscheidend. Das soll in der Regel die Kenntnis von der Klageerhebung sein. Ausnahmsweise sei es aber auch möglich, dass solche Umstände erst im Laufe des Anfechtungsverfahrens bekannt würden.[802] Bei späterer Antragstellung sei das vorrangige Vollzugsinteresse regelmäßig zu verneinen.[803] Ausschlaggebend für den vom OLG angenommenen Dreimonatszeitraum sei der den Gerichten vom Gesetzgeber für die Entscheidung über die Freigabe zur Verfügung gestellte Zeitraum (§ 346a Abs. 3 S. 6 AktG).[804]

Dieser Ansicht des OLG München ist das OLG Frankfurt a.M. mit seiner Entscheidung vom 30. März 2010 aber entgegen getreten.[805] In dem zugrunde liegenden Fall hat die Hauptversammlung der Antragstellerin (eine Societas Europaea, SE)[806] über die Aufhebung bisherigen und die Schaffung neuen genehmigten Kapitals nebst entsprechender Satzungsänderung, bezogen auf Kapitalerhöhungen mit und ohne Bezugsrechtsausschluss, mit 99, 17 % der abgegebenen Stimmen Beschlüsse gefasst. Gegen die Beschlüsse wurden Anfechtungsklagen wegen Auskunftspflichtverletzung erhoben. Der Freigabeantrag wurde am 18. Dezember 2009 und damit mehr als sieben Monate nach der Hauptversammlung gestellt. Die Maßnahme war zu diesem Zeitpunkt bereits in das Handelsregister eingetragen worden.[807] Die Eintragung erfolgte bereits am 15. Juli 2009. Der Senat betont in seiner Entscheidung, dass das Vollzugsinteresse der Antragstellerin mit dem Zeitablauf nicht geringer geworden sei. Zwar stellt der Beschluss klar, dass das Verfahren insgesamt auf Beschleunigung angelegt sei und im Einzelfall das Zuwarten mit der Antragstellung gegen ein Eilinteresse sprechen kann. In dem zu entscheidenden Fall würde aber die zeitweise Hinnahme der beschränkten Handlungsmöglichkeiten durch die Gesellschaft nicht gegen ein Interesse der Gesellschaft an dem Vollzug sprechen. Im Gegenteil würde das Zuwar-

[802] In dem der Entscheidung zugrunde liegend Fall war ein solcher Ausnahmegrund für das OLG aber nicht gegeben.

[803] OLG München, BeckRS 2009, 88347.

[804] OLG München, BeckRS 2009, 88347.

[805] OLG Frankfurt a.M., NZG 2010, 824 ff.

[806] Die Anwendbarkeit des § 246a AktG auf die SE folgt aus Art. 9 Abs. 1 c, 10 SE-Verordnung.

[807] Für die Zulässigkeit der Freigabe nach bereits erfolgter Eintragung u.a. OLG Frankfurt a.M., NZG 2010, 824; OLG Düsseldorf, AG 2009, 538; OLG Köln, BeckRS 2008, 1841; OLG Celle, ZIP 2008, 318.

ten den Druck erhöhen, gebotene Zukäufe und Erweiterungen unter Ausnutzung des genehmigten Kapitals vorzunehmen.[808]

Auch das KG hat sich in seinem Beschluss vom 12. März 2010 gegen eine Frist für die Stellung des Freigabeantrags ausgesprochen.[809] Zwar wurde der Antrag in dem zugrunde liegenden Fall noch innerhalb der vom OLG München geforderten Dreimonatsfrist erhoben. Das KG betonte aber dennoch, dass die Stellung eines Freigabeantrags an keine Frist gebunden sei. Dies gebe schon das Gesetz nicht her und auch die Konzipierung des Freigabeverfahrens als Eilverfahren gebiete trotzdem nichts anderes.[810]

3.2.1.2 Würdigung der Rechtsprechung

Das Freigabeverfahren ist als Eilverfahren zugunsten der antragstellenden Gesellschaft konzipiert.[811] Eine Antragsfrist ist ihm schon ausweislich des Gesetzeswortlauts fremd.[812] Die restriktive Handhabung des Freigabeverfahrens durch das OLG München ist daher nicht nachvollziehbar. Auch die vom OLG München zugelassene Ausnahme ändert nichts an diesem Ergebnis. Die Einführung einer solchen Frist *praeter legem* widerspricht auch dem mit der Verfahrensbeschleunigung durch den Gesetzgeber verfolgten Ziel, den Lästigkeitswert von missbräuchlichen Anfechtungsklagen weiter abzusenken.[813] Freilich ist nicht ganz von der Hand zu weisen, dass die Gesellschaft mit einer nicht fristgebundenen Möglichkeit zur Stellung des Freigabeantrags einen Trumpf in die Hand bekommt, den sie jederzeit ausspielen kann. Dass ein solches Verhalten dann aber vielleicht rechtsmissbräuchlich sein soll, ist nicht ersichtlich. Im Gegenteil verlangt es das Gesetzesziel sogar, den Antrag jederzeit stellen zu können. Denn eine Verfahrensbeschleunigung muss in jedem Stadium des Verfahrens möglich sein. Werden Umstände, die eine Verzögerung der Eintragung befürchten lassen,

---

808 OLG Frankfurt a.M., NZG 2010, 824, 827.

809 KG, AG 2010, 497 f.

810 KG, AG 2010, 497, 498.

811 BT-Drucks. 16/11642, S. 40; *Hüffer*, AktG, § 246a Rn. 1; *Weber/Kersjes*, Hauptversammlungsbeschlüsse vor Gericht, § 3 Rn. 14; *Lorenz/Pospiech*, BB 2010, 2515, 2519; *Linnerz*, BB 2010, 340; *Müller/Grenzbach*,GWR 2010, 192.

812 *Lorenz/Pospiech*, BB 2010, 2515, 2519.

813 *Lorenz/Pospiech*, BB 2010, 2515, 2519; zur Entscheidung des OLG Frankfurt a.M. *Müller/Grenzbach*, GWR 2010, 192.

erst später bekannt, muss es der Gesellschaft möglich sein, den Freigabeantrag stellen zu können. Nur in diesem Sinne verstanden kann das Gesetz seinen Sinn und Zweck erfüllen.

3.2.2 Zweite Stufe: (K)ein besonders schwerer Rechtsverstoß

Die Freigabe kann auf der zweiten Stufe der Prüfung erfolgen, wenn dem überwiegenden Vollzugsinteresse der Gesellschaft kein besonders schwerer Rechtsverstoß gegenübersteht. Die Schwere des Rechtsverstoßes wird nun nicht mehr im Rahmen der Abwägung der vorrangigen Interessen der Beteiligten berücksichtigt, sondern stellt die zweite Stufe des Gesamtabwägungsprozesses und im Grunde die einzige Möglichkeit des Aktionärs dar, im Rahmen der Interessenabwägung eine Freigabe des Hauptversammlungsbeschlusses nach § 246a Abs. 2 Nr. 3 AktG zu verhindern, wenn man davon ausgeht, dass die Interessenabwägung zumeist zugunsten der Gesellschaft ausfallen wird. Das Gericht prüft die Schwere des Rechtsverstoßes ausweislich des Gesetzeswortlauts aber erst, wenn es im Rahmen der Prüfung auf der ersten Stufe zu einem vorrangigen Interesse des Aktionärs ergeben hat.[814]

Zu beachten ist allerdings, dass an die besondere Schwere des Rechtsverstoßes hohe Anforderungen zu stellen sind. Hierunter fallen all jene Rechtsverstöße, die so gravierend, so krass rechtswidrig sind, dass eine Eintragung und damit die Durchführung des Hauptversammlungsbeschlusses bereits auch schon ohne vertiefte Prüfung im Anfechtungs- oder Nichtigkeitsverfahren für die Rechtsordnung unerträglich wäre.[815] Hierbei ist auf die Bedeutung der verletzten Rechtsnorm und das Ausmaß der Rechtsverletzung abzustellen.[816] Insbesondere soll die

---

[814] *Raiser/Veil*, Recht der Kapitalgesellschaften, § 16 Rn. 131; *Weber/Kersjes*, Hauptversammlungsbeschlüsse vor Gericht, § 3 Rn. 55; *Lorenz/Pospiech*, BB 2010, 2515, 2519; aA *Schwab*, in: Schmidt/Lutter (Hrsg.), AktG, § 246a Rn. 10, der auf der ersten Stufe die Schwere des Rechtsverstoßes prüft und erst dann zur Interessenabwägung kommt; ähnlich wohl OLG Frankfurt a.M., NZG 2010, 824, 826, das die Interessenabwägung für eröffnet hält, wenn die Schwere des Rechtsverstoßes verneint ist.

[815] RegE ARUG, BT-Drucks. 16/11642, S. 41; *Raiser/Veil*, Recht der Kapitalgesellschaften, § 16 Rn. 13; *Weber/Kersjes*, Hauptversammlungsbeschlüsse vor Gericht, § 3 Rn. 56; *Enders/Ruttmann*, ZIP 2010, 2280, 2282; *Lorenz/Pospiech*, BB 2010, 2515, 2520; *Koch/Wackerbeck*, ZIP 2009, 1603, 1607; *Bosse*, NZG 2009, 807, 811; *Florstedt*, AG 2009, 465, 471; *Rubel*, DB 2009, 2027, 2029; *Verse*, NZG 2009, 1127, 1130; *Seibert*, NZG 2007, 841, 844.

[816] RegE ARUG, BT-Drucks. 16/11642, S. 41; *Enders/Ruttmann*, ZIP 2010, 2280, 2281; *Seibert*, NZG 2007, 841, 844.

Unterscheidung zwischen nichtigen und anfechtbaren, durch Eintragung heilbaren und bestätigungsfähigen Beschlüssen zu beachten sein.[817] Doch führt nicht schon jeder Nichtigkeitsgrund zur besonderen Schwere des Rechtsverstoßes. Nicht jeder Nichtigkeitsgrund, der auf einem bloßen formalen Fehler beruht kann die besondere Schwere rechtfertigen.[818] Es ist vielmehr zu fragen, ob es sich um einen gezielten Verstoß handelt, der den klagenden Aktionär ungleich im Gegensatz zur Mehrheit trifft.[819] Ebenso können schwerwiegende wirtschaftliche Nachteile des Klägers, die sich nicht angemessen durch Schadensersatz kompensieren lassen, einen schweren Rechtsverstoß begründen.[820] In Betracht kommt danach als besonders schwerer Rechtsverstoßeine Kapitalerhöhung ohne Beschluss der Aktionäre oder ein ohne die Zustimmung der Hauptversammlung abgeschlossener Beherrschungs- und Gewinnabführungsvertrag,[821] das völlige Fehlen einer notariellen Beurkundung von Hauptversammlungsbeschlüssen einer börsennotierten Gesellschaft[822] oder ein Beschluss, der mit grundlegenden Strukturprinzipien des AktG nicht vereinbar wäre, so z.B. die endgültige Herabsetzung des Grundkapitals auf einen Nennbetrag unter 50.000 Euro.[823] Die hohen Anforderungen an den schweren Rechtsverstoß werden hier also ganz deutlich. Ebenso deutlich wird aber, dass sich eine pauschale Kategorisierung der besonders schweren Rechtsverstöße verbietet und vielmehr stets eine einzelfallbezogene Prüfung vorzunehmen ist.[824] Daneben kann beispielsweise noch gefragt werden, wie weit der Hauptversammlungsbeschluss in die Rechte des Antragsgegners eingreift, wie lange die Rechtsverletzung andauert und ob außer dem Antragsgegner auch noch andere Aktionäre, außen stehende Dritte oder Ge-

---

[817] RegE ARUG, BT-Drucks. 16/11642, S. 64; *Enders/Ruttmann*, ZIP 2010, 2280, 2281.

[818] RegE ARUG, BT-Drucks. 16/11642, S. 64; *Enders/Ruttmann*, ZIP 2010, 2280, 2281; *Bosse*, NZG 2009, 807, 811; *Florstedt*, AG 2009, 465, 471; aA *Schwab*, in: Schmidt/Lutter (Hrsg.), AktG, § 246a Rn. 16.

[819] RegE ARUG BT-Drucks. 16/11642, S. 64; *Schwab*, in: Schmidt/Lutter (Hrsg.), AktG, § 246a Rn. 14; *Enders/Ruttmann*, ZIP 2010, 2280, 2282; *Verse*, NZG 2009, 1127, 1130; *Bosse*, NZG 2009, 807, 811; *Rubel*, DB 2009, 2027, 2029; *Seibert*, ZIP 2008, 906, 910.

[820] RegE ARUG, BT-Drucks. 16/11642, S. 64; *Enders/Ruttmann*, ZIP 2010, 2280, 2282; *Verse*, NZG 2009, 1127, 1130.

[821] *Raiser/Veil*, Recht der Kapitalgesellschaften, § 16 Rn. 132.

[822] Beschlussempfehlung und Bericht des Rechtsausschusses, BT-Drucks. 16/13098, S. 42.

[823] Beschlussempfehlung und Bericht des Rechtsausschusses, BT-Drucks. 16/13098, S. 42.

[824] Beschlussempfehlung und Bericht des Rechtsausschusses, BT-Drucks, 16/13098, S. 42; RegE ARUG, BT-Drucks. 16/11642, S. 41; *Enders/Ruttmann*, ZIP 2010, 2280, 2282; *Verse*, NZG 2009, 1127, 1130.

sellschaftsgläubiger durch den Hauptversammlungsbeschluss betroffen sind.[825] Die Beweislast für die besondere Schwere des Rechtsverstoßes liegt dabei bei dem Antragsgegner, d.h. dem klagenden Aktionär.[826]

Schwab hingegen will den Kreis der Fälle, die als besonders schwerer Rechtsverstoß zu qualifizieren sind, um einiges weiter ziehen. Nach dessen Ansicht liegt eine besonders schwerere Rechtsverletzung schon immer dann vor, wenn die Anfechtungsklage – unabhängig vom objektiven Gewicht des geltend gemachten Mangels – offensichtlich begründet ist.[827] Aus dem Rechtsstaatsprinzip folge nämlich, dass ein Gericht nicht sehenden Auges einer Maßnahme zum Erfolg verhelfen dürfe, wenn es den Hauptversammlungsbeschluss in der Hauptsache kassieren müsste. Andernfalls würde man „einstweiligen Rechtsschutz zu einstweiligem Unrechtsschutz pervertieren".[828] Wenn der Gesetzgeber erreichen wolle, dass ein Aktionär einen rechtswidrigen Beschluss hinzunehmen hat, weil das Interesse der Gesellschaft vorrangig ist, dürfe eine solche Regelung nicht auf das Freigabeverfahren beschränkt bleiben, sondern müsse im materiellen Recht selbst im Rahmen des Anfechtungstatbestandes (§ 243 Abs. 1 AktG) ihren Platz finden. Solange ein rechtswidriger Beschluss im Hauptverfahren aber für nichtig zu erklären wäre, solle ihm auch im Freigabeverfahren nicht zum Erfolg verholfen werden können.[829]

Dieser Ansicht von *Schwab* ist aber entgegenzuhalten, dass es sich bei der Regelung des § 246a Abs. 2 Nr. 3 AktG einzig um eine Begrenzung der Wirkung eines rechtswidrigen Beschlusses handelt. War vor dem UMAG nach früherem Recht eine Eintragung eines nichtigen oder anfechtbaren Beschlusses nicht möglich, wenn Klage erhoben worden war, war die Rechtsfolge also absolute Kassation, so ist nach neuerem Recht ein fehlerhafter Beschluss in Bezug auf seine eintragungshemmende Wirkung begrenzt.[830] Ein Verstoß gegen das Rechtsstaatsprinzip ist hierin nicht zu sehen. Vielmehr wird dem Rechtsstaatsprinzip dadurch genüg getan, dass an die Voraussetzungen der Eintragung eines (auch

---

825 *Enders/Ruttmann*, ZIP 2010, 2280, 2282.
826 *Enders/Ruttmann*, ZIP 2010, 2280, 2282.
827 *Schwab*, in: Schmidt/Lutter, (Hrsg.) AktG, § 246a Rn. 14.
828 *Schwab*, in: Schmidt/Lutter (Hrsg.), AktG, § 246a Rn. 14.
829 *Schwab*, in: Schmidt/Lutter (Hrsg.), AktG, § 246a Rn. 14.
830 *Helm/Manthey*, NZG 2010, 415, 416; *Waclawik*, ZIP 2008, 1141, 1143.

rechtswidrigen) Beschlusses gesetzlich in § 246a Abs. 2 AktG genau bestimmte Anforderungen gestellt werden und der betroffene Aktionär für den Fall der Begründetheit seiner Klage schadlos gestellt wird (§ 246a Abs. 4 S. 1 AktG).

3.3 Nachteilsdarlegung versus Geheimhaltungsschutz

Damit überhaupt eine Abwägung der gegenseitigen Interessen erfolgen kann, ist es zwingend erforderlich, dass die Gesellschaft, die die Freigabe des Beschlusses beantragt, ihre wesentlichen Nachteile, die aus der Eintragung des Hauptversam-mlungsbeschlusses resultieren würden, darlegt. Insbesondere in Zeiten, in denen sich die betroffene Gesellschaft in einer wirtschaftlichen Krise befindet, kann die prozessuale Darlegung dieser wesentlichen Nachteile im Freigabeverfahren gerade bei börsennotierten Aktiengesellschaften problematisch sein. Nach dem ARUG ist es nämlich erforderlich, dass die Darlegung öffentlich zu erfolgen hat.[831] Die antragstellenden Unternehmen sehen sich hier meist gezwungen, abzuwägen, ob sie zugunsten des Freigabeverfahrens vertrauliche Informationen zum Beleg der wesentlichen Nachteile beispielsweise im Sanierungsprozess offenbaren, die ggf. aber ihre wirtschaftlich schlechte Lage beschreiben und dann aufgrund des Öffentlichkeitsgrundsatzes auch der Konkurrenz zugänglich wären, oder ob sie diese Informationen zugunsten einer verbesserten Wettbewerbsposition zurückhalten mit der Folge einer wesentlich schlechteren Stellung im Freigabeverfahren.[832]

Dieses Problem wurde vom Rechtsausschuss erkannt, der in seiner Beschlussempfehlung daher die Entwicklung eines Geheimhaltungsschutzes bei der Darlegung wesentlicher Nachteile durch die Gesellschaft etwas versteckt in Auftrag gibt.[833] Vorgeschlagen wird in der Literatur hierzu die Entwicklung eines Geheimhaltungsschutzes in Analogie zu § 7 Abs. 7 S. 2 SpruchG.[834] Dort ist für das Spruchverfahren vorgesehen, dass das Gericht auf Antrag des Antragsgegners anordnen kann, dass solche Unterlagen den Antragstellern nicht zugänglich gemacht werden dürfen, wenn die Geheimhaltung aus wichtigen Gründen, insbesondere zur Wahrung von Fabrikations-, Betriebs- oder Geschäftsgeheimnissen, nach Abwägung mit den Interessen der Antragsteller, sich zu den Unterlagen äu-

---

[831] Beschlussempfehlung und Bericht des Rechtsausschusses, BT-Drucks. 16/13098, S. 61.

[832] *Rubel*, in: DB 2009, 2027, 2031; *Florstedt*, in: AG 2009, 465, 470.

[833] Beschlussempfehlung und Bericht des Rechtsausschusses, BT-Drucks. 16/13098, S. 60.

[834] *Rubel*, DB 2009, 2027, 2030; *Florstedt*, AG 2009, 465, 470.

ßern zu können, geboten ist. Eine Regelungslücke ist gegeben, da der Geheimhaltungsschutz im Freigabeverfahren nicht geregelt ist. Dass diese Regelungslücke nicht planwidrig, sondern vom Gesetzgeber gewollt ist, kann aufgrund des von ihm erteilten Rechtsprechungsauftrags zur Schließung dieser Lücke[835] überwunden werden. Die Interessenlage, die § 7 Abs. 7 S. 2 SpruchG zu schützen versucht, ist jedenfalls mit der im Freigabeverfahren vergleichbar. Zwar kann diese Vorgehensweise erhebliche Erleichterungen für die antragstellenden Unternehmen mit sich bringen,[836] allerdings sollte die Regelung des § 7 Abs. 7 S. 2 SpruchG nicht gänzlich unbesehen übernommen werden. Insbesondere sollte eine Abwägung mit den Interessen des Antragsgegener, wie sie das SpruchG vorsieht, unterbleiben. Eine Abwägung der Interessen, wie sie § 7 Abs. 7 S. 2 SpruchG dahingehend vorsieht, dass das Geheimhaltungsinteresse der Gesellschaft auch noch das Interesse des Antragsgegners, sich zu den Unterlagen äußern zu können, überwiegen muss, sollte nicht vorgenommen werden, da man andernfalls Gefahr liefe, die Interessenabwägungsklausel überzustrapazieren und eine Abwägung in der Abwägung vorzunehmen. Ratsamer scheint die Entwicklung bestimmter, das Geheimhaltungsinteresse der antragstellenden Gesellschaft betreffender Grundsätze, nach denen das Gericht über die Zugänglichmachung der Unterlagen bzw. Informationen an den Antragsgegner entscheidet. Diese könnten beispielsweise wie folgt aussehen:

> *Das Gericht kann auf Antrag des Antragstellers diesem die Darlegung der aus der Verweigerung der Freigabe des Hauptversammlungsbeschlusses resultierenden wesentlichen Nachteile unter Ausschluss der Öffentlichkeit gewähren, wenn die Gesellschaft gewichtige Gründe darlegt. Solche Gründe liegen beispielsweise vor, wenn die Darlegung der wesentlichen Nachteile*
>
> *1. Fabrikations-, Betriebs- oder Geschäftsgeheimnisse betrifft, oder*
> *2. die Wettbewerbsposition der Gesellschaft zu gefährden in der Lage ist oder*
> *3. ein Sanierungskonzept der betroffenen Gesellschaft ernsthaft gefährden würde.*

---

[835] Beschlussempfehlung und Bericht des Rechtsausschusses, BT-Drucks. 16/13098, S. 61.
[836] *Rubel*, DB 2009, 2027, 2031.

3.4 „Nach freier Überzeugung des Gerichts"

Ein Relikt der ursprünglichen Fassung der Interessenabwägungsklausel stellt die Formulierung dar, dass die vom Antragsteller dargelegten wesentlichen Nachteile für die Gesellschaft und ihre Aktionäre *nach freier Überzeugung des Gerichts* die Nachteile für den Antragsgegner überwiegen. Im Rahmen der Interessenabwägung in der Fassung des UMAG diente sie der Umklammerung der in die Abwägung mit einzubeziehenden Aspekte. Die Freie Überzeugung des Gerichts war eben aber auch gerade notwendig, um die Vorrangigkeit des Interesses der Gesellschaft am alsbaldigen Wirksamwerden des Hauptversammlungsbeschlusses feststellen zu können. Letzteres Kriterium ist mit der Neufassung des § 246a Abs. 2 Nr. 3 AktG durch das ARUG aber gerade entfallen. Ein vorrangiges Interesse am alsbaldigen Wirksamwerden des Hauptversammlungsbeschlusses ist gerade nicht mehr erforderlich. Nunmehr vermittelt der Gesetzeswortlaut eine Beurteilungsfreiheit des Gerichts im Rahmen der Interessenabwägung, die nur eingeschränkt tatsächlich gegeben ist.

3.5 Würdigung

Bei der Würdigung der Neufassung der Interessenabwägungsklausel sind wieder zweierlei Beurteilungsmaßstäbe anzusetzen. Zum einen muss ihre Wirksamkeit zur Eindämmung des Missbrauchs des Anfechtungsrechts untersucht werden, zum anderen muss sie in dogmatischer Hinsicht gewürdigt werden. Die Neufassung der Interessenabwägungsklausel ist mit Blick auf die vor dem ARUG bestehenden Zweifel an der richtigen Anwendung der Freigabevoraussetzungen zu begrüßen. Die Neuformulierung führt zu einer klaren zweistufigen Prüfung, welche die besondere Schwere des Rechtsverstoßes nicht mehr in die Interessenabwägung mit einbezieht und die klar vorgibt, welche Interessen stattdessen zu berücksichtigen sind. Es wird zudem deutlich, dass hier eine Interessenabwägung im Sinne einer spezifischen Nachteilsabwägung zu erfolgen hat.[837] Die mit der Neufassung verfolgte Verschärfung der Interessenabwägungsklausel kann aber nur erreicht werden, wenn die Auslegung des Erfordernisses eines besonders schweren Rechtsverstoßes auf der zweiten Stufe wirklich restriktiv gehandhabt wird. Die Auslegungshinweise des Gesetzgebers aus der Regierungsbegründung zum ARUG geben hierbei eine praktikable Richtlinie. Für eine einheitliche Handhabung empfehlenswert wäre aber darüber hinaus die Aufnahme

---

[837] *Rubel*, DB 2009, 2027, 2031.

eines Katalogs nicht abschließender Beispiele von besonders schweren Rechtsverstößen in das Gesetz selbst.

In dogmatischer Hinsicht muss man die Interessenabwägung jedoch scharf kritisieren. Die Interessenabwägung wird immer zugunsten der Gesellschaft ausgehen. Und so ist *Hirte* zuzustimmen, der hierin ein „Quorum durch die Hintertür“ sieht, nämlich ein solches ohne absolut definierte Grenze, was bei der Interessenabwägung berücksichtigt wird und nur durch die Schwere der Rechtsverletzung wieder ausgesetzt wird.[838] Damit bleibe nach seiner Ansicht die „Polizeifunktion“ der Anfechtungsklage nur für Fälle schwerer Rechtsverletzungen erhalten.[839] In der Tat ist die Schwere des Rechtsverstoßes nur noch *ultima ratio*, welche die Freigabe verhindern kann. Wie oft wird ein solch schwerer Rechtsverstoß aber tatsächlich vorliegen? Zudem ist es aber auch nicht stringent, in einem Verfahren, das ja den Schutz des Mehrheitswillens bezweckt, für die Schwere des Rechtsverstoßes das individuell verletzte Aktionärsrecht heranzuziehen. Vorzugswürdiger wäre dann die Unterscheidung nach der Schwere des Beschlussmangels, nämlich danach, ob er heilbar oder nicht heilbar ist. Die Regierungsbegründung selbst spricht ja insofern von der „massiven Verletzung elementarer Aktionärsrechte“.[840] Insgesamt führt die Interessenabwägungsklausel damit zu einer Verstärkung des dogmatischen Dilemmas des Freigabeverfahrens, das sich sich als ein den Aktionärsschutz aushebelndes und das geltende Beschlussmängelrecht umgehende Verfahren im Sinne einer äußerst unbefriedigenden und unsauberen Lösung darstellt.

IV. Bestandskrafterstreckung

Das UMAG hatte mit der Einführung des Freigabeverfahrens in das AktG bereits eine Bestandskraftregelung für freigegebene Beschlüsse über Kapitalmaßnahmen und Unternehmensverträge eingeführt. Mit dem ARUG wurde diese Regelung nunmehr auch auf die Eingliederung (§ 319 Abs. 6 S. 11 AktG) und den Squeeze-Out (§ 327e Abs. 2 i.V.m. § 319 Abs. 6 S. 11 AktG) erstreckt. Der

[838] *Hirte*, Stellungnahme zum Regierungsentwurf eines Gesetzes zur Umsetzung der Aktionärsrechterichtlinie (ARUG) für den Deutschen Bundestag, S. 8, abzurufen unter: http://rsw.beck.de/rsw/upload/NZG/HH-ARUG.pdf.

[839] *Hirte*, (oben Fn. 603) S. 8.

[840] RegE UMAG, BT-Drucks. 15/5092, S. 29.

fehlende Gleichlauf wurde zuvor von der Literatur kritisiert.[841] Die Anpassung war vom Grundsatz notwendig, weil kein Grund bestand, ein Freigabeverfahren auch für diese Beschlüsse vorzusehen, die beschleunigte Eintragung aber unter dem Damoklesschwert der Rückabwicklung der Maßnahme schweben zu lassen, da bei Obsiegen des Klägers im Anfechtungsprozess auch Schadensersatz in Form von Naturalrestitution denkbar war.[842] Allerdings greifen auch hier die Bedenken, dass die Bestandskraftregelung im Falle des Obsiegens des Anfechtungsklägers die durch das Freigabeverfahren geschaffene materiell-rechtlich unrichtige Lage verhärtet und somit der Aktionärsschutz umgangen wird und die Anfechtungsklage ihren Zweck – Nichtigerklärung und Kassation eines rechtswidrigen Beschlusses – nicht mehr erfüllen kann.

V. Fazit

Ein erklärtes Ziel des Gesetzgebers war es, durch das ARUG die mit dem UMAG eingeführten Regelungen des Freigabeverfahrens weiter zu präzisieren und zu ergänzen, um missbräuchlichen Aktionärsklagen weiter Einhalt zu gebieten.[843] Dem Ziel wurde mit den Neuerungen des ARUG aber nur in kleinen Teilen entsprochen. Darüber hinaus wurde der mit dem UMAG eingeschlagene Weg zur Umgehung des geltenden Beschlussmängelrechts durch das Freigabeverfahren und damit die Widersprüchlichkeit des so geschaffenen Beschlussmängelsystems weiter intensiviert.

Zunächst positiv anzumerken ist, dass die prozessrechtlichen Erleichterungen hinsichtlich der Zustellung von Schriftsätzen geeignet sind, die Prozesse spürbar zu beschleunigen. Durch die entsprechende Anwendung der §§ 82, 83 Abs. 1, 84 ZPO wird die zeitliche Verzögerung durch die Zustellung an einen Prozessbevollmächtigten im Ausland gänzlich vermieden. Die Konzentration der Eingangszuständigkeit auf die Oberlandesgerichte ist ebenfalls positiv zu bewerten. Hiermit erreicht man eine Verfahrensbeschleunigung nicht nur durch eine Verkürzung des Instanzenzuges, sondern auch durch eine Verlagerung von Spezialkenntnissen auf eine Instanz, was zu einer schnelleren Bearbeitung der Anträge

[841] *Veil*, AG 2005, 567, 575; *Paschos/Johannsen-Roth*, NZG 2006, 327, 331.

[842] Der Rückgängigmachung einer Eingliederung stehe wirtschaftlich und rechtlich nichts entgegen, Regierungsbegründung eines Gesetzes zur Bereinigung des Umwandlungsrechts (UmwBerG), BT-Drucks. 12/6699, S. 179.

[843] RegE ARUG, BT-Drucks. 16/11642, S. 1.

und damit unterstützend im Hinblick auf die Dreimonatsfrist des § 246a Abs. 3 S. 6 AktG wirken kann. Die Neuformulierung der Interessenabwägungsklausel ist insgesamt zu begrüßen, führt sie doch zu der oben dargestellten klareren Prüfung. Kritisch zu betrachten ist aber der Umstand, dass ein Hauptversammlungsbeschluss auch dann in das Handelsregister eingetragen wird, wenn er an einem schwersten Mangel leidet, der Antragsgegner aber keinen Mindestanteilsbesitz im Sinne von § 246a Abs. 2 Nr. 2 AktG nachweisen kann. Das Bagatellquorum hätte im Rahmen der Interessenabwägung herausgenommen werden müssen. Zwar liefe dies dem Ziel des Gesetzgebers zuwider, Kleinstaktionären die Möglichkeit zu nehmen, die Beschlusseintargung zu verhindern, dieses Ziel ist aber mit dem Rechtsschutzziel der Anfechtungsklage nicht vereinbar. Diese erlaubt jedem Aktionär unabhängig von seiner Beteiligungshöhe eine gerichtliche Überprüfung eines Beschlusses samt Nichtigerklärung. Das Bagatellquorum im Freigabeverfahren umgeht dies und führt damit zu einem verdeckten Anfechtungsausschluss.

Das ARUG hat aber dennoch das große Ziel weit verfehlt. Der Missbrauch des Anfechtungsrecht ist durch die Modifikation des Freigabeverfahrens nicht beseitigt worden. Vielmehr hat sich ein Dilemma herauskristallisiert: das Prozessrecht, das als Instrument der Durchsetzung materieller Rechte dient,[844] wird hier dazu benutzt, das als zu weit gehende Anfechtungsrecht einzuschränken.[845] Das Freigabeverfahren verletzt damit grundlegende Prinzipien des Verhältnisses zwischen materiellem Recht und Prozessrecht.[846] Zudem ist dieser status quo bedenklich im Hinblick auf die Gewährung effektiven Rechtsschutzes. Denn dort, wo ein Recht gewährt wird, müssen Instrumentarien zur Verfügung stehen, es auch effektiv durchzusetzen.[847] Bedenklich ist aber auch, dass durch das Freigabeverfahren rechtswidrigen Beschlüssen zu ihrer Wirksamkeit verholfen wird. Hier setzt sich das Prozessrecht ein zweites Mal in Widerspruch zum materiellen Recht. Der Gesetzgeber hat es versäumt, die durch das UMAG geschaffene Lage durch das ARUG auszubessern. Überdies ist aber auch unverständlich, warum nur im Freigabeverfahren die erstinstanzliche Zuständigkeit auf die Ober-

---

[844] *Spickhoff*, Richterliche Aufklärungspflicht, S. 17ff.

[845] *Martens/Martens*, in: FS K.Schmidt, S. 1129, 1145; *Schall/Habbe/Wiegand*, NJW 2010, 1789, 1790.

[846] *Schall/Habbe/Wiegand*, NJW 2010, 1789, 1792.

[847] *Halfmeier*, WM 2006, 1465; *Schall/Habbe/Wiegande*, NJW 2010, 1789, 1792.

landesgerichte verlegt wurde, nicht aber auch für das Hauptsacheverfahren. Verfahrensbeschleunigung sollte insgesamt angestrebt werden,[848] nicht nur im Freigabeverfahren, das aus den oben genannten Gründen unter erheblichen Mängeln leidet.

B. Modernisierung der Teilnahme an der Hauptversammlung als neuer Nährboden für missbräuchliche Klagen?

I. Hintergrund

Das ARUG diente, wie oben bereits geschildert, der Umsetzung der Aktionärsrechterichtlinie,[849] die bis zum 03. August 2009 in Deutsches Rechts zu transformieren war. Das Große Ziel der Richtlinie „über die Ausübung bestimmter Aktionärsrechte" ist im Wesentlichen die Vereinheitlichung bestimmter Regelungen über die Ankündigung der Hauptversammlung sowie die Ausübung der Stimmrechte der Aktionäre,[850] damit im Sinne des europäischen Binnenmarktes auch solche Aktionäre, die in einem anderen Mitgliedstaat als demjenigen des Sitzes der jeweiligen AG ansässig sind, ihre Aktionärsrechte in der Hauptversammlung ausüben können, ohne dass sie dafür aufwändige und teure Anreisen auf sich nehmen.[851] Dazu wird das AktG an das Zeitalter des Internets angepasst[852] und den Aktionären damit der Zugang zur Hauptversammlung online ermöglicht. Dem entsprechend sind die Neuregelungen in ihrer Anwendbarkeit teilweise auf börsennotierte Aktiengesellschaften im Sinne des § 3 Abs. 2 AktG beschränkt.[853]

---

[848] Dazu unten (§ 10) im eigenen Lösungsvorschlag.

[849] Richtlinie 2007/36/EG des Europäischen Parlaments und des Rates vom 11. Juli 2007 über die Ausübung bestimmter Rechte von Aktionären in börsennotierten Gesellschaften, ABl. EU Nr. L 184, S. 17.

[850] *Wicke*, Einführung in das Recht der Hauptversammlung, S. 3; *Noack*, in: FS Westermann (2008), S. 1203 ff.; *Spindler*, in: Gesellschaftsrecht in der Diskussion 2005, 2006, S. 31, 37 ff.

[851] Erwägungsgründe 2 und 5 der Richtlinie 2007/36/EG Des Europäischen Parlaments Und Des Rates vom 11. Juli 2007 über die Ausübung bestimmter Rechte von Aktionären in börsennotierten Gesellschaften (Aktionärsrechte-richtlinie); *Wicke*, Einführung in das Recht der Hauptversammlung, S. 4.

[852] So entnommen der Pressemitteilung des Bundesministeriums der Justiz zum ARUG, abzurufen unter http://www.bmj.de.

[853] So beispielsweise § 123 Abs. 3 AktG, der spezielle Regelungen zu den Angaben in der Tagesordnung einer börsennotierten Gesellschaft enthält.

Die gesetzlichen Änderungen des Freigabeverfahrens hingegen wurden nur *bei Gelegenheit* der Umsetzung der Richtlinie vorgenommen. Im Folgenden soll dargestellt werden, welche Änderungen im Bereich der Vorschriften zur Hauptversammlung Auswirkungen auf die Problematik missbräuchlicher Anfechtungsklagen haben können. Es wird zu zeigen sein, dass die Anpassung der Hauptversammlung an den technischen Fortschritt nicht ohne einen Rückschritt in Bezug auf die Aktionärsrechte möglich ist – zumindest nicht derzeit.

II. Die gesetzlichen Neuerungen

Die für die vorliegende Untersuchung maßgeblichen Änderungen des Aktiengesetzes durch das ARUG betreffen die Möglichkeit der Teilnahme der Aktionäre an der Hauptversammlung mittels elektronischer Kommunikation, die Ausübung ihres Stimmrechts mittels Briefwahl (§ 118 AktG) sowie die Information der Aktionäre im Vorfeld der Hauptversammlung (§§ 124a. 126 Abs. 1 S. 3 AktG). Es sei angemerkt, dass der Gesetzgeber zahlreiche gesetzliche Änderungen durch das ARUG eingeführt hat, die sich zumindest mittelbar auf das Anfechtungsrecht auswirken können, so z.B. die Änderungen hinsichtlich der Vollmachtserteilung (§ 134 Abs. 3 S. 3 AktG). Diese sollen hier aber nicht weiter erläutert werden, sondern stattdessen das Augenmerk auf die Änderungen zur Online-Teilnahme und Briefwahl gelegt werden, die unmittelbaren Einfluss auf das Anfechtungsrecht haben.

1. Online-Teilnahme

1.1 Entstehungsgeschichte

§ 118 AktG ist die zentrale Norm, welche die Möglichkeit der Aktionäre statuiert, ihr Rechte in der Hauptversammlung auszuüben. Im Laufe der Zeit hat sie einige Änderungen erfahren. Ausgehend von dem in Art. 224 Abs. 1 ADHGB[854] aufgestellten Grundsatz, dass Aktionäre ihre Rechte, die ihnen in Angelegenheiten der Gesellschaft zustehen mit der Gesamtheit der Aktionäre in der Generalversammlung ausüben,[855] wurde mit der Novelle von 1884 zunächst die Begrifflichkeit der „Gesamtheit der Aktionäre“ gestrichen, um so unter anderem eine Aufwertung der Institution der Generalversammlung zu erlangen.[856] Ihren Na-

[854] In der Fassung vom 11. Juni 1870.

[855] *Spindler*, in: Schmidt/Lutter (Hrsg.), AktG, § 118 Rn. 5.

[856] *Spindler*, in: Schmidt/Lutter (Hrsg.), AktG, § 118 Rn. 5 m.w.N.

men erhielt die Hauptversammlung dann im Aktiengesetz von 1937. [857] Bis dahin stand der Generalversammlung noch die Geschäftsführungsbefugnis zu. Diese wurde aber im Zuge der Namensänderung auf den Vorstand übertragen, um dessen Stärkung zu bewirken[858] und die bis dahin bestehende Hierarchie mit der Hauptversammlung als oberstem Organ[859] zu beseitigen.[860] Zugleich wurde mit dem Aktiengesetz von 1937 dem Vorstand und dem Aufsichtsrat das Recht eingeräumt, an der Hauptversammlung teilzunehmen auch unabhängig von einer eigenen Aktionärsstellung,[861] das mit der Aktienrechtsnovelle von 1965 in eine Pflicht umgewandelt wurde.[862] Eine Anpassung der Hauptversammlung an die technische Weiterentwicklung fand erstmals im Jahr 2002 durch das TransPuG[863] statt. § 118 AktG schaffte danach die Möglichkeit, eine Übertragung der Hauptversammlung in Ton und Bild zuzulassen, was durch eine entsprechende Bestimmung in der Satzung zu verankern war, und lockerte die physische Anwesenheitspflicht der Aufsichtsratsmitglieder.[864] Diese Maßnahme sollte einen ersten Schritt hin zur elektronischen Hauptversammlung setzen.[865] Mit dem ARUG wurde nunmehr dieser nunmehr endgültig geebnet.

1.2 Neuregelungen durch das ARUG

Die Umsetzung der Vorgaben der Aktionärsrechterichtlinie verfolgte, wie oben bereits kurz dargestellt, unter anderem die Zielrichtung der Modernisierung der Hauptversammlung im Sinne einer technischen Anpassung an das Internetzeitalter im Interesse des europäischen Binnenmarktes.[866] Anlegern aus anderen Staaten sollte es ermöglicht werden, an der Hauptversammlung „ihrer“ Aktiengesellschaft ohne teure oder aufwändige Anreise teilzunehmen und ihre Rechte auszu-

[857] § 102 AktG 1937.

[858] *Klausing*, AktG 1937, S. 88.

[859] RG v. 19. März 1910 – I 149/09, RGZ 73, 243, 236; RG v. 16. September 1927 – II 21/27, RGZ 118, 67, 69; *Spindler*, in: Schmidt/Lutter (Hrsg.), AktG, § 118 Rn. 5 m.w.N.

[860] *Spindler*, in: Schmidt/Lutter (Hrsg.), AktG, § 118 Rn. 5 m.w.N.

[861] *Hüffer*, AktG, § 118 Rn. 1; *Spindler*, in: Schmidt/Lutter (Hrsg.), AktG, § 118 Rn. 5 m.w.N.

[862] *Spindler*, in: Schmidt/Lutter (Hrsg.), AktG, § 118 Rn. 5 m.w.N.

[863] Gesetz zur weiteren Reform des Aktien- und Bilanzrechts, zu Transparenz und Publizität vom 19. Juli 2002, BGBl. I 2002, 2681.

[864] *Spindler*, in: Schmidt/Lutter (Hrsg.), AktG, § 118 Rn. 5.

[865] BT-Drucks. 14/8769, S. 19f.; *Spindler*, in: Schmidt/Lutter, AktG, § 118 Rn. 5.

[866] Oben unter B.I.

üben.[867] Den Aktionären soll damit auch durch die neuen Medien eine bessere Mitwirkungsmöglichkeit an dem Entscheidungsprozess der Hauptversammlung ermöglicht werden.[868] Dieser Vorgabe entsprechend betrifft die Richtlinie gemäß ihres Artikels 1 Abs. 1 einschließlich der Societas Europaea (SE) nur diejenigen Aktiengesellschaften, „deren Aktien zum Handel an einem [...] geregelten Markt zugelassen sind".[869]

1.2.1 Die Möglichkeit der Online-Teilnahme (§ 118 Abs. 1 AktG)

Die Norm statuiert in Absatz 1, Satz 1 den Grundsatz, dass die Aktionäre ihre Rechte in der Hauptversammlung ausüben, soweit das Gesetz nichts anderes bestimmt. Gleichzeitig wird dem Satzungsgeber in Satz 2 die Möglichkeit gegeben, in der Satzung selbst vorzusehen oder den Vorstand dazu zu ermächtigen vorzusehen, dass die Aktionäre an der Hauptversammlung auch ohne Anwesenheit an deren Ort und ohne einen Bevollmächtigten teilnehmen und sämtliche oder einzelne ihrer Rechte ganz oder teilweise im Wege elektronischer Kommunikation ausüben können. Während es zuvor also nur möglich war, die Hauptversammlung zwar in Ton und Bild zu übertragen,[870] eine Teilnahme an der Hauptversammlung über elektronischen Wege aber lediglich den Mitgliedern des Aufsichtsrats möglich war (§ 118 Abs. 2 S. 2, Abs. 3 AktG a.F.), wird nunmehr bei entsprechender Satzungsbestimmung der Gesellschaft eine Teilnahme der Aktionäre trotz Abwesenheit via elektronischer Kommunikation ermöglicht. Der bisher geltende Grundsatz der Präsenz-Hauptversammlung wird dadurch aber nicht berührt, auch wenn es theoretisch denkbar ist, dass sämtliche Aktionäre online zugeschaltet sind.[871]

1.2.1.1 Probleme in Bezug auf die Satzungsgrundlage bzw. –ermächtigung

Die in Kraft getretene Fassung von § 118 Abs. 1 AktG unterscheidet sich vom Refe-rentenentwurf in Bezug auf die Einführung einer Ermächtigung für den Vorstand. Der Referentenentwurf sah für den Vorstand zunächst nur die Mög-

[867] Erwägungsgrund 5 der Richtlinie 2007/36/EG Des Europäischen Parlaments Und Des Rates vom 11. Juli 2007 über die Ausübung bestimmter Rechte von Aktionären in börsennotierten Gesellschaften (Aktionärsrechterichtlinie).

[868] RegE ARUG, BT-Drucks. 16/11642, S. 37.

[869] *Wicke*, Einführung in das Recht der Hauptversammlung, S. 4.

[870] So wurde bereits im Jahr 2008 eine vollständige Übertragung der Hauptversammlung via Internet angeboten von Adidas, Alianz, Deutsche Telekom, Hypo Real Estate, Thyssen Krupp; *Sauter*, ZIP 2008, 1706, 1708, Fn. 18 m.w.N.

[871] RegE ARUG, BT-Drucks. 16/11642, S. 37.

lichkeit vor, Bestimmungen zum Verfahren der Online-Teilnahme zu treffen, also das *Wie* festzulegen. Die Entscheidung, *ob* überhaupt die Möglichkeit der Online-Teilnahme für Aktionäre eingeräumt werden soll, war hingegen allein dem Satzungsgeber überlassen. Die jetzige Fassung soll es dem Vorstand aber ermöglichen, flexibel zu agieren und das Verfahren insbesondere besser an die Entwicklungen des technischen Fortschritts anzupassen.[872] Allerdings ist die Einführung einer solchen Ermächtigungsgrundlage für den Vorstand im Hinblick auf das Kompetenzgefüge der Aktiengesellschaft nicht ganz unproblematisch. Bereits im Gesetzgebungsverfahren wies der Bundesrat darauf hin, dass hierdurch die Möglichkeit eröffnet werde, die dem Vorstand mit einer solchen Vorschrift eingeräumten Gestaltungsrechte abstimmungspolitisch auszunutzen und somit das mit der Aktionärsrechterichtlinie verfolgte Ziel der Stärkung von Aktionärsrechten zu unterlaufen.[873] Insoweit besteht nämlich die Gefahr, dass der Vorstand durch Ausgestaltung der Aktionärsrechte im Einzelnen in die Entscheidungsfindung der Hauptversammlung eingreifen könnte.[874] Zudem führt das Aktiengesetz an keiner Stelle aus, wie die Satzungsgrundlage oder –ermächtigung gestaltet werden soll. Aufgrund fehlender gesetzlicher Vorgaben wäre insoweit also eine weitgehende Anonymität der Online-Teilnehmer denkbar, die sodann in missbräuchlicher Art und Weise ausgenutzt werden könnte, wenn nicht der Satzungsgeber – was freilich im eigenen Interesse liegen sollte – einen Mindeststandard für die Authentifizierung des jeweiligen Online-Teilnehmers festlegt.[875] Aber auch sonst eröffnet § 118 Abs. 1 AktG einen bemerkenswerten Gestaltungsspielraum in Bezug auf die Satzungsgrundlage bzw. -ermächtigung.[876] Nach der Vorschrift kann in der Satzung oder durch den Vorstand nämlich bestimmt werden, dass sämtliche oder *einzelne* Rechte der Aktionäre ganz oder *teilweise* im Wege elektronischer Kommunikation ausgeübt werden. Das Gesetz lässt also eine eindeutige Differenzierung zwischen Aktionären, die online an der Hauptversammlung teilnehmen und solchen zu, die vor Ort sind.[877] Ein Verstoß gegen § 53a AktG wird hiermit nicht begründet, da das Gesetz selbst diese

---

[872] *Bosse*, NZG 2009, 807, 809.

[873] Stellungnahme des Bundesrates zum RegE ARUG, BR-Drucks. 847/08, S. 3.

[874] *Wicke*, Einführung in das Recht der Hauptversammlung, S. 23.

[875] *Wicke*, Einführung in das Recht der Hauptversammlung, S. 23 f.

[876] Zu den Möglichkeiten der Ausgestaltung des Auskunftsrechts bei Onlineteilnahme durch die Satzung oder Vorstand aufgrund Satzungsermächtigung *Kersting*, NZG 2010, 130 ff.

[877] RegE ARUG, BT-Drucks. 16/11642, S. 39.

Differenzierung zulässt.[878] So führen einige Stimmen in der Literatur als Beispiel an, den Online-Teilnehmern zwar ein Fragerecht einzuräumen, dies aber ohne ein Recht auf Antwort.[879] Zumindest dieses Beispiel scheint vor dem Hintergrund der Richtlinie wohl eher fraglich. Die Richtlinie selbst bestimmt nämlich in Art. 9 Abs. 1, dass Aktionäre ein Fragerecht haben und die Gesellschaft auf die ihr gestellten Fragen antwortet. Lediglich bestimmte, den Ablauf der Hauptversammlung fördernde Ausnahmen sind in Art. 9 Abs. 2 der Richtlinie statuiert. Ein gänzlicher Ausschluss des Rechts auf eine Antwort ist aber nicht vorgesehen. Insofern liegt ein Umsetzungsdefizit des Deutschen Gesetzgebers vor, der die Vorgaben des Art. 9 der Richtlinie nicht in Deutsches Recht transformiert hat.[880] Denkbar ist aber zumindest in Übereinstimmung mit Art. 9 Abs. 2 der Richtlinie dahingehend, dass eine Frage- und Antwortrecht nur in Bezug auf die aufgrund der Tagesordnung für die Hauptver-sammlung relevanten Tagesordnungspunkte gestattet wird.

1.2.1.2 Technische Ausgestaltung

Im Hinblick auf die technische Ausgestaltung der elektronischen Teilnahme an der Hauptversammlung macht die Richtlinie in Art. 8 Abs. 1 nur allgemeine Vorgaben dahingehend, dass die Hauptversammlung per Video- oder Internetübertragung stattfinden kann und dass auch ein Verfahren für die Stimmrechtsausübung ohne einen Vertreter, der bei der Hauptversammlung persönlich vor Ort anwesend ist, gewährleistet wird. Dabei kann auch noch eine der vorgenannten Formen angeboten werden. Die genaue detaillierte Ausgestaltung bleibt indes den Gesellschaften selbst überlassen, was vor dem Hintergrund des rasanten technischen Fortschritts sowie der mit der Wahl von bestimmten technischen Mitteln verbundenen Kosten auch notwendig ist.

1.2.2 Online-Teilnahme und Beschlussanfechtung (§ 243 Abs. 3 Nr. 1 AktG)

Der online an der Hauptversammlung teilnehmende Aktionär ist „erschienen“[881] im Sinne von § 245 Nr. 1 AktG und daher grundsätzlich anfechtunsgbefugt. Dies

---

[878] RegE ARUG, BT-Drucks. 16/11642, S. 39

[879] *Wicke*, Einführung in das Recht der Hauptversammlung, S. 24.; *Sauter*, ZIP 2008, 1706, 1708; aber auch die Regierungsbegründung selbst hält dies für möglich, RegE ARUG, BT-Drucks. 16/11642, S. 39.

[880] Zur Ausweitung des Fragerechts durch die Aktionärsrechterichtlinie *Kersting*, ZIP 2009, 2317, 2323.

[881] *Hüffer*, AktG, § 118 Rn. 8d; *ders.*, in: MünchKomm AktG, § 245 Rn. 34.

gilt freilich nur, wenn die Satzung oder Vorstand aufgrund der Satzungsermächtigung die Möglichkeit zum Widerspruch gegen die Beschlussanfechtung zur Niederschrift einräumt. An dieser Stelle wird bereits deutlich, was soeben schon einmal angesprochen wurde: § 118 Abs. 1 AktG räumt der Gesellschaft große Freiheiten ein. Wenn schon die Möglichkeit des Ausschlusses des Widerspruchs und damit des Ausschlusses der Anfechtung eines Beschlusses durch den Kreis der online teilnehmenden Aktionäre besteht, wird wohl regelmäßig auch davon auszugehen sein, dass diese Möglichkeit wahrgenommen wird.[882]

Sollte ein Widerspruchsrecht doch eingeräumt werden, ist dessen technische Durchführung abhängig von der technischen Ausgestaltung der Onlineteilnahme.[883] Der Gesetzgeber hat aber in diesem Zusammenhang auch die Notwendigkeit erkannt, den Gesellschaften, die ihren Aktionären die Möglichkeit der Onlineteilnahme sowie der Anfechtung auch bei Onlineteilnahme einräumen, nicht auch noch das Risiko einer Anfechtung wegen allein technisch bedingter Störungen, die zu einer Verletzung von Aktionärsrechten führen, aufzubürden. In § 243 Abs. 3 Nr. 1 AktG wurde daher durch das ARUG ein Anfechtungsausschluss statuiert. Danach kann die Anfechtung nicht auf die durch eine technische Störung verursachte Verletzung von Rechten, die nach § 118 Abs. 1 Satz 2, Abs. 2 und § 134 Abs. 3 auf elektronischem Wege wahrgenommen worden sind gestützt werden, es sei denn, der Gesellschaft ist grobe Fahrlässigkeit oder Vorsatz vorzuwerfen. In der Satzung kann aber auch ein strengerer Verschuldensmaßstab bestimmt werden.

Der Gesetzeswortlaut selbst weist durch die Worte „es sei denn" bereits darauf hin, dass die Beweislast für den Vorsatz oder die grobe Fahrlässigkeit beim Anfechtungskläger liegt. Die Norm bezweckt eine Risikominimierung für die Gesellschaften, die sich für die Einführung der neuen elektronischen Teilnahmemöglichkeit entscheiden, um so freilich auch den Zweck der Richtlinie, nämlich die grenzüberschreitende Stimmrechtsausübung, zu fördern.[884] Die Möglichkeit der verschärften Satzungsregelung soll es dagegen ermöglichen, die elektroni-

[882] *Wicke*, Einführung in das Recht der Hauptversammlung, S. 26; *Paschos/Goslar*, AG 2009, 11, 14, 19.

[883] Dazu *Wicke*, Einführung in das Recht der Hauptversammlung, S. 26.

[884] *Schwab*, in: Schmidt/Lutter (Hrsg.), AktG, § 243 Rn.14; *Drinhausen/Keinath*, BB 2009, 64, 67f.

schen Kommunikationswege als vollwertige Wege der Rechtswahrnehmung anzubieten, indem den Aktionären auch die uneingeschränkte Beschlussanfechtung eröffnet wird.[885] Dieses letztere gesetzgeberische Ziel wird sich aber wohl eher als Leerlauf entpuppen. Welche Gesellschaft wird es riskieren, die Verantwortung für sämtliche technische Störungen und jeden kleinen Fehler zu übernehmen und somit das Wirksamwerden eines Beschlusses zu gefährden? Es scheint eher als habe der Gesetzgeber versucht, mit dieser Regelung die durch die Einführung der neuen Möglichkeit der Onlineteilnahme eher gebeutelten Aktionärsrechte in die Hände der Gesellschaften zu legen und diesen die letzte Entscheidung über das endgültige Schicksal des Aktionärsschutzes zu geben. Man befindet sich hier in einem Zwiespalt. Einerseits ist der Ausschluss der Anfechtung aufgrund technischer Störungen, die nicht in den Verursachungsbereich der Gesellschaft fallen denklogisch und notwendig, um die Gesellschaften zu schützen. Andererseits ist ein Schutz des gebietsfremden Aktionärs notwendig, wenn die Gesellschaft (was hervorzuheben ist) ja *freiwillig* die Möglichkeit der Online-Teilnahme anbietet. Dies ist aber unter dem Aspekt, dass ein Aktionär, der Aktien einer Gesellschaft erwirbt, die ihren Sitz in einem anderen (Mitglied-)Staat als dem eigenen hat, und die Wahrnehmung der eigenen Rechte daher immer mit einem größeren Aufwand bzw. größeren Problemen verbunden sein wird, wohl hinzunehmen.

2. Briefwahl (§ 118 Abs. 2 AktG) und Anfechtungsrisiken ?

2.1 Allgemeines

In der Praxis hat als erstes Unternehmen die Münchener Rückversicherungs-AG im Jahr 2010 die Briefwahl angeboten, die auch von 7% des Grundkapitals genutzt wurde.[886] Das Unternehmen war damit der Pionier dieser Abstimmungsart.[887] Gemäß § 118 Abs. 2 AktG kann die Satzung selbst vorsehen oder den Vorstand dazu ermächtigen vorzusehen, dass Aktionäre ihre Stimmen, auch ohne an der Versammlung teilzunehmen, schriftlich oder im Wege elektronischer Kom-

885 RegE ARUG, BT-Drucks. 16/11642, S. 62.

886 *Noack,* Handelsblatt vom 13. Dezember 2011; abzurufen unter: http://blog.handelsblatt.com/rechtsboard/2010/12/13/hauptversammlung-2011-briefwahl-im-kommen/#more-195.

887 *Noack,* Handelsblatt vom 13. Dezember 2011; abzurufen unter: http://blog.handelsblatt.com/rechtsboard/2010/12/13/hauptversammlung-2011-briefwahl-im-kommen/#more-195.

munikation abgeben dürfen. Die Norm setzt Art. 12 Satz 1 der Richtlinie um.[888] § 118 Abs. 2 AktG stellt demnach eine gesetzlich geregelte Ausnahme von dem in Absatz 1 statuierten Grundsatz dar, dass die Aktionäre ihre Rechte „*in* der Hauptversammlung" ausüben. Er bringt mit der *Stimmabgabe in absentia* mithin eine Systemveränderung mit sich.[889] Die Möglichkeit der Briefwahl besteht sowohl für börsennotierte als auch nicht börsennotierte Gesellschaften.[890]

Die Norm gibt zwei mögliche Wege der „Briefwahl" vor. Zum einen besteht die Möglichkeit der Fernabstimmung per (herkömmlichem) Postbrief, zum anderen aber auch im Wege elektronischer Kommunikation. Der Begriff der Briefwahl ist somit missverständlich. Einer Fehlinterpretation wird aber durch die gesetzliche Definition entgegengewirkt. Die Briefwahl im Wege elektronischer Kommunikation kann beispielsweise per Email erfolgen, wobei es ratsam ist, dass die Gesellschaft im Vorfeld ein vorgedrucktes Abstimmungsformular zur Verfügung stellt, das der Mail dann beizufügen ist, um so den Verwaltungsaufwand zu reduzieren.[891] Überdies kann die Briefwahlabstimmung über elektronische Kommunikation auch im Wege eines Internetdialoges stattfinden, bei dem der Aktionär auf der Internetseite der Gesellschaft ein vorgegebenes Feld findet, in dem er dann per Mausklick abstimmen kann.[892]

Da die Briefwahl zumeist im Vorfeld der Hauptversammlung[893] stattfindet und damit bereits ein prozentualer Teil des Abstimmungsergebnisses in Bezug auf einen bestimmten Tagesordnungspunkt der Hauptversammlung feststeht, stellt sich die Frage, ob der Vorstand die teilnehmenden Aktionäre der Präsenzhauptversammlung hierüber in Kenntnis zu setzen hat bzw. ob der Vorstand überhaupt im Vorfeld der Hauptversammlung von dem bisherigen Abstimmungsergebnis Kenntnis erlangen soll. Denkbar ist nämlich in diesem Zusammenhang, dass der Vorstand bei Kenntnis des bisherigen Ergebnisses die weitere Abstimmung in

---

[888] Richtlinie 2007/36/EG Des Europäischen Parlaments Und Des Rates vom 11. Juli 2007 über die Ausübung bestimmter Rechte von Aktionären in börsennotierten Gesellschaften (Aktionärsrechterichtlinie).

[889] *Wicke*, Einführung in das Recht der Hauptversammlung, S. 27; *Noack*, WM 2009, 2289.

[890] *Spindler*, in: Schmidt/Lutter (Hrsg.), AktG, § 118 Rn. 49; *Noack*, WM 2009, 2289.

[891] *Noack*, WM 2009, 2289, 2290.

[892] *Noack*, WM 2009, 2289, 2290.

[893] Bei Nutzung elektronischer Kommunikationsmittel kann die Briefwahl aber auch gleichzeitig mit der Hauptversammlung durchgeführt werden.

der Präsenzhauptversammlung beispielsweise durch gezielte Informationen versucht zu beeinflussen, um so eigene Interessen besser durch die Hauptversammlung durchzusetzen. Eine gesetzliche Regelung zu dieser Frage existiert jedenfalls in Deutschland nicht. Das österreichische Aktiengesetz entscheidet dagegen: „Vor der Abstimmung in der Hauptversammlung ist sicherzustellen, dass das Stimmverhalten bei der Fernabstimmung dem Vorstand und dem Aufsichtsrat sowie den übrigen Aktionären nicht bekannt wird." (§ 126 Abs. 3 öAktG; dasselbe gilt für die schriftliche Briefwahl, § 127 Abs. 3 öAktG). Nach *Noack* sollte für das Deutsche Recht eine Empfehlung in den Deutschen Corporate Governace Kodex dahingehend aufgenommen werden, dass die Hauptversammlung über das Briefwahlkontingent zu Beginn oder jedenfalls vor der Abstimmung ins Bild zu setzen sei.[894] Es ist aber nicht ersichtlich, warum diejenigen Aktionäre einer Aktiengesellschaft, die Briefwahl anbietet, mit einem Wissensvorsprung besser gestellt werden sollten als diejenigen Aktionäre, deren Unternehmen „nur" eine Präsenzhauptversammlung anbietet. Die Abstimmung der Aktionäre im Rahmen der Hauptversammlung ist bisher immer gleichzeitig erfolgt. Eine eventuelle Beeinflussung des Abstimmungsverhaltens durch Kenntnis der Stimmabgabe anderer Aktionäre ist nicht erfolgt. Sinnvoll scheint es aber dagegen, auch dem Vorstand keinen Wissensvorsprung zu verschaffen, um so eine neutrale Information während der Hauptversammlung zu gewährleisten.

2.2 Besonderheiten in Bezug auf das Anfechtungsrecht

Anders als bei der online an der Hauptversammlung teilnehmende Aktionär gilt der per Briefwahl abstimmende Aktionär aber nicht als „Teilnehmer" der Hauptversammlung, nicht als „anwesend" in der Hauptversammlung und nicht als „in der Hauptversammlung erschienen".[895] Hieraus folgt, dass dem Aktionär, der per Briefwahl abstimmt und dem auch die Möglichkeit zum Widerspruch zur Niederschrift verwehrt bleibt, das Anfechtungsrecht nach § 245 Nr. 1 AktG benommen ist. Dies ist vor dem Hintergrund, dass der per Briefwahl abstimmende Aktionär ein elementares Aktionärsrecht wahrnimmt, äußerst bedenklich. Denn dem Aktionär, der online an der Hauptversammlung teilnimmt, noch nicht einmal abstimmt, wohl aber Widerspruch zur Niederschrift in seiner jeweiligen technischen Ausgestaltung erklärt, steht das Anfechtungsrecht gleichwohl zu.

---

[894] *Noack*, WM 2009, 2289, 2291.

[895] RegE ARUG, BT-Drucks. 16/11642, S. 39; *Wicke*, Einführung in das Recht der Hauptversammlung, S. 27; *Noack*, WM 2009, 2289, 2291.

Die Möglichkeit der besonderen Anfechtung nach § 245 Nrn. 2 und 3 AktG bleibt indes auch für den Briefwähler bestehen.

Der Deutsche Corporate Governance Kodex[896] gibt darüber hinaus aber sogar eine Empfehlung dahingehend ab, dass die Gesellschaft ihre Aktionäre bei der Briefwahl unterstützen soll.[897] Der Corporate Governance Codex hat zwar keinen Normcharakter und ist daher für die Gesellschaften nicht zwingend einzuhalten,[898] er erlangt aber über § 161 AktG dennoch zumindest mittelbare Bindungswirkung. Gemäß dessen Abs. 1 S. 1 erklären Vorstand und Aufsichtsrat der börsennotierten Gesellschaft jährlich, dass den vom Bundesministerium der Justiz im amtlichen Teil des elektronischen Bundesanzeigers bekannt gemachten Empfehlungen der „Regierungskommission Deutscher Corporate Governance Kodex" entsprochen wurde und wird oder welche Empfehlungen nicht angewendet wurden oder werden und warum nicht. Fraglich ist, ob und ggf. wie sich diese Empfehlung auf das Anfechtungsrecht auswirkt. In der Praxis war zu beobachten, dass einige Gesellschaften, die eine Briefwahl nicht anbieten (sei es schon mangels Satzungsermächtigung oder aber auch mangels Wahrnehmung einer entsprechenden Satzungsermächtigung zur Einführung der Briefwahl), vorsichtshalber in ihrer Entsprechungserklärung eine Abweichung von der Empfehlung erklärten.[899] Vor dem Hintergrund der Anfechtungsrelevanz des DCGK fragt sich allerdings, wie diese Empfehlung überhaupt zu verstehen ist. Geht man vom Wortlaut der Empfehlung aus („bei der Briefwahl"), so setzt dieser voraus, dass die Möglichkeit der Briefwahl bei der Gesellschaft überhaupt besteht. Eine Empfehlung, sie zu schaffen wird hingegen nicht ausgesprochen. Aber auch die Ausgestaltung des § 118 Abs. 2 AktG als bloße Option durch den Gesetzgeber lässt nach der Entstehungsgeschichte keine andere Auslegung zu. Denn eine Empfehlung zur Schaffung der Briefwahl auszusprechen, wo das Gesetz selbst nur eine Option vorsieht, wäre rechtlich nicht legitim. Zudem ist auch nach der Systematik des DCGK, der sich nur in wenigen Ausnahmefällen direkt

---

[896] Deutscher Corporate Governance Kodex (DCGK) in der Fassung vom 26. Mai 2010 (in Kraft getreten durch Veröffentlichung im elektronischen Bundesanzeiger am 02. Juli 2010).

[897] Deutscher Corporate Governance Kodex (DCGK) Nr. 2.3.3 Satz 2.

[898] *Spindler*, in: Schmidt/Lutter, AktG, § 161 Rn. 6 ff.

[899] So beispielsweise die Entsprechungserklärung der Douglas Holding AG; *Koch/Lönner*, BB 2011, 907, Fn. 2 m.w.N.

an die Hauptversammlung, dagegen aber zumeist an den Vorstand oder den Aufsichtsrat wendet, keine Empfehlung zur Schaffung der Briefwahl zu erblicken. Nimmt man nämlich den Fall, in dem nicht einmal die Satzung einer Aktiengesellschaft eine Ermächtigungs-grundlage für die Schaffung der Briefwahl bietet, wäre der Vorstand gezwungen, sol lange eine Nichtentsprechungserklärung in Bezug auf Ziff. 2.3.3 S. 2 DCGK abzugeben bis die Hauptversammlung eine Mehrheit für die Schaffung der Briefwahl hat. Im Ergebnis wird man daher sagen können, dass die Empfehlung des DCGK so zu verstehen ist, dass diejenigen Gesellschaften, die entweder aufgrund Satzungsgrundlage oder Ermächtigung des Vorstands die Briefwahl bereits nutzen, die Aktionäre bei der Durchführung der Briefwahl unterstützen sollen und im Falle der Nichtbefolgung eine Nichtentsprechungserklärung abzugeben haben.[900]

Da dieses Ergebnis bislang durch die Rechtsprechung aber nicht entschieden ist, könnte sich, folgte man der anderen Ansicht, die Anfechtbarkeit von Hauptversammlungsbeschlüssen ergeben.[901] In Betracht kommen hier aber nur Entlastungsbe-schlüsse, wenn mit der Nichtbefolgung der Codexempfehlung ein eindeutiger und schwerwiegender Gesetzes- oder Satzungsverstoß zu erblicken ist.[902] Allerdings wird man angesichts der ungeklärten Rechtslage hier kein, wie vom BGH gefordertes, fahrlässiges Verhalten von Vorstand und Aufsichtsrat erblicken können.[903]

Auf die in der vorliegenden Dissertation maßgeblichen Hauptversammlungsbeschlüsse zu aktien- und umwandlungsrechtlichen Strukturmaßnahmen hat diese ungeklärte Rechtslage ebenfalls keinerlei Auswirkungen. Selbst wenn man davon ausgeht, dass durch die unterlassene Abweichungserklärung Teilnahmerechte von Aktionären verkürzt worden wären, kann dies im Hinblick auf § 243 Abs. 4 S. 1 AktG keine Rolle spielen. Aus der Sicht des objektiven Aktionärs ist

[900] Ausführlich zur Auslegung der Ziff. 2.3.3 S.2 DCGK *Koch/Lönner*, BB 2011, 907 ff.; *Linnerz*, AG-Report 2010, 345, 346; *Paschos*, HV-Magazin 2011, 42; *Marsch-Barner*, CFL 2010, 35 empfiehlt hingegen vorsorglich eine Abweichung auch dann zu erklären, wenn der Vorstand zur Einführung der Briefwahl per Satzung ermächtigt ist, hiervon aber noch keinen Gebrauch gemacht hat.

[901] *Koch/Lönner*, BB 2011, 907, 909.

[902] BGH v. 25.11.2002 – II ZR 133/01, BB 2003, 806, 807 („Macrotron"), BGH v. 21.09.2009 – II ZR 174/08; BB 2009, 2725, 2727; *Koch/Lönner*, BB 2011, 907, 910.

[903] *Koch/Lönner*, BB 2011, 907, 909.

die Nichtentsprechungserklärung keine Voraussetzung für sachgerechte Wahrnehmung seiner Teilnahme- und Mitgliedschaftsrechte.[904]

C. Wirksamkeit der Regelungen des ARUG

Die Bundesregierung hat mit dem ARUG den Auftrag erteilt, bis zum Ende des Jahres 2011 die Wirksamkeit seiner Regelungen zu untersuchen, um dann das Beschlusselmängelrecht unter Umständen einer erneuten Revision unterziehen zu können. Dieser Aufgabe hat sich erneut *Prof. Baums* angenommen, der in einer Studie[905] zusammen mit *Drinhausen* und *Keinath* aufschlussreiche Ergebnisse für die Missbrauchsbekämpfung geliefert hat. Im Untersuchungszeitraum vom 01. Juli 2007 bis zum 31. Juli 2011 wurden insgesamt 186 Beschlussmängelprozesse, die gegen börsennotierte Unternehmen geführt worden sind, analysiert.[906] Dabei war festzustellen, dass von diesen 186 Prozessen nur 26 (!) nach Inkrafttreten des ARUG gefürt wurden. Die Zahl der insgesamt erhobenen Beschlussmängelklagen belief sich nach dem Inkrafttreten des ARUG für das Jahr 2009 auf 109, im Jahr 2010 auf 162 und im Jahr 2011 auf 66 Klagen.[907] Man erkennt hier bereits einen Rückgang der Anzahl der erhobenen Klagen im genannten Zeitraum, der noch signifikanter wird, wenn man die Zahlen in Relation zu der nach dem UMAG im Jahr 2007 veröffentlichten Studie[908] setzt. So wurden beispielsweise im Jahr 2006, also ein Jahr nach Inkrafttreten des UMAG mindestens 357 Klagen gegen Hauptversammlungsbeschlüsse erhoben.[909] Insgesamt wurden seit dem Beginn des Untersuchungszeitraums (01. Juli 2007) bis zum Inkrafttreten des ARUG (01. September 2009) mindestens 992 Beschussmängelklagen erhoben. Nach dem ARUG reduzierte sich die Zahl bis zum Ende des Untersuchungszeitraums auf insgesamt 337, obwohl die zeitlichen Abschnitte

[904] *Schwab*, in: Schmidt/Lutter (Hrsg.), AktG, § 243 Rn. 31; *Würthwein*, in: Spindler/Stilz, AktG, § 243 Rn. 246, 250; *Koch/Lönner*, BB 2011, 907, 909.

[905] Baums/Drinhausen/Keinath, ZIP 2011, 2329 ff.

[906] *Baums/Drinhausen/Keinath*, ZIP 2011, 2329, 2330.

[907] Die Daten wurden den Mitteilungen über die Erhebung von Anfechtungs- und Nichtigkeitsklagen gem. §§ 246 Abs. 4, 249 Abs. 1 AktG entnommen, die im elektronischen Bundesanzeiger veröffentlicht wurden. *Baums/Drinhausen/Keinath*, ZIP 2011, 2329, 2330.

[908] *Baums/Keinath/Gajek*, ZIP 2007, 1629, 1633.

[909] *Baums/Keinath/Gajek*, ZIP 2007, 1629, 1633.

mit jeweils ca. zwei Jahren ungefähr gleich sind.[910] Betrachtet man die Arten der angefochtenen Beschlüsse, die im Untersuchungszeitraum der Jahre 2007 bis 2009 die hohe Zahl an Beschlussmängelklagen hervorgebracht haben, fällt auf, dass es sich zu einem Großteil um Strukturmaßnahmen und Entlastungsbeschlüsse handelt.[911] Man könnte also den Rückgang der Beschlussmängelklagen unter Umständen mit den geänderten wirtschaftlichen Verhältnisses erklären,[912] da im Jahr 2007 aufgrund der Finanzmarktkrise besonders viele Strukturmaßnahmen erforderlich waren und insoweit auch die Finanzmarktstabilisierungsgesetze noch nicht in Kraft waren. Allerdings vermag die Reduktion der Strukturmaßnahmen den Rückgang der Beschlussmängelklagen nicht schlüssig zu erklären, da insoweit gleichwohl ein Anstieg der Beschlussmängelklagen im Verhältnis zu der Häufigkeit der Strukturmaßnahmen zu verzeichnen war.[913]

In diesen untersuchten 186 Beschlussmängelklagen wurde nur bei 18 Verfahren der Einwand des Rechtsmissbrauchs angesproch, in 13 davon wurde er durch die jeweils beklagte Gesellschaft selbst erhoben. Insgesamt wurde Rechtsmissbräuchlichkeit aber nur in 2 Fällen bejaht.[914] Dabei sah das erkennende Gericht aber beispielsweise einen geringen Anteilsbesitz oder die mehrfache Beteiligung an vorhergehenden Verfahren nicht als ausreichend zur Begründung der Rechtsmissbräuchlichkeit der Anfechtungsklage an.[915] Lediglich in einem Fall wurde der Vergleichsvorschlag eines Klägers, der den des Gerichts überstieg, als rechtsmissbräuchlich angesehen.[916] Allerdings wurde das Urteil des LG in zweiter Instanz durch das OLG wieder aufgehoben, da der Senat nach dem Scheitern der Vergleichsverhandlungen es für nicht erkennbar hielt, dass der Kläger noch andere Zwecke als die Beseitigung eines rechtswidrigen Beschlusses bezweckte.[917] Dieser zaghafte Umgang mit dem Rechtsmissbrauchseinwand erklärt sich noch weniger, wenn man in Betracht zieht, dass 78 % der untersuchten Klagen von Berufsklägern, das heißt solchen Klägern, deren Mehrfachbeteili-

---

[910] *Baums/Drinhausen/Keinath*, ZIP 2011, 2329, 2332.
[911] *Baums/Keinath/Gajek*, ZIP 2007, 1629, 1639 f.
[912] *Baums/Drinhausen/Keinath*, ZIP 2011, 2329, 2332.
[913] *Baums/Drinhausen/Keinath*, ZIP 2011, 2329, 2337.
[914] *Baums/Drinhausen/Keinath*, ZIP 2011, 2329, 2341 m.w.N.
[915] *Baums/Drinhausen/Keinath*, ZIP 2011, 2329, 2341.
[916] LG Frankfurt a.M., ZIP 2008, 1591; *Baums/Drinhausen/Keinath*, ZIP 2011, 2329, 2341.
[917] OLG Frankfurt a.M., 5 U 82/08; *Baums/Drinhausen/Keinath*, ZIP 2011, 2329, 2341.

gung an Prozessen zur Erzielung von Sonderzahlungen statistisch[918] nachgewiesen ist, oder durch von diesen gegründeten Zweckgesellschaften betrieben wurden. Darüber hinaus ist trotz der sinkenden Verfahrenszahl die Anzahl der als „Berufskläger" einzuordnenden Anfechtungskläger von vormals 20 auf 41 vergrößert.[919]

Im Hinblick auf die Verfahrensdauer lässt sich seit dem Inkrafttreten des ARUG erfreulicherweise eine deutliche Reduzierung feststellen. So ist die Mehrzahl der verfahren innerhalb von 100 Tagen beendet worden. Nur in wenigen Fällen dauerten die Verfahren bis zu einem Jahr.[920] Hinzu kommt, dass insgesamt auch weniger Prozesse durch Vergleich beendet worden sind (45,05% in erster Instanz). In Bezug auf die von Berufsklägern erhobenen Klagen wurden aber 72% durch vergleich beendet.

Im Ergebnis lässt sich daher festhalten, dass seit dem Inkrafttreten des ARUG zwar die Gesamtzahl der Anfechtungsklagen deutlich zurückgegangen ist. In Bezug auf das Berufsklägertum das ARUG sein Ziel der Eindämmung aber weit verfehlt hat.

§ 6 Weitere gesetzliche Entwicklungen

Nach dem Inkrafttreten des ARUG hat sich der Gesetzgeber zwar bisher nicht mehr direkt dem Thema der Bekämpfung missbräuchlich erhobener Anfechtungsklagen gewidmet. Gleichwohl hat er diesbezüglich Regelungen im Rahmen anderer Gesetzgebungsakte getroffen. Es handelt sich dabei um das (teilweise) zum 01. Januar 2011 in Kraft getretene Restrukturierungsgesetz,[921] welches erneut spezielle für den Bankensektor geltende Regelungen enthält; darüber hin-

918 Zu den Top-Klägern die Tabellen bei *Baums/Keinath/Gajek*, ZIP 2007, 1629, 1636f.; *Baums/Drinhausen/Keinath*, ZIP 2011, 2329, 2335.

919 *Baums/Drinhausen/Keinath*, ZIP 2011, 2329, 2334 f.

920 *Baums/Drinhausen/Keinath*, ZIP 2011, 2329, 2342.

921 Gesetz zur Restrukturierung und geordneten Abwicklung von Kreditinstituten, zur Errichtung eines Restrukturierungsfonds für Kreditinstitute und zur Verlängerung der Verjährungsfrist der aktienrechtlichen Organhaftung (Restrukturierungsgesetz) vom 09. Dezember 2010, BGBl. I S. 1900 ff.

aus gab es eine Adjustierung des Anfechtungsrechts im Rahmen der Aktienrechtsnovelle 2011. Beide gesetzgeberischen Akte sollen im Folgenden in dargestellt und erläutert werden.

A. Restrukturierungsgesetz

I. Allgemeines

Einschneidende Veränderungen haben die Aktionärsrechte durch das Restrukturierungsgesetz erfahren. Nach den Lehren aus der Finanzmarktkrise hat der Gesetzgeber im Jahr 2010 ein Regelungswerk vorgelegt, um Banken eine Möglichkeit der geordneten Sanierung oder Abwicklung zu bieten. Mit dem Restrukturierungsgesetz soll es ermöglicht werden, die Krise einer systemrelevanten Bank ohne Auswirkungen auf die Stabilität der Finanzmärkte zu bewältigen und die Kosten hierfür so weit wie möglich Eigen- und Fremdkapitalgebern aufzuerlegen.[922] Dabei sieht das Gesetz verschiedene Stufen vor. Zum einen wird den Kreditinstituten ein Verfahren zur Reorganisation angeboten, das sie zunächst eigenständig durchführen können. Hierfür wird durch Art. 1 des Restrukturierungsgesetzes das Gesetz zur Reorganisation von Kreditinstituten eingeführt (KredReorgG).[923] Auf einer weiteren Stufe wird der Bundesanstalt für Finanzdienstleistungsaufsicht ein aufsichtsrechtliches Eingriffsverfahren für den Fall an die Hand gegeben, dass die Beteiligten (Anteilseigner, Organe) nicht bereits sind, aktiv an der Reorganisation des Kreditinstituts mitzuwirken oder das Reorganisationsverfahren aus anderen Gründen keinen Erfolg verspricht. Art. 2 des Restrukturierungsgesetzes führt zu diesem Zwecke Änderungen in das Kreditwesengesetz (KWG) ein. Darüber hinaus wird mit dem Restrukturierungsgesetz ein Restrukturierungsfonds für Kreditinstitute eingeführt[924]; die Bundesanstalt für Finanzmarktstabilisierung (FMSA) erhält neue Aufgaben übertragen; die Verjährungsfrist der aktienrechtlichen Organhaftung wurde verlängert[925] und es gab Änderungen im Finanzmarktstabilisierungsfondgesetz[926] (FMStFG) sowie

---

922 RegE Restrukturierungsgesetz, BT-Drucks. 17/3024, S. 1.

923 Gesetz zur Reorganisation von Kreditinstituten Kreditinstitute-Reorganisationsgesetz – KredReorgG).

924 Gesetz zur Errichtung eines Restrukturierungsfonds für Kreditinstitute (Restrukturierungsfondsgesetz – RstruktFG), eingführt durch Art. 3 des Restrukturierungsgesetzes.

925 Art. 6 des Restrukturierungsgesetzes.

926 Art. 4 des Restrukturierungsgesetzes.

dem Finanzmarktstabilisierungsbeschleunigungsgesetz[927] (FMStBG). Für den vorliegenden Untersuchungsgegenstand sind insbesondere das Reorganisationsverfahren nach dem KredReorgG sowie die die aufsichtsrechtlichen Eingriffsinstrumente aus dem KWG von Bedeutung. Diese sind zum 01. Januar 2011 in Kraft getreten (Art. 17 Restrukturierungsgesetz).

II. Das Anfechtungsrecht im Reorganisationsverfahren

1. Die Grundstruktur des Sanierungs- und Reorganisationsverfahrens

Mit dem KredReorgG hat der Gesetzgeber ein spezielles, vom normalen Insolvenzverfahren abweichendes Reorganisationsverfahren für Banken bereitgestellt, das eine Sanierung in zwei Stufen vorsieht. Dabei wird zunächst eine eigenverantwortliche Sanierung angestrebt, die nach § 2 Abs. 2 S. 2 KredReorgG die Durchführung der notwendigen Maßnahmen ermöglicht, ohne in Drittrechte einzugreifen und unter *freiwilliger* Mitwirkung der Anteilseigner und Gläubiger. Eine Sanierung ist erforderlich, wenn das betroffene Kreditinstitut die aufsichtsrechtlichen Eigenmittel- und Liquiditätsanforderungen nach den gegenwärtigen Umständen dauerhaft nicht mehr erfüllen kann (§ 2 Abs. 1 S. 2 KredReorgG i.V.m. § 45 Abs. 1, 2 KWG). Das Sanierungsverfahren wird eingeleitet, wenn das betroffene Kreditinstitut die Sanierungsbedürftigkeit gegenüber der BaFin anzeigt (§ 2 Abs. 1 S. 1 KredReorgG).[928]

Scheitert das Sanierungsverfahren oder ist es aus anderen Gründen nicht erfolgsversprechend (§ 7 Abs. 1 KredReorgG), erfolgt nach § 6 Abs. 3 KredReorG eine Überleitung in das Reorganisationsverfahren, wenn es sich um ein systemrelevantes Kreditinstitut handelt, das bestandsgefährdet ist (§ 7 Abs. 2 KredReorG).[929] Die Bestandsgefährung eines Instituts folgt gemäß § 48b Abs. 1 S. 1 KWG aus der Gefahr eines insolvenzbedingten Zusammenbruchs des Kreditinstituts für den Fall des Unterbleibens korrigierender Maßnahmen. § 48 b Abs. 1 S. 2 KWG gibt der BaFin dabei zur Einschätzung der Lage bestimmte Vermutungstatbestaände an die Hand, die allesamt die Eigenmittel- und Liquidi-

---

[927] Art. 5 des Restrukturierungsgesetzes.

[928] Da das Sanierungsverfahren keine Auswirkungen auf das für die vorliegende Arbeit relevante Anfechtungsrecht hat, wird auf eine Darstelung von dessen Ablauf verzichtet. Der Vollständigkeit halber sei aber zum konkreten Ablauf des Sanierungsverfahrens auf die §§ 2 bis 6 KredReorgG verwiesen.

[929] RegE Restrukturierungsgesetz, BT-Drucks. 17/3024, S. 49.

tätslage eines Instituts betreffen. Dem Reorganisationsverfahren liegt weiter ein Reorganisationsplan zugrunde (§ 8 KredReorgG), welcher der BaFin bei Einleitung des Verfahrens vorzulegen ist (§ 7 Abs. 1 KredReorgG). Dieser enthält zunächst einen darstellenden Teil, der beschriebt, welche Regelungen getroffen werden sollen, um die Grundlagen für die Gestaltung der Rechte der Betroffenen zu schaffen (§ 8 Abs. 1 S. 2 KredReorgG). Danach folgt der gestaltende Teil, in dem festgelegt wird, wie die Rechtsstellung der Beteiligten durch den Reorganisationsplan geändert werden soll (§ 8 Abs. 1 S. 3 KredReorgG). Anders als im regulären Insolvenzplanverfahren kann im Reorganisationsverfahren auch dauerhaft in die Rechte der Anteilseigner eingegriffen werden.[930] Hervorzuheben ist, dasss der gestaltende Teil sogar gesellschaftsrechtliche Maßnahmen vorsehen kann, so beispielsweise nach § 9 KredReorgG eine Umwandlung von Forderungen in Eigenkapital (Dept-Equity-Swaps) oder gemäß § 11 Abs. 1 S. 1 KredReorgG die teilweise oder ganze Ausgliederung des Vermögens des Kreditinstituts auf einen bestehenden oder zu gründenden Rechtsträger gegen Gewährung von Anteilen dieses Rechtsträgers.

Die BaFin stellt daraufhin einen Antrag auf Durchführung des durch den Reorganisationsplan vorgegebenen Reorganisationsverfahrens bei dem Oberlandesgericht Frankfurt am Main.[931] Das Oberlandesgericht prüft diesen Reorganisationsplan und stellt ihn nach § 16 KredReorgG zur Abstimmung. Über den Reorganisationsplan stimmen zum einen die Gläubiger ab (§ 17 KredReorgG). Die Aktionäre stimmen aber nur dann ab, wenn der Reorganisationsplan Maßnahmen beinhaltet, die nach Aktienrecht einen Hauptversammlungsbeschluss erfordern, so beispielsweise die Ausgliederung eines Teils des Vermögens oder des Vermögens als Ganzem auf eine sogenannte Bad Bank (§ 11 KredReorgG) oder die Umwandlung von Forderungen in Eigenkapital (§ 9 KredReorgG).[932] Während des gesamten Verfahrens hat das Oberlandesgericht die besondere Eilbedürftigkeit des Reorganisationsverfahrens zu berücksichtigen.[933] Wurde der Re-

[930] RegE Restruktuerierungsgesetz, BT-Drucks. 17/3024, S. 49.

[931] Zuständig sowohl für die Entscheidung über die Durchführung des Sanierungs- als auch des Reorganisations-verfahrens ist das Oberlandesgericht, das für Klagen gegen die BaFin zuständig ist (§ 2 Abs. 3 S. 2 KredReorgG), was gemäß §1 Abs. 3 des Finanzdienstleistungsaufsichtsgesetzes (FinDAG) das OLG Frankfurt am Main ist.

[932] RegE Restrukturierungsgesetz, BT-Drucks. 17/3024, S. 54.

[933] RegE Restruktuerierungsgesetz, BT-Drucks. 17/3024, S. 46.

organisationsplan von den abstimmungsberechtigten Gruppen angenommen (§ 19 KredReorgG), bestätigt oder versagt das Oberlandesgericht den Reorganisationsplan durch Beschluss (§ 20 Abs. 1 KredReorgG). Mit seiner Bestätigung treten die im gestaltenden Teil festgelegten Regelungen für und gegen die am Plan Beteiligten ein (§ 21 Abs. 1 KredReorgG).[934]

2. Die Anfechtung des Reorganisationsplans

2.1 Anfechtung gemäß § 18 Abs. 4 und 5 KredReorG nach allgemeinem Aktienrecht

Im Gegensatz zum Sanierungsverfahren greift das Reorgansisationsverfahren wesentlich stärker in die Rechte der Gläubiger und Anteilseigner ein. Wird von der nach § 9 KredReorgG vorgesehenen Möglichkeit zur Schaffung von Dept-Equity-Swaps Gebrauch gemacht, führt dies regelmäßig zu einer Anteilsverwässerung bei den bestehenden Anteilseignern. Hieran ändert auch die nach § 9 Abs. 2 KredReorgG vorgesehene Entschädigung nicht viel, da sie sich nach dem Fortführungswert des betroffenen Instituts richtet.[935] Aufgrund des Eingrifscharakters der vorgesehenen Maßnahmen hat der Gesetzgeber in Anlehnung an den Gedanken des Chapter-11-Verfahrens im US-amerikanischen Insolvenzrecht die Abstimmung der Anteilseigner über den Reorganisationsplan anders als im regulären Insolvenzplanverfahren zugelassen.[936] Sie stimmen in einer gesondert einzuberufenden Hauptversammlung (§ 18 Abs. 1 KredReorgG) ab. § 18 Abs. 4 KredReorgG eröffnet ihnen sogar die Möglichkeit, Widerspruch zur Niederschrift zu erklären, um das Anfechtungsrecht des § 18 Abs. 5 KredReorgG in Anspruch nehmen zu können. Danach ist als Rechtsschutzmöglichkeit gegen den Reorganisationsplan die Anfechtungsklage eröffnet. Anders als nach § 246 Abs. Abs. 3 S. 1 AktG ist für die Anfechtungsklage aber nicht das Landgericht zuständig, in dessen Bezirk das Kreditinstitut seinen Sitz hat, sondern das Landgericht, das für Klagen gegen die BaFin zuständig ist (§ 18 Abs. 5 S. 2 KredReorgG), mithin das Landgericht Frankfurt am Main.[937] Sinn und Zweck dieser Regelung ist es, durch die Zuständigkeitsverlagerung sicherzustellen, dass auch im Rechtsmittelverfahren das Oberlandesgericht, welches über das Freiga-

---

[934] RegE Restrukturierungsgesetz, BT-Drucks. 17/3024, S. 58.

[935] *Stengel*, DB, Beilage Nr. 4 2011, 11, 12.

[936] RegE Restrukturierungsgesetz, BT-Drucks. 17/3024, S. 50.

[937] Die Zuständigkeit des Frankfurter Landgerichts ergibt sich aus § 1 Abs. 3 FinDAG.

beverfahren zu entscheiden hat (dazu sogleich), zuständig ist. Die somit erreichte Zuständigkeitskonzentration ist sinnvoll, um Zeitverluste zu vermeiden.

Auch das Freigabeverfahren kommt im Rahmen des Reorganisationsverfahrens zur Anwendung. § 18 Abs. 5 S. 3 KredReorgG erklärt die Vorschrift des § 246 a AktG insoweit für entsprechend anwendbar. Im Gegensatz zum allgemeinen Aktienrecht ist für die Antragstellung im Freigabeverfahren aber nicht die Gesellschaft, sondern der Reorganisationsberater zuständig (§ 18 Abs. 5 S. 3 AktG). Darüber hinaus ist die Wirkung des Freigabebeschlusses weitreichender. Der Hauptversammlungsbeschluss ist dann nämlich nicht nur in bezug auf die Eintragung in das Handelsregister als wirksam zu behandeln, sondern auch im Rahmen der Planbestätigung durch das Oberlandesgericht (§ 20 Abs. 1 S. 1 AktG). Wird der Reorganisationsplan trotz erhobener Anfechtungsklage aufgrund eines Freigabebeschlusses durch das Gericht bestätigt und in das Handelsregister eingetragen, hat der anfechtende Aktionär bei erfolgreicher Anfechtungsklage einen Anspruch auf Ersatz des kausalen Schadens.[938]

2.2 Anfechtungsausschluss durch Zustimmungsfiktion

Obwohl das Reorganisationsverfahren in selbständiger Verantwortung geführt werden soll, sieht § 19 Abs. 4 KredReorgG aber dennoch eine Möglichkeit vor, den Reorganisationsplan notfalls auch *ohne* Zustimmung der Anteilseigner auf den Weg zu bringen, selbst wenn diese erforderlich wäre. Unter den dort genannten Voraussetzungen wird ihre Zustimmung nämlich *fingiert*, wenn zum einen die Mehrheit der abstimmenden Gruppen dem Reorganisationsplan mit den jeweils erforderlichen Mehrheiten zugestimmt hat (§ 19 Abs. 4 Nr. 1 KredReorgG) und zum anderen die im Reorganisationsplan vorgesehenen Maßnahmen nach den §§ 9 bis 11 KredReorgG dazu dienen, erhebliche negative Folgeeffekte bei anderen Unternehmen des Finanzsektors infolge der Bestandsgefährdung des Kreditinstituts und eine Instabilität des Finanzsystems zu verhindern und wenn diese Maßnahmen hierzu geeignet, erforderlich und angemessen sind. Allerdings ist ein von den Anteilseignern vorgelegtes Alternativkonzept zumindest zu berücksichtigen (§ 19 Abs. 4 Nr. 2 KredReorgG). Die Voraussetzungen der Zustimmungsfiktion sind von Amts wegen durch das Gericht zu prü-

[938] RegE Restrukturierungsgesetz, BT-Drucks. 17/3024, S. 55.

fen.[939] Diese Zustimmungsersetzung wirkt wie ein Anfechtungsausschluss. Angefochten werden kann ein Hauptversammlungsbeschluss nach § 18 Abs. 5 KredReorgG nämlich nur dann, wenn er überhaupt zustande gekommen ist. Die Zustimmung der Anteilseigner ist aber nur dann zu ersetzen, wenn sie ihre Zustimmung zum Reorganisationsplan verweigert haben, mithin der Hauptversammlugsbeschluss über den Reorganisationsplan eben gerade *nicht* zustande gekommen ist. Der Beschluss des Oberlandesgerichts ist aber kein Hauptversammlungsbeschluss. Wird nun die Zustimmung der Aktionäre durch den Beschluss des Oberlandesgerichts fingiert (§ 19 Abs. 4 KredReorgG), treten die Wirkungen des gestaltenden Teils des Reorganisationsplans durch seine gerichtliche Bestätigung für und gegen die Planbeteiligten ein (§ 21 Abs. 1 S. 1 KredReorgG). Dies hat in gesellschaftsrechtlicher Hinsicht für die Aktionäre weitreichende Folgen. So treten mit der Planbestätigung ipso iure sämtliche im gestaltenden Teil vorgesehenen Rechtsänderungen in Kraft. Gesonderte Hauptversammlungsbeschlüsse, beispielsweise für Kapitalmaßnahmen, sind nicht mehr erforderlich.[940] Sie (die Kapitalmaßnahmen) sind vielmehr sofort wirksam und in das Handelsregister einzutragen, ohne dass es des förmlichen Anmeldeverfahrens bedarf.[941] Der Vorteil liegt in der Zeit- und auch Kostenersparnis. Damit kommt man aber zu dem absurden Ergebnis, dass für den Fall, dass die Mehrheit der Aktionäre dem Reorganisationplan zugestimmt hat, ein einzelner Aktionär - rein theoretisch - den Reorganisationsplan mittels der Anfechtungklage zu Fall bringen kann; aber für den Fall, dass die Mehrheit der Aktionäre den Reorganisationplan abgeleht hat, er trotzdem aufgrund der Zustimmungsfiktion vom Oberlandesgericht bestätigt werden kann und für die Aktionäre dann aber keinerlei Möglichkeit besteht, sich gegen den Plan zu wehren.

Gemäß § 20 Abs. 5 KredReorgG bekommen allerdings die Aktionäre, die Widerspruch zur Niederschrift nach § 18 Abs. 4 KredReorgG erklärt haben, Gelegenheit zur Stellungnahme, wenn die Zustimmunng der Anteilseigner nach § 19 Abs. 4 KredReorgG fingiert werden soll. Hierdurch wird jedoch nur das verfassungsmäßige Recht auf rechtliches Gehör (Art. 103 Abs. 1 GG) gewahrt. Die Stellungnahme hat nicht dieselben Wirkungen wie eine Anfechtung. Es wird le-

[939] RegE Restrukturierungsgesetz, BT-Drucks. 17/3024, S. 57.

[940] RegE Restrukturierungsgesetz, BT-Drucks. 17/3024, S. 50; *Müller-Eising/Brandi/ Sinhart/Lorenz/Löw*, BB 2011, 66, 72.

[941] Müller-Eising/Brandi/Sinhart/Lorenz/Löw, BB 2011, 66, 72.

diglich sichergestellt, dass Einwendungen der Aktionäre noch vor der Planbestätigung vorgebracht werden,[942] sodass das Gericht sie im Rahmen seiner Entscheidung nach § 20 KredReorgG zumindest zu berücksichtigen hat.

3. Stellungnahme

Im Rahmen des eigenverantwortlichen Reorganisationsverfahrens nach dem KredReorgG zeigt sich in Bezug auf das Anfechtungsrecht zunächst kein wesentlicher Unterschied zum allgemeinen aktienrechtlichen Anfechtungsrecht. Jeder Aktionär kann den Reorganisationsplan anfechten. Eine Besonderheit liegt aber in der Wirkung des Reorganisationsplans, wenn dieser per Beschluss durch das Gericht bestätigt wird. Die Maßnahmen, die im gestaltenden Teil festgelegt sind, werden ipso iure mit der Bestätigung des Reorganisationsplans wirksam und entfalten ihre Wirkungen für und gegen die Planbeteiligten. Die Gewährung des Anfechtungsrechts ist daher in diesem Stadium des Restrukturierungsprozesses mit Blick auf den Gesetzeszweck von besonderer Bedeutung. Die Reorganisation soll zunächst eigenverantwortlich ermöglicht werden;[943] die Rechte der Anteilseigner sollen berücksichtigt werden.[944] Die zur Verfügung stehenden Maßnahmen, wie die Ausgliederung oder die Nutzung von Dept-Equity-Swaps greifen regelmäßig stark in die Rechte der Aktionäre ein. Wenn mit dem Sinn und Zweck des Gesetzes zunächst eine selbstverantwortliche Restrukturierung ermöglicht werden soll, muss den Aktionären auch die Möglichkeit der Überprüfung dieser Maßnahmen an die Hand gegeben werden. Ob dies auch rechtspolitisch sinnvoll ist, bleibt dagegen fraglich, weil damit dem Missbrauch wieder Tür und Tor geöffnet wird. Die Blockierung von Maßnahmen, die im Rahmen der Restrukturierung notwendig sind, birgt ein extrem hohes Erpressungspotential. Dem wird versucht, durch die entsprechende Anwendung des Freigabeverfahrens nach § 18 Abs. 5 S. 3 KredReorgG entgegenzuwirken. In diesem Sinne ist die Zuständigkeitskonzentration des § 18 Abs. 5 S. 3 KredReorgG zu begrüßen. So wird sichergestellt, dass sich ein Gremium fachlich spezialisierter Richterinnen und Richter mit dem Beschluss beschäftigt und dadurch eine schnellere Abwicklung ermöglicht. Gleichwohl bleibt auch hier kritisch anzumerken, dass das Freigabeverfahren im Falle einer an sich begründeten Anfechtungsklage ma-

[942] RegE Restrukturierungsgesetz, BT-Drucks. 17/3024, S. 58.
[943] RegE Restrukturierungsgesetz, BT-Drucks. 17/3024, S. 40.
[944] RegE Restrukturierungsgesetz, BT-Drucks. 17/3024, S. 50.

terielles Recht umgeht, indem es einem rechtswidrigen Hauptversammlungsbeschluss zu seiner Wirksamkeit verhilft. Außerdem hat die Freigabeentscheidung Auswirkungen auf die Planbestätigung durch das Oberlandesgerich. Durch die Freigabe des Beschlusses über den Reorganisationsplan gilt im Rahmen der Planbestätigung die Zustimmung der Hauptversammlung dann als *wirksam* erteilt.[945]

Der gänzlichen Versagung des Reorganisationsplans durch die Anteilseigner wird hingegen durch die Möglichkeit der Zustimmungsfiktion im Rahmen des § 19 Abs. 4 KredReorgG vorgebeugt. Dies stellt einen krassen Eingriff in die Rechte der Aktionäre dar, denen im Grunde dadurch ihr Stimmrecht genommen und ein Beschluss der Hauptversammlung durch einen gerichtlichen Beschluss ersetzt wird. Die Zustimmungsfiktion ist insbesondere unter dem Anspekt der Vorgaben der Publizitäts-[946] und Kapitalrichtlinie[947] bedenklich. Mit der Bestätigung des Reorganisationsplans durch das Oberlandesgericht (§ 20 Abs. 1 KredReorgG) werden die in ihm vorgesehenen Strukturmaßnahmen ipso iure wirksam. Entsprechende Hauptversammlungsbeschlüsse werden nicht mehr gefasst. Damit entfällt zum einen die nach Art. 11 der Publizitätsrichtlinie erforderliche Beurkundung von Satzungsänderungen, die zwangsläufig beispielsweise mit einer Änderung der Kapitalverhältnisse der Gesellschaft einhergehen. Zum anderen entfällt aber auch der gemäß Art. 25 Abs. 1, 29 IV und 30 der Kapitalrichtlinie für Kapitalerhöhungen oder -herabsetzungen erforderliche Hauptversammlungsbeschluss. Hintergrund des zwingenden Hauptversammlungsbeschlusses ist, dass nur die Gesellschafter über den Bestand oder die Veränderung der Beteiligungsstruktur entscheiden sollen.[948] Der Beschluss über eine Kapitalmaßnahme ist danach zwingend durch die Hauptversammlung, nicht aber eine

---

[945] RegE Restrukturierungsgesetz, BT-Drucks. 17/3024, S. 56.

[946] Richtlinie 2009/101/EG des Europäischen Parlaments und des Rates vom 16. September 2009 zur Koordinierung der Schutzbestimmungen, die in den Mitgliedstaaten den Gesellschaften i.S.d. Art. 48 Abs. 2 des Vertrags im Interesse der Gesellschafter sowie Dritter vorgeschrieben sind, um diese Bestimmungen gleichwertig zu gestallten.

[947] Zweite Richtlinie 77/91EWG des Rates vom 13. Dezember 1976 zur Koordinierung der Schutzbestimmungen, die in den Mitgliedstaaten den Gesellschaften i.S.d.Art. 58 Abs. 2 des Vertrags im Interesse der Gesellschafter sowie Dritter für die Gründung der Aktiengesellschaft sowie für die Erhaltung und Änderung ihres Kapitals vorgeschrieben sind, um diese Bestimmungen gleichwertig zu gestallten.

[948] *Bormann*, NZI 2011, 892, 893 m.w.N.

andere Stelle zu fassen. Aus diesem Grunde ist auch schon der unter Zustimmung der Anteilseigner angenommene Reorganisationsplans bedenklich; noch mehr aber, wenn die Anteilseigner den Reorganisationsplan abgelehnt haben und ihre Zustimmung durch den Beschluss eines Gerichts ersetzt wurde.[949] Die Durchbrechung dieses Grundsatzes findet seine Rechtfertigung freilich in der angestrebten Finanzmarktstabilität. Sie verstößt aber gegen geltendes Unionsrecht. Der Europäische Gerichtshof hatte in seiner „Karella-Entscheidung“[950] ausdrücklich festgelegt, dass eine Durchbrechung dieses Grundsatzes nur möglich sein soll, soweit es im Primärrecht oder Kapitalrichtlinie selbst vorgesehen ist.[951] Bisher gibt es keine solchen gesetzlich fixierten Ausnahmen. Allein die Aufforderung des Europäischen Parlaments an die Kommission, Legislativakte auszuarbeitent aufgrund derer, der Verkauf eines Kreditinstituts oder die Umwandlung von Forderungen in Beteiligungen auch gegen den Willen der Anteilseigner ermöglicht werden soll,[952] stellt zwar einen Schritt in diese Richtung dar, kann aber nicht zur Rechtfertigung der vom Deutschen Gesetzgeber geschaffenen Lage heranzgezogen werden. Strukturmaßnahmen, die auf dem gestaltenden Teil eines Reorganisationsplans beruhen, werden daher vorerst immer auf wackeligem Fundament stehen. Daran ändert auch die besondere Situation der Zwangsverwaltung, die dem Gläubigerschutz dient, nichts. Entgegen der Ansicht des Gesetzgebers[953] ist ein Hauptversammlungsbeschluss nämlich auch in der Liquidation einer Gesellschaft erforderlich.

Es bleibt damit zusammenfassend festzuhalten, dass das Gesetz im Rahmen des Reorganisationsverfahrens zwei Möglichkeiten zur Verfügung stellt, das Anfechtungsrecht der Aktionäre zu unterlaufen: zum einen das Freigabeverfahren (§ 18 Abs. 5 S. 3 KredReorgG), zum anderen die Zustimmungsfiktion (§ 19 Abs. 4 KredReorgG). Beide Varianten begegnen, wie gezeigt, rechtlichen Bedenken. Insbesondere die Zustimmungsfiktion erscheint doch wie ein Fremdkörper im System; sie mutet wie ein staatlicher Eingriff an und wirft die Frage nach ihrer

---

949 *Bormann*, NZI 2011, 892, 893.

950 EuGH, Slg. 1991, I-2691 – Rs. C - 19/90, C - 20/90 (“Karella”).

951 EuGH, Slg. 1991, I-2691 – Rs. C - 19/90, C - 20/90 Rn. 28; *Bormann*, NZI 2011, 892, 894.

952 Entschließung des Europäischen Parlaments vom 7. Juli 2010 mit Empfehlungen an die Kommission zu einem grenzübergreifenden Krisenmanagement im Bankensektor (2010/2006(INI)), BR-Drucks. 509/10; *Bormann*, NZI 2011, 892, 894.

953 RegE Restrukturierungsgesetz, BT-Drucks. 17/3024, S. 56.

Rechtfertigung auf, insbesondere vor dem Hintergrund, dass das Sanierungs- bzw. Reorganisationsverfahren nur auf Antrag des betroffenen Kreditinstituts selbst betrieben wird (§ 2 Abs. 1, 7 Abs. 1 S. 1 KredReorgG). Da das Reorganisationsverfahren aber für systemrelevante Kreditinstitute vorgesehen ist,[954] wird man die alles umfassende Rechtfertigung wohl in der Gefährung der Finanzmarktstabilität erblicken müssen.

Wie aber eingangs in der Fragestellung zu der vorliegenden Arbeit formuliert, muss auch berücksichtigt werden, ob der Aktionärsschutz dennoch in ausreichendem Maße berücksichtigt wurde. Im Rahmen der Anfechtungsklage ist es der Schadensersatz, der bei Freigabe des Beschlusses und späterem Obsiegen des Anfechtungsklägers eingreift. Die Feststellung eines kausalen Schadens dürfte in diesem Fall auch unproblematisch sein, da beispielsweise im Falle der Schaffung von Dept-Equity-Swaps eine bezifferbare Verwässerung der Anteile stattfindet. Ob man einen finanziellen Ausgleich nach dem Grundsatz „dulde und liquidiere" hier für ausreichend erachtet, wird man mit Blick auf den nach hier vertretener Ansicht vorrangige Kontrollfunktion der Anfechtungsklage grundsätzlich verneinen müssen. Diese Ansicht ist aber dahingehend zu korrigieren, dass man in dem extremen Fall, dass es sich um ein bestandsgefährdetes, systemrelevantes Kreditinstitut handelt, Maßnahmen, die seinem Erhalt und damit der Finanzmarktstabilität dienen, zu ihrer Wirksamkeit verhelfen muss. Das Recht des einzelnen anfechtungsbefugten Aktionärs ist in diesem Fall einzuschränken bzw. auf einen vermögensrechtlichen Ausgleich zu redzuieren. Vielmehr obliegt dem einzelnen Anfechtunsgbefugten aus einer Art gesamtwirtschaftlichen Verpflichtung eine Verantwortung dahingehend, die dringend erforderlichen Strukturmaßnahmen nicht zu blockieren, um so nicht ein ganzes Finanzsystem zu gefährden. Dieser Fall unterscheidet sich von dem, dass es sich beispielsweise um ein börsennotiertes Industrieunternehmen handelt. Im letztgenannten Fall wird es mangels internationaler Vernetzung, wie sie die Finanzbranche zeigt, nie zu einer Systemgefährdung kommen. In den Fällen nach dem KredReorgG sind aus den vorgenannten Gründen also nach der derzeitigen Rechtslage wohl auch rechtswidrige Beschlüsse, denen durch das Freigabeverfahren zu ihrer Wirksamkeit verholfen wird, hinzunehmen. Der Gesetzgeber hätte hier aber auch im Sinne eines Spezialgesetzes gerade für Restrukturierungs-

[954] § 1 Abs. 1 Satz 2 KredReorgG.

oder Abwicklungsfälle ein vereinfachtes Beschlussmängelrecht entwickeln können. So hätte er beispielsweise die Anfechtungsgründe entfallen lassen und nur Nichtigkeitsgründe normieren können. Hauptversammlungsbeschlüsse würden dann nur in Extremfällen nicht zur Eintragung gelangen. So umginge man auch das Problem, dass man durch das Freigabeverfahren unter Umständen materielles Recht umgeht.

Im Rahmen der Zustimmungsfiktion ist hingegen für die Anteilseigner kein Schadensausgleich vorgesehen. Gerade im Hinblick auf die mit der Zustimmungsfiktion verbundenen weitreichenden Folgen für die Aktionäre ist dies bedenklich und nicht nachvollziehbar. Man könnte sich aber durchaus auf den Standpunkt stellen, dass das Gericht nur eine Entscheidung für die Aktionäre trifft, die mit Rücksicht auf die übrigen abstimmungsberechtigten Gruppen und das gesamtwirtschaftliche Wohl sinnvoll ist und daher bei objektiver Betrachtung auch von den Aktionären selbst hätte getroffen werden müssen. Für den Fall, dass die Aktionäre diese Entscheidung selber getroffen hätten, hätten sie ebenfalls keinen „Schadensersatz" erhalten. Unter diese Gesichtspunkt wäre der fehlende Ausgleich vertretbar.

III. Das Anfechtungsrecht bei Eingreifen der BaFin zur Krisenbewältigung

Auch die der BFin zustehenden aufsichtsrechtlichen Eingriffsinstrumente wirken sich auf das Anfechtungsrecht aus. Sie werden mit der Änderung des KWG durch Art. 2 des Restrukturierungsgesetzes in zweierlei Hinsicht modifiziert. Zum einen erhält die BaFin zusätzliche Befugnisse, um im Krisenfall frühzeitig Sanierungsmaßnahmen von einem Kreditinstitut fordern und durchsetzen zu können. Zum anderen werden bereits bestehenden Eingriffsinstrumente effizienter gestaltet. Durch die Änderungen der aufsichtsrechtlichen Eingriffsinstrumente soll die Krisenprävention gestärkt und Eigentümer sowie Gläubiger zu einer eigenverantwortlichen Sanierung motiviert werden.[955]

1. Die Eingriffsrechte der BaFin nach dem KWG

Um in Krisensituationen auch einschreiten zu können, erhält die BaFin mehrere Eingriffsrechte. Dazu gehört beispielsweise das Recht, einen Sonderbeauftragten

[955] RegE Restrukturierungsgesetz, BT-Drucks. 17/3024, S. 42.

einzusetzen (§ 45c KWG). Dieser nimmt nach seiner Bestellung ganz oder teilweise die Aufgaben eines oder mehrerer Organe des Instituts wahr (§ 45c Abs. 1 S. 1 KWG). An seine Eignung werden spezielle Anforderungen gestellt, die in § 45c Abs. S. 2 KWG geregelt sind; welche Aufgaben ihm genau übertragen werden können, regelt § 45c Abs. 2 KWG.[956] Von besonderem Interesse ist für die vorliegende Dissertation aber das Recht der BaFin, die Übertragung des Vermögens eines Kreditinstituts einschließlich seiner Verbindlichkeiten mittels Ausgliederung auf einen anderen bereits bestehenden oder zu diesem Zwecke gegründeten Rechtsträger („Brückenbank") anzuordnen (§§ 48a ff. KWG). Dieses Eingriffsinstrument dient der Ausgliederung von insbesondere systemrelevanten Teilen oder Geschäftsbereiche eines Instituts auf eine oder mehrere stabile Einheiten, um so deren Fortbestand sicherzustellen.[957] Die folgende Darstellung der Voraussetzungen, Durchführung und Wirkung der Übertragungsanordnung kann nur eine übersichtsartige kurze Darstellung sein.[958] Sie ist aber notwendig für die Erläuterungen zu den Auswirkungen dieses aufsichtsrechtlichen Eingriffsinstruments auf das Anfechtungsrecht der Anteilseigner.

1.1 Voraussetzungen der Übertragungsanordnung, § 48a Abs. 2 KWG

Die Voraussetzungen, unter denen die behördliche Übertragungsanordnung ergehen kann, sind in § 48a Abs. 2 KWG geregelt. Danach darf eine solche Anordnung nur ergehen, wenn: (1) das Kreditinstitut in seinem Bestand gefährdet ist (Bestandsgefährdung) und es hierdurch die Stabilität des Finanzsystems gefährdet (Systemgefährdung) und (2) sich die von der Bestandsgefährdung ausgehende Systemgefährdung nicht auf anderem Wege als durch die Übertragungsanordnung in gleicher Weise beseitigen lässt. Wann eine Bestands- und Systemgefährdung vorliegt, wird legaldefiniert im Vermutungstatbestand des § 48b KWG. Gem. § 48b Abs. 1 Satz 2 KWG ist eine Bestandsgefährdung insbesondere dann zu vermuten, wenn bestimmte Eigenkapitalanforderungen nicht mehr erfüllt sind (Nr. 1 und 2), die Zahlungsmittel die Zahlungsverpflichtungen nicht zu mindesten 90% decken (Nr. 3) oder Tatsachen die Annahme rechtfertigen, dass eine Unterdeckung nach den Nr. 1 bis 3 eintreten wird, wenn nicht korrigierende Maßnahmen ergriffen werden (Nr. 4). Da § 48 Abs. 1 Satz 2

[956] Ausführlich zur Einsetzung des Sonderbeauftragten *Auerbach/Donner*, DB Beilage Nr. 4, 2011, 17, 18 ff.

[957] *Auerbach/Donner*, DB Beilage Nr. 4, 2011, 17, 20.

[958] Ausführlich dazu *Auerbach/Donner*, DB Beilage Nr. 4, 2011, 17, 20 ff.

KWG lediglich Vermutungen aufstellt, kann eine Bestandsgefährdungim Einzelfall auch dann vorliegen, wenn die Tatbestände, an die die Vermutung geknüpft ist, nicht erfüllt sind, sondern andere Umstände vorliegen, welche eine Bestandsgefährdung vorliegen lassen.[959] Zu einer Systemgefährdung wird die Bestandsgefährdung gem. Abs. 2 dann, wenn zu besorgen ist, dass sie sich auf andere Unternehmen des Finanzsektors, auf den Finanzmarkt und auf das allgemeine Vertrauen in die Funktionsfähigkeit des Finanzsystems auswirkt.[960]

Die BaFin steht bei ihrer Beurteilung regelmäßig unter großem Zeitdruck und führt diese auf der Basis unsicherer und sich schnell ändernder Fakten durch.[961] Die Wahl eines Vermutungstatbestandes ist daher gerechtfertigt.[962] Dabei sind hinsichtlich der Beurteilung des Vorliegens der gesetzlichen Voraussetzungen die Umstände im Zeitpunkt des Handelns der BaFin maßgeblich. Die Übertragungsanordnung ergeht daher nach § 48a Abs. 2 Satz 2 KWG auch dann rechtmäßig, wenn die BaFin bei verständiger Würdigung der ihr zum Zeitpunkt ihres Handels erkennbaren Umstände annehmen darf, dass die gesetzlichen Voraussetzungen vorliegen.[963]

1.2 Durchführung und Wirkung der Übertragungsanordnung

Die Anordnung der Übertragung des Vermögens eines Kreditinstituts einschließlich seiner Verbindlichkeiten auf einen anderen Rechtsträger ist nur unter den in § 48a Abs. 2 KWG abschließend aufgezählten Voraussetzungen möglich und steht unter einem strengen Verhältnismäßigkeitsvorbehalt. Sie muss *ultima ratio* bleiben. Ausdruck des Verhältnismäßigkeitsgrundsatzes ist die Regelung des § 48c Abs. 1 und 2 KWG. Danach kann die BaFin dem betroffenen Kreditinstitut zunächst eine Frist setzen, binnen derer das Kreditinstitut selbst einen eigenen „Wiederherstellungsplan" vorzulegen hat. Dieser muss Maßnahmen enthalten, die geeignet sind, die Bestandsgefährdung binnen sechs Wochen nach Vorlage des Plans abzuwenden und langfristig die Angemessenheit der Eigenmittel und ausreichende Liquidität sicherzustellen (§ 48c Abs. 1 KWG). Darüber hinaus ist die Gewährung einer Art letzter Gnadenfrist möglich, wenn der Wie-

[959] RegE Restrukturierungsgesetz, BT-Drucks. 17/3024, S. 63.
[960] *Auerbach/Donner*, DB Beilage Nr. 4, 2011, 17, 20.
[961] *Lorenz*, NZG 2010, 1046, 1050.
[962] *Auerbach/Donner*, DB Beilage Nr. 4, 2011, 17, 20.
[963] *Auerbach/Donner*, DB Beilage Nr. 4, 2011, 17, 20.

derherstellungsplan inakzeptabel ist oder nicht (rechtzeitig) vorgelegt wird, da die BaFin ohnehin etwas Zeit benötigen wird, um die Übertragungsanordnung mit ihren detaillierten Angaben (§ 48e Abs. 1 KWG) vorzubereiten.[964] Die Übertragungsanordnung kann auch vorsehen, dass nur ein Teil des Vermögens, der Verbindlichkeiten und der Rechtsverhältnisse auf den übernehmenden Rechtsträger übertragen werden (Partielle Übertragung, § 48k KWG). Damit sie aber überhaupt ergehen kann, ist die Zustimmung des übernehmenden Rechtsträgers notwendig und notariell zu beurkunden (§ 48c Abs. 3 KWG).

Die Durchführung der Ausgliederung ist in §§ 48f bis 48k KWG geregelt. Sie orientiert sich zum Teil an den umwandlungsrechtlichen Vorschriften. Dabei ist aber ein Ausgliederungsvertrag, -bericht oder -beschluss nicht erforderlich. Grundlage ist allein die *Übertragungsanordnung* und die Zustimmung des übernehmenden Rechtsträgers (§ 48f Abs. 1 KWG). Die Ausgliederung ist unverzüglich sowohl durch das Kreditinstitut als auch den übernehmenden Rechtsträger zum Handelsregister an ihrem jeweiligen Gesellschaftssitz anzumelden (§ 48f Abs. 3 KWG).[965] Die Eintragung hat unverzüglich zu erfolgen. Ihr deklaratorischer Charakter ergibt sich aus § 48g Abs. 1 KWG. Rechtsbehelfe oder Klagen gegen die Übertragungsanordnung, Kapitalmaßnahmen oder die Ausgliederung beim übertragenden Kreditinstitut oder gegen die Kapitalerhöhung beim übernehmenden Rechtsträger stehen der Eintragung nicht entgegen (§ 48f Abs. 4 KWG).[966] Die Ausgliederung wird gegenüber dem Kreditinstitut und dem übernehmenden Rechtsträger bereits mit der Bekanntgabe der Übertragungsanordnung gegenüber den beteiligten Rechtsträgern wirksam (§ 48g Abs. 1 KWG). Die Eintragung hat danach nur noch deklaratorischen Charakter.[967] Dies ist sinnvoll, da vom Zeitpunkt der Anmeldung bis zur Eintragung der Maßnahme ein langer Zeitraum vergehen kann, der für die Eilbedürftigkeit der Maßnahme selbstredend kontraproduktiv wäre. Mit der Ausgliederung gehen die von der Übertragungsanordnung erfassten Vermögenswerte, Verbindlichkeiten und Rechtsverhältnisse auf den übernehmenden Rechtsträger über (§ 48g Abs. 2 Nr. 1 KWG). Für das übertragende Kreditinstitut entsteht mit Wirksamwerden der

---

964 *Auerbach/Donner*, DB Beilage Nr. 4, 2011, 17, 20.

965 Ausführliche Darstellung der Durchführung der Übertragungsanordnung *Auerbach/ Donner*, DB Beilage Nr. 4, 2011, 17, 20 ff.

966 RegE Restrukturierungsgesetz, BT-Drucks. 17/3024, S. 66.

967 RegE Restrukturierungsgesetz, BT-Drucks. 17/3024, S. 66.

Übertragungsanordnung der Anspruch auf die Gegenleistung oder die Ausgleichsverbindlichkeit (§ 48g Abs. 2 Nr. 2 KWG). Bei Anteilsgewährung durch den übernehmenden Rechtsträger ist dieser verpflichtet, die für die Kapitalerhöhung notwendigen Maßnahmen unverzüglich zu ergreifen.[968]

2. Auswirkungen auf das Anfechtungsrecht und Stellungnahme

Führt man sich den „herkömmlichen" Ablauf einer Ausgliederung vor Augen, bei dem ein Hauptversammlungsbeschluss des übertragenden Rechtsträgers erforderlich ist,[969] kommt man schnell zum zentralen Problem. Der Vermögensübertragung nach § 48 a Abs. 1 KWG liegt nämlich kein Hauptversammlungsbeschluss zugrunde, sondern eine Übertragungs*anordnung* der BaFin, mithin ein Verwaltungsakt gem. § 35 Verwaltungsverfahrensgesetz (VwVfG). Da sich die Ausgliederung nicht nach den Vorschriften des UmwG, sondern nach §§ 48f bis 48k KWG vollzieht, ist also weder ein Ausgliederungsvertrag, noch ein Ausgliederungsbeschluss erforderlich. Grundlage ist allein die Übertragungsanordnung.[970] Eine aktienrechtliche Anfechtungsklage ist hiergegen nicht statthaft, vielmehr kann nur eine verwaltungsrechtliche Anfechtungsklage erhoben werden (§ 48r Abs. 1 KWG), die aber auf die Eintragung der Ausgliederung keinerlei Auswirkungen hat (§ 48f Abs. 4 KWG).[971]

Der durch die Übertragungsanordnung bewirkte Ausschluss des aktienrechtlichen Anfechtungsrechts begegnet aber keinen Bedenken. Die Übertragungsanordnung setzt in einem Stadium an, in dem die Anteilseigner und die Institutsleitung selbst nicht mehr in der Lage sind, durch ein eigenes Sanierungskonzept die Krise abzuwenden. Aufgrund der drohenden Bestands- und Systemgefährdung (§ 48 b KWG) ist der staatliche Eingriff der Aufsichtsbehörde zur Einleitung eder Ausgliederung erforderlich, um die Finanzmärkte zu schützen. Er ist zudem *ultima ratio*. Bevor die BaFin eine Übertragungsanordnung erlassen kann, sind verschiedene dem Schutz der Anteilseigner dienende Vorschriften durch die BaFin zu beachten, so beispielsweise die fakultative Fristsetzung zur Vorlegung eines Wiederherstellungsplans und damit zur eigenverantwortlichen

[968] RegE Restrukturierungsgesetz, BT-Drucks. 17/3024, S. 66.
[969] BGHZ 83, 122 („Holzmüller").
[970] RegE Restrukturierungsgesetz, BT-Drucks. 17/3024, S. 65f.
[971] RegE Restrukturierungsgesetz, BT-Drucks. 17/3024, S. 66.

Sanierung nach § 48c Abs. 1 KWG. Darüber hinaus darf die Übertragungsanordnung auch nur ergehen, wenn andere Maßnahmen nicht in gleich sicherer Weise Erfolg versprechen.[972]

Mit den zur Verfügung stehenden verwaltungsrechtlichen Instrumenten ist schließlich aber auch der Rechtsschutz für die Anteilseigner im Sinne der Rechtsschutzgarantie des Art. 19 Abs. IV GG in ausreichendem Maße gewährleistet. So soll einerseits das verwaltungsrechtliche Eilverfahren nach § 80 Abs. 5 Verwaltungsgerichtsordnung (VwGO) zur Verfügung stehen, andererseits das Hauptsacheverfahren, mithin die verwaltungsrechtliche Anfechtungsklage (§ 42 Abs. 1 VwGO).[973] Allerdings scheint fraglich, welchen Sinn und Zweck das Eilverfahren in Bezug auf die Übertragungsanordnung erfüllen kann. Grundsätzlich dient das Eilverfahren der Anordnung oder Wiederherstellung der aufschiebenden Wirkung eines Verwaltungsakts (§ 80 Abs. 5 S. 1 VwGO) und damit der Verhinderung seines sofortigen Vollzugs. Da aber die Übertragungsanordnung bereits mit ihrer Bekanntgabe gegenüber dem übertragenden und dem übernehmenden Rechtsträger wirksam wird, mithin bereits damit alle Rechtswirkungen eintreten,[974] und auch auf die Eintragung der Ausgliederung in das Handelsregister ein eingelegter Rechtsbehelf oder eine erhobene Klage keinerlei Auswirkung hat,[975] kann hier auch der einstweilige Rechtsschutz den Vollzug der Anordnung nicht hindern. Dies würde auch dem Sinn und Zweck der gesamten Vorschriften über die Übertragungsanordnung (§§ 48a ff. KWG), nämlich einer beschleunigten Ausgliederung zum Zwecke des Schutzes der Finanzmarktstabilität,[976] widerstreben. Dies bleibt aber ohne Wirkung auf den zu gewährleistenden Rechtsschutz, da insofern die Anfechtungsklage ausreichend ist. Erst- und letztinstanzlich zuständig für verwaltungsrechtliche Anfechtungsklagen und nach § 80 Abs. 5 S. 1 VwGO auch für das Eilverfahren ist dabei der Hessische Verwaltungsgerichtshof (§ 48 r Abs. 1 KWG).[977] Zur Bergündung der Anfechtungsklage können Bewertungsfragen hinsichtlich der Angemessenheit der im Gegenzug den Anteilsinhabern des übertragenden Rechtsträgers vom übernehmenden Rechts-

[972] RegE Restrukturierungsgesetz, BT-Drucks. 17/3024, S. 63.
[973] RegE Restrukturierungsgesetz, BT-Drucks. 17/3024, S. 70.
[974] § 48g Abs. 1, 2 KWG.
[975] § 48 f Abs. 4 KWG.
[976] RegE Restrukturierungsgesetz, BT-Drucks. 17/3024, S. 63.
[977] RegE Restrukturierungsgesetz, BT-Drucks. 17/3024, S. 70.

träger gewährten Anteile nicht herangezogen werden. Vielmehr kann mit der Klage nur die Anpassung der Gegenleistung verlangt werden (§ 48 r Abs. 2 S. 1 KWG). Damit bleibt festzuhalten, dass obwohl mit der Übertragungsanordnung ein ansonsten umwandlungsrechtlicher Vorgang auf ein öffentlich-rechtliches Fundament gestellt wird, den Aktionären dennoch nicht die Möglichkeit genommen ist, den Wert der Gegenleistung auf seine Rechtmäßigkeit hin überpüfen zu lassen. Die gerichtliche Überprüfung der Übertragungsanordnung bezieht sich auf ihre formelle und materielle Rechtmäßigkeit. Hebt das Gericht die Übertragungsanordnung auf, bleibt die Wirksamkeit der Ausgliederung, die gemäß § 48 c Abs. 6 S. 3 KWG im elektronischen Bundesanzeiger veröffentlicht worden ist, hiervon unberührt (§ 48 s Abs. 1 S. 2 KWG). Eine Beseitigung der Vollzugsfolgen scheidet damit aus, es sei denn es greifen (kumulativ) die Ausnahmetatbestände des § 48 s Abs. 1 S. 3 Nrn. 1 bis 3 KWG. Für den Normalfall, dass auch die Aufhebung der Übertragungsanordnung nicht die Vollzugsfolgenbeseitigung bedingt, steht den Anteilsinhabern des übertragenden Rechtsträgers ein Entschädigungsanspruch nach § 48 s Abs. 2 KWG gegen die BaFin zu. Mangels Verschuldensabhängigkeit handelt es sich insoweit aber nicht um einen Amtshaftungsanspruch.[978] Somit ist durch den Ersatzanspruch auch ein finanzieller Ausgleich der Anteilseigner für den Fall einer unrechtmäßigen Übertragungsanordnung gesichert und der Rechtsschutz damit gewahrt.

Die aktienrechtliche Anfechtungsklage ist aber dennoch auch für den Fall des aufsichtsrechtichen Eingriffsinstruments nach § 48 a Abs. 1 KWG nicht ganz ausgeschlossen. Mit ihr können Maßnahmen bei dem *übernehmenden* Rechtsträger, die im Zusammenhang mit der Ausgliederung des teilweisen oder ganzen Vermögens auf ihn durchgeführt werden, wie z.B. Kapitalmaßnahmen (§ 48m KWG), angefochten werden. Die Übertragungsanordnung gegenüber dem übertragenden Institut darf gemäß § 48c Abs. 4 KWG auch nur ergehen, wenn die für die Kapitalmaßnahmen notwendigen Beschlüsse bei dem übernehmenden Rechtsträger gefasst wurden und nicht mehr angefochten werden können. Dabei hat der Gesetzgeber auch hier einen Beschleunigungsmechanismus eingebaut. Gemäß § 48m Abs. 2 KWG gelten bis zur Feststellung des Sanierungsziels für Beschlussfassungen der Hauptversammlung über Kapitalmaßnahmen die §§ 7 bis 7b, 7d und 7e FMStBG, die unter anderem Vorschriften über die erleichterte

[978] RegE Restrukturierungsgesetz, BT-Drucks. 17/3024, S. 71.

Einberufung der Hauptversammlung sowie herabgesetzte Mehrheitserfordernisse beinhalten. Darüber hinaus stehen Klagen und Anträge auf den Erlass von Entscheidungen gegen den Hauptversammlungsbeschluss oder dessen Eintragung der Eintragung nach § 48m Abs. 3 KWG nicht entgegen. Damit scheidet auch eine Verhinderung der Eintragung solcher Kapitalmaßnahmen im einstweiligen Rechtsschutz (§ 945 ZPO) aus. Wirdin der Folge die Kassation des Beschlusses aufgrund einer erfolgreichen Klage vermieden, so läuft der Schutz der Aktionäre des übernehmenden Rechtsträgers dennoch nicht ins Leere. In entsprechender Anwendung des § 246a Abs. 4 AktG steht den Aktionären ein Schadensersatzanspruch zu. Die speziellere Handhabung in Bezug auf die Rechtsfolge einer erfolgreich erhobenen Anfechtungsklage im Gegensatz zu den Vorschriften nach dem Aktienrecht ist der besonderen Situation geschuldet, die dem Ganzen zugrunde liegt. Die Übertragungsanordnung ergeht, wie oben geschildert, nur dann, wenn eine Bestands- und Systemgefährdung vorliegt (§§ 48 a Abs. 2, 48 b KWG). Die Ausgliederung wird mit der Bekanntabe gegenüber den beteiligten Rechtsträgern wirksam (§ 48g Abs. 1 KWG). Das gesamte Verfahren ist auf eine beschleunigte Durchführung gerichtet, die dann freilich auch nicht durch Anfechtungsklagen auf Seiten des übernehmenden Rechtsträgers torpediert werden darf. Dies wäre der ideale Nährboden für missbräuchlich erhobene Klagen. Es ist insofern auch konsequent, nicht erst ein Freigabeverfahren dazwischen zu schalten, das wiederum Zeit in Anspruch nehmen würde, sondern die Eintragung unverzüglich anzuordnen und Klagen gegen den Beschluss nicht dessen Aufhebung bewirken zu lassen.

IV. Zusammenfassung und Resümee

Die unterschiedliche Handhabung des Anfechtungsrechts im KredReorgG und im Rahmen der aufsichtsrechtlichen Eingriffsinstrumente spiegeln zwei unterschiedliche Situationen wieder: Zum einen befindet man sich im Sanierungs- bzw. Reorganisationsverfahren in einem eigenverantwortlichen Prozess, der durch die Organe und Anteilseigner der Institute mithilfe eines Sanierungsberaters gesteuert werden soll.[979] Zum anderen stellt die Übertragungsanordnung (§ 48a KWG) einen zwangsmäßigen Eingriff dar, durch welchen den Anteilseignern und Organen gewisse Rechte und Kompetenzen entzogen werden. Die Situation innerhalb des Sanierungs- und Reorganisationsverfahrens nach dem

[979] RegE Restrukturierungsgesetz, BT-Drucks. 17/3024, S. 40.

KredReorgG rechtfertigt daher auch die Möglichkeit der Anfechtung, während der Prozess der Übertragungsanordnung den Anfechtungsausschluss in Bezug auf die Anteilsinhaber des übertragenden Rechtsträgers bedingt. Darüber hinaus ist bei der Übertragungsanordnung das Rechtsschutzsystem der Anteilsinhaber des übertragenden und des übernehmenden Rechtsträgers unterschiedlichen Rechtsgebieten zugeordnet. Während den von einer Übertragungsanordnung betroffenen Anteilsinhabern des übertragenden Rechtsträgers (nur) die öffentlich rechtliche Anfechtungsklage (§ 42 Abs. 1 VwGO) zur Verfügung steht, können die Anteilsinhaber des übernehmenden Rechtsträgers die für die Ausgliederung des Vermögens auf ihren Rechtsträger erforderlichen Beschlüsse mit der aktienrechtlichen Anfechtungsklage anfechten, wobei die Anfechtungsklage nach Eileintragung des Beschlusses nicht mehr dessen Vernichtung zur Folge haben kann, sondern nur noch auf den Vermögensschutz der Anteilsinhaber gerichtet ist.

Ähnlich wie bei den Finanzmarktstabilisierungsgesetzen bleibt festzuhalten, dass der Anfechtungsausschluss ein notwendiges Instrumentarium darstellt, um systemrelevante Banken und damit auch den Finanzmarkt insgesamt vor feindlichen Angriffen opponierender Anfechtungskläger zu schützen. Die Handhabung wie nach dem KredReorgG und nach dem KWG ist sinnvoll und daher zu begrüßen. Sie unterstreicht die unterschiedlichen Bedürfnisse der einzelnen Verfahrensabschnitte und findet einen angemessenen Ausgleich für die Beteiligten.

B. Aktienrechtsnovelle 2012

I. Allgemeines

Am 02. November 2010 hat das Bundesministerium der Justiz den Referentenentwurf einer „kleinen Aktienrechtsnovelle 2011" vorgestellt.[980] Nachdem sowohl die Länder als auch Fachverbände Gelegenheit zur Stellungnahme hierzu erhalten haben, hatte das Bundeskabinett am 20. Dezember 2011 daraufhin den Regierungsentwurf[981] vorgelegt, der zu diesem Zeitpunkt aufgrund der bereits verstrichenen Zeit die Namensänderung in „Aktienrechtsnovelle 2012" vorsah. Dieses Vorhaben ist vorerst gescheitert. Am 20. September 2013 wurde der Ge-

[980] Pressemitteilung des Bundesministeriums der Justiz, abzurufen unter www.bmj.de.

[981] Entwurf eines Gesetzes zur Änderung des Aktiengesetzes (Aktienrechtsnovelle 2012), BR-Drucks. 852/11.

setzesentwurf vom Bundesrat in den Vermittlungsausschuss verwiesen. Mit dem Ende der Legislaturperiode kann das weitere Verfahren nach Art. 77 Abs. 2 – 4 GG nicht mehr betrieben werden. Am Ende der Wahlperiode gelten alle Vorlagen als erledigt (sog. Grundsatz der Diskontinuität). Ob das Gesetz wieder eingebracht wird, ist derzeit unklar. Dennoch soll im Folgenden dargestellt werden, welche Änderungen mit Blick auf das Beschlussmängelrecht vorgesehen waren, um zu beleuchten, wie der Gesetzgeber das Problem missbräuchlicher Anfechtungsklagen weiter anzugehen gedenkt.

Das Gesetzesvorhaben zielte nur partiell auf eine Fortentwicklung des Beschlussmängelrechts. Die Änderung des Beschlussmängelrechts setzten aber an einem besonders wichtigen Punkt an, der auch ausweislich der aktuellsten Studie selbst nach dem Inkrafttreten des ARUG eine besondere Angriffsfläche für Berufskläger geboten hat[982] – die Nichtigkeitsklage. Anfechtungskläger haben es sich in der Vergangenheit häufig zu eigen gemacht, nach bereits erhobener Anfechtungsklage auch noch eine Nichtigkeitsklage „hinterher zu schieben", deren Erhebung bisher unbefristet möglich war. Dabei wurde die Erhebung der Nichtigkeitsklage bewusst zweckwidrig hinaus gezögert, um so den Druck auf die Gesellschaft zu erhöhen und damit sich selbst einen Vorteil (zumeist in Bezug auf einen abzuschließenden Vergleich) zu verschaffen.[983] So kann beispielsweise eine Nichtigkeitsklage nach durchlaufenem Freigabeverfahren, aber *vor* Eintragung des Hauptversammlungsbeschlusses erhoben werden, um so trotz positivem Freigabebeschluss die Eintragung zu verhindern und ein neues Freigabeverfahren einzuleiten.[984] Darüber hinaus sind aber auch Fälle bekannt geworden, in denen eine Nichtigkeitsklage nachgeschoben wurde, nachdem das Gericht in einem laufenden Anfechtungsprozess zu erkennen gegeben hat, dass eine Nichtigkeitsklage begründet sein könnte. Damit profitiert der die Nichtigkeitsklage erhebende weitere Aktionär als notwendiger Streitgenosse (§ 62 ZPO) zum einen von den bisherigen Prozessergebnissen und hat zudem mit nur minimalem Risiko die Chance auf einen Kostenerstattungsanspruch.[985]

---

[982] *Baums/Drinhausen/Keinath*, ZIP 2011, 2329, 2349.

[983] RegE Aktienrechtsnovelle 2012, BR-Drucks. 852/11, S. 21; *Baums/Drinhausen/Keinath*, ZIP 2011, 2329, 2349.

[984] RegE Aktienrechtsnovelle 2012, BR-Drucks. 852/11, S. 21.

[985] RegE Aktienrechtsnovelle 2012, BR-Drucks. 852/11, S. 21.

II. Relative Befristung der Nichtigkeitsklage

1. Gesetzliche Neuerung

Die Lösung des Problems der nachgeschobenen Nichtigkeitsklage hatte der Gesetzgeber mit dem neuen § 249 Abs. 3 AktG-E implementiert. Danach war die Erhebung einer Nichtigkeitsklage gegen einen Beschluss der Hauptversammlung, gegen den bereits Klage erhoben ist, welche gemäß § 246 Abs. 4 S. 1 AktG bereits in den Gesellschaftsblättern bekannt gemacht ist, nur noch innerhalb eines Monats nach der Bekanntmachung möglich.[986] Durch diese Regelung wurde sowohl die Erhebung einer eigenständigen Nichtigkeitsklage als auch das Nachschieben von Nichtigkeitsgründen nach Ablauf der Frist ausgeschlossen.[987] Der Vorschlag einer (generellen) Befristung der Nichtigkeitsklage wurde bereits während des Gesetzgebungsverfahrens zum ARUG durch den Bundesrat unterbreitet, damals jedoch nicht weiter verfolgt. Die beabsichtigte gesetzliche Neuregelung legte den Beginn des Fristlaufs in die Hände des Vorstandes: Je eher dieser eine erhobene Klage, sei es eine Anfechtungs- oder auch Nichtigkeitsklage und ganz gleich, ob von Aktionären oder Organmitgliedern erhoben,[988] gemäß § 246 Abs. 4 S. 1 AktG in den Gesellschaftsblättern bekannt macht, desto eher beginnt die relative Befristung der Nichtigkeitsklage nach § 249 Abs. 3 AktG-E zu laufen. Die Bekanntmachungspflicht und die relative Befristung der Nichtigkeitsklage waren danach miteinander verbunden. Dabei war für den Fristbeginn aber unbedingt die Einhaltung der Vorgaben des § 246 Abs. 4 S. 1 AktG erforderlich.[989] Da die relative Beschränkung der Klagefrist beschluss- und nicht hauptversammlungsbezogen ist, wäre es daher erforderlich gewesen, den mit der Ausgangsklage angegriffenen Beschluss in der Bekanntmachung eindeutig zu benennen.[990] Rechtsfolge des Fristablaufs wäre bei Bestehen eines Nichtigkeitsgrundes aber nicht dessen Heilung gewesen.[991] Vielmehr wäre die Kontrolle des Registerrichters hiervon unberührt geblieben.[992]

---

[986] So auch der Vorschlag von *Baums/Drinhausen/Keinath*, ZIP 2011, 2329, 2349.

[987] RegE Aktienrechtsnovelle 2012, BR-Drucks. 852/11, S. 24.

[988] RegE Aktienrechtsnovelle 2012, BR-Drucks. 852/11, S. 24.

[989] RegEAktienrechtsnovelle 2012, BR-Drucks. 852/11, S. 23.

[990] RegE Aktienrechtsnovelle 2012, BR-Drucks. 852/11, S. 23.

[991] RegE Aktienrechtsnovelle 2012, BR-Drucks. 852/11, S 24.

[992] RegE Aktienrechtsnovelle 2012, BR-Drucks. 852/11, S. 24.

2. Stellungnahme

Die Einführung der relativen Befristung der Nichtigkeitsklage wäre zu begrüßen gewesen. Insoweit hat sich in den vergangenen Jahren deutlich gezeigt, welches Missbrauchspotenzial sich hinter einer unbefristen Nichtigkeitsklage versteckt. Dieses Problem wurde schon zuvor für den Fall von Umwandlungsvorgängen identifiziert und das umwandlungsrechtliche Beschlussmängelsystem dahingehend adjustiert, dass das Umwandlungsgesetz nicht zwischen Nichtigkeits- und Anfechtungsklage unterscheidet und die stattdessen zur Verfügung stehende „Beschlussmängelklage" einer generellen Befristung von einem Monat unterwirft (§§ 14 Abs. 1, 195 UmwG), um so Rechtssicherheit zu erzeugen.[993] Diese generelle Befristung konnte freilich nicht für die aktienrechtliche Nichtigkeitsklage übernommen werden, da diese insoweit für sämtliche Hauptversammlungsbeschlüsse als Rechtsschutzinstrument zur Verfügung steht und eben nicht nur für solche, die besonders eilbedürftig sind.[994] Eine generelle Befristung wäre aber auch über das Ziel hinaus geschossen. Insoweit wäre die relative Befristung ausreichend gewesen, um den Missbrauch dieser Klageart zu vermeiden. Sie hätte zudem zu einer Art Verfall der Nichtigkeitsgründe geführt. Die in § 241 AktG aufgelisteten Nichtigkeitsgründe sind vom Gesetzgeber als so elementar angesehen worden, dass deren Vorhandensein einen Hauptversammlungsbeschluss ohne weiteres nichtig macht. Jeder kann sich auf die Nichtigkeit berufen. Insofern ist nicht einmal die Erhebung einer Klage erforderlich.[995] Die generelle Befristung einer Nichtigkeitsklage wäre diesem Grundgedanken aber zuwider gelaufen.

Die Verkürzung der Klagefrist für den Fall einer Nichtigkeitsklage gegen einen Hauptversammlungsbeschluss, gegen den bereits geklagt wird, hätte auch nicht zu einer Verkürzung der inhaltlichen Kontrolle des Beschlusses geführt. Mit der (notwendigen) Bezeichnung des Hauptversammlungsbeschlusses in der Ausgangsklage wird dessen Inhalt zum Prozessstoff bereits der Ausgangsklage und wird damit einer umfassenden Prüfung auch hinsichtlich der Nichtigkeitsgründe des § 241 Nr. 3 und 4 AktG unterzogen, da insoweit sowohl Anfechtungs- als

[993] RegE Aktienrechtsnovelle 2012, BR-Drucks. 852/11, S. 22.
[994] RegE Aktienrechtsnovelle 2012, BR-Drucks. 852/11, S. 22.
[995] *Hüffer*, AktG, § 241 Rn. 4.

auch Nichtigkeitsklage dasselbe prozessuale Ziel verfolgen, nämlich die Nichtigkeitserklärung eines Hauptversammlungsbeschlusses.[996]

Die relative Befristung der Nichtigkeitsklage wäre unter der Voraussetzung, dass der Vorstand die Ausgangsklage gemäß der Vorschrift *unverzüglich* in den Gesellschaftsblättern bekannt gemacht hätte, schließlich auch geeignet gewesen, das missbräuchliche Nachschieben einer Nichtigkeitsklage oder von Nichtigkeitsgründen zu verhindern. Mit der unverzüglichen Bekanntmachung einer Anfechtungsklage direkt nach ihrer Erhebung kann bewirkt werden, dass nach Abschluss eines (positiven) Freigabeverfahrens die Erhebung einer Nichtigkeitsklage nicht mehr zur Verhinderung der Eintragung des Beschlusses in das Handelsregister führt, denn gemäß § 246a Abs. 3 S. 6 AktG soll der Freigabebeschluss nach spätestens drei Monaten ergehen. Der fruchtlose Ablauf der relativen Klagefrist für eine nachgeschobene Nichtigkeitsklage kann demnach die Verzögerung der Eintragung durch dieselbe verhindern.

---

[996] RegE Aktienrechtsnovelle 2012, BR-Drucks. 852/11, S. 23.

§ 7 Ergebnisse des 3. Kapitels

Das vorangegangene Kapitel hat gezeigt, dass seit dem Aufkommen der Problematik der missbräuchlichen Verwendung der Anfechtungsklage der Gesetzgeber durch fortwährende Adjustierung der gesetzlichen Vorschriften (Stichwort: Aktienrechtsreform in Permanenz)[997] versucht hat, dieses Problem in den Griff zu bekommen. Dabei hat er zunächst mit dem UMAG versucht, durch Einführung des Freigabeverfahrens in § 246a AktG (dazu oben § 4 B V) für Kapitalmaßnahmen und Unternehmensverträge das bisdahin aus dem Umwandlungsrecht bekannte Unbedenklichkeitsverfahren auch für das Aktienrecht nutzbar zu machen. Dieser gesetzgeberische Schritt hat sich aber in zweierlei Hinsicht negativ bewährt. Zum einen hat er ausweislich der von *Prof. Baums* durchgeführten Studie[998] keinerlei Fortschritte bei der Bekämpfung der missbräuchlichen Klageerhebung gebracht; im Gegenteil traten nach dem Inkrafttreten des UMAG sogar noch vermehrt Missbrauchsfälle auf. Zum anderen wurde mit dem Freigabeverfahren die dogmatisch unsaubere Lage geschaffen, dass nunmehr auch ein rechtswidriger Hauptversammlungsbeschluss in das Handelsregister eingetragen werden kann. Man kann hier so gar von einem verdeckten Anfechtungsausschluss sprechen, denn aufgrund der mit dem Freigabeverfahren bewirkten Eintragung eines rechtswidrigen Beschlusses kann das Ziel der Anfechtungsklage, nämlich dessen Kassation, nicht mehr verfolgt werden. Damit werden Aktionärsrechte verkürzt und der Zweck des Anfechtungsverfahrens ausgehebelt.

Die soeben erwähnte Vertiefung des Problems der missbräuchlichen Anfechtungsklagen nach dem Inkrafttreten des UMAG versuchte der Gesetzgeber sodann durch das ARUG zu bereinigen. Positiv sind hierbei die mit dem Gesetz eingeführten Zustellungserleichterungen hervorzuheben. Dies gilt insbesondere vor dem Hintergrund der Aktionärsrechterichtlinie, welche eine Erleichterung der grenzüberschreitenden Wahrnehmung von Aktionärsrechten bezweckt. Wenn Globalisierung also auch im Aktienrecht unterstützt werden soll, kann nicht gleichzeitig gerade der Auslandssitz eines anfechtenden Aktionärs andersherum aber die Gesellschaft durch die Möglichkeit der Verfahrensverzögerung schädi-

[997] *Noack*, NZG 2008, 441 ff.

[998] *Baums/Drinhausen/Keinath*, ZIP 2007, 1629 ff.

gen. Die darüber hinaus vorgenommene Adjustierung des Freigabeverfahrens stellt hingegen einen Schritt in die falsche Richtung dar. Die Einführung eines Mindestquorums, bei dessen Nichterreichung die Freigabe eines Hauptversammlungsbeschlusses automatisch zu erfolgen hat (§ 246a Abs. 2 Nr. 2 AktG) ist abzulehnen, weil damit indirekt auch ein Quorum für die Anfechtungsklage geschaffen wird, deren Erhebung aber gerade nicht von einem Anteilsbesitz abhängt. Kann das Ziel der Anfechtungsklage – Beschlusskontrolle und Kassation bei Rechtswidrigkeit – aber wegen des Freigabeverfahrens nur noch ab einem bestimmten Anteilsbesitz erreicht werden, schlägt dies auch auf die Anfechtungsbefugnis selbst durch und stellt damit einen Systembruch dar. Dieser Systembruch wird durch die Interessenabwägungsklausel noch verschärft (§ 246a Abs. 2 Nr. 3 AktG). Hier werden zum einen für die Entscheidung, ob ein Beschluss eingetragen werden kann oder nicht – einer Entscheidung die originär dem Anfechtungsprozess obliegt – Erwägungen herangezogen, die im eigentlichen Hauptsacheverfahren gar keine Rolle spielen. Zum anderen ist die Interessenabwägungsklausel so ausgestaltet, dass sie praktisch immer zugunsten der Gesellschaft ausgeht. Insbesondere wird der Missstand deutlich, wenn man sich vor Augen führt, dass mit dem Freigabeverfahren ein Hauptversammlungsbeschluss, der an einem besonders schweren Mangel leidet, eingetragen werden kann, wenn der anfechtende Aktionär nur eine Beteiligung unterhalb des Mindestquorums hält. Der Minderheitenschutz ist damit vollends ausgehebelt. Insgesamt sind die mit dem ARUG eingeführten Änderungen des Freigabeverfahrens daher abzulehnen. Sie haben zu einer Manifestation der bereits durch das UMAG geschaffenen dogmatischen Ungereimtheiten geführt.

Die im Rahmen des ARUG eingeführte Erweiterung der Aktionärsrechte im Hinblick auf ihre Teilnahme- und Abstimmungsmöglichkeit ist wohl neutral zu bewerten. Auf der einen Seite erweitert der Gesetzgeber notwendig die Zugangsmöglichkeiten zur Hauptversammlung, um die grenzüberschreitende Ausübung von Aktionärsrechten zu erleichtern, andererseits wirken sich diese Regelungen aber auch negativ auf den Aktionärsschutz aus, weil sie mit einer Einschränkung des Anfechtungsrechts einhergehen.

Neben den aktienrechtlichen Regelungen zum Anfechtungsrecht sind aufgrund der Finanzmarktkrise aber Sonderregelungen für den Finanzsektor erforderlich geworden, um ihn vor den Berufsklägern zu schützen. Der Vergleich der Vorschriften des AktG und der speziellen Regelungen des FMStG sowie Restrukturierungsgesetz hat gezeigt, dass eine unterschiedliche und vor allen Dingen drastischere Handhabung des Anfechtungsrechts dort erforderlich ist, wo die Krise eines Instituts ein ganzes System gefährden kann. Der Schutz des einzelnen Aktionärs hat hier hinter dem Gemeinwohl zurückzutreten. Dort wo ein Markt reguliert ist, hat der Staat ein Eingriffsrecht in Aktionärsrechte, die auch das Anfechtungsrecht einschließen, denn Regulation heißt Kontrolle zur Wahrung einer Gesamtrechtsordnung und zum Schutz einer bestimmten begünstigten Gruppe. Dass diese Sonderregelungen aber nicht für das „herkömmliche" Aktienrecht dienstbar gemacht werden können, steht außer Frage.

So lässt sich insgesamt festhalten, dass das Anfechtungsrecht nach dem derrzeitgen Status Quo ein zweigeteiltes ist: es gibt die drastischen Regelungen, die der Finanzmarktstabilität dienen sollen und es gibt zum anderen die Regelungen des AktG, die unter Zurückdrängung des Zwecks der Anfechtungsklage und des Minderheitenschutzes dennoch nicht zu einer wesentlichen Eindämmung des Klagegewerbes geführt haben.

4. Kapitel: Ein Blick in die Schweiz

Blickt man auf das Deutsche Anfechtungsrecht und die sich aus ihm ergebenden Schwierigkeiten, stellt sich die Frage nach der Handhabung in anderen Jurisdiktionen. Bietet das Aktienrecht anderer Länder das Recht zur Anfechtung von Hauptversammlungsbeschlüssen? Und wenn ja, mit welchen Folgen? Gibt es in anderen Ländern ebenfalls das Problem des Missbrauchs der Anfechtungsklage? Im Folgenden soll daher beispielhaft und in gebotener Kürze die Regelungen zum Anfechtungsrecht der Schweiz dargestellt werden, welches gerade im Hinblick auf die in Deutschland das Druckpotential der Anfechtungsklage auslösende Registersperre einen anderen Lösungsansatz bereitstellt. Es wird zu zeigen sein, dass das Problem missbräuchlicher Klagen hier keine (besondere) Rolle spielt. Hieraus sollen daher in einem weiteren Schritt Konsequenzen für eine mögliche Lösung des Problems in Deutschland gezogen werden. .

§ 8 Das Anfechtungsrecht in der Schweiz

A. Anfechtungsvoraussetzungen

Die Regelungen zur Anfechtung von Generalversammlungsbeschlüssen im Schweizer Obligationenrecht finden sich in den Art. 706 und 706a OR.[999] Gemäß Art. 706 Abs. 1 OR kann der Verwaltungsrat und jeder Aktionär Beschlüsse der Generalversammlung, die gegen das Gesetz oder die Statuten verstossen, beim Richter mit Klage gegen die Gesellschaft anfechten. Das Anfechtungsrecht selbst ist absolut und unentziehbar.[1000] Wie auch das deutsche Aktienrecht geht das Schweizer Obligationenrecht davon aus, dass die Anfechtungsklage sowohl dem Minderheitenschutz[1001] als auch dem Individualschutz[1002] dient. Dementsprechend ist jeder Aktionär auch unabhängig von seiner Beteiligungshöhe zur

[999] Bundesgesetz vom 30. März 1911 betreffend die Ergänzung des Schweizerischen Zivilgesetzbuches, Fünfter Teil: Obligationenrecht (OR) vom 30. März 1911, Stand: 01. Januar 2011.

[1000] *Meier-Hayoz/Forstmoser*, Schweizerisches Gesellschaftsrecht, § 16 N Rn. 264.

[1001] *Tanner*, in: Kommentar Obligationenrecht, Art. 706 Rn. 4.

[1002] *Tanner*, in: Kommentar Obligationenrecht, Art. 706 Rn. 6.

Anfechtung befugt.[1003] Weiterhin ist es erforderlich, dass der Kläger dem Generalversammlungsbeschluss nicht oder nur aufgrund eines Irrtums zugestimmt hat oder sich der Stimme enthalten hat.[1004] Anders als nach deutschem Recht kann aber auch der Aktionär den Beschluss anfechten, der nicht an der Generalversammlung teilgenommen hat.[1005] Voraussetzung für die Anfechtung ist aber in jedem Fall ein Anfechtungs*interesse*. Dabei genügt es bereits, dass der Aktionär mit der Klage das rechtmäßige Handeln der Gesellschaft sicherstellen will.[1006] Das von der Rechtsprechung geforderte Rechtschutzinteresse soll aber fehlen, wenn die behauptete Rechtsverletzung keinerlei Auswirkungen auf das Beschlussergebnis hatte, es mithin am Kausalzusammenhang fehlt.[1007] Darüber hinaus fehlt das Rechtsschutzinteresse, wenn der Kläger kein Interesse an der Kassation des Beschlusses hat oder ersichtlich der Gesellschaft nur schaden will.[1008] Aber auch die missbräuchliche Ausnutzung der Anfechtungsklage zur Verfolgung rein finanzieller Ziele[1009] lässt das Rechtsschutzbedürfnis ebenso entfallen wie eine im Widerspruch zu seinem eigenen relevanten Verhalten stehende Klageerhebung[1010] (*venire contra factum proprium*).

B. Anfechtungsgründe

Die Anfechtungsgründe sind in Art. 706 Abs. 2 OR normiert. Dieser nennt vier nicht abschließende Anfechtungsgründe.[1011] Darüber hinaus kommt aber auch ein Verstoß gegen ungeschriebenes Recht in Betracht.[1012] Aufgrund ihrer Relevanz werden nachfolgend nur die Anfechtungsgründe des Art. 706 Abs. 2 Nrn. 1 bis 3 OR behandelt.

[1003] BGE 117 II, 290 ff; *Tanner*, in: Kommentar Obligationenrecht, Art. 706 Rn. 6, 41; *Meier-Hayoz/Forstmoser*, Schweizerisches Gesellschaftsrecht, § 16 N Rn. 207.

[1004] *Tanner*, in: Kommentar Obligationenrecht, Art. 706 Rn. 53, 62 f.

[1005] *Hemeling*, ZHR 172 (2008), 379.

[1006] *Tanner*, in: Kommentar Obligationenrecht, Art. 706 Rn. 50; *Meier-Hayoz/Forstmoser*, Schweizerisches Gesellschaftsrecht, § 16 N Rn. 211.

[1007] *Böckli*, Schweizer Aktienrecht, S. 1954.

[1008] *Böckli*, Schweizer Aktienrecht, S. 1954.

[1009] *Tanner*, in: Kommentar Obligationenrecht, Art. 706 Rn. 51.

[1010] *Böckli*, Schweizer Aktienrecht, S. 1954.

[1011] *Tanner*, in: Kommentar Obligationenrecht, Art. 706 Rn. 116.

[1012] BGE 102 II 265; *Tanner*, in: Kommentar Obligationenrecht, Art. 706 Rn. 125.

I. Verletzung von Gesetz oder Statuten

Gemäß Art. 706 Abs. 2 Nr. 1 OR ist gleich dem deutschen Recht ein Beschluss, der gegen das Gesetz oder die Statuten verstößt, anfechtbar. Deutlich vom deutschen Recht hebt sich das Schweizerische Anfechtungsrecht hier durch das Erfordernis einer konkreten Rechtsverletzung ab. Eine bloß mögliche, „virtuelle" Rechtsverletzung scheidet als Anfechtungsgrund aus.[1013] Der Schwerpunkt der Anfechtungsgründe liegt bei den inhaltlichen Mängeln. Aus dem Sachzusammenhang mit Art. 691 Abs. 3 OR wird aber ebenso die Einbeziehung von Verfahrensmängeln befürwortet. Wenn nämlich die Teilnahme Nichtbefugter an der Beschlussfassung einen Anfechtungsgrund bildet (Art. 691 Abs. 3 OR), dann sollen auch Verfahrensfehler einen Anfechtungsgrund bilden.[1014] Allerdings muss der in Rede stehende Verfahrensfehler für das Beschlussergebenis auch kausal gewesen sein. Dies wird vermutet, kann aber von der Gesellschaft widerlegt werden.[1015] In einigen Fällen gestaltet sich die Angrenzung zwischen Verfahrens- und Inhaltsmängeln schwierig, da die meisten Aktionärsrchte auch gleichzeitig Verfahrensvorschriften enthalten (so z.B. das Stimmrecht).[1016] Zu den in den Einberufungsvorschriften enthaltenen Informationrechten kennt das Schweizerische Aktienrecht keinen gesonderten Anfechtungstatbestand entsprechend dem deutschen § 243 Abs. 4 S. 1 AktG. Die Anfechtung erfolgt daher gemäß Art. 706 Abs. 2 Nr. 1 OR. Einschränkungen erfährt sie aber dennoch dahingehend, dass es sich um „qualifizierte" Informationen handeln muss, auf die der Aktionär auch tatsächlich einen Anspruch hat. Zudem muss der Aktionär die Information überhaupt angefordert haben und sie muss von einem Gesellschaftsorgan stammen.[1017]

II. Entziehung oder Beschränkung von Aktionärsrechten

Art. 706 Abs. 2 Nr. 2 OR eröffnet die Möglichkeit, auch einen Beschluss anzufechten, der das Gesetz oder Statuten nicht direkt verletzt, der aber in Aktionärsrechte in unsachlicher Weise beschränkend oder gar entziehend eingreift. Hier-

[1013] BGE 117 II 308; BGE 82 II 150 f.; *Tanner*, in: Kommentar Obligationenrecht, Art. 706 Rn. 131 m.w.N.

[1014] *Tanner*, in: Kommentar Obligationenrecht, Art. 706 Rn. 134.

[1015] *Tanner*, in: Kommentar Obligationenrecht, Art. 706 Rn. 136 f.

[1016] *Tanner*, in: Kommentar Obligationenrecht, Art. 706 Rn. 152 f.

[1017] *Tanner*, in: Kommentar Obligationenrecht, Art. 706 Rn. 156.

unter fallen beispielsweise solche Beschlüsse, die nicht hinreichend durch das Gesellschaftsinteresse gedeckt sind oder solche, bei denen ein Eingriff in Aktionärsrechte unverhältnismäßig ist, so z.B. ein Kapitalerhöhungsbeschluss unter grundlosem Ausschluss des Bezugsrechts der Altaktionäre. Dabei ist umstritten, ob es sich bei Art. 706 Abs. 2 Nr. 2 OR um einen eigenständigen Anfechtungstatbestand handelt,[1018] oder ob dieser lediglich den weiten Tatbestand des Art. 706 Abs. 2 Nr. 1 OR einschränkt.[1019] Letztere Ansicht würde eine strengere Kodifikation des Rechtsschutzinteresses darstellen, als dies bisher von der Rechtsprechung gefordert wird.[1020] Die Verfolgung von Gesellschaftsinteressen wäre dann nicht mehr möglich, sondern die Anfechtungsklage würde sich zu einer reinen Verletztenklage wandeln. Es ist daher davon auszugehen, dass es sich bei § 706 Abs. 2 Nr. 2 OR um einen weiteren Anfechtungstatbestand handelt. Ob die Beschränkungen von Aktionärsrechten unsachlich ist, beurteilt sich nach dem Gesellschaftsinteresse. Werden mit dem angefochteten Beschluss dem Gesellschaftsinteresse nicht entsprechende Ziele verfolgt oder wird ein an sich mit dem Gesellschaftsinteresse vereinbares Ziel nicht nach dem Grundsatz der schonenenden Rechtsausübung verfolgt, so ist der Beschluss zum Schutz der Minderheitsaktionäre anfechtbar.[1021] Dieser Anfechtungsgrund ähnelt der von der deutschen Rechtsprechung entwickelten materiellen Beschlusskontrolle und stellt den Beschluss unter eine Art Erforderlichkeits- und Verhältnismäßigkeitsprüfung, welche verhindern soll, dass die als absolut erteilten Rechte eines Aktionärs ohne zwingenden Grund durch die Mehrheit beschränkt werden.[1022] Hierunter fällt beispielsweise der Beschluss einer Kapitalerhöhung zu für die Minderheitsaktionäre nachteiligen Bedingungen.[1023]

III. Ungleichbehandlung oder Benachteiligung

Als dritten Anfechtungsgrund nennt das Gesetz die nicht gerechtfertigte Ungleichbehandlung oder Benachteiligung von Aktionären durch einen Beschluss

[1018] So *Tanner*, in: Kommentar Obligationenrecht, Art. 706 Rn. 175.

[1019] So beispielsweise *Böckli*, Aktienrecht, N 1911.

[1020] Nach BGE 122 III 270 ff. genügt die Absicht, das Gesellschaftsinteresse mit der Anfechtung zu wahren.

[1021] BGE, 131 III 463, 121 III 238 E 3; *Tanner*, in: Kommentar Obligationenrecht, Art. 706 Rn. 178; *Meier-Hayoz/Forstmoser*, Schweizerisches Gesellschaftsrecht, § 16 Rn. 150.

[1022] *Tanner*, in: Kommentar Obligationenrecht, Art. 706 Rn. 179 m.w.N.

[1023] *Tanner*, in: Kommentar Obligationenrecht, Art. 706 Rn. 181.

der Generalversammlung (Art. 706 Abs. 2 Nr. 3 OR). Ob eine Ungleichbehandlung vorliegt, ist anhand einer relativen Beurteilung vorzunehmen, die sich nach der Kapitalbeteiligung richtet.[1024]

C. Klagefrist und Präventivmaßnahmen

I. Resolutiver Schwebezustand des Beschlusses

Anders als im deutschen Aktienrecht beträgt die Frist zur Erhebung der Anfechtungsklage zwei Monate (Art. 706a Abs. 1 OR, Verwirkungsfrist[1025]). Während der laufenden Anfechtungsfrist ist der Generalversammlungsbeschluss zwar sofort wirksam, er befindet sich aber in einem sog. *resolutiven Schwebezustand.*[1026] Mit Erhebung der Anfechtungsklage dauert der Schwebezustand weiter fort. Dieser Schwebezustand bedeutet zwar nicht, dass der Beschluss nicht ausgeführt werden darf. Allerdings besteht die Gefahr, dass mit dem Obsiegen des Anfechtungsklägers der Beschluss *ex tunc* aufgehoben wird.[1027] Der Verwaltungsrat ist daher berechtigt, um den Folgen eines möglicherweise *ex tunc* aufgehobenen Beschlusses zu entgehen, die Durchführung des Generalversammlungsbeschlusses bis zur Entscheidung in der Hauptsache aussetzen oder durch einen neuen, fehlerfreien Beschluss zu ersetzen.[1028] Es obliegt also der Gesellschaft selbst, zu entscheiden, ob der Beschluss durchgeführt werden soll oder nicht. Eine Blockade der beschlossenen Maßnahme, so wie in Deutschland durch die gesetzliche oder faktische Registersperre, findet nicht statt.

II. Registersperre auf Antrag des Klägers

Aber auch für die Aktionäre gibt es die Möglichkeit, während der laufenden Anfechtungsfrist, die Aussetzung der Maßnahme zu erwirken. Gemäß Art. 162 Abs. 1 Handelsregisterverordnung (HRV)[1029] ist hierfür nur der schriftliche Einspruch gegenüber dem Handelsregisteramt ohne eine Glaubhaftmachung irgendeines Rechts des Einsprechers erforderlich. Ähnlich wie im deutschen Recht obliegt dem Handelsregisterführer keine Prüfungsbefugnis hinsichtlich etwaiger An-

---

[1024] *Meier-Hayoz/Forstmoser*, Schweizerisches Gesellschaftsrecht, § 16 Rn. 146.
[1025] *Meier-Hayoz/Forstmoser*, Schweizerisches Gesellschaftsrecht, § 16 Rn. 214.
[1026] *Böckli*, Schweizer Aktienrecht, S. 1961.
[1027] *Tanner*, in: Kommentar Obligationenrecht, Art. 706 Rn. 199.
[1028] *Böckli*, Schweizer Aktienrecht, S. 1961.
[1029] Handelsregisterverordnung vom 17. Oktober 2007 (HRegV), Stand: 01. Januar 2012.

fechtungsgründe. Anders als nach deutschem Recht besteht für die anmeldenden Organe aber auch nicht die Pflicht, bei der Handelsregisteranmeldung eine Negativerklärung in Bezug auf erhobene Anfechtungsklagen abzugeben. Vielmehr ist der Handelsregisterführer gehalten, die Eintragung so schnell wie möglich vorzunehmen.[1030] Eine Ermessensentscheidung bezüglich der Eintragungsaussetzung, wie dies nach Deutschem Recht in §§ 21 Abs. 1, 381 FamFG vorgesehen ist, existiert nicht. Die Eintragung des Beschlusses bewirkt seine Wirksamkeit unter der Bedingung, dass er nicht durch ein Anfechtungsurteil wieder aufgehoben wird.[1031] Da auch hier freilich Schwierigkeiten bei der Rückgängigmachung eines bereits vollzogenen Beschlusses entstehen können, besteht zugunsten der Aktionäre aber für Dritte die Möglichkeit, die Eintragung in das Tagesregister zu verhindern.[1032] Der Registerführer setzt dem Einsprechenden dann eine Frist von 10 Tagen, innerhalb derer er nachweisen muss, dass er bei dem erkennenden Gericht bis zur Entscheidung in der Hauptsache die Aussetzung der Vollziehung des Generalversammlungsbeschlusses eine vorsorgliche Verfügung beantragt hat (Art. 162 Abs. 3 lit. a HRV), andernfalls nimmt der Registerrichter die Eintragung des Beschlusses vor. Damit ergibt sich also eine zeitlich befristete provisorische Registersperre. Die Entscheidung über das vorsorgliche Eintragungsverbot ergeht während dessen in einem beschleungten Verfahren, in dem das Gericht anhand einer summarischen Prüfung entscheidet, ob ein hinreichendes Rechtsschutzinteresse an der Eintragungssperre besteht. Anders als noch nach der alten Rechtslage[1033] handelt es sich um ein kontradiktorisches Verfahren, innerhalb dessen auch die betroffene Gesellschaft rechtliches Gehör erhält.[1034] Das summarische Prüfungsverfahren stellt nunmehr eine Art Vorverfahren zum Hauptprozess dar, in dem das Fundament des Anfechtungsprozesses bereits untersucht wird. Die richterliche Entscheidung über die einst-

---

[1030] *Meier-Hayoz/Forstmoser*, Schweizerisches Gesellschaftsrecht, § 6 Rn. 57; *Isler/von der Crone*, SZW 2008, 222, 225.

[1031] *Isler/von der Crone*, SZW 2008, 222, 226 m.w.N.

[1032] Ist der Beschluss dagegen bereits in das Tagesregister eingetragen, so ist der Einsprechende gemäß Art. 162 Abs. 5 HRV an das Gericht zu verweisen. Die folgende Darstellung beschränkt sich auf Einsprüche gegen solche Beschlüsse, die noch nicht in das Tagesregister eingetragen worden sind.

[1033] Art. 32 Abs. 2 HRV vom 7. Juni 1937 (Stand am 27. Dezember 2006) sah insofern die Erwirkung der Entscheidung über die vorläufige Eintragungssperre innerhalb der durch den Handelsregisterführer gesetzten Frist vor. Nach dem neuen Art. 162 Abs. 3 lit. a HRV genügt hingegen der Nachweis, dass das Verfahren nur eingeleitet worden ist.

[1034] *Isler/von der Crone*, SZW 2008, 222, 229.

weilige Eintragungssperre ist damit auch bereits für den Ausgang des Hauptverfahrens richtungsweisend. Dabei nimmt der Richter eine Interessenabwägung, ähnlich dem deutschen Freigabeverfahren, zwischen dem Interesse des Einspruchsführers an der Aussetzung der Vollziehung und dem Interesse der Gesellschaft an dem Vollzug der Maßnahme vor. Risiken für den einsprechenden Aktionär sind mit der Erwirkung einer Registersperre nicht verbunden, insbesondere ist weder eine Sicherheitsleistung erforderlich, noch drohen dem Aktionär Schadensersatzansprüche für den Fall, dass sich die Anfechtungsklage und damit die Blockade später als unbegründet erweist.[1035] Dies ist positiv zu bewerten. Teilweise wird nämlich gefordert, das Verfahren nach Art. 162 HRegV ersatzlos wegfallen zu lassen und nur auf das reguläre einstweilige Rechtsschutzverfahren der ZPO samt Schadensersatz und Sicherheitsleistung zurückzugreifen.[1036] Eine solche Schadensersatzregelung auch bei dem Verfahren nach Art. 162 HRegV würde den Aktionär, der die Maßnahme verhindern will, aber unangemessen benachteiligen. Die nur summarische Prüfung und die Interessenabwägung des Gerichts bilden für eine Schadensersatzpflicht des Einsprechenden ein zu unsicheres Fundament.

III. Abwehrmaßnahmen der Gesellschaft

Damit die Gesellschaft der Blockade nicht schutzlos ausgeliefert ist, war nach der alten Rechtslage des Art. 32 Abs. 2 HRV die Möglichkeit der Einreichung einer Schutzschrift durch die Gesellschaft anerkannt. Das Verfahren, das nach Art. 32 Abs. 2 HRV ein Einparteienprozess war, sah keine Anhörung der Gesellschaft vor. Mit der Schutzschrift aber konnte die Gesellschaft dem Richter Gründe darlegen, welche gegen die Verhängung einer erwarteten gegen sie gerichteten Eintragungssperre sprachen.[1037] Für superprovisorische Maßnahmen nach der Schweizerischen Zivilprozessordnung (ZPO) ist die Schutzschrift in Art. 270 ZPO verankert. Das Züricher Handelsgericht hatte die Schutzschrift auch für das Verfahren um die einstweilige Eintragungssperre unter dem Hin-

[1035] *Isler/von der Crone*, SZW 2008, 222, 229.

[1036] Stellungnahme der Schweizerischen Bankenvereinigung (SwissBanking) zur Totalrevision der Handelsregisterverordnung vom 29. Juni 2007, S. 6, abzuriufen unter: http://www.bj.admin.ch/content/dam/data/wirtschaft/gesetzgebung/gmbh/ve-verbaende.pdf. Zur Einführung des einstweiligen Rechtsschutzverfahrens zur Erwirkung einer Registersperre auch im Deutschen Recht sogleich.

[1037] *Isler/von der Crone*, SZW 2008, 222, 231 m.w.N.

weis auf den Anspruch auf rechtliches Gehör zugelassen, den Gesellschaften aber eine Sechsmonatsfrist gesetzt und die Verpflichtung erteilt, den Eingang der Schutzschrift dem potentiellen einsprechenden Aktionär bekannt zu geben.[1038] Die Einreichung einer Schutzschrift ist aber mit der Neukonzeption der Entscheidung über die vorläufige Eintragungssperre als kontradiktorisches Verfahren hinfällig, da der Gesellschaft hier als Partei im Verfahren die Möglichkeit zur Stellungnahme gegeben wird. Der Zweck der Schutzschrift, der Gesellschaft rechtliches Gehör zu verschaffen, kann nicht mehr erfüllt werden.[1039]

Darüber hinaus steht der Gesellschaft aber die Möglichkeit offen, eine Sicherheitsleistung zu beantragen. Für den Kanton Zürich bestimmt § 227 Zivilprzessordnung (ZPO ZH)[1040] insofern, dass vorsorgliche Massnahmen, welche dem Beklagten Schaden zufügen können, auf sein Begehren von der Leistung einer angemessenen Sicherheit abhängig gemacht werden. Die Sicherheitsleistung dient damit der Abwendung von Schäden, die der Gesellschaft aus einer ungerechtfertigten Registersperre erwachsen können. Da hier je nach Art des in Streit stehenden Beschlusses die Schäden beträchtlich sein können, wird auch die Sicherheitsleistung einen entsprechend hohen Betrag erreichen können. Sie entfaltet damit zugleich eine Präventivfunktion.[1041] Die hohe Kostenbelastung führte früher aber auch zu der Frage, ob eine Begrenzung der Kostenlast analog Art. 706a Abs. 3 OR möglich sein sollte. Danach konnte das Gericht in einem Anfechtungsprozess bei Klageabweisung die Kosten nach seinem Ermessen auf Kläger und beklagte Gesellschaft verteilen. Mit einer analogen Anwendung sollte dann auch die Höhe der Sicherheitsleistung variieren können oder sogar die Möglichkeit bestehen, von der Sicherheitsleistung ganz abzusehen.[1042] Diese Regelung ist aber mittlerweile aus dem Obligationenrecht gestrichen worden.[1043] Nunmehr wird man eine Kostenverteilungsregelung aus dem allgemeinen Zivil-

---

[1038] Noch nach dem Recht der alten ZPO des Kantons Zürich Handelsgericht Zürich, ZR 96 (1997) Nr. 46, Erw. II.5; *Isler/von der Crone*, SZW 2008, 222, 232.

[1039] *Isler/von der Crone*, SZW 2008, 222, 232.

[1040] Gesetz über den Zivilprozess für den Kanton Zürich (ZPO ZH), Fassung gemäss Gesetz über die Anpassung des kantonalen Rechts an das Partnerschaftsgesetz des Bundes vom 9. Juli 2007 (OS 62, 429; ABl 2006, 1703). In Kraft seit 1. Januar 2008.

[1041] *Isler/von der Crone*, SZW 2008, 222, 232.

[1042] *Isler/von der Crone*, SZW 2008, 222, 233.

[1043] Aufgehoben durch Anhang 1 Ziff. II 5 der Zivilprozessordnung vom 19. Dez. 2008, mit Wirkung seit 1. Januar 2011 (AS 2010, 1739).

prozessrecht gemäß Art. 107 Abs. 1 lit. b oder f ZPO herleiten können, wonach das Gericht von den Verteilungsgrundsätzen abweichen kann, wenn eine Partei in guten Treuen zur Prozessführung veranlasst war (lit. a) bzw. wenn andere besondere Umstände vorliegen, die eine Verteilung nach dem Ausgang des Verfahrens als unbillig erscheinen lassen (lit. f).

D. Prozessuale Besonderheit: Vergleichsverbot

Aufmerksamkeit verdient desweiteren eine prozessuale Besonderheit des Schweizerischen Beschlussmängelrechts. Nicht gesetzlich verankert, aber dennoch durch die Rechtsprechung postuliert ist ein Vergleichsverbot für Anfechtungsprozesse.[1044] Für die Prozessbeendigung stehen stattdessen nur das Urteil, der Klagerückzug und der Nichteintretensentscheid zur Verfügung. Die Möglichkeit eines Anerkenntnisses oder gar Vergleichsabschlusses wird hingegen mit dem Hinweis abgelehnt, die Gesellschaft, vertreten durch ihren Verwaltungsrat als Leitungsorgan, sei nicht befugt über den Beschluss als streitigem Prozessgegenstand zu verfügen.[1045] Insofern sei es ihr als Interessenvertreterin der Mehrheit verwehrt, über den Inhalt eines Generalversammlungsbeschlusses zu verfügen. Diese Gefahr bestehe aber bei einem Vergleich.[1046]

E. Bewertung des Modells für das deutsche Aktienrecht

Das Schweizerische Anfechtungsrecht unterscheidet sich von dem deutschen Anfechtungsrecht erheblich zunächst durch die fehlende mit der Erhebung einer Anfechtungsklage verbundene Registersperre. Hieraus folgt eine gesetzgeberische Wertung dahingehend, dass das Eintragungsinteresse und damit der Mehrheitswille das Interesse an einem effektiven Minderheitenschutz überwiegt. Obwohl dem Einzelnen dann die Möglichkeit an die Hand gegeben wird, sich auch ohne großen Begründungsaufwand mittels eines Einspruches vor dem Handelsregisterführer gegen den Generalversammlungsbeschluss und dessen Vollzug zur Wehr zu setzen, wird innerhalb der summarischen Prüfung durch das Gericht für die Entscheidung über die einstweilige Eintragungssperre eine Interessenabwägung ähnlich der im deutschen Freigabeverfahren vorgenommen. Damit besteht

[1044] BGE 80 I 385 f. E. 4.

[1045] BGE 80 I 385; 122 III 283; *Böckli*, Schweizer Aktienrecht, S. 1964.

[1046] BGE 80 I 385, 389; 122 III 283; *Tanner*, in: Kommentar Obligationenrecht, Art. 706 Rn. 205 ff.; *Böckli*, Schweizer Aktienrecht, S. 1964.

auch nach Schweizerischem Anfechtungsrecht die Möglichkeit, dass ein Beschluss, der zwar rechtswidrig ist, aufgrund des überwiegenden Vollzugsinteresses der Gesellschaft in das Handelsregister eingetragen wird – eine unbefriedigende Situation, die nach hier vertretener Ansicht nicht für das deutsche Aktienrecht übernommen werden kann, da sie dem Zweck der Anfechtungsklage zuwiderläuft. Die stärkere Betonung des Mehrheitsprinzips nach Schweizerischem Recht lässt die Anfechtungsklage daher eher als Verletztenklage und weniger als Klage mit Kontrollfunktion erscheinen. Außerdem ist die Verlagerung der Antragslast auf den Aktionär hinsichtlich einer Registersperre auch insgesamt eine für das deutsche Recht nicht praktikable Lösung, da sie die „Polizeifunktion" der Anfechtungsklage untergräbt.[1047] Das Schweizerische Recht stellt insgesamt mehr auf die Interessen der Gesellschaft ab und lässt damit keinen Raum für eine Beschlusskontrolle im Sinne einer Kontrollklage, wie sie aber nach hier vertretener Ansicht zur Wahrung der Aktienrechtsordnung erforderlich ist.

Ein weiterer gravierender Unterschied zum deutschen Beschlussmängelrecht besteht in dem nach der Rechtsprechung notwendigen Vergleichsverbot, das für das deutsche Beschlussmängelrecht weder gesetzlich noch von der Rechtsprechung bisher eingeführt worden ist. Dabei ist ein solches Vergleichsverbot aber in dreierlei Hinsicht auch für das deutsche Recht praktizierbar. Zum einen würde es Missbrauchsfälle sinnvoll verhindern, legen es die Berufskläger doch gerade auf die vergleichsweise Streitbeilegung zur Erlangung von Sonderzahlungen an. Damit wäre der Anreiz für den Missbrauch der Klage genommen, ohne eine wirksame Beschlusskontrolle zu verhindern, das heißt ohne die Registersperre aufgeben zu müssen. Zum anderen sind Vergleiche, die Regelunge bezüglich einer Beschlussabänderung enthalten, auch nach dem Kompetenzgefüge der deutschen AG bedenklich. Der Vorstand nimmt dabei *de facto* eine Kompetenz der Hauptversammlung wahr. Schließlich entspricht es auch dem Zweck der Anfechtungsklage, den streitigen Beschluss auch tatsächlich einer effektiven gerichtlichen Rechtmäßigkeitskontrolle zu unterziehen, als den Prozess ohne eine Überprüfung des Streitgegenstandes zu beenden. Dass das Zivilprozessrecht auf die Parteieinigung ausgelegt ist, steht einem Vergleichsverbot nicht entgegen,

[1047] Ausführlich zu den gegen eine Umkehrung der Antragslast im Deutschen Recht sprechenden Argumenten unten.

sondern erfährt seine Einschränkung durch die Besonderheit des Prozessgegenstandes, über den, wie soeben ausgeführt wurde, keine wirksame Einigung der Parteien im Sinne eines Vergleichs erlangt werden kann, ohne das Kompetenzgefüge der AG zu verletzen.

Insgesamt haben sich die Regelungen des Schweizerischen Anfechtungsrechts bisher als wesentlich weniger missbrauchsanfällig erwiesen.[1048] Zwar sind in den vergangenen Jahren auch einige Fälle, in denen die Anfechtungsklage zur Erlangung finanzieller Vorteile eingesetzt wurden, aufgetreten,[1049] Dies aber längst nicht in dem Maße wie der Missbrauch in Deutschland vorherrscht. Aus den genannten Gründen eignet sich aber dennoch nur das Vergleichsverbot zur Adaption in das deutsche Recht. Diese Variante soll daher im eigenen Lösungsvorschlag genauer untersucht werden (unten § 10).

[1048] Wie die jüngere Praxis gezeigt hat, weist aber auch die Handelsregistersperre ein gewisses Missbrauchspotential auf: So haben Aktionäre beispielsweise die 10-Tages-Frist mehrfach in Anspruch genommen, indem mehrere Per-sonen gestaffelt eine Registersperre beantragten, um so die Eintragung des Beschlusses zu verzögern, dazu *Gwel-essiani*, Praxiskommentar zur Handelsregisterverordnung, Art. 162 N 567).

[1049] *Tanner*, in: Kommentar Obligationenrecht, Art. 706 Rn. 221 m.w.N.

5. Kapitel: Untersuchung alternativer Möglichkeiten zur Bekämpfung des Klagegewerbes

Die Ausführungen der vorangegangenen Kapitel haben deutlich gemacht, dass missbräuchliche Anfechtungsklagen Rechtsprechung und Literatur seit langem beschäftigen. Seither gibt es dem entsprechend Diskussionen über mögliche Gesetzesänderungen zur Eindämmung des Klagegewerbes. Für den Finanzmarkt hat der Gesetzgeber bereits mit drastischen Maßnahmen reagiert. Für das AktG hingegen besteht aufgrund des Freigabeverfahrens ein Systembruch, der auch nicht einmal zu einer Eindämmung des Klagegewerbes geführt hat. Die Diskussion geht daher weiter. Hauptargument aller Vertreter einer drastischen Lösung, wie beispielsweise einer Beschränkung der Anfechtungsbefugnis oder Aufhebung der Registersperre, ist, dass es dem aktienrechtlichen Mehrheitsprinzip (§ 133 Abs. 1 AktG) zuwiderlaufe, wenn ein Aktionär mit nur geringem Anteilsbesitz wirtschaftlich wichtige Strukturmaßnahmen eines Unternehmens blockieren kann,.[1050] Die Vorschläge zur Eindämmung des Klagegewerbes sind vielfältig. Welche Lösungsansätze in der aktuellen Literatur vertreten werden, soll daher im Folgenden dargestellt werden, um dann basierend auf den Vor- und Nachteilen dieser Vorschläge einen eigenen Lösungsansatz zu präsentieren.

§ 9 Vorschläge der neueren Literatur zur Reformierung des Anfechtungsrechts

Die bestehenden Vorschläge zur Reform des Beschlussmängelrechts zielen sowohl auf Änderungen des Verfahrens- als auch des materiellen Rechts. Die folgende Darstellung soll die wesentlichen Vorschläge vorstellen und diskutieren.

A. Reform des Verfahrensrechts

Mit Blick auf die Vorschläge, die sich auf das Verfahrensrecht beziehen, sollen im Folgenden diejenigen beleuchtet werden, welche die Reform des Beschlussmängelprozesses als solchen, das Freigabeverfahren und das Spruchverfahren betreffen.

[1050] Siehe Fn. 1150.

I. Reform des Beschlussmängelprozesses

1. Verfahrensbeschleunigung durch Verkürzung des Rechtszuges in Beschlussmängelsachen

Die überlange Verfahrensdauer eines Anfechtungsprozesses bildet die Basis für das Erpressungspotential. Ein Anfechtungsprozess kann sich mitunter über Jahre hinweg ziehen mit der Folge, dass Gesellschaften ihn lieber vergleichsweise beenden, um so dem Hauptversammlungsbeschluss zu seiner Wirksamkeit zu verhelfen. Eine erste Überlegung zur Lösung des Problems besteht daher zu Recht in der Beschleunigung des Verfahrens durch Verkürzung des Rechtszuges in Beschlussmängelstreitigkeiten.[1051]

Nach der bisherigen gesetzlichen Konzeption ist eine Anfechtungsklage bei dem Landgericht anhängig zu machen, in dessen Bezirk die Gesellschaft ihren Sitz hat (§ 246 Abs. 3 S. 1 AktG); als Rechtsmittel steht die Berufung zum Oberlandesgericht zur Verfügung (§ 511 ZPO). Für das Freigabeverfahren in demselben Prozess ist allerdings (wie oben dargestellt) das Oberlandesgericht zuständig. Hierdurch kommt es neben der möglichen langen Verfahrensdauer im Beschlussmängelprozess auch noch dazu, dass sich zwei unterschiedliche Gerichte mit ein und demselben Prozess, wenn auch zunächst aus einem etwas anderen Blickwinkel, beschäftigen. Hat das Oberlandesgericht im Freigabeverfahren schon die offensichtliche Unzulässigkeit oder Unbegründetheit der Klage zu prüfen (§ 246a Abs. 2 Nr. 1 AktG), liegt es nahe, diesem auch die Zuständigkeit für das Hauptsacheverfahren zu übertragen, da es sich ohnehin schon mit dem Prozessstoff zu beschäftigen hat.

Bereits der Bundesrat hat sich im Jahr 2007 mit einem eigenen Gesetzesvorschlag diesem Problem gewidmet.[1052] Dieser sah unter anderem eine Verlagerung der erstinstanzlichen Zuständigkeit in Beschlussmängelstreitigkeiten vom Landgericht auf das Oberlandesgericht vor. Als Rechtsmittel steht danach nur noch die Eröffnung der Revision zur Verfügung. Dies trägt dem Umstand Rech-

[1051] So beispielsweise der Entwurf eines Gesetzes zur Einführung erstinstanzlicher Zuständigkeit des Oberlandesgerichts in aktienrecht-lichen Streitigkeiten vom 12. Juli 2007, BT-Drucks. 16/9020

[1052] Entwurf eines Gesetzes zur Einführung erstinstanzlicher Zuständigkeit des Oberlandesgerichts in aktienrecht-lichen Streitigkeiten vom 12. Juli 2007, BT-Drucks. 16/9020.

nung, dass Beschlussmängelstreitigkeiten mehr als alle anderen Zivil- und Handelssachen in einer Rechtsmittelinstanz zur Überprüfung gelangen und damit die letztendliche Entscheidung doch immer dem Oberlandesgericht obliegt.[1053] Zwar ist nach der aktuellen Studie von *Prof. Baums*, die Rechtsmittelquote seit dem Inkrafttreten des ARUG deutlich zurückgegangen,[1054] das Bedürfnis der Verfahrensbeschleunigung ist damit aber nicht aus der Welt. Außerdem ist damit eine stärkere Spezialisierung möglich. Bisher zumeist zuständig ist die Kammer für Handelssachen am Landgericht, bestehend aus nur einem Berufsrichter und zwei ehrenamtlichen Richtern als so genannte Handelsrichter (§ 105 Abs. 1 GVG). Aufgrund dieser Zusamensetzung mangelt es an der Möglichkeit des Erfahrungs- und Meinungsaustausches, wie es in den Senaten der Oberlandesgerichte möglich ist.[1055] Angesichts der Komplexität der meisten Anfechtungsprozesse ist ein mit mehreren Berufsrichtern besetzter Spruchkörper potenziell besser geeignet, das Verfahren zu beschleunigen.[1056]

Die Verkürzung des Instanzenzuges begegnet auch keinen verfassungsrechtlichen Bedenken im Hinblick auf die Rechtsweggarantie des Art. 19 Abs. 4 GG. Diese garantiert nach ihrem Sinn und Zweck nämlich nur eine in richterlicher Unabhängigkeit getroffene Entscheidung durch eine unbeteiligte Instanz,[1057] nicht aber den Instanzenzug.[1058] Vergleichbare Regelungen findet man etwa bei der erstinstanzlichen Zuständigkeit der Oberverwaltungsgerichte (§ 48 VwGO) und im Kapitalanleger-Musterverfahren (§ 4 KapMuG).[1059] Dieser Vorschlag des Bundesrates ist geeignet, die Verfahrensdauer um mindestens die Hälfte zu verkürzen[1060] und daher auch, das Druckpotenzial zu entschärfen.

2. Beschränkung des „Vergleichsmehrwerts"

Der große Anreiz, Anfechtungsklagen missbräuchlich zu erheben, liegt aufgrund der langen Verfahrensdauer in der Möglichkeit der vergleichsweisen Beendi-

---

1053 BT-Drucks. 16/9020 (oben Fn. 888), S. 12; *Vetter*, AG 2008, 177, 192.

1054 *Baums/Drinhausen/Keinath*, ZIP 2011, 2329, 2343.

1055 BT-Drucks. 16/9020 (oben Fn. 888), S. 11ff.

1056 *Vetter*, AG 2008, 177, 192.

1057 *Sachs*, in: Sachs, Grundgesetz, Art. 19 Abs. 4 Rn. 120.

1058 BVerfGE 4, 74, 94f.; st. Rspr., etwa BVerfGE 92, 158, 185; 92, 365, 410; *Sachs*, in: Sachs, Grundgesetz, Art. 19 Abs. 4 Rn. 120 m.w.N.

1059 BT-Drucks. 16/9020 (oben Fn. 888), S. 12f.

1060 *Vetter*, AG 2008, 177, 192.

gung des Prozesses und der Erlangung einer hohen Vergleichszahlung.[1061] Ein erster Versuch, die Vergleichszahlungen einzudämmen, wurde bereits mit dem durch das UMAG neu eingeführten §§ 248a S. 1, 249 Abs. 1 AktG unternommen, indem die Gesellschaften verpflichtet wurden, den Inhalt eines Vergleichs in den Gesellschaftsblättern als dessen Wirksamkeitsvoraussetzung zu veröffentlichen. Die mit der Einführung dieser Regelung bezweckte Abschreckung[1062] der räuberischen Aktionäre konnte aber nicht erzielt werden.[1063] Daher wird vereinzelt gefordert, den so genannten Vergleichsmehrwert zu beschränken.[1064] Dem liegt die Überlegung zugrunde, dass es zwar eine gesetzliche Streitwertbegrenzung gibt (§ 247 Abs. 1 AktG: 500.000 Euro), die Vereinbarung eines über den Höchststreitwert hinaus gehenden Vergleichs den Parteien jedoch unbenommen bleibt.[1065] So verwundert es auch nicht, dass die Vergleichsquote im Gegensatz zu sonstigen Zivilprozessen in Anfechtungsprozessen mehr als doppelt so hoch ist.[1066] Der Vergleichs*mehr*wert entsteht dabei in den meisten Fällen durch weitere in dem Verfahren getroffene Vereinbarungen, die zunächst nicht rechtshängig gemacht wurden,[1067] so beispielsweise auch Vereinbarungen über die Erhöhung einer Abfindung, die eigentlich nur im Spruchverfahren geltend gemacht werden können.[1068] Empirische Studien haben gezeigt, dass sich der Gewinn der Berufskläger hauptsächlich hieraus ergibt.

Die Beschränkung des Vergleichsmehrwerts ist eine praktikable Lösung, um dem Missbrauch des Anfechtungsrechts zu begegnen. Zwar wird man hiermit keine endgültige Lösung des Problems finden. Dieser Weg ist aber geeignet, verhaltenssteuernd auf die Kläger einzuwirken, ohne dabei Minderheitenrechte unangemessen einzuschränken. Soweit entgegnet wird, es bestehe die Gefahr,

---

[1061] Dazu schon oben § 1.

[1062] RegE UMAG, BT-Drucks. 15/5092, S. 24.

[1063] Dazu oben unter § 4 V 1.5.

[1064] Studie des Deutschen Aktieninstituts (DAI) „Squeeze-out – Recht und Praxis“, Heft 39, Oktober 2007, S. 89, 91 f.; *Schwintowski*, DB 2007, 2695, 2699 f.

[1065] *Baums/Keinath/Gajek*, ZIP 2007, 1629, 1643 ff.; *Baums/Drinhausen*, ZIP 2008, 145, 154 f.

[1066] *Baums/Keinath/Gajek*, ZIP 2007, 1629, 1639; *Baums/Drinhausen*, ZIP 2008, 145, 154 m.w.N.

[1067] *Baums/Drinhausen*, ZIP 2008, 145, 154; *Vetter*, AG 2008, 177, 193 f.

[1068] *Schwintowski*, DB 2007, 2695, 2700; *Baums/Keinath/Gajek*, ZIP 2007, 1629, 1644 f.; *Vetter*, AG 2008, 177, 194.

dass sich die Kläger ihr Anfechtungsrecht auch anderweitig abkaufen lassen können, so beispielsweise durch außergerichtliche Vereinbarungen,[1069] ist dies ein bereits jetzt bestehendes Problem, zu dessen Lösung nur auf die Gesellschaften verwiesen werden kann, sich einer solchen Vereinbarung zu verweigern.

II. Beschleunigung des Freigabeverfahrens

Vielfach kritisiert wird auch das Freigabeverfahren. Nach seiner Reform durch das ARUG wird insbesondere noch bemängelt, dass das eingeführte Mindestquorum des § 246a Abs. 2 Nr. 2 AktG immer noch zu niedrig sei.[1070] Auf eine Darstellung dieses Änderungsvorschlages wird vorliegend zur Vermeidung von Wiederholungen verzichtet, da sich die Überlegungen mit denen Decken, die zur Einführung des Quorums geführt haben.[1071] Negativ zu diesem Vorschlag bleibt nur anzumerken, dass eine Quorumserhöhung eine Verfestigung des Anfechtungsausschusses durch die Hintertür bedeuten und sich damit die Umgehung des materiellen Rechts weiter manifestieren würde. Nur wenige bemängeln dies Aushebelung des materiellen Rechts durch das Freigabeverfahren[1072] und unterbreiten dementsprechende andere Vorschläge. Konkrete Änderungsvorschläge für das Freigabeverfahren zielen vielmehr zumeist auf dessen Beschleunigung.[1073]

Zu einer Beschleunigung des Freigabeverfahrens soll beispielsweise die Einleitung desselben schon bei bloßer Anhängigkeit der Hauptsacheklage führen.[1074] Aufgrund der bisherigen gesetzlichen Konzeption ist es nämlich denkbar, dass noch bevor überhaupt ein Freigabeantrag gestellt werden kann, bereits drei Monate vergehen – drei Monate, in denen eine Strukturmaßnahme (unter Umständen zu Unrecht) blockiert ist und somit Druckpotential entsteht. Der Grund hierfür ist, dass der Freigabeantrag erst dann gestellt werden kann, wenn auch die

[1069] *Baums/Drinhausen*, ZIP 2008, 145, 155; *Vetter*, AG 2008, 177, 194.

[1070] Siehe Fn. 712.

[1071] Oben Fn. 711. Dazu auch *Yong Ding*, Missbräuchliche Anfechtungsklagen, S. 163.

[1072] So *Martens/Martens*, in: FS K.Schmidt, S. 1129, 1141; *Schall/Habbe/Wiegand*, NJW 2010, 1789, 1792; *Habersack*, ZGR 2010, 710, 714.

[1073] Gesetzesantrag der Länder Baden-Württemberg und Sachsen zum Entwurf eines Gesetzes zur Einführung erstinstanzlicher Zuständigkeiten des OLG, in aktienrechtlichen Streitigkeiten vom 12.12.2007, BR-Drucks. 901/07; *Baums*, BB 2007, 2525; *Baums/Drinhausen*, ZIP 2008, 145, 153; *Waclawik*, ZIP 2008, 1141, 1147; *Goll/Schwörer*, ZRP 1008, 77,80.

[1074] *Stohlmeier*, NZG 2010, 1011, 1012.

Hauptsacheklage erhoben ist. Dies bedeutet aufgrund der entsprechenden Anwendung der Regeln der ZPO (§ 246a Abs. 1 S. 2 AktG),[1075] dass die Zustellung der Klage an die Gesellschaft erfolgt sein muss (Rechtshängigkeit). Den Eintritt der Rechtshängigkeit aber kann der Kläger durch Herauszögerung des notwendigen Gerichtskostenvorschusses verzögern, denn ohne Einzahlung dieses Vorschusses erfolgt keine Zustellung der Klage (§ 12 GKG). Wird dadurch wiederum die Monatsfrist des § 246 Abs. 1 AktG versäumt, kann sich der Kläger auf § 167 ZPO berufen und insoweit vortragen, dass auf die rechtzeitige Klageeinreichung abzustellen sei, da er den Streitwert der Klage nicht beziffern habe können und daher zulässig[1076] die Aufforderung des Gerichts zur Zahlung des Vorschusses habe abwarten dürfen.[1077] Auch der Streitwert muss erst auf Anfrage beziffert werden.[1078] Der Kläger ist nur dann verpflichtet, selbst tätig zu werden, wenn die Aufforderung des Gerichts zur Leistung des Gerichtskostenvorschusses sowie zur Bezifferung des Streitwerts ausbleibt, wobei hier ein Zeitraum von 3 bis 8 Wochen als zulässig erachtet wird.[1079]

Somit gibt das Gesetz mit der Möglichkeit zur Akteneinsicht nach Verstreichen der Monatsfrist des § 246 Abs. 1 AktG trotz bloßer Anhängigkeit der Hauptsacheklage (§ 246 Abs. 3 S. 4 AktG) der Gesellschaft zwar die Möglichkeit, sich frühzeitig für das Freigabeverfahren vorzubereiten, dies nützt der Gesellschaft aber wenig, wenn der Freigabeantrag aus den oben genannten Gründen nicht gestellt werden kann. Im Extremfall ist es hier sogar denkbar, dass selbst ein Aktionär mit nur einer Aktie durch dieses Verhalten eine Maßnahme zunächst für bis zu 3 Monate blockiert, obwohl das Gesetz selbst Aktionäre mit nur geringem Anteilsbesitz von der Blockademöglichkeit ausschließen will (§ 246a Abs. 2 Nr. 2 AktG) und obwohl noch gar kein Prozessrechtsverhältnis zwischen den Parteien besteht.[1080]

[1075] BT-Drucks. 15/5092, S. 28.

[1076] BGH, NJW 2005, 291 (293); OLG Düsseldorf, RuS 2007, 146.

[1077] *Stohlmeier*, NZG 2010, 1011, 1012.

[1078] BGH, NJW 1994, 1073 = WM 1994, 439 (441).

[1079] BGH NJW 1986, 1347, 1348; OLG München, NJW-RR 2008, 947, 949; OLG Düsseldorf, RÜS 2007, 146.

[1080] *Stohlmeier*, NZG 2010, 1011, 1012.

Einige schlagen daher vor, die Stellung des Freigabeantrags nicht von der Rechtshängigkeit der Hauptsache abhängig zu machen, sondern entsprechend der Regelung des § 246 Abs. 3 S. 4 AktG auch für den Freigabeantrag bereits die Anhängigkeit der Hauptsacheklage genügen zu lassen.[1081] Das Gericht sollte dann aussprechen, dass die anhängige, aber noch nicht zugestellte Klage der Eintragung der angegriffenen Hauptversammlungsbeschlusses nicht entgegensteht.[1082] Ein erfolgreiches Freigabeverfahren würde dann dazu führen, dass das Kostenrisiko auch den Anfechtungskläger träfe, dessen Klage zu spät oder gar nicht zugestellt wurde, .[1083]

Betrachtet man diesen Vorschlag von seiner rein technischen Seite, ist er geeignet, eine Beschleunigung des Freigabeprozesses zu erreichen. Er würde sich auch eignen, das Hauptsacheverfahren an sich zu beschleunigen, wenn der Anreiz, die Klage verspätet zuzustellen, entfallen würde. Gegen diesen Vorschlag spricht jedoch, dass ohne die Zustellung der Klage an die Gesellschaft noch kein Prozessrechtsverhältnis entstanden ist. Außerdem widerspricht eine solche Sichtweise dem Gedanken des Freigabeverfahrens, das die Freigabe angefochtener Beschlüsse ermöglichen will. Eine wirksame Anfechtung liegt aber erst mit der Zustellung der Klage vor.

Das Problem zeigt sich vielmehr an einer ganz anderen Stelle. Das Gesetz will in bestimmten Fällen als Rechtsfolge der Anfechtungsklage die Registersperre. Gewollt ist aber auch, dass die Registersperre erst mit *Rechts*hängigkeit der Klage eintritt, denn insoweit verlangt beispielsweise § 16 Abs. 2 UmwG, dass die Klage bereits *erhoben* worden ist. Erhoben ist die Klage aber nur dann, wenn sie dem Klagegegner auch zugestellt wurde.[1084] Auf die Spitze getrieben könnte der Vorstand nach Ablauf der Klagefrist den Beschluss anmelden und ruhigen Gewissens angeben, dass keine Klage gegen den Beschluss erhoben worden ist, solange die Klage nur anhängig ist. Dass der jeweilige Beschluss dennoch nicht in das Handelsregister eingetragen wird, liegt an dem Ermessensspielraum des Registerrichters, der die Eintragung nicht vornehmen wird, wenn seine Prüfung

[1081] *Götz*, in: Bürgers/Körber, Heidelberger Komm. z. AktG, § 246a Rn. 3; *Stohlmeier*, NZG 2010, 1011, 1012 m.w.N.

[1082] *Stohlmeier*, NZG 2010, 1011, 1012.

[1083] *Stohlmeier*, NZG 2010, 1011, 1012.

[1084] *Greger*, in: Zöller, ZPO, § 253 Rn. 4.

ergibt, dass die Erfolgsaussichten der Klage nicht hinreichend zuverlässig beurteilt werden können (§§ 21, 381 FamFG)[1085] und insoweit auch nicht absehbar ist, ob bzw. wann die Klage zugestellt wird. Insoweit kann der Registerrichter gemäß § 381 FamFG die Eintragung sogar dann aussetzen, wenn eine Klage noch nicht mal anhängig ist. Er kann dann allerdings auch eine Frist zur Klageerhebung bestimmen. Damit liegt das Problem also in der faktischen Registersperre, die auch vor Rechtshängigkeit bestehen kann. Diese könnte nur dadurch abgemildert, indem man eine Frist für die Einzahlung des Gerichtskostenvorschusses statuiert und die Klage andernfalls als unwirksam abweist. Eine entsprechende Anpassung des § 246 AktG könnte daher wie folgt aussehen:

> *§ 246 Anfechtungsklage*
> *(1) Die Klage muss innerhalb eines Monats nach der Beschlussfassung erhoben werden. Der gemäß § 12 Abs. 1 GKG notwendige Gerichtskostenvorschuss ist mit der Klageerhebung einzuzahlen.*

III. Änderung des Spruchverfahrens

1. Probleme nach geltendem Recht

1.1 Umgehungsgefahr

Die schon so oft zitierte empirische Studie von *Baums* hat belegt, dass Strukturmaßnahmen häufig aufgrund der mit ihnen verbundenen Ausgleichs- oder Abfindungszahlungen, Zuzahlungen oder sonstigen Kompensationen (Umtausch von Anteilen) angegriffen werden.[1086] Es sei in diesem Zusammenhang aber noch mal darauf hingewiesen, dass das Gesetz selbst Anfechtungsklagen, die der Überprüfung der Angemessenheit einer solchen Zahlung dienen,[1087] und den Streit um die Angemessenheit der Kompensation betreffen, in das Spruchverfahrensgesetz (SpruchG)[1088] verweist (§ 243 Abs. 4 S. 2 AktG).[1089] Mit der Einfüh-

[1085] *Keidel*, FamFG, § 21 Rn. 21; *Hüffer*, AktG, § 243 Rn. 53.
[1086] *Baums/Keinath/Gajek*, ZIP 2007, 1629, 1639 f. (Tabelle 9).
[1087] §§ 304 Abs. 3 S. 2, 305 Abs. 5 S. 1, 320b Abs. 2 S. 1, 327f S. 1; 14 Abs. 2, 32, 125, 195 Abs. 2, 210 UmwG.
[1088] Spruchverfahrensgesetz vom 12. Juni 2003 (BGBl. I S. 838), zuletzt geändert durch Art. 42 des Gesetzes vom 17. Dezember 2008 (BGBl. I S. 2586).

rung des Spruchverfahrens bezweckte der Gesetzgeber nämlich, dass Strukturmaßnahmen nicht allein deswegen blockiert werden sollen, weil nicht die beschlossene Maßnahme selbst kritisiert wird, sondern nur die angebotenen Kompensationszahlungen oder das angebotene Umtauschverhältnis.[1090] Wie aber bereits oben dargestellt,[1091] werden Anfechtungsklagen häufig aus anderen Gründen erhoben und im Rahmen der vergleichsweisen Beendigung sodann häufig mit dem Streit um Kompensationszahlungen verknüpft. Die dadurch entstehenden Vergleichsmehrwerte betragen oftmals ein Vielfaches des Vergleichswerts und bestimmen die Anwaltsgebühren.[1092] Hier wird also das Spruchverfahren und die mit ihm verbundenen Kostenregelungen[1093] unterlaufen und letztendlich ein nach § 243 Abs. 4 S. 2 AktG verbotene Überprüfung im Rahmen der Anfechtungsklage vorgenommen.

1.2 Die Dauer des Spruchverfahrens

Ein weiteres Problem, welches das Spruchverfahren als Verfahrensart absolut unattraktiv macht, ist seine überlange Verfahrensdauer von durchschnittlich mehr als 10 Jahren, die nicht gerade dazu einlädt, Kompensationszahlungen im Wege des Spruchverfahrens aufzubessern.[1094] Hintergrund ist die große Komplexität der den Spruchverfahren regelmäßig zu Grunde liegenden Fragen der Unternehmensbewertung. Der Gesetzgeber hat zwar im Jahr 2003 versucht, die Verfahrensdauer zu verringern, indem er den im Spruchverfahren vorherrschende Amtsermittlungsgrundsatz durch den Verfahrensbeteiligten auferlegten Verfahrensförderungspflichten zu entlasten versuchte und Sachverständigengut-

---

[1089] §§ 304 Abs. 3 S. 3, 305 Abs. 5 S. 2, 320b Abs. 2 S. 2, 327f S. 2 AktG; 15 Abs. 1 S. 2, 34, 125, 196 S. 2, 212 UmwG. Über die gesetzlich geregelten Fälle hinaus ist das Spruchverfahrensgesetz auch in Fällen anzuwenden, in denen eine gesetzlich nicht vorgeschriebene Abfindung angeboten wird, die einer Überprüfung unterzogen werden soll; Einzelheiten bei *Fritzsche/Dreier/Verfürth*, SpruchG, § 1 Rn. 70 ff.

[1090] RegE SpruchG, BT-Drucks. 15/371, S. 11.

[1091] Oben § 4 A III 2.

[1092] *Baums/Keinath/Gajek*, ZIP 2007, 1629, 1644 ff.

[1093] Für die Deckelung der Gerichtskosten und Anwaltsgebühren: §§ 15 Abs. 1 SpruchG, 31 RVG; § 15 Abs. 4 SpruchG: die außergerichtlichen Kosten des Antragstellers sollen nur dann der Gesellschaft auferlegt werden, wenn das Gericht dies aus Gründen der Billigkeit so angeordnet hat.

[1094] *Fritzsche/Freier*, BB 2002, 737, 739; *Baums*, BB 2007, 2525; *Bilda*, NZG 2000, 296 ff.; *Baums, W.*, Der Ausgleich nach § 304 AktG, S. 191 ff. und Anhang 7 (S. 351 ff), der eine durchschnittliche Verfahrensdauer bei Streitigkeiten um den Ausgleich nach § 304 AktG von 10,8 Jahren feststellt.

achten zur Unternehmensbewertung nunmehr durch einen gerichtlich bestellten Sachverständigen anzufertigen sind.[1095] Eine wesentliche Besserung wurde hierdurch aber nicht erreicht.[1096]

Die überlange Verfahrensdauer resultiert aber auch aus der Rechtsmittelträchtigkeit des Spruchverfahrens. Häufig sind es die umfangreichen Gutachten zur Unternehmensbewertung, die immer wieder in Frage gestellt werden. Dies mag im Übrigen aber auch damit zusammenhängen, dass die Kompensationsleistungen für Minderheitsaktionäre in der Tat häufig zu niedrig bemessen sind und daher eine Überprüfung geradezu herausgefordert wird.[1097] Kritisiert wird insoweit, dass im Rahmen der Unternehmensbewertung börsennotierter Gesellschaften nicht grundsätzlich auch auf den Börsenkurs abgestellt werde.[1098]

1.3 Uneinheitlicher Anwendungsbereich.

Aber auch der uneinheitliche Anwendungsbereich des Spruchverfahrens bildet eine Schwachstelle dieser Verfahrensart. So stößt es auf Unverständnis, dass beispielsweise im Rahmen einer Verschmelzung die Aktionäre der übertragenden Gesellschaft für die Überprüfung der Angemessenheit des Umtauschverhältnisses in das Spruchverfahren verwiesen sind, während die Aktionäre der aufnehmenden Gesellschaft die Überprüfung nur im Rahmen der Anfechtungsklage durchführen können (§§ 14 Abs. 2, 15 UmwG, 1 SpruchG).[1099] Ähnlich verhält es sich bei der Kapitalerhöhung mit Bezugsrechtsausschluss, die aus einem anderen Grund als einer Verschmelzung durchgeführt wird. Wollen Aktionäre den Wert, der für die neuen Aktien zu erbringen ist, überprüfen lassen, so bleibt ihnen hierfür nur die Möglichkeit, den Kapitalerhöhungsbeschluss als solchen und damit die Maßnahme insgesamt anzugreifen (§ 255 Abs. 2 S. 1 AktG analog).[1100]

[1095] Gesetz zur Neuordnung des Gesellschaftsrechtlichen Spruchverfahrens vom 12. Juni 2003, BGBl. I S. 838. 2008,

[1096] *Bungert/Mennicke*, BB 2003, 2021, 2027 ff.; *Winter/Nießen*, NZG 2007, 13, 14; *Baums/ Drinhausen*, ZIP, 2008, 145, 156.

[1097] *Baums, W.*, Der Ausgleich nach § 304 AktG; *Graf v. Bassewitz/Krüger*, Börsenzeitung vom 23. 2. 2005, S. 2 (ökonomische Analyse).

[1098] So z.B. *Maier-Reimer*, in: FS K.Schmidt, S. 1077, 1080; *Decher*, ZHR 171 (2007), 126, 143.

[1099] *Vetter*, AG 2008, 177, 181.

[1100] BGHZ 70, 40, 50 ff.; OLG Jena, ZIP 2006, 1989, 1993; *Hüffer*, AktG, § 255 Rn. 7.

2. Die Lösungsansätze

Bereits im Sommer 2007 hat der Handelsrechtsausschuss des Deutschen Anwaltvereins (DAV) einen Gesetzgebungsvorschlag ausgearbeitet, der unter anderem Änderungen bei den Voraussetzungen und den Folgen des Spruchverfahrens vorsieht,[1101] so beispielsweise für den hier maßgeblichen Punkt die Implementierung des Spruchverfahrens anstelle eines Anfechtungsverfahrens zur Entscheidung aller wertbezogenen Streitigkeiten bei der Ausgabe von Aktien. Bisher wurde dieser Vorschlag, der im Übrigen auch von anderen Stimmen in der Literatur befürwortet wird,[1102] vom Gesetzgeber nicht aufgegriffen. Zwar könnte man sagen, dass eine Differenzierung notwendig ist, da die Aktionäre der übertragenden Gesellschaft eine Einlage erbringen, für die sie eine zusätzliche Leistung erhalten, die auf ihre Werthaltigkeit hin zu überprüfen ist, wohingegen die Aktionäre der aufnehmenden Gesellschaft keine solche Leistung erbringen und ihnen daher kein Spruchverfahren zur Verfügung stehen muss. Die Lage ist aber dennoch gleichartig. Zum einen kann bei einer Verschmelzung auch immer die Variante der Verschmelzung zur Neugründung gewählt werden, bei dem dann beide Gesellschaften übertragende Gesellschaften sind und somit beiden Gesellschaften das Spruchverfahren offen steht. Es ist nicht ersichtlich, warum eine Benachteiligung im Hinblick auf die Überprüfung der Werthaltigkeit des Umtauschverhältnisses für eine der beteiligten Gesellschaft aus der Wahl der Art der Umwandlung resultieren soll. Zum anderen sind aber auch Konstellationen denkbar, in denen ein Ausgleich an die Aktionäre der übernehmenden Gesellschafter gezahlt wird. Der Ausgleich dient der Sicherstellung der Gleichwertigkeit der Vermögenspositionen der Beteiligten vor und nach der Transaktion.[1103] Ein Barausgleich mindert das Gesellschaftsvermögen und damit auch den Wert der Gesellschaft selbst. Er wirkt im Falle des Ausgleichs an die Aktionäre der übernehmenden Gesellschaft wie eine Sonderausschüttung an diese. Wäre diese Sonderausschüttung vor der Transaktion erfolgt, hätte sie den Unternehmenswert in dem Maße gesenkt, dass die Beteiligungen vor und nach der Verschmel-

[1101] Handelsrechtsausschuss des DAV: Gesetzgebungsvorschlag zum Spruchverfahren bei Umwandlungen und Sachkapitalerhöhungen und zur Erfüllung des Ausgleichsanspruchs durch Aktien, NZG 2007, 407 ff.

[1102] So schon in der älteren Literatur *Hoffmann-Becking*, ZGR 1990, 482, 484; *Martens*, AG 2000, 301, 307; neuer u.a. auch *Hüffer*, ZGR 2008, 8, 15; *ders.*, ZGR 2008, 572, 584; *Vetter*, AG 2008, 177, 189.

[1103] OLG Stuttgart, AG 2006, 421.

zung gleichwertig gewesen wären.[1104] Das *de lege lata* den Aktionären der übernehmenden Gesellschaft zur Verfügung stehende Mittel der Anfechtungsklage schießt mit seiner Rechtsfolge der Beschlusskassation weit über das Ziel der Überprüfung des Umtauschverhältnisses hinaus. Zu dem materiell-rechtlichen Anliegen der Aktionäre passt insoweit das Spruchverfahren. Der Ausschluss des Anfechtungsrechts führt hier auch nicht zu einem tiefgreifenden Eingriff in die Rechte der Aktionäre, wie es noch die Begründung des Regierungsentwurfs zu § 14 Abs. 2 UmwG vermutet.[1105] Dies war aber damals noch im Zusammenhang mit der vergleichbaren Lage bei der Sachkapitalerhöhung gesehen worden (§ 255 AktG), denn der Erwerb durch Verschmelzung zur Aufnahme und der Erwerb durch Sachkapitalerhöhung liefern insofern vergleichbare Ergebnisse.[1106] Genau hier setzt der Reformvorschlag aber auch an. Er sieht den Ausschluss der Anfechtungsklage gegen den Kapitalerhöhungsbeschluss vor, soweit sie auf eine Bewertungsrüge hinaus läuft. Der Gesetzgeber wäre daher gut beraten, den Vorschlag des DAV aufzunehmen und entsprechende Änderungen durchzuführen.

Die überlange Dauer des Spruchverfahrens soll (ähnlich wie zur Verfahrensbeschleunigung der Anfechtungsverfahren) durch die Verkürzung des Instanzenzuges in den Griff bekommen werden. Der Gesetzesentwurf der Länder sieht insofern zum einen die Verlagerung der Eingangszuständigkeit auch im Spruchverfahren auf das Oberlandesgericht und zum anderen eine Beschränkung auf das Rechtsmittel der Rechtsbeschwerde vor.[1107]

3. Würdigung

Der Vorschlag des DAV zur Änderung des Spruchverfahrens ist nicht nur im Hinblick auf die bisher bestehende Ungleichbehandlung von Aktionären der übernehmenden und der übertragenden Gesellschaft im Rahmen eines Verschmelzungsprozesses und die Möglichkeit der Überprüfung des Umtauschverhältnisses zu begrüßen. Vielmehr hat dieser Reformvorschlag auch direkte Auswirkung auf das Problem missbräuchlicher Anfechtungsklagen. Denn er

---

[1104] *Maier-Reimer*, in: FS K.Schmidt, S. 1077, 1081.

[1105] *Ganske*, Umwandlungsrecht, S. 64.

[1106] *Hüffer*, ZHR 172 (2008), 8, 14.

[1107] BT-Drucks. 16/9020, S. 13f.; so auch schon Handelsrechtsausschuss des DAV, NZG 2002, 119, 120.

schließt einen bisher gern genutzten und missbrauchsan-fälligen Anfechtungsgrund – die Bewertungsrüge durch einen Aktionär einer aufnehmenden Gesellschaft – aus und das ohne eine Versagung effektiven Rechtsschutzes. Zum einen erhält der Aktionär, dem es im Rahmen einer Bewertungsrüge lediglich um die Wahrung seiner Vermögensinteressen geht, ausreichenden Rechtsschutz im Spruchverfahren, in dem das Umtauschverhältnis zur Überprüfung gelangt. Zum anderen steht ihm zur Abwehr eines rechtswidrigen Hauptversammlungsbeschlusses in Bezug auf Inhalts- und Verfahrensmängel noch immer die Anfechtungsklage als effizienter Rechtsbehelf zur Verfügung. Dies ermöglicht es auch, die Fälle einer Vermögensverwässerung von denen einer Stimmrechtsverwässerung zu unterscheiden.[1108]

Freilich könnte man einwenden, dass die Berufsopponenten neben einer Bewertungsrüge auch immer ausreichend andere Gründe finden werden, um einen Hauptversammlungsbeschluss anzugreifen, die Änderung des Spruchverfahrens in diesem Punkt sich also höchstens marginal positiv auf die Missbrauchsbekämpfung auswirkt.[1109] Hier dürfte sich aber zumindest entgegnen lassen, dass die ebenfalls durch die Änderung bewirkte Entlastung der Freigabeverfahren zumindest dazu führen kann, dass schneller über Anträge entschieden wird.[1110]
Der zur Verkürzung der Dauer des Spruchverfahrens bestehende Vorschlag ist ebenfalls positiv zu werten. Zum einen bringt er den Vorteil mit sich, dass sich schon in der Eingangsinstanz ein Spruchkörper mit drei Berufsrichtern mit der Sache befasst und so schwierige Rechtsfragen unter Umständen schneller geklärt werden können. Eine Überlastung der Oberlandesgerichte gerade durch diese Verlagerung dürfte hingegen dahingehend nicht gegeben sein, dass, wie oben bereits geschildert, das Spruchverfahren an sich bisher sehr rechtsmittelträchtig ist und die meisten Verfahren daher in der Rechtsmittelinstanz ohnehin vor dem Oberlandesgericht landen. In verfassungsrechtlicher Hinsicht ergeben sich in Bezug auf die Verkürzung des Instanzenzuges ebenfalls keinerlei Bedenken. Die Rechtsweggarantie des Art. 19 Abs. 4 GG garantiert nicht den Instanzenzug an sich, sondern nur eine in richterlicher Unabhängigkeit getroffene Ent-

[1108] *Hüffer*, ZHR 172 (2008), 8, 19.
[1109] So *Baums*, Gutachten zum 63. DJT 2000, Bd. I, S. F 123; *ders.* (Hrsg.), Bericht der Regierungskommission Corporate Governance (2001), Rn. 152; *Lutter*, JZ 2000, 837, 839.
[1110] *Hüffer*, ZHR 172 (2008), 8, 20.

scheidung durch eine unbeteiligte Instanz.[1111] Zudem besteht auch nach dem Änderungsvorschlag zumindest noch immer das Rechtsmittel der Rechtsbeschwerde, mit der auch Fragen der zutreffenden Anwendung bestimmter Bewertungsmethoden überprüft werden können, da es sich insoweit um Rechtsfragen handelt.[1112]

IV. Schiedsfähigkeit von Beschlussmängelstreitigkeiten?

1. Der Grundgedanke

In die Diskussion um die Reform des Beschlussmängelrechts reiht sich der Vorschlag zur Schiedsfähigkeit von Beschlussmängelstreitigkeiten mit ein.[1113] Danach soll für Beschlussmängelstreitigkeiten auch das schiedsgerichtliche Verfahren eröffnet sein, um so den Zeitdruck auf die Gesellschaft zu minimieren. Diesen Überlegungen hat insbesondere eine Entscheidung des BGH aus dem Jahr 2009 neuen Nährboden gegeben.[1114]

Schiedsgerichte sind Privatgerichte, die mit einem oder mehreren Schiedsrichtern besetzt sind und die aufgrund privatautonomer Disposition der Beteiligten anstelle staatlicher Gerichte über vermögensrechtliche Streitigkeiten entscheiden.[1115] Das Schiedsverfahren bietet vor allem den Vorteil einer gegenüber den staatlichen Gerichten schnelleren Entscheidungsfindung, da der Instanzenzug entfällt.[1116] Die Vorteile der Schiedsgerichtsbarkeit haben bisher dazu geführt, dass die Beilegung gesellschaftsrechtlicher Streitigkeiten bei Personenhandelsgesellschaften und GmbHs in Deutschland weit verbreitet ist.[1117] Der Gedanke liegt daher nahe, diese Vorteile auch für die Aktiengesellschaft nutzbar zu machen. Bisher ist die Schiedsgerichtsbarkeit für die Aktiengesellschaft aber noch nicht praktizierbar, weil bereits die Schiedsvereinbarung – eine privatrechtliche Vereinbarung zwischen den Parteien eine oder alle Streitigkeiten (bzw. hier: Be-

[1111] *Sachs*, in: Sachs, Grundgesetz, Art. 19 Abs. 4 Rn. 120.

[1112] *Yong Ding*, Missbräuchliche Anfechtungsklagen im Aktienrecht, S. 182.

[1113] *Borris*, NZG 2010, 481 ff.; Verhandlungen des 63. Deutschen Juristentags (Leipzig 2000), Band II/1 Abteilung Wirtschaftsrecht, S. O77; Regierungskommission "Corporate Governance", BT-Drucks. 14/7515 Rn. 161.

[1114] BGH NZG 2009, 620 („Schiedsfähigkeit II").

[1115] *Rosenberg/Schwab/Gottwald*, Zivilprozessrecht, § 174 Rn. 1.

[1116] *Rosenberg/Schwab/Gottwald*, Zivilprozessrecht, § 174 Rn. 1; *Borris*, NZG 2010, S. 481.

[1117] *Borris*, NZG 2010, 481 m.w.N.

schlussmängelstreitigkeiten) der Entscheidung durch ein Schiedsgericht zu unterwerfen (§ 1029 Abs. 1 ZPO), welche die Rechtsgrundlage des schiedsgerichtlichen Verfahrens gemäß §§ 129 ff. ZPO bildet – ein Problem darstellt. Dabei kann die Schiedsvereinbarung in Form einer selbständigen Vereinbarung (Schiedsabrede) oder in Form einer Klausel in einem Vertrag (Schiedsklausel) geschlossen werden (§ 1029 Abs. 2 ZPO).[1118] Insbesondere ist aber die Möglichkeit, die Schiedsvereinbarung in die Satzung der Aktiengesellschaft mit aufzunehmen, nach bisher herrschender Ansicht nicht mit dem Grundsatz der Satzungsstrenge (§ 23 Abs. 5 AktG) zu vereinbaren, denn insofern erkläre § 246 Abs. 1 AktG das Landgericht, in dessen Bezirk die Gesellschaft ihren Sitz hat, für Anfechtungsklagen ausschließlich zuständig.[1119] Hiergegen wird eingewendet, dass § 246 Abs. 1 AktG nur die sachliche und örtliche Zuständigkeit in Bezug auf die staatlichen Gerichte regele, hingegen ein Schiedsverfahren aber nicht ausschließe.[1120] Auch der BGH hat bereits in den 90er Jahren in seinem Urteil „Schiedsfähigkeit I“[1121] erkennen lassen, dass § 246 Abs. 3 AktG die örtliche und sachliche Zuständigkeit für den Fall regele, dass die staatlichen Gerichte auch zur Streitentscheidung berufen seien. Selbst der Vorsitzende des II. Zivilsenats des BGH *Goette* hat sich jüngst in einem Zeitschriftenbeitrag dahingehend eingelassen, dass zumindest für kleinere und nicht börsennotierte Aktiengesellschaften § 23 Abs. 5 AktG einer Schiedsvereinbarung nicht entgegenstehen soll.[1122] Eine Kehrtwende hat sich bisher dennoch nicht eingestellt. Es ist aber nach hier vertretener Ansicht mit Blick auf § 23 Abs. 5 AktG in der Tat nicht davon auszugehen, dass Anfechtungsklagen der Schiedsgerichtsbarkeit unterworfen werden können. Das Prinzip der Satzungsstrenge dient dem Schutz der Anleger und der Minderheiten.[1123] Diesem Schutzzweck folgend muss auch

[1118] Für eine ausführliche Darstellung des Diskussionsstandes zu den Voraussetzungen der Schiedsgerichtsbarkeit in Bezug auf Beschlussmängelstreitigkeiten siehe *Schwab*, in: Schmidt/Lutter (Hrsg.), AktG, § 246 Rn. 40 ff.

[1119] BGH, MDR 1951, 674; BGH, NJW 1966, 2055; *K. Schmidt*, in: GroßKomm AktG, § 246 Rn. 121, *ders.*, AG 1995, 551, 553; *Hüffer*, in: MünchKomm AktG, § 246 Rn. 29 f.; *Henze*, ZIP 2002, 97, 99; *Borris*, NZG 2010, 481 m.w.N.

[1120] BGHZ 132, 278, 281; OLG Düsseldorf, NZG 2004, 916, 919; *Schwab*, in: Schmidt/Lutter (Hrsg.), AktG, § 246 Rn. 40 m.w.N.; *Habersack*, JZ 2009, 797, 798 f.

[1121] BGH, NJW 1996, 1753 ff. („Schiedsfähigkeit I“).

[1122] *Goette*, GWR 2009, 103.

[1123] *Seibt*, in: Schmidt/Lutter, AktG, § 23 Rn. 53; *Borris*, NZG 2010, 481, 482.

umfassender Rechtsschutz vor staatlichen Gerichten gewährleistet sein.[1124] Die Möglichkeit der *selbständigen* Schiedsvereinbarung in Form einer Satzungsnebenabrede bei großen und vor allem börsennotierten Gesellschaften wird zudem regelmäßig an dem Erfordernis scheitern, dass sich ihr *alle* Aktionäre anschließen müssen.[1125]

Ein weiteres großes Problem, welches das Schiedsverfahren unabhängig von seiner Vereinbarungsfähigkeit birgt, ist seine Rechtskraftwirkung. Das Urteil eines staatlichen Gerichtes, mit dem ein Hauptversammlungsbeschluss für nichtig erklärt wird, wirkt für und gegen alle Aktionäre sowie die Mitglieder des Vorstands und des Aufsichtsrats (§ 248 Abs. 1 S. 1 AktG) und zwar selbst dann, wenn sie nicht Partei des Anfechtungsprozesses sind. Der Schiedsspruch wirkt hingegen nur zwischen den am Schiedsverfahren beteiligten Parteien (§ 1055 ZPO).

2. Schiedsfähigkeit von Beschlussmängelstreitigkeiten bei der GmbH auch auf die AG anwendbar?

Nachdem der BGH in seiner ersten Entscheidung zur Schiedsfähigkeit[1126] das Problem zunächst dem Gesetzgeber zur Lösung übertragen hat,[1127] hat es der Gesetzgeber zurück an die Rechtsprechung verwiesen,[1128] die nunmehr mit der Entscheidung des BGH vom 06. April 2009[1129] Kriterien liefert, welche im Hinblick auf die Rechtskrafterstreckung des Schiedsspruchs eine Lösung des Problems anbieten sollen. Die Voraussetzungen, unter denen einen Schiedsspruch für und gegen alle Gesellschafter Rechtskraftwirkungen entfaltet, hat der BGH in seinem Urteil freilich nur für die GmbH formuliert. Sie zielen darauf ab, einen dem staatlichen Verfahren gleichstehenden Rechtsschutz sicherzustellen, indem eine Rechtskrafterstreckung durch entsprechende vertragliche Gestaltung der Schiedsvereinbarung sichergestellt wird. Eine entsprechende Anwendung auf die

[1124] *K. Schmidt*, BB 2001, 1857, 1861.
[1125] *Reichert,* in: FS Ulmer S. 511, 531f.
[1126] BGH, NJW 1996, 1753 ff. („Schiedsfähigkeit I“).
[1127] BGH, NJW 1996, 1753, 1756.
[1128] Begründung zum Regierungsentwurf eines Gesetzes zur Neuregelung des Schiedsverfahrensrechts vom 12. Juli 1996, BT-Drucks. 13/5274, S. 35.
[1129] BGH, NJW 2009, 1962 ff. („Schiedsfähigkeit II“).

Aktiengesellschaft wird daher in der Literatur befürwortet[1130] und nicht zuletzt von *Goette*[1131] zumindest in Bezug auf § 23 Abs. 5 AktG nicht völlig ausgeschlossen. Nach Ansicht des BGH müssen sich zunächst sämtliche Gesellschafter der Schiedsvereinbarung durch Zustimmung unterworfen haben, was entweder durch eine separate Vereinbarung oder eine entsprechende Satzungsregelung der Fall sein könne. Gesellschafter, die neu in die Gesellschaft eintreten, sollen dabei ohne weiteres an die Vereinbarung gebunden sein.[1132] Hier stellt sich schon das erste Problem. Bei den von missbräuchlich erhobenen Anfechtungsklagen bedrohten Gesellschaften handelt es sich zumeist um börsennotierte. Die Handelbarkeit einer Aktie setzt voraus, dass die sich aus ihr ergebenden mitgliedschaftlichen Rechte und Pflichten klar standardisiert und damit vorhersehbar sind. Dies ist bei einer entsprechenden Satzungsregelung, solange man sich für zulässig erachtet, der Fall. Bei selbständigen Schiedsvereinbarungen müssten neue Aktionäre der Vereinbarung entweder separat beitreten bzw. dieses Erfordernis müsste gar zur Voraussetzung der Aktienübertragung gemacht werden.[1133] Die damit erreichte Einschränkung der Handelbarkeit der Aktien kann bei börsennotierten Gesellschaften nicht gewollt sein.

Darüber hinaus müssen alle Gesellschafter von der Einleitung des Schiedsverfahrens in Kenntnis gesetzt werden, um so die Möglichkeit für sie zu eröffnen, sich auf Kläger- oder Beklagtenseite als Nebenintervenient zu beteiligen.[1134] In Bezug auf die vor einem staatlichen Gericht erhobene Anfechtungsklage bietet § 246 Abs. 4 AktG bereits das bestehende Erfordernis der Bekanntmachung einer erhobenen Anfechtungsklage in den Gesellschaftsblättern mit einmonatiger Frist Beteiligungsfrist. Diese Vorschrift könnte entsprechend auch für das Verfahren vor einem Schiedsgericht dienstbar gemacht werden.[1135]

[1130] Yong Ding, Missbräuchliche Anfechtungsklage im Aktienrecht, S. 193; *Borris,* NZG 2010, 481, 484 f.

[1131] *Goette*, GWR 2009, 103.

[1132] BGH, NJW 2009, 1962 („Schiedsfähigkeit II"); *Zöllner*, in: Baumbach/Hueck, GmbHG, Anhang nach § 47 Rn. 39; *Borris,* NZG 2010, 481, 484.

[1133] *Borris,* NZG 2010, 481, 484.

[1134] BGH, NZG 2009, 620 („Schiedsfähigkeit II"); *Borris,* NZG 2010, 481, 484.

[1135] *Borris*, NZG 2010, 481, 484.

Weiterhin müssen die sich beteiligenden Gesellschafter aber auch die Möglichkeit erhalten, sich an der Wahl der Schiedsrichter zu beteiligen, um so den Verlust des unabhängigen staatlichen Richters als Entscheidungsträger auszugleichen.[1136] In Bezug auf dieses Erfordernis stellen sich Fragen der Durchführung und der vertraglichen Gestaltung. Dabei wird insbesondere vorgeschlagen, eine Frist zur Wahl der Schiedsrichter zu stellen, um so einen raschen Verfahrensablauf zu ermöglichen,[1137] was insofern sinnvoll ist, als dass ansonsten wieder eine zusätzliche Blockademöglichkeit geschaffen wäre.

Schließlich muss auch sichergestellt sein, dass sämtliche denselben Gesellschafterbeschluss betreffenden Klagen bei ein und demselben Schiedsgericht konzentriert werden, da andernfalls die Gefahr sich widersprechender Entscheidungen besteht.[1138] Die Konsolidierung mehrerer in Bezug auf denselben Hauptversammlungsbeschluss erhobenen Anfechtungsklagen ist im Rahmen des staatlich organisierten Gerichtsverfahrens gängige Praxis.[1139] Für die Verbindung mehrerer schiedsgerichtlicher Verfahren ist hingegen eine vertragliche Grundlage erforderlich. So wird sinnvollerweise vorgeschlagen, eine Einverständniserklärung zur Zusammenführung mehrerer Schiedsverfahren mit in die Schiedsvereinbarung aufzunehmen.[1140] Aber auch hier wird eine umfassende, die Rechte aller Beteiligten wahrende und damit komplexe Regelung erforderlich sein.

3. Stellungnahme

Die vorstehenden Ausführungen machen deutlich, dass zwar die Schiedsfähigkeit von Beschlussmängelstreitigkeiten auch bei der Aktiengesellschaft von einigen nicht gänzlich ausgeschlossen wird. Sie wird aber letztlich an der Komplexität ihrer vertraglichen Ausgestaltung scheitern.[1141] Dass das Schiedsverfahren nicht für Beschlussmängelstreitigkeiten konzipiert ist, zeigt bereits dessen gesetzgeberisch festgelegte Rechtskraftwirkung. Beschlussmängelstreitigkeiten sind komplexe Verfahren, in denen es nicht zuletzt aufgrund der weitreichenden Folgen sowohl für die Aktionäre als auch die Gesellschaft dringend erforderlich

[1136] BGH, NJW 2009, 1962, 1964 f.
[1137] *Borris*, NZG 2010, 481, 484.
[1138] *Borris*, NZG 2010, 481, 484.
[1139] *Borris*, NZG 2010, 481, 484.
[1140] *Borris*, NZG 2010, 481, 484.
[1141] AA *Yong Ding*, Missbräuchliche Anfechtungsklage im Aktienrecht, S. 193 f.

ist, die Rechte aller Beteiligten zu wahren. Oben wurde aber gezeigt, dass dies nur auf Basis einer umfassenden und komplizierten vertraglichen Regelung möglich sein wird, die zudem gerade bei börsennotierten Gesellschaften Gefahren birgt. Es kann nicht sein, dass eine Entscheidung über einen Hauptversammlungsbeschluss, der sämtliche Aktionäre betrifft, in eine Verfahrensart verlagert wird, deren Rechtsschutzintensität von vertraglicher Gestaltung abhängt. Zudem sind Rechte, die durch einen Hauptversammlungsbeschluss betroffen sein können, elementare, in der Mitgliedschaft wurzelnde, durch das Aktiengesetz festgelegte Grundprinzipien, über die durch eine staatliche, unabhängige Stelle entschieden werden sollte. Aufgrund der durch die Schiedsvereinbarung eingeschränkten Handelbarkeit der Aktien scheidet die Anwendung der Schiedsgerichtsbarkeit für börsennotierte Aktiengesellschaften zudem schlicht aus. Sie ist deshalb auch kein probates Mittel zur Eindämmung missbräuchlicher Klagen in Bezug auf den relevanten, weil bisher am meisten betroffenen Kreis, börsennotierter Gesellschaften. Dass ein Schiedsverfahren zu einem schnelleren Verfahrensabschluss führen kann als ein staatliches Gerichtsverfahren, wird allerdings nicht bezweifelt. Die Übertragung der vom BGH entwickelten Voraussetzungen lässt sich, die Zulässigkeit mit Blick auf § 23 Abs. 5 AktG unterstellt, aber höchstens in Bezug auf den für die vorliegende Dissertation unerheblichen Kreis personalistisch strukturierter kleinerer Aktiengesellschaften diskutieren.[1142]

V. Einführung einer staatlichen Beschlusskontrolle ?

Vorgeschlagen wird zur Missbrauchsbekämpfung außerdem eine Ablösung der auf einer Privatinitiative beruhenden Überprüfung des Hauptversammlungsbeschlusses durch die Rechtsaufsicht eines Aktienamtes, wobei diese Kontrolle sowohl im Vorfeld als auch nach der Beschlussfassung stattfinden könnte.[1143] Dieses Konzept einer Staatsaufsicht ist dem Gesellschafts- und Kapitalmarktrecht zumindest nicht fremd. So kontrolliert die Bundesanstalt für Finanzdienstleistungsaufsicht (BaFin) Börsenzulassungs- und Verkaufsprospekte vorab auf ihre Rechtmäßigkeit. Auch im Bereich des Übernahmerechts kommt eine staatliche Kontrolle der freiwilligen und der Pflichtangebote nach § 14 i.V.m. § 35

[1142] Dazu z.B. *Borris*, NZG 2010, 481, 486.

[1143] *Richter*, Die Sicherung der aktienrechtlichen Publizität, S. 245 ff.; *Schiessl*, VGR 2000, S. 57, 65 ff.; sympathisierend *Waclawik*, DStR 2006, 2177, 2182 und wohl auch *Vetter*, AG 2008, 177, 183.

Abs. 2 WpÜG[1144] durch die BaFin im Vorfeld zum Zuge. Hintergrund ist hier jeweils der Anlegerschutz. Dieser Grundgedanke könnte auch für die Rechtmäßigkeitskontrolle von Hauptversammlungsbeschlüssen dienstbar gemacht werden. Allerdings stellt die Einführung einer solchen staatlichen Beschlusskontrolle einen radikalen Systemwechsel dar und greift in bedeutendem Umfang in die privatrechtliche Ausgestaltung der Aktiengesellschaft ein.[1145] Zudem droht selbst aus Sicht der Befürworter dieser Lösungsmöglichkeit eine „Bürokratisierung des Gesellschaftsrechts".[1146]

Ein Verzicht auf einen nachträglichen Rechtsschutz[1147], was für die Überprüfung der freiwilligen und der Pflichtangebote nach § 14 i.V.m. § 35 Abs. 2 WpÜG herrschender Meinung[1148] entspricht, kann jedoch mit Blick auf die Rechtsschutzgarantie des Art. 19 Abs. 4 GG nicht befürwortet werden.[1149] Dann aber droht wiederum eine übermäßig lange Verfahrensdauer, die dem Missbrauch keinen Einhalt gebieten kann. Insgesamt ist dem Vorschlag einer staatlichen Beschlusskontrolle daher nicht zuzustimmen.

B. Reform des materiellen Rechts

I. Einschränkung der Anfechtungsbefugnis

1. Inhalt des Reformansatzes

Die Stimmen in der Literatur, die eine Anknüpfung des Anfechtungsrechts an einen bestimmten Mindestanteilsbesitz fordern, sind besonders groß.[1150] Hinter-

---

[1144] Wertpapiererwerbs- und Übernahmegesetz vom 20. Dezember 2001 (BGBl. I S. 3822), zuletzt geändert durch Artikel 2 des Gesetzes vom 5. April 2011 (BGBl. I S. 538).

[1145] *Martens/Martens*, in: FS K. Schmidt, S. 1129, 1148; *Vetter*, iAG 2008, 177, 183.

[1146] *Schiessl*, VGR 2000, S. 57, 69.

[1147] *Vetter*, AG 2009, 177, 182.

[1148] *Möller*, in: Assmann/Pötzsch/Uwe H. Schneider, WpÜG, § 48 Rn. 15; *Möller*, ZHR 167 (2003), 301, 308; *Schnorbus*, WM 2003, 616, 622.

[1149] So auch *Yong Ding*, Missbräuchliche Anfechtungsklage, S. 187.

[1150] *Hüffer*, AktG, § 245 Rn. 27; *ders.*, in FS Brandner; S. 57, 58, der vorschlägt, die Regelung dem Satzungsgeber zu überlassen und nur eine gesetzliche Betragsobergrenze vorzugeben; *Boujong*, in: FS Kellermann, S. 1.ff; *Wallenhorst*, S. 123 ff.; *Bayer*, Gutachten E für den 67. Deutschen Juristentag, S. 108 ff.; *Schlaus*, AG 1988, 113, 117, der einen Mindestangrund ist die Anerkennung der 1 Euro – Aktie gemäß § 8 Abs. 2 S. 1 AktG,[1151] welche ein aktienrechtliches Korrektiv benötige.[1152] Nach dieser Ansicht soll die Anfechtungsklage nur noch von solchen Aktionären erhoben werden können, die gemeinsam oder allein einen bestimmten Mindestanteilsbesitz bezogen auf das Grundkapital der Gesellschaft halten. Dies würde eine Abkehr vom Grundsatz „one share one claim“ bedeuten. Als Argument wird hierfür immer wieder angeführt, dass ein Kleinaktionär für gewöhnlich in der Hauptversammlung selbst kaum Einflussmöglichkeiten hat, er stattdessen nur reine Anlageinteressen verfolge, ihm dann aber mit der Anfechtungsklage die Macht gegeben wird, einen mehrheitlich gefassten Hauptversammlungsbeschluss zu blockieren oder gar gänzlich zu verhindern.[1153] Insoweit sei es erforderlich, entsprechend der tatsächlichen Einflussmöglichkeit des Kleinaktionärs ihm nicht durch die Anfechtungsklage unverhältnismäßig mehr Macht zuzugestehen. Man müsse bei börsennotierten Aktiengesellschaften vielmehr zwischen Anleger- und Unternehmeraktionären unterscheiden.[1154] Erstere hätten nur einen kleinen Anteilsbesitz und verfolgten daher nur Vermögensintressen und keine Verwaltungsinteressen, während letztere mit ihrem großen Anteilbesitz neben den reinen Vermögensinteressen auch unternehmerische Ziele verfolgten.[1155]

2. Bedenken gegen den Reformansatz eines Mindestquorums

2.1 Verfassungsrechtliche Bedenken?

Die Quorumslösung ist zunächst in verfassungsrechtlicher Hinsicht zu hinterfragen. Der Ausschluss des Anfechtungsrechts könnte nämlich eine Verletzung des

---

teilsbesitz von 1% des Grundkapitals oder von 500.000 DM forderte; *Krieger*, ZHR 163 (1999), 343, 361; *Schiessl*, VRG 2000, S. 57, 72; *Waclawik*, DStR 2006, 2177, 2183; *ders.*, ZIP 2008, 1141, 146f.; *Poelzig/Meixner*, AG 2008, 196, 203 (1% des Grundkapitals oder ein anteiliger Betrag von 100.000 Euro); *von Rosen*, BB 2008, 957 (5% des Grundkapitals); *Vetter*, AG 2008, 177, 188 (1% oder 10% des auf außenstehende Aktionäre entfallenden Grundkapitals); *Grunewald*, NZG 2009, 967, 969 f.

1151 Art. 3 § 1 Nr. 3 EuroEG, Gesetz zur Einführung des Euro (Euro-Einführungsgesetz – EuroEG) vom 9. Juni 1998, BGBl. I S. 1242.

1152 *Hüffer*, AktG, § 245 Rn. 27; *ders.*, in: MünchKomm AktG, § 245 Rn. 10; *ders.*, in: FS Brandner, S. 57, 60 ff.; *Wallenhorst*, S. 13 ff.

1153 *Hüffer*, in: FS Brandner, S. 57, 60 ff.

1154 *Bayer*, Gutachten E für den 67. Deutschen Juristentag, S. 101 ff.; *Heinrich*, Die Abwehr des Missbrauchs der Anfechtungsklage, S. 80 ff;

1155 OLG Düsseldorf, WM 1994, 337, 340; *Heinrich*, Die Abwehr des Missbrauchs der Anfechtungsklage, S. 210, 212; *Hirschberger/Weiler*, DB 2004, 1137, 1138 in der Aktie verkörperten Anteilseigentums nach Art. 14 Abs. 1 S. 1 GG darstellen.[1156] Allerdings ist mit der Rechtsprechung des BVerfG seit dessen „Moto-Meter-Beschluss“[1157] eine entgegengesetzte Ansicht zu vertreten. Das BVerfG hat nämlich die Vorschriften über den aktienrechtlichen Squeeze-Out nach §§ 327a ff. AktG für verfassungsgemäß erklärt,[1158] nach denen die Hauptversammlung einer Aktiengesellschaft [...] auf Verlangen eines Aktionärs, dem Aktien der Gesellschaft in Höhe von 95 % Grundkapitals gehören (Hauptaktionär), die Übertragung der Aktien der übrigen Aktionäre (Minderheitsaktionäre) auf den Hauptaktionär gegen Gewährung einer angemessenen Barabfindung beschließen kann. Dieser massive Eingriff in die Rechtsstellung des Aktionärs sei mit dem Grundsatz des Minderheitenschutzes als zulässige Inhalts- und Schrankenbestimmung nach Art. 14 Abs. 1 S. 2 GG vereinbar, da der Gesetzgeber mit ihm einen legitimen Zweck verfolge, die ausgeschlossenen Aktionäre vollen Werterersatz für ihre Anteile erhielten und auch effektiver Rechtsschutz gegen den Ausschluss gewährleistet sei.[1159] Dabei stellt das BVerfG klar, dass Art. 14 GG die mitgliedschaftliche Stellung des Aktionärs insgesamt, das heißt samt aller daraus folgenden Rechte, also auch der Anfechtungsbefugnis, schützt.[1160] Allerdings sei das Mitgliedschaftsinteresse eines Aktionärs um so geringer zu bewerten, je geringer sein Anteilsbesitz ist.[1161] Dabei hält das BVerfG einen Anteilsbesitz von 5% des Grundkapitals als maßgeblichen Schwellenwert, der einen Schutz der mitgliedschaftlichen Stellung vermittelt.[1162] Es stimmte sogar dem Missstand zu, dass Minderheitsaktionäre ihre Stellung ausnutzten, um die Unternehmensführung zu behindern und den Hauptaktionär zu finanziellen Zugeständnissen zu

[1156] Der Gesetzgeber des UMAG ging ausdrücklich auf den Vorschlag zur Einführung eines Mindestquorums ein und lehnte diesen unter Hinweis auf bestehende verfassungsrechtliche Bedenken ab; *Baums*, Gutachten F für den 67. Deutschen Juristentag, F 103 ff.; *Heidel*, BB 2007, 2526; *Baums/Drinhausen*, ZIP 2008, 145, 148 f.

[1157] BVerfG v. 23. August 2000 – BvR 68/95, 1 BvR 147/97, AG 2001, 42, 44 („Moto-Meter“).

[1158] So auch schon BGH v. 25. Juli 2005 – II ZR 327/03, BB 2005, 2651; v. 19. September 2006 – II ZR 225/04, AG 2006, 887; *Hüffer*, AktG, § 327a Rn. 4 m.w.N.

[1159] BVerfG v. 30. Mai 2007 – 1 BvR 390/04, AG 2007, 544, 545.

[1160] BVerfG v. 30. Mai 2007 – 1 BvR 390/04, AG 2007, 544, 545; v. 23. August 2000 – BvR 68/95, 1 BvR 147/97, AG 2000, 42, 44 („Moto-Meter“).

[1161] BVerfG v. 30. Mai 2007 – 1 BvR 390/04, AG 2007, 544, 545.

[1162] BVerfG v. 30. Mai 2007 – 1 BvR 390/04, AG 2007, 544, 545; *Poelzig/Meixner*, AG 2008, 196, 202.

bewegen.[1163] Auch das BVerfG geht hier von der Unterteilung in Anleger- und Unternehmeraktionäre aus. Daher sei es legitim, den Schutz des Minderheitsaktionärs auf die vermögensrechtliche Komponente zu konzentrieren.[1164] Da das Anfechtungsrecht an eine Mindestquote zu knüpfen, aber ein wesentlich geringerer Eingriff in die Aktionärsstellung als die Möglichkeit des Zwangsausschlusses nach §§ 327a ff. AktG sei, leiten die Befürworter eines Mindestquorums für die Anfechtungsklage hieraus dessen Zulässigkeit ab, wenn ein angemessener Vermögensausgleich vorgesehen wird.[1165]

2.2 Rechtspolitische Bedenken

Die Einführung eines Mindestquorums zur Erhebung der Anfechtungsklage ist aber dennoch strikt abzulehnen.[1166] Würde man Quoren in der Höhe von 1% - 5% des Grundkapitals und mehr zulassen, würde man damit bei reinem Streubesitz auch jegliche Rechtskontrolle aushebeln.[1167] Der Umstand, dass ein Aktionär mit einem höheren Anteilsbesitz auch mehr Kontrollrechte hat, darf nicht zum Ausschluss des Rechtsschutzes des Kleinaktionärs führen.[1168] Immerhin hilft dessen Investition (unabhängig von ihrer Höhe) ebenfalls bei der Realisierung der unternehmerischen Ziele des Großaktionärs. Ein Beispiel für den faktischen Ausschluss des Rechtsschutzes sind die an ein Mindestquorum geknüpften Klagen nach § 148 AktG, wonach Aktionäre, deren Anteile im Zeitpunkt der Antragstellung zusammen den einhundertsten Teil des Grundkapitals oder einen anteiligen Betrag von 100.000 Euro erreichen, die Zulassung beantragen können, im eigenen Namen die in § 147 Abs. 1 Satz 1 AktG bezeichneten Ersatzansprüche der Gesellschaft geltend zu machen. Diese Klagen sind in der Praxis so gut wie nicht existent. Den Grund hierfür findet man in der rechtsschutzeinschränkenden Wirkung des hohen Quorums.[1169] Eine solche Handhabung im Bereich der Anfechtungsklage wäre eine absolute Überreaktion auf das Phänomen

[1163] BVerfG v. 30. Mai 2007 – 1 BvR 390/04, AG 2007, 544, 545.

[1164] BVerfG v. 30. Mai 2007 – 1 BvR 390/04, AG 2007, 544, 545.

[1165] *Poelzig/Meixner*, AG 2008, 196, 202;

[1166] So auch *Zöllner*, JZ 2000, 147f.; *Bayer*, NJW 2000, 2609, 1615; *Lutter*, JZ 2000, 832 f.; *Schwintowski*, DB 2007, 2695 f.; *Baums/Drinhausen*, ZIP 2008, 145, 148 ff; *K.Schmidt*, AG 2009, 248, 256; *Habersack*, ZGR 2010, 710, 725.

[1167] *Niemeier*, ZIP 2008, 1148, 1149.

[1168] *Niemeier*, ZIP 2008, 1148, 1149.

[1169] *Niemeier*, ZIP 2008, 1148, 1149.

ihres Missbrauchs.[1170] Zudem würde sie dadurch ihrer, nach hier vertretener Ansicht, Kontrollfunktion[1171] beraubt werden. Großaktionäre nutzen die Anfechtungsklage typischerweise nur äußerst selten.[1172] Die Quorumsregelung führt auch nicht, wie von so manchem vertreten, zu einer Reduktion der Kontrollfunktion der Anfechtungsklage auf eine „realistische Basis".[1173] Vielmehr wird hier die Angst vor einem Missbrauch des Anfechtungsrechts dazu benutzt, wirtschaftliche Realitäten in Bezug auf den Anteilsbesitz auch dazu benutzen zu können, ob ein rechtswidriger Beschluss Bestand haben darf oder nicht. Sollen Beschlüsse also einer Kontrolle so gut wie entzogen sein? Oder sollte man nach dieser Ansicht an dieser Stelle die Beschlusskontrolle einer unabhängigen Stelle, z.B. einem Aktienamt übertragen?[1174]

Freilich könnte man die Quorumslösung mit der neuesten Rechtsprechung versuchen zu rechtfertigen, der zur Identifikation der Missbräuchlichkeit einer Anfechtungsklage unter anderem die Höhe des Anteilsbesitzes heranzieht.[1175] Die Befürworter der Quorumsregelung haben ihren Gegnern, die ihnen entgegen hielten, die Quorumsregelung schließe auch den redlichen Aktionär vom Anfechtungsrecht aus, nämlich entgegnet, dass selbst die Rechtssprechung (bisher) davon ausging, dass ein geringer Anteilsbesitz genauso wenig auf eine missbräuchliche Klagen schließen lässt wie ein hoher Anteilsbesitz auf eine redliche Klageerhebung.[1176] Diese neue Rechtsprechung lässt sich aber nicht als Argument heranziehen, ist der Anteilsbesitz doch nur eins von vielen Kriterien.[1177]
Auch das Argument, dass unterhalb des Quorums Rechtsschutz zumindest in Form eines Schadensersatzanspruches des Aktionärs für den Fall der Begründetheit der Klage der Klage besteht,[1178] vermag nicht zu überzeugen. Der Gedanke „dulde und liquidiere" widerspricht dem mit durch das Aktieneigentum vermit-

---

1170 So auch *K. Schmidt*, AG 2009, 248, 256.

1171 Dazu oben unter § 3 B IV 5.

1172 *Habersack*, ZGR 2010, 710, 725.

1173 So *Yong Ding*, Missbräuchliche Anfechtungsklage, S. 161.

1174 Zu diesem Reformvorschlag oben unter §9 A V.

1175 So beispielsweise OLG Frankfurt/M. v. 13. Januar 2009 – 5 U 183/07, AG 2009, 200 ff.; dazu *Martens/Martens*, in: AG 2009, 173 ff.

1176 *Yong Ding*, Missbräuchliche Anfechtungsklage, S. 161; DSW, Stellungnahme zum ARUG, abzurufen unter: http://www.dsw-info.de/DSW-Stellungnahme.147.0.html.

1177 Siehe dazu noch unten § 10 B II 1.3.

1178 Statt Vieler: *Vetter*, AG 2008, 177, 188.

telten dem Aktionär Mitverwaltungsrecht des Aktionärs.[1179] Allein die Vermutung, dass unterhalb eines gewissen Quorums für den Aktionär allein Vermögensinteressen im Vordergrund stehen sollen, rechtfertigt diese Ansicht nicht. Wird einem Aktionär aber Einfluss auf die Willensbildung der Gesellschaft zugestanden, kann ihm dessen Geltendmachung nicht durch Schadensersatz abgekauft werden. Auch die kapitalmarktorientierte Handhabung der 1-Euro-Aktie impliziert, dem (Klein-)Anleger ein wirksames Instrument an die Hand geben, um Hauptversammlungsbeschlüsse einer Kontrolle unterziehen zu können. Ein Mindestquorum – zumindest ein solch hohes ab 1% des Grundkapitals oder 100.000 Euro – verhindert den Schutz der Interessen des Kleinaktionärs, die, entgegen der Ansicht der Vertreter der Quorumslösung, nicht zwangsläufig immer nur rein monetärer Natur sein müssen. Im Gegenteil kann ein Kleinaktionär auch durchaus das Interesse verfolgen, durch Gewinnmaximierung auf eine Beteiligungsaufstockung und somit auf eine Kontrollmöglichkeit hinzuarbeiten. Darüber hinaus sollte einem Anleger nicht zugemutet werden, in ein Unternehmen zu investieren ohne eine Möglichkeit zu haben, auf eine rechtmäßige Beschlussfassung, das heißt die Einhaltung von Gesetz und Satzung, hinwirken zu können.

Schließlich scheint aber auch die Wirksamkeit dieses Reformansatzes zweifelhaft. Es besteht nämlich die Gefahr, dass Missbrauchskläger sich zur Erreichung des Quorums zusammenschließen, notfalls mithilfe eines Hedgefonds, der Wertpapierleihe oder einer Pool-Bildung[1180] und so das Quorum umgehen. Eine solche „Pool-Lösung" wird nämlich teilweise selbst von den Vertretern des Mindestquorums vorgeschlagen, um den Minderheitenschutz noch irgendwie gewährleisten zu können.[1181]

3. Stellungnahme

In Bezug auf die Einführung eines Mindestquorums zur Erhebung der Anfechtungsklage beginnen die Probleme schon bei der Frage, in welcher Höhe dieses Quorum anzusiedeln ist. Publikumsgesellschaften sind unterschiedlich strukturiert, eine einheitliche Lösung verbietet sich schon daher. Andererseits kann auch die Festlegung einer gesetzlichen Obergrenze problematisch sein. Insoweit

---

[1179] *Raiser/Veil*, Recht der Kapitalgesellschaften, § 11 Rn. 22.
[1180] *Niemeier*, ZIP 2008, 1148, 1149.
[1181] So z.B. *Poelzig/Meixner*, AG 2008, 196, 203 m.w.N.

besteht die Gefahr, dass die Gesellschaften das Quorum am obersten Rand wählen, um das Anfechtungsrisiko zu minimieren. Schließlich bleibt dann auch noch fraglich, ob das Quorum durch einen einzelnen oder mehrere Aktionäre zusammen erreicht werden kann. Im letzteren Fall scheint die Wirksamkeit des Quorums zur Missbrauchsbekämpfung wiederum fraglich, es sollte den Berufsklägern ein leichtes sein, sich gemeinsam zu organisieren und zu klagen. Unabhängig von der Quorumshöhe stellt dessen Einführung aber ein Wagnis dar, mit dem die Kontrolle über die Rechtmäßigkeit eines Hauptversammlungsbeschlusses in die Hände einiger weniger Großaktionäre gelegt würde, die in der Mehrzahl der Fälle eine Beschlussanfechtung wohl unterlassen würden, wenn sie nicht gerade selbst dadurch einen Rechtsverlust erleiden würden. Solange das Gesetz vorgibt, wann ein Beschluss rechtmäßig und wann rechtswidrig, nichtig oder nur anfechtbar ist, muss es eine Möglichkeit geben, die Einhaltung von Gesetz und Satzung forcieren zu können. Dies kann, solange es nicht eine unabhängige Stelle zur Beschlusskontrolle gibt, nur durch den einzelnen Aktionär, unabhängig von seiner Beteiligungshöhe, gewährleistet werden. Der Gesetzgeber ist hier auf den Privaten als Hüter der Rechtsordnung angewiesen.

II. Die Registersperre auf dem Prüfstand

Ein weiteres großes Thema in der Diskussion um die Bekämpfung missbräuchlicher Klagen bildet die mit der Anfechtungsklage gesetzlich angeordnete (z.B. § 16 Abs. 2 UmwG) oder faktisch bestehende (§§ 21, 381 FamFG) Registersperre. Wie oben bereits ausführlich dargestellt wurde (oben § 3 D), ist sie der Hebel, mit dem das Missbrauchsszenario in Gang gesetzt wird. Verständlicherweise zielen viele Überlegungen darauf ab, die Registersperre nur in Abhängigkeit von einem bestimmten Anteilsbesitz eingreifen zu lassen (dazu unter 1.). Weitere Überlegungen zielen auf eine verfahrensrechtliche Umgestaltung (dazu unter 2. und 3.).

1. Der Quorumsansatz

Angesichts der gegen ein quorumsabhängiges Anfechtungsrecht erhobenen Einwände schlägt *Assmann* vor, das Quorum auf eine andere Ebene zu verlagern. Danach soll die Registersperre aufgehoben werden und stattdessen nur dann eingreifen, wenn ein Aktionär, der eine unternehmerische Beteiligung, das heißt einen Anteilsbesitz in bestimmter Höhe, hält, den Beschluss anficht.[1182] Die Gesellschaft müsste dann aber notwendigerweise nach Anfechtung des Beschlusses ein Freigabeverfahren einleiten, um bei Begründetheit der Anfechtungsklage den Beschluss nicht löschen und die eingetragenen Maßnahme rückabwickeln zu müssen.[1183]

Dieser vorgeschlagene Weg ist zwar gegenüber dem quorumsabhängigen Anfechtungsrecht vorzugswürdig, weil er *jedem* Aktionär das Recht zur Verteidigung seiner mitgliedschaftlichen Rechte im Wege der Klage gibt. Insgesamt verkompliziert diese Ansicht aber den Anfechtungsprozess. Darüber hinaus ist sie auch widersprüchlich und schon daher abzulehnen. Sie geht von dem Umstand aus, dass ein anfechtbarer Beschluss grundsätzlich nicht umzusetzen ist, solange derjenige, der anficht, nur einen gewissen Mindestanteilsbesitz hält. Derselbe anfechtbare und damit rechtswidrige Beschluss soll aber dann umgesetzt werden, wenn der anfechtende Aktionär *nicht* das erforderliche Mindestquorum hält. Dieses Konzept läuft auf eine unterschiedliche Wertung desselben materiellen Unrechts hinaus. Zwar ist es richtig, dass das Bundesverfassungsgericht den Schutz des Kleinaktionärs auf eine vermögensrechtliche Komponente reduziert und damit Schadensersatz als Kompensationsleistung als ausreichend erachtet. Jedoch kann das nicht dazu führen, dass die Rechtswidrigkeit eines Beschlusses eine andere Qualität erhält, wenn der, der ihn anficht, einen bestimmten Anteilsbesitz inne hat. Dann wäre es konsequenter, die Registersperre gänzlich entfallen zu lassen (dazu sogleich). Darüber hinaus scheint aber auch bei diesem Quorum eine Umgehung mittels Gründung von Zweckgesellschaften denkbar, da das Quorum, welches nur Anlegeraktionäre ausschließen soll,[1184] auch nicht all zu hoch sein kann.[1185] Die Wirksamkeit dieses Lösungsansatzes bleibt daher auch fraglich.

[1182] *Assmann*, AG 2008, 208, 212.
[1183] *Assmann*, AG 2008, 208, 212; *Poelzig/Meixner*, AG 2008, 196, 205.
[1184] *Assmann*, AG 2008, 208, 212.
[1185] *Yong Ding*, Missbräuchöiche Anfechtungsklage im Aktienrecht, S. 164.

2. Registersperre auf Antrag des Anfechtungsklägers

2.1 Antragslast des Anfechtungsklägers

Ein weiteres Modell zur Lösung des Blockadepotenzials der Registersperre sieht in seinem Grundgedanken vor, dass die Registersperre nur noch auf Antrag des Anfechtungsklägers eintritt. Dabei werden innerhalb dieser Ansicht verschiedene Ansätze vertreten. Ihnen allen liegt aber die Annahme zugrunde, dass nach wie vor Strukturmaßnahmen aus dem Umwandlungsbereich der gesetzlichen Registersperre unterliegen, während die Registersperre bei den übrigen Beschlüssen eben nur auf Antrag des Klägers bewirkt werden kann.[1186]

Nach Ansicht von *Baums* resultiert dieser Wandel aus einer Beschränkung des Prüfungsumfangs des Registerrichters bei der Eintragung eines Beschlusses. Dem Registerrichter soll nach dieser Ansicht nämlich nur die Prüfung der formellen und materiellen Eintragungsvoraussetzungen obliegen, hingegen nicht aber die Prüfung des Vorliegens von Anefchtungsgründen.[1187] Diese Pflicht entfalle, da es insoweit auch den Aktionären obliege, ob sie eine Rechtsverletzung klageweise rügen wollen oder nicht. Dies folge schon aus den Vorschriften über die Anfechtungsklage selbst,[1188] die insofern auch nur dann zur Nichtigkeit eines Beschlusses und damit (nach bisherigem Rechtsstand) zu einer Registersperre führen könne, wenn sie überhaupt erhoben werde. Daher müsse auch die Registersperre von dem Kläger selbst erhoben werden.[1189] Erstreckt sich die Prüfungskompetenz des Registerrichters damit nicht mehr auf das Vorliegen von Anfechtungsgründen, werde die Eintragung eines Beschlusses bereits beim Vorliegen der formellen und materiellen Eintragungsvoraussetzungen verfügt. Einen Eintragungsstopp könne der Anfechtungskläger dann aber durch eine sogenannte Unzulässigerklärung des Gerichts der Hauptsache erreichen. Nach dem Antrag des Klägers soll diese innerhalb einer Frist von 4 Wochen ergehen, wenn die Klage ausreichende Aussicht auf Erfolg habe *oder* die mit der Klage geltend

---

[1186] *Hüffer*, in: MünchKomm AktG, § 245 Rn. 13; *K. Schmidt*, AG 2009, 248, 256; *ders.*, Verhandlungen des 63 DJT, O 21 f.; *Baums*, Gutachten F zum 63. Deutschen Juristentag, S. 176 ff.

[1187] *Baums*, Gutachten F zum 63. Deutschen Juristentag, S. 177.

[1188] Zudem führt er auch die Grundüngsprüfung (§ 38 AktG) zur Begründung an; *Baums*, Gutachten F zum 63. Deutschen Juristentag, S. 171 f.

[1189] *Baums*, Gutachten F zum 63. Deutschen Juristentag, S. 171 f.

gemachte Rechtsverletzung eine Registersperre erfordere.[1190] Kritisch sei an dieser Stelle anzumerken, dass die Alternativität der erfolgreichen Klage und Schwere der Rechtsverletzung beides auf eine Prüfung der Begründetheit der Klage hinaus läuft und somit die Schwere der Rechtsverletzung überflüssig ist. Denn allein die Geltendmachung einer schweren Rechtsverletzung, die die Eintragungsaussetzung rechtfertigen soll, genügt in diesem Fall nicht. Auch hier wird der Richter die Möglichkeit des Vorliegens dieser Rechtsverletzung und damit die Erfolgsaussichten der Klage prüfen. Andernfalls würden sich an dieser Stelle wieder Tür und Tor für den Missbrauch öffnen: Könnte nur die Geltendmachung/Behauptung einer (an sich unbegründeten) besonders schweren Rechtsverletzung die Registersperre bewirken, wäre das ein erneutes ideales Angriffsziel für den Missbrauch. Die Beurteilung der Erfolgsaussichten der Klage erfolgt dann anhand einer kursorischen Prüfung des Sachvortrags des Klägers und seiner angebotenen Beweismittel ohne aufwändige Beweiserhebung. Die Unzulässigerklärung soll innerhalb einer Frist von vier Wochen ergehen.[1191] Da aber die Eintragung schon bei Vorliegen der formellen und materiellen Eintragungsvorussetzungen und damit zügig erfolgt, muss der Anfechtungskläger noch vor der Eintragung des Beschlusses bei dem Registergericht Einwendungen gegen die Eintragung erheben, um einen Fristnachlass zur Beibringung der Unzulässigerklärung zu erwirken.[1192]

K. Schmidt modifiziert diese Ansicht in seinem Gutachten zum 63. Deutschen Juristentag dahingehend, dass trotz aussichtsreicher Anfechtungsklage die Unzulässigerklärung dann nicht ergeht, wenn die Gesellschaft – ähnlich wie im Freigabeverfahren – darlegt, dass die Eintragung des Hauptversammlungsbeschlusses zur Abwendung wesentlicher Nachteile für die Gesellschaft und ihrer Aktionäre unter Berücksichtigung der Schwere der geltend gemachten Rechtsverletzung erforderlich sei.[1193]

Hüffer geht sogar noch einen Schritt weiter und gestaltet die Voraussetzungen der Unzulässigerklärung gänzlich nach dem Vorbild des Freigabeverfahrens und

[1190] *Baums*, Gutachten F zum 63. Deutschen Juristentag, S. 175 f.
[1191] *Baums*, Gutachten F zum 63. Deutschen Juristentag, S. 174 f.
[1192] *Baums*, Gutachten F zum 63. Deutschen Juristentag, S. 174 f.
[1193] *K. Schmidt*, Verhandlungen des 63. DJT, O 21 f.

verlangt neben der voraussichtlichen Erfolgsaussicht der Klage, dass kein vorrangiges Interesse der Gesellschaft am alsbaldigen Wirksamwerden der Maßnahme besteht.[1194]

2.2 Stellungnahme

Die Diskussion um die Modifizierung oder gar Abschaffung der Registersperre dauert bereits um die 10 Jahre an.[1195] Die vorstehend beschriebenen Lösungsansätze versuchen, den Missbrauch der Anfechtungsklage über den Hebel der Registersperre zu eleminieren. Dabei ist grundsätzlich anzumerken, dass die Antragslast auf Klägerseite geeignet ist, die Registersperre zu erschweren und damit das Druckpotential auf die Gesellschaften zu verringern. Auch die Herleitung der Antragslast aus dem systematischen Zusammenhang mit der Rollenverteilung des § 246 AktG ist insofern einleuchtend. Sieht der Gesetzgeber vor, dass bestimmte Mängel eines Hauptversammlungsbeschlusses nur auf die Initiative eines Aktionärs hin überprüft werden sollen, scheint es billig, dem Aktionär dann auch die Initiative hinsichtlich der Blockade eines Hauptversammlungsbeschlusses aufzuerlegen. Allerdings ist die umgekehrte Antragslast hier fehl am Platze, weil das Ergebnis einer begründeten Anfechtungsklage die Nichtigerklärung des Beschlusses ist, die nicht nur zwischen den Parteien, sondern gemäß § 248 Abs. 1 AktG für und gegen alle Aktionäre wirkt. Eine der Registersperre vorgeschaltete Kontrolle ihrer Rechtmäßigkeit ist dennoch durchaus zu begrüßen, bietet jedoch auch nicht zu vernachlässigende Probleme. In Fällen, in denen sich die voraussichtlichen Erfolgsaussichten der Klage aufgrund der Schwierigkeit des Prozessstoffes oder der Klägeranzahl nicht innerhalb eines Monats und auch nur aufgrund aufwändiger Beweisaufnahmen ermitteln lassen, droht die angestrebte Monatsfrist leerzulaufen und das vorgeschaltete Antragsverfahren in ein Hauptverfahren auszuarten. Darüber hinaus scheint fraglich, was passieren soll, wenn zwar Anfechtungsklage erhoben ist, der Kläger aber keinen Antrag bezüglich einer Unzulässigerklärung stellt, der Kläger nicht rechtzeitig seine Einwände vor dem Registergericht vorbringt oder die Unzulässigerklärung mangels Vorliegen ihrer Voraussetzungen nicht ergangen ist, die Anfechtungsklage aber später doch Erfolg hat. Wird der eingetragene Beschluss dann doch zu lö-

[1194] *Hüffer*, in: MünchKomm AktG, § 245 Rn. 13.

[1195] So besprochen von *Baums*, Gutachten F zum 63. Deutschen Juristentag, S. 169 ff.; *K. Schmidt*, Verhandlungen des 63. DJT, O 21 f; *ders.* in: Lib. Happ, S. 259, 264 ff.; *Bayer*, NJW 2000 2609, 2717 f.; *Hüffer*, in: MünchKomm AktG, § 245 Rn. 13.

schen und ggf. Rückabzuwickeln sein, läuft auch die gesamte beschleunigte Eintragung ins Leere.[1196] Erhielte der eingetragene Beschluss hingegen Bestandskraft, kommt man sogar zu einer Art verdecktem Anfechtungsausschluss, soweit man *Hüffer* und *K.Schmidt* folgt, welche bei der Entscheidung über die Unzulässigerklärung eine Interessenabwägung mit einfließen lassen.[1197]

Noch viel bedeutender als diese Unstimmigkeiten ist aber eine ganz andere Schwachstelle, an welcher alle drei Ansichten leiden: der Rechtsschutz des Aktionärs wird durch das vorgesehene Verfahren in unzulässiger Weise eingeschränkt. Dieser Umstand wird durch den bezweckten Beschleunigungseffekt bei der Eintragung hervorgerufen. Soll die Unzulässigerklärung innerhalb einer Frist von vier Wochen nach Antragstellung ergehen, so ist die Zeit für die Glaubhaftmachung der hinreichenden Erfolgsaussichten der Klage und ihrer Prüfung nicht nur bei umfangreichen Sachverhalten schwierig bis unmöglich. Eine Verlängerung des Verfahrens würde hingegen dem Beschleunigungsgedanken zuwider laufen. Darüber hinaus führt die Verkürzung der Prüfungskompetenz des Registerrichters zu einer möglichen Umgehung des Antragsrechts der Aktionäre. Hat der Registerrichter nach Ansicht von *Baums* nämlich nur noch die formellen und materiellen Eintragungsvoraussetzungen festzustellen, besteht die Gefahr, dass den Aktionären nicht mehr genügend Zeit für die Erhebung von Einwänden und die damit verbundene Erreichung eines Fristnachlasses bleibt.[1198] Die damit einhergehende Verletzung des verfassungsmäßig garantierten Rechts auf rechtliches Gehör (Art. 103 Abs. 1 GG) könnte nur durch eine entsprechende Verpflichtung der Gesellschaft zur rechtzeitigen Bekanntmachung der bevorstehenden Eintragung kompensiert werden.[1199] Die verminderte Prüfungskompetenz führt weiter dazu, dass ein Aktionär die ihm durch § 246 Abs. 1 AktG gewährte Anfechtungsfrist nicht voll ausschöpfen kann. Soweit die Erhebung der Einwände vor dem Registergericht unverzüglich zu erfolgen hat und die Unzulässigerklärung, welche die Erhebung der Anfechtungsklage als Prüfungsvoraussetzung beinhaltet, dann innerhalb von 4 Wochen ergehen soll, ist auch eine unverzügliche Klageerhebung erforderlich. Dabei dient die Anfech-

[1196] *Yong Ding*, Missbräuchliche Anfechtungsklage im Aktienrecht, S. 167.

[1197] So wohl auch *Yong Ding*, Missbräuchliche Anfechtungsklage im Aktienrecht, S. 167.

[1198] *Yong Ding*, Missbäuchliche Klage im Aktienrecht, S. 169.

[1199] *Schwarz*, ZRP 2000, 330, 332 f.

tungsfrist aber neben der Rechtssicherheit auch dazu, dem Aktionär genügend Zeit zu geben, sich über die Erfolgsaussichten einer möglichen Klage Klarheit zu verschaffen.[1200] Schließlich birgt die verkürzte Prüfungskompetenz auch das Risiko auseinanderfallender gerichtlicher Entscheidungen, wenn der Registerrichter mangels Antrag der Aktionäre den Beschluss einträgt und dieser später durch das Prozessgericht wieder aufgehoben wird.[1201]

Zwar ist die Registersperre, wie auch die *Baums*, *K. Schmidt* und *Hüffer* richtig erkannt haben, der Hebel, der dem Missbrauch der Anfechtungsklage zu seiner Wirksamkeit verhilft. Dieser kann aber nicht durch ein den Aktionärsschutz derart vernächlässigendes Verfahren beseitigt werden. Man muss insoweit auch bedenken, dass die Rechtsfolge einer begründeten Anfechtungsklage nach dem Willen des Gesetzgebers und auch der Autoren noch immer die Nichtigkeit des Beschlusses ist. Ein Eintragungsstopp ist daher sinnvoll, um sowohl die Aktionäre als auch die Gesellschaft vor den Folgen eines nicht oder nur schwer rückgängig zu machenden Beschlusses zu schützen. Dennoch scheint es angebracht, die Eintragung eines Beschlusses einer gewissen Kontrolle dahingehend zu unterziehen, ob die eingelegte Klage überhaupt Aussicht auf Erfolg hat. Dies bewirkt aber in gewissem Umfang das bereits bestehende Freigabeverfahren. Eine alternative Lösung könnte daher eher darin bestehen, das Freigabeverfahren dahingehend zu modifizieren, dass sowohl das Mindestquorum als auch die Interessenabwägungsklausel wegfallen und stattdessen nur eine Untersuchung der Erfolgsaussichten der Klage stattfindet und der Freigabebeschluss den Hauptversammlungsbeschluss dann bestandskräftig werden lässt. Bei erfolgreicher Anfechtungsklage sollte dann freilich ein Schadensersatzanspruch für die klagenden Aktionäre entstehen.[1202]

3. Eintragungssperre durch einstweilige Verfügung, §§ 935 ff. ZPO

3.1 Das Grundkonzept

Ein weiterer Vorschlag, der sich um die Registersperre dreht, will eine Abkehr von der Entscheidung über die Registersperre im Freigabeverfahren hin zu einer

[1200] *Hüffer*, AktG, § 246 Rn. 1.

[1201] *Yong Ding*, Missbäuchliche Klage im Aktienrecht, S. 168.

[1202] Dieser Vorschlag soll an dieser Stelle nicht weiter verfolgt werden. Dazu aber unten § 10 B IV 4.

Registersperre nur auf einstweilige Anordnung nach den Regeln der §§ 935 ff. ZPO.[1203] *Niemeier* verweist insoweit darauf, dass die bloße Klageerhebung im Zivilprozess niemals zu einer Blockade führe. Im Gegenteil müsse der Kläger zunächst von seiner Rechtsverletzung überzeugen, um dann den Vollzug seiner Rechte erwirken zu wirken. Die bloße Klageerhebung hingegen führe nur zur geänderten Gefahrentragung oder könne in Verzug setzen.[1204] Das geltende Aktienrecht übervorteile den Anfechtungskläger durch die mit der Anfechtungsklage bewirkte Registersperre und führe daher zum Missbrauch. Nach dieser Ansicht soll insbesondere das aus dem einstweiligen Rechtsschutz resultierende Haftungsrisiko des Klägers diesem Missbrauch vorbeugen, wobei auch eine Begrenzung der Haftungssumme unterhalb 1 Mio. Euro wirksam sei und der Kläger eine Sicherheitsleistung zur Absicherung der Beklagten Gesellschaft zu hinterlegen habe.[1205] Das Gericht habe im einstweiligen Rechtsschutzerfahren dann eine summarische Prüfung der Erfolgsaussichten in der Hauptsache vorzunehmen und darüber hinaus auch ein Aufschubinteresse gleich der Interessenabwägung im Freigabeverfahren festzustellen. Für die Erwirkung der einstweiligen Anordnung sei dabei eine Frist von zwei Monaten, bestehend aus der Frist zur Erhebung der Anfechtungsklage plus einem weiteren Monat, ausreichend. Wird die Frist versäumt, führe dies zur Bestandskraft des Beschlusses. Eine erhobene Anfechtungsklage könne danach nur noch als Feststellungsklage fortgeführt werden und die Nichtigerklärung des Gerichts den Beschluss nicht mehr vernichten, sondern lediglich zu einem Schadensersatzanspruch des Klägers führen.[1206] Dazu soll dem Anfechtungskläger für den Fall, dass er einen Schaden nicht beweisen kann, ein Austrittsrecht zugestanden werden.[1207]

Yong Ding will unter Aufhebung der gesetzlichen und faktischen Registersperre ebenfalls das Prinzip des einstweiligen Rechtsschutzes für die Erwirkung einer Eintragungssperre nutzbar machen. Im Unterschied zu *Niemeier* geht er aber sogar noch ein Stück weiter und verlangt eine Mindestbeteiligung von 1 % des Grundkapitals, um den Aufschub der Beschlusseintragung zu erreichen, wobei

[1203] *Niemeier*, ZIP 2008, 1148, 1150 f.; *Helm/Manthey*, NZG 2010, 415, 417; nunmehr wohl auch *K. Schmidt*, AG 2009, 248, 257.
[1204] *Niemeier*, ZIP 2008, 1148, 1150.
[1205] *Niemeier*, ZIP 2008, 1148, 1150.
[1206] *Niemeier*, ZIP 2008, 1148, 1150.
[1207] *Niemeier*, ZIP 2008, 1148, 1150.

die erforderliche Beteiligungshöhe nicht notwendigerweise von nur einem Aktionär allein erreicht werden muss. Vielmehr können sich Aktionäre nach dieser Ansicht zur Erreichung des Quorums zusammenschließen.[1208] Dahinter steht der Gedanke, dass mit wachsender Beteiligungshöhe eines Aktionärs auch dessen Rechte gegenüber der Gesellschaft zunehmen. Hieraus soll sich nach dieser Ansicht daher auch das Recht der Beschlusskassation im Falle einer Rechtsverletzung ergeben.[1209]

3.2 Stellungnahme

3.2.1 Rechtsverwehrung durch § 945 ZPO

Das Prinzip der einstweiligen Verfügung auch für die aktienrechtliche Anfechtungsklage unter Aufhebung der bisherigen gesetzlichen wie faktischen Registersperre anwendbar zu machen, bietet sicher den Vorteil eines hohen Abschreckungseffekts gegenüber missbräuchlich erwirkten Registersperren. Unstreitig kann das hohe wirtschaftliche Risiko der Schadensersatzpflicht des § 945 ZPO einen Aktionär dazu bewegen, gerade bei schwierigen Sachverhalten, deren Erfolgsaussichten sich nicht eindeutig beurteilen lassen, von der einstweiligen Verfügung abzusehen und im besten Fall nur noch Klage zu erheben, ohne eine Registersperre zu erwirken.[1210] Dieser Effekt verkehrt sich aber zugleich in einen gegen diesen Lösungsansatz sprechenden Faktor, da die Abschreckung einer Rechtsverwehrung gleich kommt.[1211] Mit dem von *Yong Ding* vertretenen Quorumsansatz bliebe es auch nur noch dem Großaktionär bzw. einem Aktionärszusammenschluss vorbehalten, die Eintragung mangelhafter Beschlüsse in das Handelsregister zu verhindern, während dem redlichen Kleinaktionär dieses Recht verwert bliebe. Genau das ist freilich das Anliegen vieler Vorschläge zur Bekämpfung missbräuchlicher Klagen.[1212] Der Kleinaktionär soll

[1208] *Yong Ding*, Missbräuchliche Anfechtungsklage im Aktienrecht, S. 210.

[1209] *Yong Ding*, Missbräuchliche Anfechtungsklage im Aktienrecht, S. 201.

[1210] *Heinze*, ZGR 1979, 293, 321; Gajek, VGR 2008, 131, 133; Goll/Schwörer, ZRP 2008, 245, 247; *Niemeier*, ZIP 2008, 1148, 1150.

[1211] Im Ergebnis auch *Grunewald*, NZG 2009, 967.

[1212] *Wallenhorst*, S. 123 ff.; *Bayer*, Gutachten E für den 67. Deutschen Juristentag, S. 108 ff.; *Schlaus*, AG 1988, 113, 117; *Krieger*, ZHR 163 (1999), 343, 361; *Schiessl*, VRG 2000, S. 57, 72; *Waclawik*, DStR 2006, 2177, 2183; *ders.*, ZIP 2008, 1141, 146f.; *Poelzig/Meixner*, AG 2008, 196, 203; *von Rosen*, BB 2008, 957; *Vetter*, AG 2008, 177, 188; *Grunewald*, NZG 2009, 967, 969 f.

nicht die Chance haben, einen Beschluss, den der Rest der Aktionäre trägt, zu verhindern.

3.2.2 Anfechtungsklage nur als Verletztenklage

Eine Abkehr von der gesetzlichen oder faktischen Registersperre hat freilich auch einen grundsätzlichen Wechsel von der Kontrollklage hin zu Verletzenklage zur Folge,[1213] da die einstweilige Verfügung bezüglich eines Streitgegenstandes der Sicherung von Individualansprüchen dient.[1214] Dieser Wechsel vermag die mit dem einstweiligen Rechtsschutz auftretenden unterschiedlichen Ergebnisse zwar zu rechtfertigen. Nach der hier vertretenen Ansicht ist ein solcher Verständniswechsel aber gerade nicht gewollt. Die Anfechtungsklage dient sowohl dem Individualschutz als auch der Wahrung der Rechtsordnung („Polizeifunktion“).[1215] Diese Zwitterfunktion der Anfechtungsklage macht es gerade erforderlich, die Eintragungssperre automatisch mit der Anfechtung des Beschlusses einhergehen zu lassen, um so zu verhindern, dass die Aktionäre, die gemäß § 248 Abs. 1 AktG von einer Nichtigkeitserklärung insgesamt betroffen sind, davor zu schützen, mit der Eintragung des Beschlusses vor nicht oder nur schwer wieder rückgängig zu machende Tatsachen gestellt zu werden.[1216]

Die Einordnung als Kontrollklage lässt sich auch besser mit dem Ergebnis einer begründeten Anfechtungsklage vereinen als die Einordnung der Anfechtungsklage als Individualklage. Das Zivilprozessrecht geht grundsätzlich von einer Rechtskraftwirkung eines Urteils nur zwischen den Parteien des Rechtsstreits aus (*inter partes*).[1217] Die Nichtigerklärung eines Beschlusses nach erfolgreicher Anfechtungsklage wirkt aber gegenüber allen Aktionären. Es handelt sich hierbei um einen der wenigen gesetzlich angeordneten Fälle, in denen aufgrund der Besonderheit des Streitgegenstandes und des Interesses eines bestimmten Personenkreises an der Entscheidung über ihn eine Wirkung des Urteils für und gegen alle erforderlich ist (§ 248 Abs. 1 AktG, Wirkung *inter omnes*).[1218] Dieses Ergeb-

---

[1213] Dieser Wechsel wurde bereits von vielen Autoren vertreten, so z.B. zuletzt *Yong Ding*, Missbräuchliche Anfechtungsklage im Aktienrecht, S. 194; davor auch schon *Helm/Manthey*, NZG 2010, 415, 417; *Niemeier*, ZIP 2008, 1148, 1150.

[1214] *Vollkommer*, in: Zöller, ZPO, § 935 Rn. 1.

[1215] Dazu auch oben § 3 B IV 5.

[1216] BGHZ 112, 9, 23.

[1217] *Rosenberg/Schwab/Gottwald*, Zivilprozessrecht, § 156 Rn. 1.

[1218] *Rosenberg/Schwab/Gottwald*, Zivilprozessrecht, § 156 Rn. 5.

nis ist auch notwendig und gesetzlich nicht anders oder neu regelbar, da ein Beschluss nicht nur gegenüber einem Aktionär für nichtig erklärt werden kann. Daher kann hier auch nicht der Einwand greifen, dass der Gesetzgeber selbst die Geltendmachung eines Anfechtungsgrundes und damit die Herbeiführung der Nichtigkeit in die Hände der Parteien gelegt hat.[1219] Das Konzept des einstweiligen Rechtsschutzes nach dem Vorbild der §§ 935 ff. ZPO kann für die Anfechtungsklage schon wegen dieser *inter omnes*-Wirkung des Hauptsacheverfahrens nicht angewandt werden. Die einstweilige Anordnung dient nämlich der Sicherung eines Individualanspruchs,[1220] das heißt ein in einerm Hauptsacheprozess durchsetzungsfähiges Recht, das nicht auf eine Geldleistung gerichtet ist.[1221] Der Individualanspruch setzt aber schon per definitionem voraus, dass von dem Ausgang des Hauptsacheverfahrens nicht auch andere betroffen sind, was bei der besonderen Natur des Beschlusses als Streitgegenstand gerade nicht der Fall ist. Dies gilt auch dann, wenn den Anspruch auf Nichtigerklärung eines rechtswidrigen Beschlusses als Individualanspruch in diesem Sinne betrachtet wird. Das Ergebnis (Nichtigerklärung mit Wirkung für und gegen alle Aktionäre) steht der Einordnung der Anfechtungsklage als Individualklage und damit dem einstweiligen Rechtsschutz nach §§ 935 ff. ZPO schlicht entegen.

3.2.3 Mindestquorum und Bestandskraft

Mit der Überelgung, die Anfechtungsklage als Individualklage zu konzipieren, geht die von *Yong Ding* vertretene Ansicht, die einstweilige Verfügung über die Registersperre sogar noch von einem Mindestanteilsbesitz in Höhe von 1 % des Grundkapitals abhängig zu machen, einher.[1222] Jedoch führt jeder Quorumsansatz zu einem elementaren Problem, nämlich die potentielle Ungleichbehandlung desselben materiellen Rechts. Ein Gesetzes- oder Satzungsverstoß, der von einem Kleinaktionär geltend gemacht wird, hindert nach dieser Ansicht nicht die Eintragung des Beschlusses, aber derselbe Verstoß soll die Blockade der Eintragung bewirken könne, wenn nur ein Aktionär mit einer höhren Beteiligung ihn anficht. Auch die Auferlegung der Herbeiführung der Registersperre führt zu diesem Problem. So kann ein Beschlussmangel in der einen AG, weil ein Aktionär das nötige prozessuale Risiko auf sich zu nehmen bereit ist, dazu führen,

---

[1219] *Yong Ding*, Missbräuchliche Anfechtungsklage im Aktienrecht, S. 200.

[1220] *Vollkommer*, in: Zöller, ZPO, Vor § 916 Rn. 1a.

[1221] *Vollkommer*, in: Zöller, ZPO, § 935 Rn. 6.

[1222] *Yong Ding*, Missbräuchliche Anfechtungsklage im Aktienrecht, S. 210.

dass ein Beschluss aufgrund einstweiliger Verfügung nicht eingetragen und schließlich für nichtig erklärt wird, während in einer anderen AG derselbe Fehler nur mittels Anfechtungsklage geltend gemacht wird, der Beschluss aber, obwohl er mangelhaft war, aufgrund der fehlenden einstweiligen Anordnung nach Fristablauf in Bestandskraft erwächst.

Die Bestandskraft stellt in dem Konzept des einstweiligen Rechtsschutzes eine weitere Schwachstelle dar. Während *Niemeier* dem Hauptversammlungsbeschluss nach zwei Monaten Bestandskraft verleihen will,[1223] nimmt *Yong Ding* nach erfolgreicher Anfechtungsklage eine Rückabwicklung in Kauf.[1224] Eine Bestandskraftregelung erscheint in Bezug auf die bloß summarische Prüfung im einstweiligen Rechtsschutz bedenklich, da einer Eintragung insoweit eine effektive Rechtmäßigkeitskontrolle voranzugehen hat.[1225] Die Rückabwicklung bei besonders schweren Mängeln des Beschlusses scheint zwar insofern konsequent, als die mit der Anfechtungsklage verfolgte Rechtsfolge nicht gänzlich verweigert wird. Allerdings kann die Rückabwicklung beispielsweise einer Verschmelzung zu schwerwiegenden Problemen führen, sodass ein effektiver Rechtsschutz dennoch verwehrt bleibt.

3.2.4 Weitere Einwände

Selbst wenn man den einstweiligen Rechtsschutz für anwendbar hielte, stellt sich die Frage, ob es sich mit dem Prinzip des effektiven Rechtsschutzes vereinbaren lässt, dass die einstweilige Verfügung nach beiden vorgestellten Ansichten dann nicht ergehen soll, wenn zwar ein Rechtsverstoß vorliegt, aber kein besonders schwerer. Denn der einstweilige Rechtsschutz der ZPO ist Ausdruck des Prinzips des effektiven Rechtsschutzes.[1226] Die Bewertung von Rechtsverstößen nach ihrer Schwere stellt kein dem einstweiligen Rechtsschutz immanentes Konzept dar. Er dient vielmehr der Feststellung eines Individualanspruchs, der immer dann gegeben ist, wenn ein Recht verletzt ist. Soweit man den Individualanspruch mit der Feststellung der Nichtigkeit im Hauptsacheverfahren gleichstellt,[1227] und die Herbeiführung der Registersperre dann von der Schwere des

---

[1223] *Niemeier*, ZIP 2008, 1148, 1150.

[1224] *Yong Ding*, Missbräuchliche Anfechtungsklage im Aktienrecht, S. 216 f.

[1225] *Kort*, Bestandsschutz, S. 92 ff.

[1226] *Vollkommer*, in: Zöller, ZPO, Vor § 916 Rn. 1a.

[1227] *Yong Ding*, Missbräuchliche Anfechtungsklage im Aktienrecht, S. 212.

Rechtsverstoßes abhängig machen will, ist diese Ansicht nicht praktizierbar. Liegt ein Anfechtungsgrund tatsächlich vor, führt er zur Nichtigkeit des Beschlusses und zwar unabhängig von seiner Schwere. Den in der Schwere des Verstoßes liegenden Unsterschied zu den Nichtigkeitsgründen hat der Gesetzgeber in Bezug auf die Anfechtungsgründe bereits dadurch zum Ausdruck gebracht, dass zunächst eine Anfechtungsklage die Nichtigkeit herbeiführen muss. Eine Differenzierung, welche Anfechtungsgründe dann aber die Eintragung verhindern soll, ist nach der derzeitigen gesetzlichen Konzeption nicht vorgesehen. Vielmehr führt die Nichtigkeit eines angefochtenden Beschlusses dazu, dass er nicht eingetragen werden darf oder nicht hätte eingetragen werden dürfen. Da insoweit die Nichtigkeit im Hauptsacheverfahren bei Vorliegen eines Anfechtungsgrundes auch unabhängig von dessen Schwere ausgesprochen wird, kann die Schwere des Rechtsverstoßes folglich auch nicht dafür herangezogen werden, ob eine Eintragungssperre verhängt werden soll oder nicht. Es läge insoweit kein wirksamer Rechtsschutz in Form der einstweiligen Anordnung vor.

III. Regelung des Anfechtungsrechts durch Satzung

1. Abkehr vom Grundsatz der Satzungsstrenge nach § 23 Abs. 5 AktG

In der neueren Literatur entwickeln sich Tendenzen, die Regelung des Anfechtungsrechts dem Satzungsgeber zu überlassen.[1228] Dem liegt die Diskussion des Deutschen Juristentages im Jahre 2008 zugrunde, bei dem die Frage zur Debatte stand, ob sich unterschiedliche Regelungen für börsennotierte und nicht börsennotierte Gesellschaften empfehlen. Ein in diesem Zusammenhang von *Bayer* angefertigtes Gutachten kam dabei zu dem Ergebnis, dass zumindest für nicht börsennotierte Gesellschaften eine Lockerung der Satzungsstrenge zu befürworten sei.[1229] Nach Ansicht von *Grunewald* gelte dies aber auch für börsennotierte Gesellschaften. Allein der Hinweis darauf, dass die Rechtsform der Aktiengesellschaft zwingend geltendes Recht erfordere, könne nämlich nicht zur Legitimation der Satzungsstrenge herangezogen werden. Dem stehe die auf dem Kapitalmarkt gängige Praxis entgegen, Abweichungen von gesetzlichen Vor-

---

[1228] Dazu *Schäfer*, NJW 2008, 2536 ff.; *Grunewald*, NZG 2009, 967, 969 f.; *Habersack*, ZGR 2010, 710, 725.

[1229] *Bayer,* Gutachten E, in: Verhandlungen des 67. Deutschen Juristentages, F 81 ff.; so auch die Literatur *Raiser/Veil*, Recht der Kapitalgesellschaften, § 9 Rn. 20 f.; *Hirte*, ZGR-Sonderheft 1998, 61; *Spindler*, AG 2008, 598, 600 ff.

schriften in die Aktien mit einzupreisen und somit die rechtlichen den wirtschaftlichen Risiken gleichzusetzen.[1230] Von der Dispositionsfreiheit seien aber nur Rechtspositionen der Aktionäre betroffen. Gläubigerschutzvorschriften oder solche Regelungen, welche die Funktionsfähigkeit des Kapitalmarktes betreffen, stünden nicht zur Disposition.[1231] Auch das ARUG biete insofern Anhaltspunkte dafür, dass Aktionärsrechte stärker zur Disposition der Aktionäre selbst gestellt werden sollen. Dies zeige sich beispielsweise an den Vorschriften der neu gefassten §§ 118 Abs. 1, 128 Abs. 2 AktG, wonach die Satzung selbst vorsehen oder den Vorstand ermächtigen könne, vorzusehen, dass die Teilnahme an der Hauptversammlung elektronisch bzw. die Stimmrechtsausübung per Briefwahl oder auf elektronischem Wege erfolge. Auch die Möglichkeit, die nach § 27a WpHG erforderlich Investorenmitteilung durch entsprechende Satzungsregelung aufzuheben, spreche für eine Lockerung der Satzungsstrenge.[1232] Da nun auch das Anfechtungsrecht ein solches die Rechtsstellung der Aktionäre betreffendes Recht sei, sollte es nach dieser Ansicht folglich auch zur Disposition stehen können. Mangels einer für alle Gesellschaften erprobten Einheitslösung zur Geltendmachung von Beschlussmängeln empfehle sich die gesetzlich verankerte Möglichkeit zur Schaffung einer Satzungsbestimmung, welche es dem Satzungsgeber selbst überlasse, die Erhebung der Klage von einem angemessenen Quorum abhängig zu machen und zusätzlich eine Schadensersatzregelung zu treffen.[1233] Die vom 67. Deutschen Juristentag angestoßene Debatte darüber, ob sich getrennte Regelungen für börsennotierte und nicht börsennotierte Gesellschaften empfehlen, sei in Bezug auf das Anfechtungsrecht zu verneinen, da die unterschiedliche Ausgestaltung der Gesellschaften eher dispositive als getrennte Regelungen erforderten.[1234]

2. Stellungnahme

Zunächst ist grundsätzlich anzumerken, dass die liberale Haltung des 67. Deutschen Juristentages eine Überraschung darstellt, die zumindest dahingehend zu begrüßen ist, dass die Diskussion um die Lockerung des Aktienrechts einen etwas anderen Weg beschreitet als die bisherigen Vorschläge. Kontroverse und

---

[1230] *Grunewald*, NZG 2009, 967, 969 m.w.N.
[1231] *Grunewald*, NZG 2009, 967, 969 m.w.N.
[1232] *Grunewald*, NZG 2009, 967, 969; insofern zustimmend *Habersack*, ZGR 2010, 710, 725.
[1233] *Grunewald*, NZG 2009, 967, 970.
[1234] *Grunewald*, NZG 2009, 967, 970.

neue Ansichten sind unabhängig von ihrem Inhalt immer geeignet, zur Fortentwicklung des Aktienrechts beizutragen. Richtigerweise geht die Ansicht auch davon aus, dass eine Dispositionsbefugnis über Aktionärsrechte schon heute in vielerlei Hinsicht besteht[1235] und auch das Anfechtungsrecht als aktionärsschützendes Recht damit grundsätzlich geeignet scheint, zur Disposition der Rechtsinhaber gestellt zu werden.

Aber auch diese Ansicht kann nicht ungerügt bleiben. Gegen die Regelung des Anfechtungsrechts per Satzung spricht schon die Gefahr der ineffektiven Beschlussmängelkontrolle. So könnte es der Satzungsgeber in der Hand haben, durch Setzung eines bestimmten Quorums die Erhebung der Anfechtungsklage und damit die nach hier vertretener Ansicht bestehende Polizeifunktion der Anfechtungsklage zu vereiteln. Die Ordnungs- und Kontrollfunktion der Anfechtungsklage wäre damit nicht mehr sichergestellt. Darüber hinaus droht die höchstwahrscheinlich eintretende uneinheitliche Handhabung des Anfechtungsrechts auch eine uneinheitliche Bewertung von Beschlussmängeln nach sich zu ziehen. Die Ansicht geht nämlich davon aus, dass die Registersperre nach wie vor bestehen bleibt. Wird nun aber in der einen Gesellschaft per Satzung ein Mindestquorum von 1% des Grundkapitals für die Anfechtungsbefugnis verlangt, während in einer anderen Gesellschaft das Anfechtungsrecht auch weit unterhalb dieser Schwelle besteht, ist es denkbar, dass ein Beschluss, der an demselben Mangel leidet, in der einen Gesellschaft zur Eintragung kommt, weil kein Aktionär mit einem ausreichenden Anteilsbesitz Klage erhebt, während in der anderen Gesellschaft der Beschluss nach erfolgreichen Anfechtungsklage für nichtig erklärt wird. Das Aktienrecht geriete damit in eine Schieflage, in der die Einhaltung von Ordnungsvorschriften in Abhängigkeit des jeweils satzungsmäßig vorgesehenen Anfechtungsrechts stärker oder schwächer von den Aktiegesellschaften forciert werden würde. Die Schaffung eines effizienten Beschlussmängelrechts hat daher durch den Gesetzgeber einheitlich für alle Aktiengesellschaften zu erfolgen und sollte nicht zur Disposition der Aktionäre stehen.

[1235] So die bereits erwähnten §§ 118 Abs. 1, 128 Abs. 2 AktG, aber auch in § 125 Abs. 2, 134 Abs. 3 S. 4 AktG finden sich Lockerungen.

Zudem fragt sich aber auch, ob das satzungsmäßige Anfechtungsrecht geeignet wäre, dem Missbrauch überhaupt ein Ende zu setzen. Denkbar wäre insoweit, dass klagefreudige Aktionäre sich zunächst die Gesellschaften heraus suchen, deren Anfechtungsrecht keinen zu hohen Anforderungen unterliegt. Ein Quorum dürfte zudem, damit es nicht zu einem faktischen Ausschluss des Anfechtungsrechts und zur absoluten Vernachlässigung des Minderheitenschutzes käme, nicht zu hoch bestimmt werden. Denkbar ist hier eine gesetzliche Obergrenze. Damit bleiben wiederum Umgehungsmöglichkeiten, denen wohl einzig mit einer korrespondierenden satzungsmäßige Regelung eines Schadensersatzanspruches entgegengewirkt werden könnte. Dann aber wäre der Lösungsvorschlag dennoch aus den oben genannten Gründen abzulehnen.

IV. Vorschlag des Arbeitskreises Beschlussmängelrecht

Schließlich soll noch auf eine vom *Arbeitskreis Beschlussmängelrecht* vorgeschlagene Lösung eingegangen werden, welche auf eine völlige Neukonzeption des Beschlussmängelrechts abzielt.[1236] Der Vorschlag nimmt die bei dem 67. Deutschen Juristentag vorgeschlagene unterschiedliche Behandlung von börsennotierten und nicht börsennotierten Gesellschaften nicht auf, sondern behält das Grundkonzept des einheitlichen Aktienrechts bei.

1. Begrenzung der per se nichtigen Beschlüsse und Beschränkung der Anfechtungsgründe

Der Vorschlag zielt als Hauptanliegen auf die Schaffung einer einheitlichen Beschlussmängelklage, bei der die bisherige Unterscheidung zwischen nichtigen und anfechtbaren Beschlüssen nur noch Auswirkungen auf die Fehlerkategorie und die Klagefrist hat. Die Kategorie der Nichtigkeitsgründe soll klarer gefasst auf die Verletzung elementarer Minderheits- und Gläubigerschutzrechte und des öffentlichen Interesses begrenzt werden.[1237]

Bei den Anfechtungsgründen wird dagegen eine Diversifizierung der Rechtsfolge vorgeschlagen. Die Nichtigerklärung und damit rückwirkende Vernichtung eines Beschlusses soll nur noch bei Vorliegen besonders schwerer Mängel erfol-

---

[1236] *Arbeitskreis Beschlussmängelrecht*, AG 2008, 617 ff.

[1237] *Arbeitskreis Beschlussmängelrecht*, AG 2008, 617, 620; *Habersack*, ZGR 2010, 710, 727.

gen.[1238] Hierzu zählen beispielsweise die fehlerhafte Beschlussfeststellung, wenn der Feststellungsfehler für das Beschlussergebnis auch kausal gewesen ist, ebenso die Nichterreichung eines gesetzlich vorgeschriebenen Kapitalquorums (z.B. §§ 319 Abs. 1 S. 1, 320 Abs. 1 S. 1, 327a Abs. 1 S. 1 AktG) sowie inhaltliche Mängel, wie etwa die Verletzung der Treuepflicht.[1239] Dabei muss die Schwere des Mangels vom Gericht festgestellt und die Kassation ausdrücklich angeordnet werden. Sie soll mithin nach dieser Ansicht nur noch eine Reaktions*möglichkeit* des Gerichts darstellen.[1240] Liegen andere Beschlussmängel vor, stellt das Gericht nur noch die Fehlerhaftigkeit des Beschlusses fest und kann dann zusätzlich eine von drei möglichen anderen Rechtsfolgen anordnen. Der Vorschlag sieht (1) die Aufhebung des Beschlusses mit Wirkung *ex nunc* unter Berücksichtigung der Schwere des Verstoßes und einer zugunsten der Gesellschaft ausgehenden Interessenabwägung, (2) die Verhängung eines Rügegeldes in Höhe von bis zu 1 Mio. Euro gegen die Gesellschaft, zu zahlen an die Staatskasse und (3) die Pflicht zur Veröffentlichung des Tenors der Entscheidung sowie der Auferlegung eines Rügegeldes in den Gesellschaftsblättern vor.[1241]

Konzeptionell neu ist in diesem Zusammenhang auch die Verlagerung der Entscheidung über die Eintragung des Beschlusses in das Handelsregister als eine Zwischenentscheidung in das Hauptsacheverfahren. Das Gericht soll nach der Vorstellung des *Arbeitskreises* grundsätzlich die laufende Beschlussmängelklage innerhalb von drei Monaten nach Klageerhebung entscheiden, das heißt die Parteien sollen nach drei Monaten auch Klarheit über die Eintragung des Beschlusses haben. Wird diese Frist jedoch überschritten, soll im Rahmen des Hauptverfahrens eine dem Freigabeverfahren ähnliche Zwischenentscheidung des Prozessgerichts über die Eintragung ergehen.[1242] Der Hauptversammlungsbeschluss wird nur dann nicht in das Handelsregister eingetragen, wenn das Gericht nach freier Überzeugung zu der Auffassung gelangt, dass die Klage zulässig ist und eine überwiegende Wahrscheinlichkeit für das Vorliegen eines Nichtigkeitsgrundes oder eines schweren Beschlussmangels besteht.[1243] Die Darlegungs- und

[1238] § B Abs. 2 S. 1 des Vorschlags, *Arbeitskreis Beschlussmängelrecht*, AG 2008, 617, 618.
[1239] *Arbeitskreis Beschlussmängelrecht*, AG 2008, 617, 622; *Habersack*, ZGR 2010, 710, 728.
[1240] *Arbeitskreis Beschlussmängelrecht*, AG 2008, 617, 621.
[1241] § B Abs. 3 des Vorschlags, *Arbeitskreis Beschlussmängelrecht*, AG 2008, 617, 618.
[1242] § D Abs. 3 des Vorschlags, *Arbeitskreis Beschlussmängelrecht*, AG 2008, 617, 618.
[1243] § D Abs. 3 des Vorschlags, *Arbeitskreis Beschlussmängelrecht*, AG 2008, 617, 618 f.

Beweislast für das Vorliegen eines schweren Mangels liegt bei dem Kläger. Nach derzeitigem Recht trägt sie die Gesellschaft als Antragstellerin im Freigabeverfahren.[1244] Anders als im bisherigen Freigabeverfahren wird die Entscheidung über die Eintragung eines Beschlusses aber nicht anhand von Überlegungen und Wertungen vorgenommen, die nichts mit der eigentlichen Entscheidung im Hauptsacheverfahren zu tun haben. Vielmehr wird die Entscheidung darüber, mit welcher Rechtsfolge der Beschlussmangel belegt werden soll, nur vorgezogen. Diese teilweise Vorwegnahme der Entscheidung führt dazu, dass die Entscheidung über die Eintragung in das laufende Hauptsachverfahren eingebettet werden kann und nicht mehr als selbständiges Verfahren einen eigenen Regelungsgegenstand betrifft.[1245] Die Entscheidung über die Eintragung im Zwischenverfahren führt daher auch zur Bestandskraft des angefochtenen Beschlusses.[1246]

2. Stellungnahme

Der *Arbeitskreis Beschlussmängelrecht* hat einen guten Lösungsansatz präsentiert, der in sich stimmig ist und die Funktion der Anfechtungsklage als nicht nur eine die individuellen Interessen eines Aktionärs schützenden Klage beachtet. Er setzt allerdings bei einer generellen Reform des Beschlussmängelrechts an, die nicht speziell der Missbrauchsbekämpfung dient und sich stattdessen der Kritik an der zu scharfen Rechtsfolge der Anfechtungsklage annimmt. Gleichwohl ist dieser Vorschlag auch geeignet, missbräuchliche Klagen einzudämmen ohne dabei den gebotenen Minderheitenschutz zu vernachlässigen. Insofern bietet gerade die Beschränkung der Kassationsfolge auf besonders schwere Beschlussmängel und Nichtigkeitsgründe einen geeigneten Ansatzpunkt, um Missbräuche zu bekäpfen. Besonders schwere Mängel stellen, wie es die letzte Studie von *Baums* gezeigt hat, einen nur geringen Anteil der Anfechtungsgründe in Bezug auf die unetrsuchten Verfahren dar.[1247] Dennoch stehen seinen Vorteilen einige gewichtige Nachteile gegenüber.

[1244] *Weber/Kersjes*, Hauptversammlungsbeschlüsse vor Gericht, § 3 Rn. 61.

[1245] *Arbeitskreis Beschlussmängelrecht*, AG 2008, 617, 624 f.

[1246] *Arbeitskreis Beschlussmängelrecht*, AG 2008, 617, 625.

[1247] *Baums/Drinhausen/Keinath*, ZIP 2011, 2329, 2339.

2.1 Vorteile gegenüber der jetzigen Rechtslage

2.1.1 Materielle Gerechtigkeit

Positiv ist zunächst festzuhalten, dass sich der Vorschlag des *Arbeitskreises Beschlussmängelrecht* mit einem dezidierten neuen Beschlussmängelsystem befasst, dass die Kontroll- und Ordnungsfunktion der Anfechtungsklage positiv begünstigt. Insbesondere die Einbeziehung einer Art Freigabeverfahren als Zwischenentscheidung in den Hauptsacheprozess stellt eine die Verfahrensdauer begünstigende Lösung dar. Ein wesentlicher Vorteil gegenüber dem bisher bestehenden Freigabeverfahren ist der dogmatisch saubere Umgang mit einem bestehenden Beschlussmangel. Durch die gesetzliche Abstufung der Rechtsfolgen nach der Schwere des Mangels und der Außerachtlassung sonstiger Faktoren bei deren Bewertung, wie z.B. Mindestanteilsbesitz (derzeit § 246a Abs. 2 Nr. 2 AktG) und Interessenlage der Parteien (derzeit § 246a Abs. 2 Nr. 3 AktG), wird das bisher unbefriedigende Ergebnis vermieden, dass nichtige Beschlüsse, die kassiert werden müssten, aufgrund des Freigabeverfahrens zur Eintragung gelangen und damit in Bestandskraft erwachsen. Nach dem vorgestellten Konzept führt nicht jeder Beschlussmangel mehr zur Beschlusskassation, sondern es erfolgt eine Abstufung nach der Qualität des Mangels, welche die Verhältnismäßigkeit zwischen Beschlussmangel und der schweren Rechtsfolge der Beschlusskassation wesentlich besser herstellt, als dies bisher im Freigabeverefahren geschehen ist. Die Entscheidungsfindung durch das Gericht wird damit insgesamt auch transparenter als dies bisher im Rahmen der Interessenabwägungsklausel im Freigabeverfahren der Fall war.[1248] Mit der Abschaffung des Mindestanteilsbesitzes als Indiz für Verhältnismäßigkeit zwischen Beschlusskassation und Mangel werden überdies gleich zwei Unstimmigkeiten des Freigabeverfahrens beseitigt. Zum einen wird das Anfechtungsrecht nicht mehr verdeckt ausgeschlossen, zum anderen kann es nicht mehr zur Ungleichbehandlung desselben materiellen Unrechts kommen.

2.1.2 Verfahrensbeschleunigung

Die mit dem Zwischenverfahren verbundene Einführung einer Zuständigkeitskonzentration bei den Oberlandesgerichten ist wegen der damit verbundenen Verfahrensbeschleunigung und der Konzetration von Fachwissen bei einem Gericht ebenfalls sehr zu begrüßen. Anfechtungsprozesse werden praktisch immer

---

[1248] *Goll/Schwörer*, ZRP 2008, 245, 246.

bis in die Berufungsinstanz und damit zu den Oberlandesgerichten betrieben. Eine Verlagerung der Eingangsinstanz ist daher nur konsequent. Aber auch die Zusammenführung des Hauptsacheverfahrens mit der Entscheidung über die Eintragung des Beschlusses als Zwischenentscheidung stellt einen verfahrenstechnisch wichtigen Schritt zur Beschleunigung der Entscheidungsfindung dar und damit auch zur Missbrauchsbekämpfung. Das aus der Registersperre resultierende Druckpotential ist zunächst schon dadurch gemildert, dass nur noch besonders schwere Verstöße oder Nichtigkeitsgründe die Eintragung hindern können. Darüber hinaus wird es aber auch durch die Entscheidungsfrist von 3 Monaten oder die ggf. herbeizuführende Zwischenentscheidung über die Eintragung gemindert. Außerdem wird die bisherige Selbständigkeit des Freigabeverfahrens und damit auch die Gefahr sich widersprechender Entscheidungen im Haupt- und Freigabeverfahren vermieden, zumal im Freigabeverfahren mit der Interessenabwägung bislang eine andere Wertung in Bezug auf die Rechtsverletzung vorgenommen worden ist als im Hauptsacheverfahren. Der Wegfall des Rechtsmittels gegen die Zwischenentscheidung ist ebenfalls geeignet, zu der Verfahrensbeschleunigung beizutragen. Verfassungsrechtlich ergeben sich hiergegen keine Bedenken, da zum einen die Rechtsschutzgarantie des Art. 19 Abs. 4 GG nicht auch den Instanzenzug schützt[1249] und zum anderen Rechtsfragen, die für die Zwischenentscheidung maßgeblich sind, auch durch die Beschwerde gegen die Hauptsacheentscheidung überprüft werden können, sodass die Verfahrensbeschleunigung keine Rechtsschutzverkürzung zur Folge hat.

2.2 Nachteile

2.2.1 Rechtsunsicherheit durch weiten Beurteilungsspielraum

Schwächen weist der Vorschlag dort auf, wo dem Gericht die Bewertung der Beschlussmängel obliegt. Zwar ist eindeutig bestimmt, dass nur besonders schwere Rechtsverletzungen die Beschlusskassation nach sich ziehen und dass sich die Schwere eines Beschlussmangels an dessen Qualität bemisst.[1250] Die vom *Arbeitskreis* angegebenen Beispiele[1251] lassen zum einen aber hinsichtlich der Bewertung von Inhalts- und Verfahrensverstößen einen erheblichen Beurteilungsspielraum und sind zum anderen mit der fehlerhaften, kausalen Beschluss-

[1249] Dazu bereits oben § 9 A III.3.

[1250] *Arbeitskreis Beschlussmängelrecht*, AG 2008, 617, 621 f.

[1251] *Arbeitskreis Beschlussmängelrecht*, AG 2008, 617, 622.

feststellung und dem fehlenden Kapitalquorum wieder so eindeutig gefasst, dass letztere wohl gleich in die Kategorie der Nichtigkeitsgründe hätten verlagert werden können. Ein Beurteilungsspielraum des Gerichts auf Tatbestandsseite ist aber gerade dort fehl am Platze, wo das Gericht gleichfalls einen Entscheidungsspielraum hinsichtlich der Rechtsfolge hat. Wenn also die besondere Schwere eines Beschlussmangels die Kassation des Beschlusses zur Folge haben kann, muss das Gesetz auch geeignete Kriterien geben, um diese bestimmen zu können. Dies lässt der Vorschlag leider vermissen. Bis die Rechtsprechung jedoch einen einheitlichen Katalog von Kriterien zur Bestimmung der Schwere eines Mangels herausgebildet hat, könnten Jahre oder Jahrzehnte vergehen. Dem ließe sich unter Umständen dadurch entgegenwirken, dass nicht nur eine Eingangszzuständigkeit bei den OLG im Hauptsacheverfahren angesiedelt wird, sondern dass sogar ein bundesweit zuständiges OLG für Beschlussmängelstreitigkeiten bestimmt wird. In dieser Richtung ist nach dem Vorschlag des *Arbeitskreises* aber nichts vorgesehen. Zu der Wahlmöglichkeit des Gerichts hinsichtlich der Rechtsfolge bei anderen als besonders schweren Beschlussmängeln ist zunächst grundsätzlich anzumerken, dass hierdurch eine größere Einzelfallgerechtigkeit ermöglicht wird. Die hierbei vorzunehmende Interessenabwägung und damit auch die Wahlmöglichkeit an sich bergen aber die nicht zu vernachlässigende Gefahr ebenfalls divergierender Rechtsprechung. So könnte beispielsweise ein Verfahrensfehler in einer Gesellschaft aufgrund der besondere Lage „nur" zu einem Rügegeld führen, während in einem anderen Verfahren gegen eine andere Gesellschaft wegen desselben Verfahrensfehlers die Beschlussaufhebung mit Wirkung *ex nunc* angeordnet wird, weil eine Interessenabwägung die schwerere Folge nach Ansicht des Gerichts gebietet. Dieses Ergebnis kann aber nicht gewollt sein. Ordnungsvorschriften entfalten situationsunabhängig ihre Wirkung. Ein Verstoß gegen sie muss daher auch gleich geahndet werden, da andernfalls die Ordnungsfunktion bedroht ist.

2.2.2 Rügegeld und Public Shaming als Vergleichs-Motivation?

Denkbar ist aber auch, dass gerade die Nichtabsehbarkeit der Rechtsfolgen aufgrund des Beurteilungsspielraums des Gerichts zunächst hinsichtlich der Schwere des Mangels und schließlich auch auf der Rechtsfolgenseite zu einer erhöhten Vergleichsbereitschaft der Gesellschaft führt. Unter dem Begriff des „Public Shaming" führt *Grunewald* insofern zu Recht an, dass die alternative Rechtsfolge einer Veröffentlichungspflicht des Urteilstenors und eines eventuellen Rügegeldes in den Gesellschaftsblättern einen Reputationsverlust des Unternehmens bedeuten und damit die Vergleichsbereitschaft der Gesellschaft erhöhen könnte, um so die Veröffentlichungspflicht zu umgehen.[1252] Im schlimmsten Falle könnte bei entsprechenden Veröffentlichungen der Börsenkurs eines Unternehmens fallen. Diese Gefahr stärkt freilich auch die Präventionsfunktion der Veröffentlichungspflicht, sie könnte sich aber auch in die genannte andere Richtung auswirken.

Überdies benachteiligt das Rügegeld den klagenden Aktionär. Da insofern das Rügegeld nämlich aus dem Gesellschaftsvermögen zu zahlen wäre, beträfe dessen Schmälerung freilich auch die Beteiligung des Aktionärs, der gerade den Beschlussmangel beseitigen will.[1253] Die Sanktionsfunktion hätte damit eine überschießende Tendenz. Hinzu kommt, dass die Schmälerung des Gesellschaftsvermögens auch zu einer Schmälerung der Haftungsmasse und somit zur Beeinträchtigung von Gläubigerinteressen führt. Dies ist insoweit bedenklich, als das Rügegeld nur bei Verstößen angeordnet werden kann, welche das Innenverhältnis der Gesellschaft betreffen.[1254]

V. Einführung eines Missbrauchstatbestandes

An einer ganz anderen Stelle setzen *Martens/Martens* an. Ihrer Ansicht nach würde dem Missbrauch am besten durch einen gesetzlich geregelten Missbrauchstatbestand entgegengewirkt werden. Dieser sollte eine Vermutungsregel dahingehend enthalten, dass bei Vorliegen bestimmter Merkmale die rechtsmissbräuchliche Ausübung der Anfechtungsklage widerlegbar unterstellt werde. Die Klage sei dann als unbegründet abzuweisen und der Kläger habe der Gesellschaft den ihr entstandenen Schaden zu ersetzen.[1255] Die Vermutungstatbestände werden aus der bisherigen Rechtsprechung abgeleitet. Maßgeblich seien vier Merkmale: (1) ein geringer Anteilsbesitz, (2) das wiederholte Auftreten als Anfechtungskläger, (3) das wiederholte Auftreten im Anfechtungsverfahren mit zahlreichen Streitgenossen und (4) die wiederholte Beteiligung an Vergleichsab-

[1252] *Grunewald*, NZG 2009, 667, 668.
[1253] So auch *Grunewald*, NZG 2009, 667, 668.
[1254] So auch *Yong Ding*, Missbräuchliche Anfechtungsklage im Aktienrecht, S. 180.
[1255] *Martens/Martens*, in: FS K.Schmidt, 1129, 1146 ff.; *dies*., AG 2009, 173, 177 f.

sprachen zur Beendigung eines Anfechtungsprozesses.[1256] Flankierend hierzu wird eine Schadensersatzregelung vorgeschlagen, nach der bei Klageabweisung wegen Missbräuchlichkeit der Aktionär der Gesellschaft den gesamten aus der Klage entstandenen Schaden zu ersetzen habe, einschließlich des Schadens, der aus der Eintragungsverzögerung resultiet.[1257]

Dieser Vorschlag stellt den überzeugendsten in der aktuellen Debatte um die Eindämmung missbräuchlicher Klagen dar, wenn man nur einmal auf seine Effektivität abstellt. Er lässt das bestehende Beschlussmängelrecht unberührt und setzt stattdessen für eine Bekämpfung des Missbrauchs direkt am Täterprofil an. Dabei stellen die Vermutungstatbestände auch keine aus der Luft herausgegriffenen Merkmale dar, sondern sie beruhen auf den durch die Rechtsprechung bereits festgestellten Tatsachen,[1258] die im Verfahren auch durch ein Gericht feststellbar sind. Darüber hinaus werden die in das Täterprofil fallenden Kläger auch nicht absolut schutzlos gestellt. Der Tatbestand beinhaltet nur eine *widerlegliche* Vermutung für eine rechtsmissbräuchliche Ausübung des Anfechtungsrechts, das heißt der Kläger kann das Gegenteil beweisen, wobei das Ob der Widerlegung der freien richterlichen Würdigung obliegen soll.[1259] Die Rechtsschutzgarantie des Art. 19 Abs. 4 GG ist damit nicht verletzt. Mangelhaft ist der Vorschlag jedoch gerade in Bezug auf die gewählten Vermutungstatbestände. Da es hier um die Wahrung der Rechtsschutzgarantie geht, sollten hier Faktoren gewählt werden, die einen deutlicheren Bezug zu der streitigen Beschlussanfechtung haben und nur solche Faktoren aus der Vergangenheit mit in die Wertung mit einbeziehen, die auch tatsächlich dem Zweck der Anfechtungsklage widersprechen. Die häufige Erhebung einer Anfechtungsklage zählt hier beispielsweise nicht dazu (mehr dazu sogleich im eigenen Lösungsvorschlag). Zudem bietet der Vorschlag keine Lösung für die Fälle, in denen ein Anfechtungskläger erstmalig missbräuchlich handelt. Es steht sogar zu befürchten, dass die Abstrafung der bekannten Misbrauchsttäter geradezu dazu einlädt, dass sich neue Kläger betätigen, wobei im krassesten Fall sogar denkbar wäre, dass sich

[1256] *Martens/Martens*, in: FS K.Schmidt, 1129, 1147.; *dies.*, AG 2009, 173, 177 f.

[1257] *Martens/Martens*, in: FS K.Schmidt, 1129, 1147.; *dies.*, AG 2009, 173, 177 f.

[1258] So zuletzt belegt durch die Studie von *Baums/Drinhausen/Keinath*, ZIP 2011, 2329 ff.

[1259] *Martens/Martens*, in: FS K.Schmidt, 1129, 1147.; *dies.*, AG 2009, 173, 177.

die bisher bekannten Berufskläger[1260] Dennoch ist der Ansatz einer Missbrauchsklausel sehr zu begrüßen und soll sogleich im eigenen Lösungsvorschlag weiter ausgebaut werden.

VI. Fazit

Die vorangegangenen Ausführungen haben gezeigt, dass es viele und vor allem sehr unterschiedliche Lösungsansätze in Bezug auf die Eindämmung des Klagegewerbes gibt. Völlig abzulehnen sind jene Vorschläge, die der Anfechtungsklage ihre Doppelfunktionalität nehmen wollen. Genauso wenig eignen sich aber diejenigen Vorschläge, die ein Mindestquorum für die Erhebung der Anfechtungsklage fordern, da sie zu einer Vernachlässigung des Minderheitenschutzes und einer Ungleichbehandlung desselben materiellen Unrechts führen. Zustimmung verdienen dagegen die Beschränkung de Vergleichsmehrwerts, weil hierdurch der Anreiz zum Abschluss von Vergleichen gesenkt wird, und die Verlagerung der Eingangszuständigkeit im Anfechtungsverfahren auf das OLG aufgrund der hiermit verbundenen Verfahrensbeschleunigung, die das Druckpotenzial senken kann. Eine gänzliche Verlagerung der Beschlussmängelstreitigkeiten auf die Schiedsgerichtsbarkeit scheitert aber an der Komplexität der Sachverhalte. Genauso wenig eignet sich der einstweilige Rechtsschutz nach §§ 935 ff. ZPO für die Erwirkung der Registersperre, da sie aus unterschiedlichsten und ausführlich behandelten Gründen den Aktionärsschutz schmälert und eine Ungleichbehandlung von Beschlussmängeln droht, die zu einer Inkonsistenz der Beschlussmängelvorschriften führen kann. Die Neuordnung des Beschlussmängelrechts im Sinne des Vorschlags des *Arbeitskreises Beschlussmängelrecht* bietet zwar eine dogmatisch saubere und die Funktion der Anfechtungsklage beachtende Alternative, weist aber Schwächen in Bezug auf den zu weiten Beurteilungsspielraum des Gerichts bei der Feststellung der Qualität eines Beschlussmangels auf. Die Einführung eines Missbrauchstatbestandes schließlich scheint als Ausgangspunkt am geeignetsten zur Missbrauchsbekämpfung und soll daher weiter verfolgt werden.

[1260] Eine aktuelle Liste präsentieren *Baums/Drinhausen/Keinath*, ZIP 2011, 2329, 2344 und 2347.

§ 10 Eigener Vorschlag zur Bekämpfung des Klagegewerbes

Nachdem vorstehend die bisher vertretenen Lösungsansätze zur Bekämpfung missbräuchlicher Anfechtungsklagen im Aktienrecht mit ihren Vor- und Nachteilen erläutert wurden, soll nunmehr ein eigener Lösungsvorschlag präsentiert werden.

A. Status Quo

Die vorangegangenen Kapitel haben gezeigt, dass das aktienrechtliche Beschlussmängelrecht – lässt man einmal das dogmatischen Ungereimtheiten des Freigabeverfahrens außer Betracht – einerseits ein effektives Sytem für den Aktionärsschutz bietet, es aber andererseits auch Schwachstellen aufweist, die über die Jahrzehnte ein Einfallstor für solche Aktionäre gebildet haben, welche die Anfechtungsklage in zweckwidriger Weise zur Erlangung finanzieller Sonderzahlungen ausgenutzt haben. Insbesondere die aktuelle Studie von *Prof. Baums*[1261] hat gezeigt, dass alle gesetzgeberischen Maßnahmen zur Missbrauchseindämmung bisher ohne merklichen Erfolg geblieben sind. Vielmehr hat sich das Klagegewerbe weiter vergrößert. 78 % der untersuchten Anfechtungsklagen wurden allein von den als Berufsklägern bekannten Personen erhoben und in über 2/3 der Fälle im Vergleichswege beendet. Da aber dennoch insgesamt ein Rückgang der Anfechtungsklagen zu verzeichnen ist, wird umso deutlicher, dass es *keiner Generalüberholung* eines ansonsten bewährten Sytems bedarf. Damit würde man dieser Gruppe von Klägern einen zu großen Erfolg zugestehen. Vielmehr müssen Maßnahmen ergriffen werden, die sich speziell den Berufsklägern und ihrem Vorgehen widmen. Die bisher von den Gerichten entwickelten Kriterien zur Feststellung einer missbräuchlichen Klageerhebung[1262] bieten dabei den Ausgangspunkt für den hier zu unterbreitenden Lösungsansatz. Dieser wird sich auf die gesetzliche Verankerung eines Missbrauchstatbestandes konzentrieren und daneben weitere marginale Änderungen zur Straffung des Hauptsachverfahrens und Beschleunigung der Eintragung eines angegriffenen Beschlusses vorschlagen.

[1261] *Baums/Drinhausen/Keinath*, ZIP 2011, 2329 ff.

[1262] Dazu oben § 4 A III.

B. Vorschlag für eine Adjustierung des aktienrechtlichen Anfechtungsrechts

I. Die Anfechtungsklage als Kontrollklage mit individualschützendem Charakter

Zunächst liegt dem hier zu unterbreitenden Lösungsvorschlag die Vorstellung von der Anfechtungsklage als einer Klage mit Doppelfunktion zugrunde. Das primäre Ziel besteht nach hier vertretener Ansicht in der umfassenden Rechtmäßigkeitskontrolle des Organhandelns der sich selbst verwaltenden Kapitalgesellschaft.[1263] Die Klage ist auf die Herbeiführung eines rechtmäßigen Zustandes gerichtet und kann dabei unabhängig von einer persönlichen Betroffenheit des Klägers erhoben werden. Sie ist folglich einerseits „Funktionärs- oder Kontrollklage“. Andererseits kann ein Aktionär die Anfechtungsklage aber auch erheben, wenn er subjektiv in eigenen Rechten verletzt ist. Die Anfechtungsklage ist daher auch „Verletztenklage“. Die beiden Elemente sind untrennbar miteinander verknüpft, weil eine erfolgreiche Beschlusskontrolle im Sinne eines stattgebenden Urteils immer für und gegen alle anderen Aktionäre sowie die Mitgleider des Vorstands und des Aufsichtsrats wirkt (§ 248 Abs. 1 AktG). Nach diesem Verständnis von der Anfechtungsklage dürfen Maßnahmen zur Bekämpfung ihres Missbrauchs weder die Anfechtungsbefugnis noch die Registersperre betreffen. Vielmehr ist ein Weg zu wählen, der direkt eine missbräuchliche Ausübung der Anfechtungsklage verhindert. Dies gilt insbesondere vor dem Hintergrund, dass Gerichte trotz der einschlägigen und nachgewiesenen Missbrauchsfälle eher vorsichtig mit dem Begriff des Rechtsmissbrauchs umgehen[1264] und zudem, wie zu zeigen sein wird, für die Beurteilung der Missbräuchlichkeit teilweise unterschiedliche Kriterien heranziehen, die nicht etwa aus den besonderen Umständen des Einzelfalls herrühren, sondern aus einer unterschiedlichen Wertung der für den Missbrauch maßgeblichen Kriterien. Daher ist eine gesetzliche Grundlage erforderlich, die klar bestimmt, dass die Missbräuchlichkeit zu beachten ist, wann Rechtsmissbrauch gegeben ist und welche Folgen er nach sich

[1263] BGHZ 43, 261, 265 f; BGHZ 70, 117, 118; OLG Düsseldorf, AG 2000, 365; OLG Stuttgart, AG 2003, 588, 589; OLG Köln, AG 2004, 39.

[1264] *Baums/Keinath/Gajek*, ZIP 2007, 1629, 1642; *Baums/Drinhausen/Keinath*, ZIP 2011, 2329, 2341.

zieht. Darüber hinaus ist es erforderlich, die Vergleichsmöglichkeit im Anfechtungsprozess zu beschränken und das Freigabeverfahren zu überarbeiten.

Andere Lösungsvorschläge versuchen, den Missbrauch an der Stelle der Registersperre zu bekämpfen, weil sie freilich erst den für eine Erpressung erforderlichen zeitlichen Druck schafft. Oder es soll die Anfechtungsbefugnis beispielsweise durch Einführung eines Mindestquorums nur noch unternehmerisch tätigen Aktionären zuerkannt werden.[1265] Nach hier vertretener Ansicht ist die Registersperre aber genauso integraler Bestandteil der Anfechtungsklage, damit das von ihr verfolgte Rechtsschutzziel, die Beschlusskontrolle und -Kassation nicht gefährdert wird, wie auch die Anfechtungsbefugnis ab einer Aktie erforderlich ist, um eine effektive Beschlusskontrolle und damit den Minderheitenschutz zu garantieren.

II. Einführung eines gesetzlichen Missbrauchstatbestands

1. Der Grundgedanke

Um den Nutzen der Anfechtungsklage zu erhalten und den Minderheitenschutz weiterhin in ausreichendem Maße zu gewährleisten ist nach hier vertretener Ansicht eine gesetzliche Regelung, die direkt die missbräuchliche Ausübung des Anfechtungsrechts durch Entwicklung eines Missbrauchstatbestandes ausschließt, am sinnvollsten. Wie bereits oben gezeigt wurde, ist dieser Grundgedanke nicht neu, sondern hat sich bisher sowohl in der Gesetzgebung (§ 273 Abs. 2 HGB 1897 und § 200 Abs. 2 AktG 1937, zu beidem oben § 4 B) gezeigt als auch in der Rechtsprechung etabliert.[1266] Mittlerweile werden auch in der Literatur erste Stimmen laut, die eine gesetzliche Verankerung des Missbrauchstatbestandes fordern.[1267] Allerdings weisen die von Rechtsprechung und Literatur entwickelten Kriterien Schwächen auf, die mit dem hier zu unterbreitenden Vorschlag beseitigt werden sollen. Das Ziel ist es, Missbrauchskriterien zu entwickeln und gesetzlich zu verankern, damit Gerichte im Rahmen der Gestaltungsklage eine klare Linie haben, an der sie sich orientieren können. Vor dem Hintergrund der kapitalmarktrechtlichen Relevanz der missbräuchlichen

[1265] Zu diesen Vorschlägen bereits oben § 9.

[1266] Richtungsweisend RGZ 46, 385, 395, BGHZ, 107, 296 („Kochs-Adler"); BGH, AG 1990, 259 („DAT/Altana").

[1267] *Martens/Martens*, AG 2009, 173, 177 f.; *dies.*, in: FS K.Schmidt, S. 1129, 1146.

Anfechtungsklagen ist ein gesetzlich verankerter Missbrauchstatbestand geboten, um die deutsche Aktienrechtspraxis vor dem Verruf zu schützen, dass wichtige Strukturmaßnahmen nicht oder nur schwer durchgesetzt werden können.

1.1 Das Täterprofil

Ausgangspunkt der Missbrauchsbekämpfung muss eine Analyse derjenigen Personen und Verfahren sein, die mittlerweile gemeinhin als „Berufskläger" bezeichnet werden und Anfechtungsklagen geführt haben, die als „missbäruchlich" empfunden wurden. Hierfür hat *Prof. Baums* mit seinen letzten Studien die Grundlage geschaffen.[1268] Das nach der letzten Studie Ende des Jahres 2011 bestehende Täterprofil lässt sich am besten wie folgt beschreiben: Der Berufskläger zeichnet sich dadurch aus, dass er sowohl als Kläger als auch als Nebenintervenient mehrfach Anfechtungsklagen gegen eine Vielzahl von beklagten Gesellschaften führt.[1269] Dabei tritt der Berufskläger selbst als natürliche Person auf oder mittels einer Gesellschaft, an der er als Gesellschafter oder Organmitglied beteiligt ist.[1270] In der Regel halten die Berufskläger nur einen geringen Aktienanteil.[1271] Am häufigsten als Anfechtungsgründe vorgevorgetragen werden Verfahrensmängel.[1272] Die Verfahrensbeendigung erfolgt schließlich in der absoluten Mehrzahl der Fälle durch gerichtlichen oder außergerichtlichen Vergleich, wobei der Vergleichsmehrwert in der Mehrzahl der Fälle 500.000 Euro übersteigt.[1273]

1268 *Baums/Keinath/Gajek*, ZIP 2007, 1629 ff.; *Baums/Drinhausen/Keinath*, ZIP 2011, 2329 ff.

1269 Gemäß dem empirischen Nachweis von *Baums/Drinhausen/Keinath*, ZIP 2011, 2329, 2334 hat *Klaus E.H. Zapf* beispielsweise im Untersuchungszeitraum 32 Klagen selbst erhoben, in 7 Verfahren als Nebenintervenient mitgewirkt und dies insgesamt gegen 27 beklagte Gesellschaften. *Oliver Wiederhold*, der es auf Platz 20 der Klägerliste schafft, hat immerhin 3 Klagen selbst erhoben, war an einer als Nebenintervenient beteiligt und das gegen insgesamt 3 beklagte Gesellschaften.

1270 Hier sind 26 Gesellschaften als Mehrfachkläger bekannt, denen 18 der als natürliche Personen auftretenden Berufskläger zugeordnet werden können; Tabelle bei *Baums/Drinhausen/Keinath*, ZIP 2011, 2329, 2334 f.

1271 Der niedrigste zu ermittelnde Wert lag bei 19 Euro; *Baums/Drinhausen/Keinath*, ZIP 2011, 2329, 2346.

1272 *Baums/Drinhausen/Keinath*, ZIP 2011, 2329, 2340.

1273 *Baums/Drinhausen/Keinath*, ZIP 2011, 2329, 2346.

1.2 Rechtsprechung

Die Rechtsprechung hat, wie oben bereits gezeigt,[1274] über die Jahre bereits versucht, subjektive und objektive Kriterien zur Bestimmung eines missbräuchlich klagenden Aktionärs zu entwickeln. Zunächst hatte das Reichsgericht festgestellt, dass derjenige misbräuchlich handelt, der das Anfechtungsrecht ausübt, um selbstsüchtig der Gesellschaft seinen Willen aufzuzwingen.[1275] Der BGH hatte den Tatbestand des individuellen Missbrauchs der Anfechtungsklage dahingehend erweitert, dass der Kläger die Anfechtungsklage mit dem Ziel erhoben haben muss, die beklagte Gesellschaft in grob eigennütziger Weise zu Zahlungen zu veranlassen, auf die er keinen Anspruch hat und billigerweise auch nicht haben kann. Dabei müsse er sich von der allgemeinen Vorstellung leiten lassen, dass die Gesellschaft die Leistung erbringen werde, um anfechtungsbedingte Schäden und Nachteile zu vermeiden oder zumindest gering zu halten.[1276] Später erweiterete der BGH seine Rechtsprechung dahingehend, dass eine Anfechtungsklage nach § 246 AktG auch dann in rechtsmissbräuchlicher Absicht erhoben sein kann, wenn die verklagte Gesellschaft zu einer Zahlung veranlasst werden soll, auf die der Kläger keinen Anspruch hat und billigerweise auch nicht erheben kann, wenn sie (die Anfechtungsklage) in der Erwartung rechtshängig gemacht worden ist, die Gesellschaft werde sich unter dem Druck der infolge dieses Vorgehens befürchteten wirtschaftlichen Nachteile an den Kläger wenden und ihm Zahlungsangebote unterbreiten. Im Rahmen der Prüfung, ob eine solche Feststellung getroffen werden kann, muß der Tatrichter alle von den Parteien zu diesem Vorwurf vorgetragenen Umstände einer umfassenden Würdigung unterziehen.[1277] Diesen Grundsatzentscheidungen folgt die Rechtsprechung bis heute und stellt dabei neben den genannten subjektiven Kriterien insbesondere auf das prozessuale Verhalten des Klägers ab.[1278] Zusammenfassend lässt sich das missbräuchliche Verhalten im Kern darauf reduzieren, dass die Klageerhebung gegenüber der Gesellschaft und den Mitaktionären illo-

---

1274 Dazu oben § 4 A III.

1275 RGZ 46, 385, 395.

1276 BGH, NJW 1989, 2689 („Kochs-Adler“).

1277 BGH, NJW-RR 1990, 350 („DAT/Altana“).

1278 BGH, NJW-RR 2007, 1409, 1411 („Vattenfall“); OLG Frankfurt a.M., NJW-RR 1992, 1189; OLG Stuttgart, NZG 2001, 277, 278 (zum Missbrauch einer Nichtigkeitsklage); OLG Frankfurt a.M., BeckRS 2008, 13889; NZG 2009, 222, 224; OLG Stuttgart, BeckRS 2010, 16909; OLG Celle, BeckRS 2010, 08934; KG, WM 2011, 412, 413.

yal und von grobem Eigennutz getragen sein muss. Der klagende Aktionär muss das Anfechtungsrecht instrumentalisieren, um andere Ziele als die Nichtigerklärung zu erreichen und diese Ziele müssen ihrerseits zu missbilligen sein.[1279] Trotz der Grundsatzentscheidungen des BGH ist die Rechtsprechung mit der Anwendung des Missbrauchstatbestands eher zögerlich.[1280] Dies mag auch daran liegen, dass beispielsweise die Erfüllung von dessen subjektiv geprägten Kriterien nur schwer zu beweisen sind, was insbesondere gilt, wenn ein Kläger erstmalig auftritt und gerade nicht zu dem bekannten Berufsklägertum zählt. In den empirisch von *Baums/Drinhausen/Keinath* untersuchten Fällen, in denen Rechtsmissbräuchlichkeit im Urteil erläutert wurde, hatte sich durchweg nur die beklagte Gesellschaft selbst auf Rechtsmissbräuchlichkeit berufen.[1281]

1.3 Missbrauchstatbestand

Für die Entwicklung eines handhabbaren gesetzlichen Missbrauchstatbestands müssen Kriterien festgelegt werden, bei deren Vorliegen der Missbrauch gegeben ist und die dem oben festgestellten Täterprofil entsprechen. Dabei ist darauf zu achten, dass nur solche Kriterien Eingang in den gesetzlichen Tatbestand finden, die sich mit dem Zweck der Anfechtungsklage auch vereinbaren lassen. Dies ist in den bisherigen von der Rechtsprechung entschiedenen Fällen nicht immer der Fall gewesen.[1282]

1.3.1 Taugliche Subjektive Kriterien

1.3.1.1 Zweckentfremdung

Das in subjektiver Hinsicht wichtigste Kriterium zur Bestimmung einer missbräuchlichen Klageerhebung ist der Wille des Klägers, durch die Anfechtungsklage die Gesellschaft zu einer Leistung zu veranlassen, auf die er keinen Anspruch hat und billigerweise auch nicht haben kann.[1283] Es geht hierbei um die Absicht, die Anfechtungsklage nicht ihrem primären Zweck entsprechend zur Überprüfung der Rechtmäßigkeit eines Hauptversammlungsbeschlusses, son-

---

[1279] *Hüffer*, in: MünchKomm AktG, § 254 Rn. 58.

[1280] Dazu der empirische Nachweis bei *Baums/Drinhausen/Keinath*, ZIP 2011, 2329, 2341.

[1281] *Baums/Drinhausen/Keinath*, ZIP 2011, 2329, 2341.

[1282] So wurde beispielsweise in einem von 6 der von *Baums/Drinhausen/Keinath* untersuchten Anfechtungsverfahren der Rechtsmissbrauch auf den geringen Anteilsbesitz des Klägers gestützt (*Baums/Drinhausen/Keinath*, ZIP 2011, 2329, 2341).

[1283] BGHZ 107, 296, 297 („Kochs-Adler“); ZIP 1991, 1577, 1578 („Deutsche Bank“); *K. Schmidt*, in: GroßKomm AktG, § 245 Rn. 55; *Diekgräf*, Sonderzahlungen, S. 52.

dern zur Erlangung von Sondervorteilen zu erheben. Dabei wird nach dem Willen des Klägers die Prozessbeendigung mit einer Leistung der Gesellschaft verbunden. Welche Leistung genau angestrebt wird, ist dabei unerheblich. Es kommen dafür u.a. die Zahlung eines Geldbetrags,[1284] die Einräumung von (zusätzlichen) Bezugsrechten,[1285] die Verpflichtung, den Kläger in den Vorstand zu wählen,[1286] die Erzwingung der Abweichung von einem rechtmäßigen Dividendenbeschluss zur Erlangung einer höheren Ausschüttung[1287] und andere dem Kläger nicht zustehende Vorteile[1288] in Betracht. Ob darüber hinaus die Leistung auch unangemessen sein muss, kann unterschiedlich beurteilt werden. Man könnte einerseits nur solche Zahlungen als rechtsmissbräuchlich erachten, die in keinem Verhältnis zu den Nachteilen stehen, die dem Kläger aus der Klagerücknahme und einer eventuellen Rechtsverletzung entstehen. Man könnte andererseits jegliche *erwartete* Zahlungen als unangemessen ansehen. Mit der hier vertretenen Ansicht über die vorrangige Kontrollfunktion der Anfechtungsklage könnte man zunächst für die Unangemessenheit jeglicher Zahlung tendieren. Dennoch sollte nicht realitätsfern ausgeschlossen werden, dass eine gütliche Prozessbeednigung notwendig sein kann. Um die Anfechtungsklage als Kontrollinstrument zu fördern, sollte daher verlangt werden, dass nur die Erwartung einer Zahlung oder sonst wie gearteten Leistung zu missbilligen ist, die die Nachteile des Klägers übersteigt. Würde man jegliche erwartete Zahlung als unangemessen beurteilen, liefe man Gefahr, den Aktionären mit der Erhebung der Anfechtungsklage eine Pflicht zu Beendigung der Klage „koste es, was es wolle“, aufzuerlegen und damit die Anfechtungsklage als Kontrollinstrument zu gefährden. Für den Zeitpunkt, zu dem die zweckentfremdende Gesinnung des Klägers vorliegen muss, gibt es keine Begrenzung. Sie kann bereits bei Einlegung des Widerspruchs in der Hauptversammlung vorhanden sein;[1289] sie kann aber auch erst nach Klageerhebung entstehen.[1290]

[1284] BGHZ 107, 296, 312 ff. („Kochs-Adler“).

[1285] LG Frankfurt a.M., AG 2007, 824 f.

[1286] RGZ 146, 385, 395.

[1287] RGZ 146, 385, 395.

[1288] So beispielsweise BGH, AG 1992, 86 (Beraterhonorar); WM 1990, 140, 144 (Rückkauf der klägerischen Aktien zu einem überhöhten Preis).

[1289] *K. Schmidt*, in: GroßKomm AktG, § 245 Rn. 55.

[1290] *K. Schmidt*, in: GroßKomm AktG, § 245 Rn. 55

Die Gesinnung des Klägers eignet sich ganz besonders als Kriterium für die Rechtsmissbräuchlichkeit, weil, wie oben gezeigt,[1291] gerade nur ein individueller Missbrauch der Anfechtungsklage möglich ist.[1292] Für diesen ist die subjektive Ausnutzung des eigentlichen Zwecks der Anfechtungsklage zur Erreichung weiterer, nicht mit ihr zu vereinbarender Zwecke als Resultat einer höchstpersönlichen Betätigung und damit einer subjektiven Gesinnung erforderlich. Es kommt ausschließlich darauf an, ob die Anfechtungsklage innerhalb des Kontrollinteresses erhoben wird. Darüber hinaus gehende persönliche Interessen sind vom Zweck der Anfechtungsklage nicht gedeckt und daher Indiz für die Rechtsmissbräuchlichkeit. Freilich lässt sich nicht leugnen, dass diese Gesinnung des Klägers als innere Tatsache kaum nachweisbar ist, insbesondere wenn der Kläger nicht von allein versucht, in Vergleichsverhandlungen mit der Gesellschaft einzutreten, mithin sich seine innere Gesinnung nicht durch äußerliches Verhalten manifestiert. Sie kann nur als Generalklausel formuliert werden, zu deren Konkretisierung objektive Kriterien hinzutreten müssen.

1.3.1.2 Eigennutz

Der in subjektiver Hinsicht vorhandene Gedanke des Eigennutzes führt allein zunächst nicht zu einer Rechtsmissbräuchlichkeit der Klage.[1293] Dies verbietet ihre Doppelnatur. Erlaubt die Anfechtungsklage auch eine individuelle Rechtskontrolle, kann diese nicht garantieren, dass die Anfechtungsklage subjektiv immer zum Wohle der Gesellschaft erhoben wird. Allerdings kann das Merkmal des Eigennutzes in Kombination mit der zuvor genannten Absicht der Zweckentfremdung der Anfechtungsklage als taugliches subjektives Kriterium verwendet werden. Der BGH hatte indes entschieden, dass eine eigensüchtige Interessenverfolgung des Aktionärs nur in Ausnahmefällen geeignet ist, den Vorwurf des Rechtsmißbrauchs zu begründen. Dies soll dann der Fall sein, wenn der Aktionär die Anfechtungsklage mit dem Ziel erhebt, die verklagte Ge-

---

[1291] § 4 A I.

[1292] Dieses Kriterium wird daher auch einheitlich von der Rechtsprechung verwandt. RGZ 46, 385, 395; BGH, NJW 1989, 2689 („Kochs-Adler“);BGH, NJW-RR 1990, 350 („DAT/Altana“); BGH, NJW-RR 2007, 1409, 1411 („Vattenfall“); OLG Frankfurt a.M., NJW-RR 1992, 1189; OLG Stuttgart, NZG 2001, 277, 278 (zum Missbrauch einer Nichtigkeitsklage); OLG Frankfurt a.M., BeckRS 2008, 13889; NZG 2009, 222, 224; OLG Stuttgart, BeckRS 2010, 16909; OLG Celle, BeckRS 2010, 08934; KG, WM 2011, 412, 413.

[1293] *K. Schmidt*, in: GroßKomm AktG, § 245 Rn. 62; *Zöllner*, in: KölnKomm AktG, § 245 Rn. 79 f.

sellschaft in grob eigennütziger Weise zu einer Leistung zu veranlassen, auf die er keinen Anspruch hat und billigerweise auch nicht erheben kann.[1294] Entgegen der Rechtsprechung ist dieses Kriterium ungeachtet seiner Tauglichkeit aber nicht als notwendiger Bestandteil eines Missbrauchstatbestandes anzusehen. Zum einen könnte das Kriterium des Eigennutzes eine Beschränkung dahingehend bewirken, dass die Vorteilserstrebung für einen Dritten nicht als missbräuchlich einzuordnen wäre, zum anderen liegt dem Vermögensstreben der Eigen- und/oder Fremdnutz bereits zugrunde. Folglich sollte ein gesetzlicher Missbrauchstatbestand das Kriterium des Eigennutzes außer Acht lassen.

1.3.2 Taugliche objektive Kriterien

1.3.2.1 Aufnahme von und Beteiligung an Vergleichsgesprächen

In objektiver Hinsicht eigenet sich ganz besonders die nach außen tretende Manifestation des klägerischen Willens in Form eines bestimmten Verhaltens. Diese objektiven Tatsachen können anders als die subjektiven Kriterien nicht nur als Indizien für die missbräuchliche Klageerhebung gewertet werden, sondern als tatbestandserhebliche Haupttatsachen. Ob die Anfechtungsklage zweckentfremdend benutzt wird, entscheidet sich danach, ob der Kläger während oder außerhalb des Prozesses selbständig oder auf Antrieb der beklagten Gesellschaft hin Versuche unternimmt, den Prozess gegen eine sonst wie geartete Leistung der Gesellschaft ohne eine Rechtmäßigkeitskontrolle des Beschlusses zu beenden, sie also zweckentfremdet. Die Vergleichsgespräche können sowohl vom Kläger als auch von der Gesellschaft, während oder außerhalb des Prozesses initiiert sein. Dabei ist es nicht erforderlich, dass explizit von „Prozessbeendigung“, “Vergleich“ und einer „Gegenleistung“ gesprochen wird. Vielmehr ist es ausreichend, dass aus einer Würdigung der Gesamtumstände die Absicht des Klägers zum Vorschein tritt, die Anfechtungsklage nur zum Zwecke der Vorteilserlangung erhoben zu haben oder sich später für eine Ausnutzung der Anfechtungsklage zur Vorteilserlangung entschieden zu haben. Dies ist insbesondere auch anzunehmen, wenn die Gesellschaft auf den Kläger zugeht und er sich ohne Umschweife auf ein Vergleichsangebot einlasst oder sofort konkrete Zahlen für eine Leistung der Gesellschaft im Kopf hat. Dies indiziert die Vorstellung des

---

[1294] BGH, NJW 1989, 2689 („Kochs-Adler“); NJW-RR 1990, 350, 353 („DAT/Altana“).

Klägers, die Gesellschaft werde sich unter dem Druck der Klage zu einer Leistung motivieren lassen.[1295]

Der unberechtigte Vermögensvorteil spielt bei der Beurteilung der Missbräuchlichkeit eine starke Beweisrolle, da allein mit der Vergleichsbereitschaft eine Zweckentfremdung der Anfechtungsklage nicht nachgewiesen werden kann. Der erstrebte Vermögensvorteil ist Ausdruck des persönlichen Interesses des Klägers, das er mit der Klage entgegen ihrem eigentlichen Zweck (Beschlusskontrolle) verfolgt. Umso erstaunlicher ist es, dass das OLG Frankfurt in seiner Entscheidung aus dem Jahr 2009 diesem Merkmal gar keine bzw. nur eine untergordnete Rolle zuerkannt hat.[1296] Freilich sind auch Fälle denkbar, in denen der erstrebte Vermögensvorteil nur schwer nachzuweisen ist oder aber ihm keinerlei Bedeutung zukommt, weil die Zweckentfremdung der Anfechtungsklage sich nicht auf die Erlangung eines finanziellen oder ähnlichen vermögenswerten Vorteils richtet, sondern die Anfechtungsklage statt zur Beschlusskontrolle zu politischen oder wettbewerblichen Gründen benutzt wird. So kommt beispielsweise die Anfechtung zur Blockade einer wichtigen Strukturmaßnahme eines Wettbewerbers in Betracht.[1297] Auch dann ist die Rechtsmissbräuchlichkeit gegeben. Der Nachweis eines unberechtigten Vermögensvorteils, der verlangt wird, begründet *per se* den Missbrauchsvorwurf, weil er gegen alle Grundsätze der aktienrechtlichen Verteilungsgerechtigkeit verstößt.[1298] Dieses Kriterium ist außerdem wichtig, um die Missbrauchsfälle von den Fällen einer „rechtmäßigen" vergleichsweisen Beendigung zu unterscheiden (zur Einschränkung der vergleichsweisen Beendigung von Beschlussmängelstreitigkeiten sogleich). Es sind Fälle denkbar, in denen die Fortführung des Prozesses für eine oder beide Parteien nicht mehr zumutbar ist, so beispielsweise die Fälle, in denen der Aktionär während des laufenden Prozesses aus der AG ausscheidet oder die Verfahrensdauer schlichtweg unverhältnismäßig lang und kostenintensiv wird. In solchen Konstellationen sollte der Anfechtungskläger den Prozess nicht mit Verlusten, die beispielsweise aus einer Klagerücknahme entsehen, beenden müssen Die Möglichkeit der vergleichsweisen Beendigung muss daher – auch ungeach-

[1295] BGH, NJW-RR 1990, 350, 353 („DAT/Altana").
[1296] OLG Frankfurt a.M., NZG 2009, 222 ff.
[1297] *Martens/Martens*, AG 2009, 173, 175.
[1298] *Martens/Martens*, AG 2009, 173, 175.

tet der Tatsache, dass sie dem Rechtsschutzziel der Anfechtungsklage, nämlich der Beschlusskontrolle zuwider läuft – erhalten bleiben und stattdessen für den Missbrauchstatbestand auf den unberechtigten Vermögensvorteil abgestellt werden.

Ein ungerechtfertigter Vermögensvorteil oder vermögenswerter Vorteil liegt vor, wenn die Beendigung des Prozesses gegen eine Leistung der Gesellschaft erstrebt wird, deren Wert die finanzielle Belastung des Klägers durch die bisherige Prozessverfolgung und den Wert eines möglichen Schadens aus dem rechtswidrigen Beschluss übersteigt. Dabei kann es sich um finanzielle Zuwendungen ebenso wie um die Verschaffung anderer Vorteile handeln. Maßgeblich ist, dass der Kläger keinen Anspruch auf sie hat und billigerweise auch nicht haben kann.

1.3.2.3 Frühere Beteiligung an Vergleichen

Wie das oben beschriebene Täterprofil gezeigt hat, spielt insbesondere die Prozessvergangenheit des Klägers eine Rolle. Die Studien haben belegt, dass die Vergleichsquote bei den von Berufsklägern erhobenen Klagen bei einem enorm hohen Prozentsatz liegt.[1299] Es ist zwar richtig, dass man nicht im Sinne eines Anscheinsbeweises und frei nach dem Motto „ein Mal Räuber, immer Räuber“[1300] auf die böswillige Absicht des Aktionärs auch im aktuellen Prozess schließen kann.[1301] Die permanente vergleichsweise Beendigung steht aber im absoluten Widerspruch zum Zweck der Anfechtungsklage und eignet sich daher zumindest als weiteres Indiz für die Gesinnung und Einstellung eines Klägers, sofern diese Vergleiche nicht schon mehrere Jahre zurückliegen,[1302] oder der Kläger nachweisen kann, dass er andere Verfahren auch durch streitiges Urteil beendet hat.[1303]

1299 Aus der aktuellen Studie geht eine Vergleichsquote von 72 % hervor; *Baums/ Drinhausen/Keinath*, ZIP 2011, 2329, 2342.

1300 *Schwab*, in: Schmidt/Lutter (Hrsg.), AktG, § 245 Rn. 43.

1301 So auch OLG Frankfurt a.M., NZG 2009, 222, 224 f.; OLG München, AG 2007, 335, 339.

1302 OLG München, AG 2007, 335, 339.

1303 LG Frankenthal, AG 1990, 549.

1.3.3 Untaugliche Kriterien

1.3.3.1 Anteilsbesitz

Der Anteilsbesitz, der im Täterprofil des Berufsklägers quasi integraler Bestandteil ist, kann entgegen der Ansicht von *Martens/Martens*[1304] zur Beurteilung der Rechtsmissbräuchlichkeit nicht herangezogen werden. Die Rechtsprechung hat sich hierzu unterschiedlich geäußert. Zwar wird generell zutreffend darauf verwiesen, dass die Anfechtungsbefugnis nicht von einem bestimmten Anteilsbesitz abhängt[1305] und es insofern widersprüchlich wäre, einerseits die Anfechtung unabhängig von der Anteilshöhe zuzulassen, andererseits aber gerade den Aktienbesitz als Indiz für die Rechtsmissbräuchlichkeit zu werten. Dennoch wird der Anteilsbesitz bisher als Indiz in die Gesamtbetrachtung mit einbezogen,[1306] was wohl unstreitig daran liegen dürfte, dass die Praxis bisher gezeigt hat, dass Berufskläger nur einen geringen Anteilsbesitz halten. Für die Beurteilung der Rechtsmissbräuchlichkeit, die sich, wie oben festgestellt, nach der Zweckentfremdung der Anfechtungsklage richtet, kann die Beteiligungshöhe des Klägers aber keine Rolle spielen. Sie ist kein auf den Zweck der Anfechtungsklage ausgerichtetes Kriterium.

1.3.3.2 Anfechtungsgründe

Teilweise werden von der Rechtsprechung auch die Anfechtungsgründe, mit denen ein Beschluss angegriffen wird, zur Beurteilung der Missbräuchlichkeit herangezogen. Rein formale Anfechtungsgründe seien nach dieser Ansicht ein Indiz für eine missbräuchliche Klageerhebung, insbesondere wenn sie für die Interessen des Klägers nicht von Belang seien.[1307] Diese Ansicht ist jedoch strikt abzulehnen. § 243 AktG differenziert nicht nach der Schwere des Rechtsverstoßes, sondern lässt prinzipiell jeden Rechtsverstoß als Grundlage für eine Anfechtungsklage genügen. Der Zweck der Anfechtungsklage besteht gerade darin, den Beschluss auch unabhängig von einer eigenen Betroffenheit einer Rechtmäßig-

---

[1304] *Martens/Martens*, AG 2009, 173, 176; *dies.*, in: FS K.Schmidt, S. 1129, 1147.

[1305] OLG Stuttgart, BeckRS 2010, 16909

[1306] OLG Frankfurt a.M., OLG Stuttgart, BeckRS 2010, 16909; LG Hamburg, WM 2009, 1330, 1331; aA, soweit ersichtlich, nur LG München, BeckRS 2006, 10424.

[1307] OLG Frankfurt a.M., NZG 2009, 222, 223; LG Hamburg, WM 2009, 1330, 1331.

keitskontrolle unterziehen zu können – schlicht zur Wahrung der Rechtsordnung. Dieses Kriterium darf daher nicht in den Missbrauchstatbestand aufgenommen werden.

1.3.3.3 Schädigungsabsicht

Schon aus dem allgemeinen Rechtsgrundsatz des § 226 BGB ergibt sich, dass die Ausübung eines Rechts unzulässig ist, wenn sie nur dem Zweck dient, einem anderen Schaden zuzufügen. Dabei genügt aber nicht nur die Klageerhebung aus verwerflichen Gründen, sondern sie muss gerade dem Zweck dienen, einen anderen, in dem Fall die Gesellschaft, zu schädigen.[1308] In Betracht kommt zwar eine Schädigung durch Erhebung einer Anfechtungsklage gegen einen eintragungsbedürftigen Beschluss gerade zur Verhinderung von dessen Eintragung. Da dies aber eine rein subjektive Komponente ist, die nicht durch eine objektive Tatsache zweifelsfrei manifestiert werden kann, kommt sie für den Missbrauchstatbestand nicht in Betracht. Die Erhebung einer Anfechtungsklage hat (ob nun gesetzlich oder faktisch) die Registersperre zur Folge. Daraus eine Schädigungsabsicht ableiten zu wollen, ist nicht möglich. Allenfalls kann die Schädigungsabsicht, wie in der Entscheidung des OLG Frankfurt a.M. geschehen, im Rahmen einer Schadensersatzprüfung nach § 826 BGB zur Beurteilung der Sittenwidrigkeit herangezogen werden.[1309]

1.3.3.4 Evident aussichtslose Klage

Ebenfalls ohne Bedeutung ist die Erhebung einer evident aussichtslosen Klage. Nach Ansicht mancher soll bei erkennbar unzutreffendem Sachverhalt oder unvertretbaren Rechtsansichten die Missbräuchlichkeit der Klageerhebung indiziert sein.[1310] Pure Ignoranz kann aber nicht für eine subjektiv schädliche Gesinnung ausreichend sein. Geht man einmal von dem (hoffentlich unwahrscheinlichen) Fall aus, dass es sich bei dem Kläger um einen absoluten juristischen Laien handelt, der zum Werkzeug seiner Berater wird, würde ein solches Kriterium zu unbilligen Ergebnissen führen.

[1308] *Ellenberger*, in: Palandt, BGB, § 226 Rn. 2.

[1309] OLG Frankfurt a.M., NZG 2009, 222, 224.

[1310] *K. Schmidt*, in: GroßKomm AktG, § 245 Rn. 65.

1.3.3.5 Häufigkeit der Klageerhebung

Auch wenn die empirischen Untersuchungen belegt haben, dass gerade die Berufskläger überdurchschnittlich viele Klagen gegen zumeist auch mehrere Gesellschaften erheben,[1311] kann dies nicht als Indiz für die Missbräuchlichkeit einer Anfechtungsklage gewertet werden. Dies wird von der Rechtsprechung und Literatur teilweise anders gesehen.[1312] Die Anfechtungsklage ist aber ein Kontrollinstrument, von dem zwar nur ein vergleichsweise kleiner Kreis von Aktionären Gebrauch macht; gerade diese spricht jedoch für eine Wahrung der Anfechtungsklage als Kontrollmöglichkeit zur Wahrung der Aktienrechtsordnung, die auch präventiv erforderlich ist.[1313] Zudem ist allein die Beteiligung an anderen Verfahren auch ungeeignet, die Zweckentfremdungsabsicht in einem aktuellen Verfahren zu beweisen.

1.4 Vermutungstatbestand

Die Missbrauchsklausel ist als Vermutungstatbestand zu formulieren. Liegen alle oben genannten tauglichen subjektiven und objektiven Kriterien vor, wird die Missbräuchlichkeit vermutet. Dem Kläger steht dann Widerlegung dieser Vermutung offen.[1314]

1.5 Feststellung des Missbrauchs durch das Gericht und Beweislast

Die Feststellung der für den Missbrauch maßgeblichen Kriterien obliegt dem Gericht. Die beklagte Gesellschaft hat die notwendigen Fakten darzulegen und zu beweisen, die geeignet sind, die Voraussetzungen des Missbrauchstatbestands zu erfüllen.[1315] Dabei muss insbesondere der vom Kläger erstrebte Vermögensvorteil hinreichend unter Beweis gestellt werden.[1316] Hierfür stehen alle Beweismittel der ZPO offen (§§ 371 – 455 ZPO). Von besonderer Bedeutung ist aber die Benennung von Zeugen (§ 373 ZPO), an die der Kläger unter Umständen zur Vergleichsunterbreitung außerpozessual herangetreten ist oder Schriftverkehr mit entsprechendem Inhalt (§ 416 ZPO). Ist der Hauptbeweis für die ge-

---

[1311] Zuletzt der empirische Nachweis bei *Baums/Drinhausen/Keinath*, ZIP 2011, 2329, 2343.

[1312] So BGH, ZIP 1992, 1391; OLG Frankfurt a. M., NZG 2009, 222, 225; LG Hamburg, WM 2009, 1330, 1331; *Martens/Martens*, AG 2009, 173, 176; *dies.*, in: FS K.Schmidt, S. 1129, 1147.

[1313] So auch LG München, BeckRS 2006, 10424.

[1314] *Vogel*, Juristische Methodik, S. 76 f.

[1315] *Greger/Geimer*, Zöller, ZPO, § 292 Rn. 2.

[1316] KG, WM 2011, 412, 413.

setzliche Vermutung erbracht, stehen dem Kläger ebenfalls sämtliche Beweismittel der ZPO zur Widerlegung der Missbrauchsvermutung offen.[1317] Er kann besondere Umstände vortragen, nach denen sich ein missbrauchsfreies Verhalten ergibt.[1318] Nicht ausreichend sind aber Behauptungen wie die ansonstens aufrechte und loyale Haltung der Gesellschaft gegenüber oder der Hinweis auf eine gute Vermögenssituation des Klägers.[1319] Allgemeine Bekenntnisse genügen nicht zur Entkräftung der Vermutung. Vielmehr müssen substantiierte Gründe vorgetragen werden, die keinen Zweifel an der zweckgerechten Erhebung der Klage lassen. So kann beispielsweise vorgetragen werden, dass der Kläger an einem zunächst außerprozessual unterbreiteten Vergleichsvorschlag nicht mehr festhalten will. Die bloße Erschütterung der Vermutung genügt aber nicht. Es ist der volle Beweis des Gegenteils erforderlich.[1320] Die Entkräftung des Vermutungstatbestands wird schwer fallen, wenn erst einmal das Streben nach einem Vermögensvorteil zu Tage getreten ist. Einer gesetzlichen Normierung eventueller Entkräftungstatbestände bedarf es aber nicht, da hier ganz spezifische einzelfallbezogene Merkmale eine Rolle spielen.

1.6 Zusammenfassung der maßgeblichen Kriterien

Damit bleibt festzuhalten, dass eine gesetzliche Verankerung eines Missbrauchstatbestands in subjektiver Hinsicht die Absicht der Zweckentfremdung der Anfechtungsklage in dem Sinne beinhalten muss, dass der Kläger die Klage erhebt, um die Gesellschaft zu einer Leistung zu bewegen, die ihm objektiv nicht zusteht und billigerweise auch nicht zustehen kann. In objektiver Hinsicht, muss sich diese subjektive Motiviation durch ein Verhalten manifestieren, das dem Zweck der Anfechtunsgklage zuwider läuft. Hierzu zählen, die Aufnahme von und der Beitritt zu inner- wie außerprozessualen Vergleichsgesprächen, in denen es um die Prozessbeendigung gegen eine Leistung der Gesellschaft geht; die Leistung muss die finanziellen Nachteile des Klägers, die ihm durch die Klage und eine eventuelle Rechtsverletzung entstanden sind, überschreiten; und er muss sich in der (näheren) Vergangenheit bereits mehrfach an vergleichswei-

[1317] *Greger/Geimer*, in: Zöller, ZPO, § 292 Rn. 2.
[1318] *Martens/Martens*, AG 2009, 173, 177.
[1319] OLG Frankfurt a.M., NZG 2009, 222, 224 f.
[1320] *Greger/Geimer*, in: Zöller, ZPO, § 292 Rn. 2.

sen Beendigungen von Anfechtungsklagen beteiligt haben. Liegen diese Kriterien kummulativ vor, wird die missbräuchliche Klageerhebung vermutet.

2. Unzulässigkeit oder Unbegründetheit der Klage?

Fraglich und umstritten ist, ob der Missbrauchstatbestand bereits in der Zulässigkeit der Klage oder erst bei ihrer Begründetheit zu prüfen ist. Dies hängt davon ab, wie man die Anfechtungsbefugnis dogmatisch einordnet, ob als Zulässigkeitserfordernis oder als materiell-rechtliche Voraussetzung der Begründetheit. Auswirkungen hat die Einordnung auf der Rechtsfolgenseite und damit hinsichtlich der Rechtskraft der Entscheidung.

2.1 Anfechtungsbefugnis als materiell-rechtliche Begründetheitsvoraussetzung

Die herrschende Meinung in Rechtsprechung und Literatur ordnet die Anfechtungsbefugnis als materiell-rechtliche Voraussetzung der Begründetheit der Anfechtungsklage ein und weist damit bei Fehlen der Anfechtungsbefugnis (z.B. bei Fehlen der Aktionärsstellung) die Klage als unbegründet ab, so beispielsweise auch *Martens/Martens* mit ihrem Vorschlag zur Implikation eines gesetzlichen Missbrauchstatbestands.[1321] Dem liegt die Annahme zugrunde, dass die Anfechtungsklage der Geltendmachung eines privaten Gestaltungsrechts diene, ihr mithin ein materielles Gestaltungsrecht zugrunde liege.[1322] Demgemäß führe eine missbräuchliche Klageerhebung nach dieser Ansicht zur Abweisung der Klage als unbegründet, weil die missbräuchliche Ausübung des Anfechtungsrechts den Verlust der materiellen Berechtigung nach sich ziehe.[1323] Dieser Ansicht hat sich auch der BGH und mittlerweile die Instanzengerichte angeschlossen angeschlossen.[1324] Die Notwendigkeit einer prozessualen Geltendmachung des ansonsten materiell-rechtlich verankerten Anfechtungsrechts könne nicht

[1321] *Hüffer*, AktG, § 245 Rn. 2; *Zöllner*, in: KölnKomm AktG, § 245 Rn. 2; *Semler*, in: MünchHdb. AG, § 41 Rn. 49; *Dörr*, in: Spindler/Stilz, AktG, § 243 Rn. 5; *Martens/Martens*, in: FS K.Schmidt, S. 1129, 1146 (Fn. 63).

[1322] *Hüffer*, AktG, § 245 Rn. 2; *Zöllner*, in: KölnKomm AktG, § 245 Rn. 2; *Dörr*, in: Spindler/Stilz, AktG, § 243 Rn. 4; *Semler*, in: MünchHdb. AG, § 41 Rn. 49; *Rosenberg/Schwab/Gottwald*, Zivilprozessrecht, § 91 Rn. 3.

[1323] *Hüffer*, AktG, § 245 Rn. 2, *ders.*, in: Geßler/Hefermehl/Eckardt/Kropff, AktG, § 245 Rn. 5; *Zöllner*, in: KölnKomm AktG, § 245 Rn. 89; *Dörr*, in: Spindler/Stilz, AktG, § 243 Rn. 5.

[1324] BGH, NJW-RR 1992, 1388; AG 2007, 863; ZIP 2009, 908, 912; OLG Stuttgart, AG 2003, 456; OLG Hamm, NZG 2001, 563, 564; OLG Düsseldorf, AG 1996, 273; LG München, NJW 2009, 3794, 3796.

dazu führen, dass sich die missbräuchliche Ausübung des Anfechtungsrechts wie ein fehlendes Rechtschutzinteresse auswirken solle. Das Erfordernis einer Beweisaufnahme für den Fall, dass die Rechtsmissbräuchlichkeit bestritten werde, zeige vielmehr den materiell-rechtlichen Schwerpunkt des Anfechtungsrechts, da in diesem Falle allein über die Frage entschieden werde, ob das Anfechtungsrecht ausgeübt werden durfte.[1325]

2.2 Anfechtungsbefugnis als Zulässigkeitsvoraussetzung

Die Gegenansicht betrachtet die Anfechtungsbefugnis hingegen als eine Klagebefugnis und damit als Frage der Zulässigkeit der Anfechtungsklage.[1326] Mit der Anfechtungsklage werde eine Kontrolle des Hauptversammlungsbeschlusses auf seine objektive Vereinbarkeit mit dem materiellen Recht bezweckt und zwar unabhängig von einer eigenen Rechtsverletzung des Klägers.[1327] Die mit einem stattgebenden Urteil erreichte *inter omnes*-Wirkung gehe aber notwendigerweise einher mit einer Beschränkung des Kreises der Berechtigten, die eine solche Gestaltung erwirken können. Daher sei die Anfechtungsbefugnis als Klagebefugnis einzuordnen und nicht als materielles Gestaltungsrecht.[1328] Sie verstehe sich als Befugnis, den Hauptversammlungsbeschluss einer gerichtlichen Kontrolle zu unterwerfen. Der rechtstechnische Gestaltungscharakter der Klage überlagere die materiell-rechtliche Abwehrkomponente.[1329] Dieser Ansicht liegt das grundsätzliche Verständnis zugrunde, dass bei einer Gestaltungsklage gegen einen Hauptversammlungsbeschluss nicht ein Anspruch auf Beseitigung desselben geltend gemacht wird, sondern aufgrund der Klagebefugnis ein gestaltender Eingriff des Gerichts begehrt wird.[1330] Ist die Anfechtungsbefugnis nach dieser Ansicht also Bestandteil der Zulässigkeitsprüfung, führt die missbräuchliche Klageerhebung zur Abweisung der Klage als unzulässig.[1331]

[1325] BGH, NJW-RR 1992, 1388, 1389.

[1326] OLG Düsseldorf, NJW-RR 1992, 100, 101; OLG Frankfurt a.M. AG 1991, 208, 210; *K. Schmidt*, in: GroßKomm AktG, § 245 Rn. 6; *Schwab*, in: Schmidt/Lutter (Hrsg.), AktG, § 245 Rn. 2; Roth, in: FS Henckel, S. 707, 710 f.

[1327] *Schwab*, in: Schmidt/Lutter (Hrsg.), AktG, § 245 Rn. 1; *Roth*, in: FS Henckel, S. 707, 710 f.

[1328] *K. Schmidt*, in: GroßKomm AktG, § 245 Rn. 6; *ders.* in: FS Semler, S. 332 f.

[1329] *K. Schmidt*, in: GroßKomm AktG, § 246 Rn. 10.

[1330] *K. Schmidt*, in: GroßKomm AktG, § 246 Rn. 10, § 245 Rn. 6.

[1331] OLG Karlsruhe, WM 1991, 1755, 1757; LG Frankfurt a.M., WM 1990, 1745, 1746; LG Landshut, WM 1990, 931, 933; *K. Schmidt*, in: GroßKomm AktG, § 246 Rn. 10; *Schwab*, in: Schmidt/Lutter (Hrsg.), AktG, § 245 Rn. 50 m.w.N.

2.3 Stellungnahme

Die Frage, ob eine missbräuchlich erhobene Anfechtungsklage als unzulässig oder unbegründet abzuweisen ist, lässt sich nur dann beurteilen, wenn man grundlegend hinterfragt, ob der Anfechtungsklage als Gestaltungsklage ein privates materielles Gestaltungsrecht zugrunde liegt, oder aber ein subjektives öffentliches Recht gegen den Staat auf Vornahme der richterlichen Gestaltung. Zunächst ist dabei festzuhalten, dass die rechtsgestaltende Tätigkeit des Richters im Anfechtungsprozess lediglich die gesetzliche Anordnung (Nichtigerklärung) widerspiegelt, ohne die er nicht tätig werden dürfte und nach der er anders herum gestalten *muss*, wenn ihre materiellen Voraussetzungen vorliegen. Der Kläger erstrebt daher die unmittelbare Rechtsänderung durch das Gericht, ohne dass es bei Vorliegen der materiellen Voraussetzungen eines Leistungsbefehls an die beklagte Gesellschaft oder auch nur ihrer Mitwirkung bedarf.[1332] Anders als beispielsweise bei Leistungsklagen, bei denen eine bereits außerhalb des Prozesses eingetretene Rechtsfolge geltend gemacht wird, soll eine Gestaltungsklage eine Rechtswirkung erst noch herbeiführen.[1333] Würde man ein privatrechtliches Recht auf Rechtsänderung annehmen, müsste folglich die beklagte Gesellschaft auch eine Einflussnahmemöglichkeit haben. Der Beschluss der Hauptversammlung kann aber nur durch den Richter für nichtig erklärt werden. Durchgesetzt wird mit der Klage folglich ein subjektiv-öffentliches, gegen den Staat gerichtetes Recht auf Herbeiführung der Gestaltung, mithin der Nichtigerklärung.[1334] Insofern muss die Gestaltungsklage folglich als eine selbständig neben der Leistungs- und Feststellungklage stehende Klageart gewürdigt und die Anfechtungsbefugnis als eine prozessuale Befugnis betrachtet werden, den Hauptversammlungsbeschluss einer gerichtlichen Kontrolle zu unterwerfen.[1335] Diese Einordnung lässt sich auch wesentlich besser mit der Kontrollfunktion der Anfechtungsklage vereinbaren, welche ihr in ihrer Doppelnatur zukommt (dazu oben § 3 B I und IV). Die Befugnis eines Klägers, als Hüter der Aktienrechtsordnung auch ohne individuelle Rechtsverletzung auf ein Gestaltungsurteil, das für und gegen jedermann wirkt, hinzuwirken, ist eine prozessrechtliche. Sie ist

[1332] *Greger*, in: Zöller, ZPO, Vor § 253 Rn. 8.

[1333] *Rosenberg/Schwab/Gottwald*, Zivilprozessrecht, § 91 Rn. 1.

[1334] *Henckel*, Parteilehre und Streitgegenstand, S. 34 f.; *Schlosser*, Gestaltungsklagen, S. 366 ff;

[1335] Wie hier *K. Schmidt*, in: GroßKomm AktG, § 245 Rn. 75.

von der materiellen Voraussetzung der Gesetzes- oder Satzungsverletzung zu trennen, was zuweilen schwierig sein kann, weil die Voraussetzungen eines prozessualen und materiellen Rechtsmissbrauchs ähnlich sein können. Aus der Verortung der Anfechtungsbefugnis als Prozessvoraussetzung folgt aber nicht etwa, dass ein subjektiver Missbrauch der Anfechtungsbefugnis nicht mehr möglich ist.[1336] Wie oben beschrieben leitet sich der individuelle Missbrauch aus der Ausnutzung des eigentlichen Zwecks der Anfechtungsklage zur Erreichung weiterer, nicht mit ihr zu vereinbarender Zwecke als Resultat einer höchstpersönlichen Betätigung und damit einer subjektiven Gesinnung ab. Damit wird die prozessrechtliche Gestaltung, eine Befugnis, nicht aber ein materiell-rechtlicher Anspruch missbraucht. Dies gilt umso mehr, wenn man zur Bejahung des Missbrauchs der Anfechtungsklage prozessuale Verhaltensweisen des Klägers heranzieht, wie beispielsweise eine außergerichtliche Verpflichtung zur Rücknahme der Klage gegen Zahlung einer Geldsumme.[1337] Zudem lässt sich aber auch die vom BGH befürwortete nachträgliche Rechtsmissbräuchlichkeit[1338] einer Anfechtungsklage besser mit dieser Einordnung der Anfechtungsbefugnis handhaben. Eine Anfechtungsklage, die einen tatsächlich rechtswidrigen und damit nichtig zu erklärenden Hauptversammlungsbeschluss zum Gegenstand hat, kann bei einem nachträglichen Sinneswandel des zuvor altruistisch motivierten Anfechtungsklägers nicht als unbegründet abgewiesen werden, da ansonsten aufgrund der materiellen Rechtskraft des Sachurteils der Hauptversammlungsbeschluss im Verhältnis zwischen Kläger und beklagter Gesellschaft als rechtmäßig gilt.

Die Einordnung der Anfechtungsbefugnis als Prozessvoraussetzung und damit die Abweisung der Klage als unzulässig bei Missbrauch des Anfechtunsgrechts birgt schließlich aber auch nicht die Gefahr der erneuten Klageerhebung durch denselben Kläger. Zum einen dürfte die einmonatige Anfechtungsfrist (§ 246 Abs. 1 AktG) bei Erlass des Prozessurteils bereits verstrichen sein. Zum anderen ist auch die Gefahr einer nachträglich erhobenen Nichtigkeitsklage mit der

[1336] So aber die Befürchtung von *Yong Ding*, Missbräuchliche Anfechtungsklage im Aktienrecht, S. 75; *Radu*, ZIP 1992, 303, 311 ff.; *Bokelmann*, BB 1972, 703, 707.

[1337] So auch schon OLG Frankfurt a.M., NJW-RR 1992, 1189, 1190.

[1338] BGH, NJW 1992, 569, 570 f.

durch die Aktienrechtsnovelle 2012 eingeführte relative Befristung[1339] gebannt, sodass unter Umständen auch diese Frist verstrichen sein könnte. Mit dem neuen § 249 Abs. 3 AktG-E ist die Erhebung einer Nichtigkeitsklage gegen einen Beschluss der Hauptversammlung, gegen den bereits eine (Anfechtungs-)Klage erhoben ist und welche gemäß § 246 Abs. 4 S. 1 AktG in den Gesellschaftsblättern bekannt gemacht ist, nämlich nur noch innerhalb eines Monats nach der Bekanntmachung möglich.[1340] Zumindest aber kann auch bei der Nichtigkeitsklage, falls die Frist noch nicht verstrichen ist, der hier vorgeschlagene Missbrauchstatbesand eingreifen und die Berufskläger von der Klageerhebung ausschließen.

3. Schadensersatz

Ähnlich wie auch schon das AktG von 1937 in § 200 Abs. 2 vorsah, dass der Kläger, dem Vorsatz oder grobe Fahrlässigkeit zur Last fällt, für einen Schaden aus unbegründeter Anfechtungsklage der Gesellschaft zum Ersatz verpflichtet ist, muss auch die hier vorgeschlagene Missbrauchsklausel durch einen Schadensersatzanspruch der Gesellschaft gegen den missbräuchliche Klagenden ergänzt werden. Die Regelung aus dem AktG 1937 wurde mit der Aktienrechtsreform von 1965 mit der Begründung gestrichen, dass das Gesetz in anderen bürgerlich-rechtlichen Streitigkeiten keine Schadensersatzpflicht für eine schuldhaft erhobene Klage vorsehe und daher diese Regelung den Anfechtungskläger ungerechtfertigt benachteilige.[1341]

Eine Schadensersatzregelung ist auch erforderlich. Zwar könnte man mit der Rechtsprechung auch eine Schadensersatzpflicht aus § 826 BGB oder § 823 BGB für ausreichend erachten.[1342] Hier können sich aber zu viele Unsicherheiten bieten in Bezug auf die dort zusätzlich zu erfüllenden Tatbestandsmerkmale wie der Sittenwidrigkeit in § 826 BGB oder der Rechtswidrigkeit in § 823 BGB. Zudem verleiht die explizite Normierung des Schadensersatzanspruchs aus missbräuchlicher Klageerhebung dem Missbrauchstatbestand besonderen Nachdruck und erhöht dadurch die Abschreckungswirkung.

[1339] So die Befürchtung von *Yong Ding*, Missbräuchliche Anfechtungsklage im Aktienrecht, S. 76; *Noack*, AG 1989, 78, 83 f.

[1340] Dazu bereits oben § 7 B.

[1341] RegBegr. AktG, abgedruckt in: *Kropff*, S. 335.

[1342] OLG Frankfurt a.M.

4. Vorteile eines gesetzlichen Missbrauchstatbestands

Dass die Entwicklung eines Missbrauchstatbestandes schwierig ist, steht aufgrund der Fülle von subjektiven Motivationen außer Frage.[1343] Warum die Entwicklung eines solchen Tatbestands aber auch nicht erstrebenswert sein soll,[1344] leuchtet dagegen nicht ein. Die Vorteile liegen klar auf der Hand:

4.1 Funktionswahrung

Die gesetzliche Verankerung eines Missbrauchstatbestands führt im Ergebnis zu der geringsten Einschränkung der Doppelfunktionalität der Anfechtungsklage, weil sie nur die missbräuchliche Ausübung des Anfechtungsrechts untersagt, es aber im Übrigen unberührt lässt. Die gesetzliche Regelung stellt damit nur die Manifestation der ohnehin im Anfechtungsrecht angelegten subjektiven Grenzen dar und hat folglich rein deklaratorischen Charakter.[1345] Sie führt zu einer Stärkung der Funktion der Anfechtungsklage, indem sie die Rechtmäßigkeitskontrolle betont.

4.2 Rechtssicherheit

Die gesetzliche Implikation des Missbrauchstatbestandes würde zudem zu mehr Rechtssicherheit führen. Die bisherige gerichtliche Praxis zeigt in der Beurteilung gewisser Indizien für die Missbräuchlichkeit Abweichungen. So war beispielsweise der Vermögensvorteil bisher ein besonders wichtiges Kriterium.[1346] Das OLG Frankfurt a.M. hat zuletzt in einer Entscheidung aber trotz der beabsichtigten Vermögenserlangung des Klägers die Beurteilung der Rechtsmissbräuchlichkeit von dem Vermögensvorteil gänzlich abgekoppelt.[1347] Dies ist Ausdruck der richterlichen Rechtsfortbildung. Sie dient der Ausfüllung von Gesetzeslücken und Generalklauseln, aber auch, wie im vorliegenden Fall, der Entwicklung neuer Rechtsgedanken im Einklang mit den leitenden Prinzipien der Gesamtrechtsordnung.[1348] Dem steht aber dennoch eine gesetzliche Konkre-

---

[1343] *Schwab*, in: Schmidt/Lutter (Hrsg.), AktG, § 245 Rn. 40; *Hüffer*, in: MünchKomm AktG, § 245 Rn. 58; *Boujong*, in: FS Kellermann, S. 1, 7 halten die Entwicklung eines Missbrauchstatbestands sogar für unmöglich.

[1344] So ausdrücklich *Hüffer*, in: MünchKomm AktG, § 245 Rn. 58.

[1345] *Martens/Martens*, in: FS K.Schmidt, S. 1129, 1146.

[1346] U.a. BGH NJW 1989, 2689, 2692 („Kochs-Adler"); WM 1962, 456 (457); BGHZ 36, 121 (135 f.) = NJW 1962, 104,

[1347] OLG Frankfurt a.M., NZG 2009, 222, 224 ff. mit Anm. *Peters*.

[1348] *Larenz*, Methodenlehre der Rechtswissenschaft, S. 366.

tisierung nicht entgegen. Zum einen handelt sich im hier relevanten Fall wie die vergangenen Jahre gezeigt haben um einen derart sensiblen Bereich, dass eine gesetzliche Regelung sowohl zum Wohle der Aktionäre als auch zum Wohle der Gesellschaften erforderlich ist. Zum anderen soll die Missbrauchsklausel vom Ergebnis her nicht die Einzelfallgerechtigkeit versagen, sondern vielmehr nur einen Indizienkatalog liefern, der als Ergebnis der über die vergangenen Jahre erlangten Erkenntnisse aus Anfechtungsprozessen eine Beurteilung erleichtert.

4.3 Kreis der Betroffenen

Mit den vorliegend unterbreiteten Missbrauchskriterien findet zudem eine gezielte Auslese der Missbrauchstäter anhand von empirisch belegten Daten und Erfahrungswerten statt, die den Zugang zur Anfechtungsklage nicht über Gebühr einschränkt, da durch die Ausgestaltung als Vermutungstatbestand selbst für den gebranntmarkten räuberischen Aktionär die Möglichkeit der Widerlegung seines missbräuchlichen Vorgehens besteht.

Es ist daher wohl davon auszugehen, dass *Hüffer* die Entwicklung eines Missbrauchstatbestandes deshalb für nicht erstrebenswert hält, weil er eine Revision des Beschlussmängelrechts entbehrlich macht und dies nach *Hüffers* Ansicht wohl nicht erstrebenswert ist. Da nach hier vertretener Ansicht das geltende Beschlussmängelrecht aber nur minimale Adjustierungen benötigt und ansonsten einen ausreichenden Aktionärsschutz sowie eine erstrebenswerte Rechtmäßigkeitskontrolle von Hauptversammlungsbeschlüssen gewährleistet, ist die Entwicklung des Missbrauchstatbestandes aus den vorstehenden Gründen wünschenswert.

5. Nachteile des gesetzlichen Missbrauchstatbestands

Einen Nachteil bringt der Missbrauchstatbestand dort mit sich, wo der Kläger erstmalig in missbräuchlicher Absicht eine Klage erhebt. Hier kann man mangels früherem auffälligem Verhalten nur schwerlich auf eine feindliche Gesinnung des Klägers schließen. Hier setzt aber der sogleich vorzustellende Vorschlag zur Beschränkung der Vergleichsfähigkeit von Anfechtungsprozessen ein. Zudem stellt der Vermutungstatbestand keine abschließenden Kriterien auf. Eine Beurteilung der Missbräuchlichkeit der Anfechtungsklage durch den Richter bleibt je nach den Umständen des Einzelfalls auch anhand anderer Kriterien möglich.

Darüber hinaus bietet die Klausel auch dort keinen Schutz, wo die Gesellschaft unter so hohem zeitlichen Druck wegen der Umsetzung einer angefochtetenen Strukturmaßnahme steht, dass sie von allein außerprozessual mit einem Vergleichsvorschlag an den Kläger heran tritt, dieser die Klage zurück nimmt und ohne gerichtliche Kenntnis eine Sonderzahlung erhält. Ein solches Vorgehen wäre aber auch nach jetzigem Rechtsstand möglich. In diesem Fall muss man der Gesellschaft eine Schutzbedürftigkeit absprechen, weil damit die Gesellschaft selbst die Funktion der Anfechtungsklage umgeht.

III. Verfahrensbeschleunigung durch Verkürzung der gesetzlichen Fristen im Prozess

Um das aus der Registersperre für die Gesellschaften resultierende Druckpotential zu verringern, sollte eine Verfahrensbeschleunigung angestrebt werden. Bisher hat sich bereits eine Tendenz abgezeichnet, dass sich die Dauer von Anfechtungsprozessen nach Inkrafttreten des ARUG im Vergleich zu der Rechtslage nach dem UMAG bereits verringert hat, insbesondere wurden weniger Beschlussmängelklagen in eine Rechtsmittelinstanz getrieben.[1349] Eine Straffung des Verfahrens ist aber dennoch geboten, um das Erpressungspotential weiter abzusenken, das sich gerade aus der Kombination von Registersperre und Verfahrensdauer ergibt. Dem bereits oben dargestellten Lösungsvorschlag, die Eingangsinstanz auch für Anechtungs- und Nichtigkeitsklagen beim OLG anzusiedeln,[1350] wird auch nach hier vertretender Ansicht gefolgt. Hinsichtlich der für diesen Weg sprechenden Argumente wird auf die obige Stellungnahme verwiesen.[1351] Um das Verfahren aber weiter zu beschleunigen, bietet sich eine Verkürzung der gesetzlichen Einlassungsfrist (§ 274 Abs. 3 ZPO) und der Frist für vorbereitende Schriftsätze (§ 132 ZPO) an. Diese Möglichkeit besteht gemäß § 226 ZPO. Die Verkürzung kann danach auf Antrag jeder der Parteien erfolgen (Abs. 1).

Für den Anfechtungsprozess ergibt sich zunächst vor Eingreifen der Fristen der ZPO die Besonderheit, dass vor der Klagezustellung erst der Ablauf der Anfechtungsfrist insgesamt abzuwarten ist, da gemäß § 246 Abs. 3 S. 4 AktG die münd-

---

[1349] *Baums/Drinhausen/Keinath*, ZIP 2011, 2329, 2342.

[1350] Dazu oben § 9 A I.1.

[1351] § 9 A I.1.

liche Verhandlung nicht vor Ablauf der Monatsfrist stattfindet. Dies dient dem § 246 Abs. 3 S. 6 AktG, nach dem ein Verbindungszwang für mehrere Klagen gegen ein und denselben Beschluss besteht. Aus dem Normzweck des § 246 Abs. 3 S. 4 AktG wird außerdem abgeleitet, dass auch der frühe erste Termin (§ 275 ZPO) sowie das schriftliche Vorverfahren (§ 276 ZPO) nicht vor Ablauf der Monatsfrist stattfinden dürfen.[1352] Damit das Verfahren aber nicht zu sehr in die Länge gezogen wird, hat der Gesetzgeber bereits reagiert und der Gesellschaft zumindest die Möglichkeit eingeräumt, unmittelbar nach Ablauf der Monatsfrist bereits eine eingereichte Klage auch vor ihrer Zustellung einsehen und sich von der Geschäftsstelle Auszüge und Abschriften erteilen lassen zu können.[1353] Dennoch verstreicht somit vor der Möglichkeit, zumindest Einsicht in die Klage erhalten zu können, seit Beschlussfassung mindestens ein Monat. Kommt es zur Klagezustellung und zur Einleitung des schriftlichen Vorferfahrens oder der Anberaumung eines frühen ersten Termins, können mit der Einlassungsfrist des § 274 Abs. 3 ZPO weitere zwei Wochen vergehen. Die Möglichkeit der Fristverkürzung für die Einlassung und die Vorbereitung von Schriftsätzen ist daher sinnvoll. Wie ich aus der Praxis in Erfahrung bringen konnte,[1354] wird von dieser Möglichkeit bei Anfechtungsprozessen jedoch nur wenig bis gar kein Gebrauch gemacht. Eine Rückbesinnung auf dieses prozessuale Instrument ist daher angebracht und sollte in modifizierter Form in das Aktienrecht als Sondervorschrift eingeführt werden.

1. Fristverkürzung bei einfach gelagerten Sachverhalten

Eine Fristverkürzung bietet sich für die Fälle an, in denen die Prozesse aufgrund des zugrunde liegenden Sachverhalts und des geltend gemachten Anfechtungsgrundes relativ einfach gelagert sind und die Prozessleitung nicht durch eine Mehrfachbeteiligung von Klägern übermäßig beeinträchtigt wird. Daher kommen insbesondere Anfechtungsprozesse in Betracht, in denen es um reine Verfahrensfehler geht. So können Fehler bei der Einberufung der Hauptversammlung, wie die Einberufung der Hauptversammlung an einen nach § 121 Abs. 5

[1352] *Hüffer*, AktG, § 246 Rn. 38; *Schwab*, in: Schmidt/Lutter (Hrsg.), § 246 Rn. 24; *Weber/Kersjes*, Hauptversammlungsbeschlüsse vor Gericht, § 1 Rn. 568.

[1353] § 246 Abs. 3 Satz 5 AktG, dazu oben § 6 A I.3.

[1354] Befragung verschiedener Rechtsanwälte, die in Anfechtungsverfahren aufgetreten sind.

AktG unzulässigen Versammlungsort[1355] oder die Nichtein-haltung der Einberufungsfrist[1356] des § 123 Abs. 1 AktG und andere Teilnahmeerschwernisse[1357] relativ zügig nachgewiesen werden. Ebenso dürfte es sich mit Fehlern bei der Feststellung des Abstimmungsergebnisses durch den Versammlungsleiter verhalten. Die Feststellung inhaltlicher Mängel oder von Informationspflichtverletzungen ist zuweilen schwierig, schließt aber eine Fristverkürzung je nach Lage des Falls nicht aus. Dies vorausgeschickt, sollte eine gesetzliche Regelung eingeführt werden, welche nicht nur wie die in der ZPO vorgesehen Regelungen die Möglichkeit der Fristverkürzung auf Antrag der Parteien zulässt, sondern daneben auch dem Richter eine Prüfungspflicht hinsichtlich einer Fristverkürzung auferlegt.

2. Keine Verletzung des rechtlichen Gehörs

Verfassungsrechtliche Bedenken, insbesondere in Bezug auf die Gewährung rechtlichen Gehörs (Art. 103 Abs. 1 GG) bestehen nicht. Rechtliches Gehör bedeutet, dass die Beteiligten sich zum Verfahrensstoff äußern können, um so das Verfahren beeinflussen zu können.[1358] Dementsprechend soll das Gericht nur solche Tatsachen seiner Entscheidung zugrunde legen, zu denen sich die Parteien äußern konnten.[1359] Die Möglichkeit, sich zum Verfahren zu äußern, darf nicht verkürzt werden, was insofern bei der Bestimmung von Fristen zu berücksichtigen ist.[1360] Dabei steht das Recht auf rechtliches Gehör nicht unter einem Gesetzesvorbehalt, sondern ist in besonderer Weise vom Gesetz abhängig. Es erfährt nämlich seine prozessuale Ausgestaltung durch das Verfahrensrecht.[1361] Daher kann das rechtliche Gehör durch die Ausgestaltung der Verfahrensvorschriften beschränkt werden, wenn die Vorschrift selbst das Ziel des effektiven Rechtsschutzes und der Rechtssicherheit verfolgt.[1362] Eine Fristverkürzung, wie hier vorgesehen, dient der Verfahrensbeschleunigung und ist daher verfassungsrechtlich legitimiert. Sie stellt auch keine unzumutbare Beschränkung dar. Aus

---

[1355] RGZ 44, 8, 9f.; BGH AG 1985, 188, 189; BayObLG, NJW 1959, 485, 486; *Zöllner*, in: KölnKomm AktG, § 243 Rn. 115.

[1356] OLG Frankfurt a.M., AG 2010, 334, 336; OLG Brandenburg, AG 2008, 497, 498.

[1357] Beispiele dazu bei *Schwab*, in: Schmidt/Lutter (Hrsg.), AktG, § 243 Rn. 7f.

[1358] St. Rspr. BVerfGE 89, 28, 35; 101, 128, 129.

[1359] St. Rspr. BVerfGE 60, 175, 210; 60, 205, 210; 81, 123, 126.

[1360] BVerfGE 44, 302, 206 f.; 62, 33,4, 336; *Degenhart*, in: Sachs, GG, Art. 103, Rn. 11.

[1361] BVerfGE 89, 28, 35; 93, 99, 107.

[1362] BVerfG 101, 106.

der Sicht des Klägers hat dieser bereits seit der Einlegung des Widerspruchs zur Niederschrift in der Hauptversammlung die Möglichkeit, den Prozessstoff zu sammeln und vorzubereiten. Gleichsam verhält es sich für die Gesellschaft, die außerdem nach Ablauf der Anfechtungsfrist auch schon vor Zustellung der Klage Einsicht in diese nehmen kann. Eine Verkürzung der Einlassungsfrist (§ 274 Abs. 3 ZPO), die ja nur die Gesellschaft als Beklagte betrifft, von zwei auf eine Woche ist daher nicht nur vertretbar, sondern mit Blick auf das Gesellschaftsinteresse an einem schnellen Verfahrensabschluss auch empfehlenswert. Der Frist für Schriftsätze nach § 132 ZPO gehen zwar in der Regel die richterlich angeordneten Fristen vor (§§ 273 – 277 ZPO).[1363] § 132 ZPO bestimmt aber insofern die gesetzliche Mindestfrist. Nach dessen Abs. 1 sind vorbereitende Schriftsätze, die neue Tatsachen oder ein anderes neues Vorbringen enthalten, so rechtzeitig einzureichen, dass sie mindestens eine Woche vor der mündlichen Verhandlung zugestellt werden können. Diese Frist sollte in den genannten Fällen vom Richter entsprechend der Einlassungsfrist des § 132 Abs. 2 für Schriftsätze, die nur Gegenäußerungen enthalten, auf drei Tage abgekürzt werden können. Auch hier droht keine Verletzung des rechtlichen Gehörs, da den Parteien bereits seit der Hauptversammlung die Vorbereitung möglich ist. Die Fristverkürzung stellt keine unzumutbare Erschwerung des Rechtsschutzes dar, zumal die Fristen auf Antrag auch wieder verlängert werden können (§ 224 Abs. 2 ZPO), wenn hierfür gewichtige Gründe vorgetragen werden. Sowohl der Aktionärsschutz als auch die Interessen der Gesellschaft bleiben damit in ausreichendem Maße gewahrt.

IV. Vergleichsweise Beendigung eines Prozesses nur mit Zustimmung der Hauptversammlung

1. Bisherige gesetzliche Handhabung

Ob Anfechtungsprozesse überhaupt vergleichsweise beendet werden konnten, war früher umstritten,[1364] wurde aber vom Gesetzgeber mit dem UMAG bejaht. Nunmehr verweist nämlich § 248a S. 2 AktG auf § 149 Abs. 2 und 3 AktG, die in die Bekanntmachungspflicht für Haftungsklagen auch Nebenabreden zur Be-

---

[1363] *Greger*, in: Zöller, ZPO, § 132 Rn. 1.

[1364] Dagegen beispielsweise BGH, MDR 1951, 674; OLG Hamm, NJW-RR 1988, 1319, 1320; *Henze*, ZGR 1988, 552, 554 f.

endigung des Prozesses mit einschließen. Damit ist der Vergleichsschluss im Anfechtungsprozess legitimiert.

2. Änderungsvorschlag

Wie oben dargelegt, wurden missbräuchlich erhobene Klagen in der Mehrzahl der Fälle durch Vergleich beendet. Die vergleichsweise Beendigung steht zwar nach der hier vertretenen Ansicht zum einen dem Zweck der Anfechtungsklage, nämlich der Rechtmäßigkeitskontrolle, entgegen. Dessen ungeachtet sollte aber auch dem Anfechtungskläger die Möglichkeit belassen bleiben, den Prozess ohne streitentscheidendes Urteil beenden zu können (dazu oben 1.3.2.1). Zum anderen ist die vergleichsweise Beendigung des Anfechtungsprozesses jedoch im Hinblick auf eine mögliche Gefährdung des Kompetenzgefüges der AG bedenklich. Nach hier vertretener Ansicht sollte daher ein Vergleichsverbot für Anfechtungsprozesse festgesetzt werden, das nur in Ausnahmefällen und nur mit Zustimmung der Hauptversammlung ausgesetzt werden kann.

2.1 Allgemeine Erwägungen

Man könnte einwenden, ein Vergleichsverbot oder die hier vorgesehenen Form des zustimmungsbedürftigen Vergleichs schränke die Dispositionsmaxime der Parteien – einen zivilprozessualen Grundsatz, der auch im Anfechtungsverfahren gilt[1365] – ein. Sie entspricht der Verfügungsbefugnis über private Rechte (Privatautonomie). Das Zivilprozessrecht ist durch die in § 278 Abs. 2 ZPO vorgeschaltete Güteverhandlung und die kostenmäßige Begünstigung[1366] sogar auf die Förderung der vergleichsweisen Beendigung eines Prozesses ausgelegt.[1367] Durch die Einschränkung der Dispositionsmaxime würde sich das Prozessrecht in Widerspruch zur Privatautonomie setzen. Der beklagten Gesellschaft bliebe in einem solchen Fall nur noch die Möglichkeit, das Ende des Prozesses abzuwarten. Handelt es sich dann beispielsweise um eine für die Gesellschaft überlebensnotwendige Strukturmaßnahme, die aufgrund eines langwierigen Prozesses gar über Jahre blockiert ist, muss der Gesellschaft ein Instrumentarium an die Hand gegeben sein, um den Prozess zu beenden. Man könnte freilich sagen, dass es in einer freien Marktwirtschaft auch „Opfer" gibt. Aber wen soll es dann treffen?

[1365] *Weber/Kersjes*, Hauptversammlungsbeschlüsse vor Gericht, § 1 Rn. 600; *Semler*, in: MünchHdb. AG, § 41 Rn. 79.

[1366] Reduzierung der gerichtlichen Gebühr auf eine Gebühr (KV GKG Nr. 1210, 1211 Nr. 3).

[1367] KG, WM 2011, 412, 413; *Rosenberg/Schwab/Gottwald*, Zivilprozessrecht, § 130 Rn. 21.

Potenziell würden es die kleineren Gesellschaften sein, denen ein solches Vergleichsverbot schaden könnte. Aber auch dem redlichen Anfechtungskläger wäre die Möglichkeit genommen, auf ein Vergleichsangebot beispielsweise aus dem Grund eingehen oder es unterbreiten zu können, wenn sich der Prozess über lange Zeit hinzieht, hohe Kosten verursacht und sein Ausgang für die Parteien nicht abschätzbar ist. Solche Beispiele würden aber den extremen Ausnahmefall bilden und ließen sich dann durch das hier befürwortete Zustimmungsbedürfnis der Hauptversammlung beheben lassen. Andererseits ist der Prozessvergleich aber auch nur dort das Mittel der Wahl, wo er dem Rechtsfrieden besser dient als ein streitiges Urteil.[1368] Dies kann mit Blick auf den mit der Anfechtungsklage nach hier vertretener Ansicht verfolgten Zweck der Rechtmäßigkeitskontrolle gerade nicht behauptet werden, denn der Vergleich entzieht den Beschluss der Rechtmäßigkeitskontrolle. Zudem stellt die immer wieder zu beobachtende Praxis, lästige Verfahren durch Vorschläge des Gerichts mittels Vergleich zu beenden, die Rechtsordnung in Frage.

2.2 Keine Vergleichsfähigkeit von Beschlussmängelstreitigkeiten

Neben diesen allgemeinen Erwägungen steht aber auch die Vergleichsfähigkeit von Beschlussmängelklagen in Frage. Die Dispositionmaxime und damit die Vergleichsmöglichkeit als Ausdruck dieses zivilprozessualen Grundsatzes[1369] findet nämlich dort ihre Beschränkung, wo die Parteien nicht oder nur eingeschränkt über den Streitgegenstand verfügen können.[1370] Die wohl herrschende Meinung bejaht die Vergleichsfähigkeit von Beschlussmängelstreitigkeiten. Objektiv vergleichsfähig sei ein Hauptversammlungsbeschluss, weil er durch die Hauptversammlung aufgehoben werden könne und das richterliche Urteil letztlich die Aufhebung durch die Hauptversammlung nur ersetze.[1371] Die subjektive Vergleichsfähigkeit wird hingegen kaum thematisiert. Zwar ist allgemein anerkannt, dass der Vergleichsinhalt nicht die Gestaltungswirkung eines Anfechtungsurteils und auch nicht die Feststellung der Nichtigkeit enthalten könne,

---

[1368] *Greger*, in: Zöller, ZPO, § 278 Rn. 32.

[1369] *Rosenberg/Schwab/Gottwald*, Zivilprozessrecht, § 76 Rn. 3.

[1370] *Rosenberg/Schwab/Gottwald*, Zivilprozessrecht, § 76 Rn. 5.

[1371] *Weber/Kersjes*, Haupteversammlungsbeschlüsse vor Gericht, § 1 Rn. 601; *K. Schmidt*, AG 1995, 551, 552. Nach aA handele es sich um ein objektives, der Parteiwillkür entzogenes Verfahren BGH, MDR 1951, 674; OLG Hamm, NJW-RR 1988, 1319, 1320; *Henze*, ZGR 1988, 552, 554 f.

weil diese Rechtsfolgen nicht der Parteidisposition unterlägen.[1372] Zulässig soll dagegen aber ein Vergleich sein, der die Wirksamkeit des Beschlusses unberührt lässt.[1373] Möglich soll sogar die Verpflichtung der Gesellschaft sein, den beschluss nicht auszuführen.[1374] Dass hierdurch entstehende Gefahr der Kompetenzüberschreitung des Vorstands durch Eingriff in die Kompetenz der Hauptversammlung als einzig über den Hauptversammlungsbeschluss verfügungsberechtigtem Organ besteht, wird übersehen. Hier besteht die Gefahr, dass der Vorstand seine eigene Entscheidung an die Stelle der Hauptversammlung setzt. So hat die Studie von *Prof. Baums* ergeben, dass beispielsweise im Rahmen der Anfechtung von Kapitalerhöhungsbeschlüssen Vergleiche unter anderem die Verpflichtung enthielten, das Bezugsrecht der Aktionäre nicht auszuschließen.[1375] Macht man sich aber bewusst, dass der Ausschluss des Bezugsrechts im Rahmen einer regulären Kapitalerhöhung letztendlich Bestandteil des Hauptversammlungsbeschlusses ist (§ 186 Abs. 3 AktG) und damit im Interesse der Gesellschaft liegt,[1376] stellt die Verpflichtung, das Bezugsrecht nicht auszuschließen, auch einen Eingriff in die Hauptversammlungskompetenz dar und dürfte vom Vorstand nicht eingegangen werden. Bei Hauptversammlungsbeschlüssen nach § 119 Abs. 1 AktG, wozu auch die Kapitalerhöhung zählt, obliegt dem Vorstand eine Ausführungspflicht gemäß § 83 Abs. 2 AktG.[1377] Zwar steht diese Pflicht unter der Bedingung der Gesetzmäßigkeit des Beschlusses,[1378] über die Rechtmäßigkeit des Beschlusses wurde im Anfechtungsverfahren mangels Urteil aber gar nicht entschieden. Der Vergleich schränkt zudem die Pflicht zur freien Unternehmensleitung des Vorstands ein. Verträge, in denen sich der Vorstand zu einer bestimmten Geschäftspolitik verpflichtet, sind aber ausgeschlos-

---

[1372] *Hüffer*, in: MünchKomm AktG, § 246 Rn. 30; *ders.*, AktG, § 246 Rn. 18; *K. Schmidt*, in: GroßKomm AktG, § 246 Rn. 74; *Weber/Kersjes*, Haupteversammlungsbeschlüsse vor Gericht, § 1 Rn. 603 m.w.N.

[1373] *Hüffer*, in: MünchKomm AktG, § 246 Rn. 30; *ders.*, AktG, § 246 Rn. 18.

[1374] *Hüffer*, in: MünchKomm AktG, § 246 Rn. 30; *ders.*, AktG, § 246 Rn. 18; aA *Zöllner*, in: KölnKomm AktG, § 248 Rn. 45.

[1375] *Baums/Drinhausen/Keinath*, ILF Working Paper Nr. 130, S. 79, abzurufen unter: http://www.ilf-frankfurt.de/uploads/media/ILF_WP_130.pdf; *Baums/Keinath/Gajek*, ZIP 2007, 1629, 1644.

[1376] *Schwab*, in: Schmidt/Lutter (Hrsg.), AktG,§ 186 Rn. 44 m.w.N.

[1377] *Seibt*, in: Schmidt/Lutter (Hrsg.), AktG, § 83 Rn. 10, 4.

[1378] *Seibt*, in: Schmidt/Lutter (Hrsg.), AktG, § 83 Rn. 10; *Spindler*, in: MünchKomm AktG, § 83 Rn. 17.

sen.[1379] Der Vorstand hat nach eigenem Ermessen zu handeln.[1380] Dies ist ihm genommen, wenn er im Rahmen einer Kapitalerhöhung verpflichtet ist, entgegen der Gestattung der Hauptversammlung nicht von sich am Markt bietenden Chancen durch Ausschluss der Bezugsrechte der Altaktionär Gebrauch zu machen.

Außerdem wurden auch Vergleiche geschlossen, die zunächst scheinbar auch den übrigen, nicht am Prozess beteiligten Aktionären zugute zu kommen schienen, so bspw. die Erhöhung einer Abfindung, wie sie regelmäßig bei Squeeze-Out-Anfechtungen unter Beteiligung des Hauptaktionärs vereinbart wird.[1381] Hier ist jedenfalls die Einbeziehung der von dem angefochtenen Beschluß betroffenen Mitaktionäre rechtspolitisch fragwürdig. Diese Gestaltung führt nämlich zugleich zu einer Umgehung des eigentlich in diesem Fall vorgesehene Spruchverfahren hinaus (§ 327f AktG). Hier wird also die Dispositionsmaxime funktionswidrig zur Umgehung zwingender Vorschriften ausgenutzt und die Anfechtungsklage statt zur Rechtmäßigkeitskontrolle zur Kontrolle der Abfindungshöhe benutzt.

Schließlich stellt die vergleichsweise Beendigung gegen Zahlung einer bestimmten Summe an den Kläger aber auch einen Verstoß gegen das Verbot der Einlagenrückgewähr (§ 57 AktG) dar, da die Zahlung aus den Gesellschaftsmitteln erfolgt.[1382] Der Vorstand überschreitet folglich auch hier seine Kompetenz. Weder Hauptversammlung, noch Aufsichtsrat, noch ein Großaktionär können dem Vorstand verbindlich Weisungen erteilen.[1383] Ein Vergleichsabschluss mit genanntem Inhalt stellt aber eine solche Weisung dar.

Im Ergebnis ist die Vergleichsfähigkeit von Anfechtungsklagen abzulehnen, weil die Gefahr besteht, dass die gesetzlich zwingenden Kompetenzen der Organe

1379 *Raiser/Veil*, Recht der Kapitalgesellschaften, § 14 Rn. 12.

1380 *Seibt*, in: Schmidt/Lutter (Hrsg.), AktG, § 76 Rn. 10.

1381 *Baums/Drinhausen/Keinath*, ILF Working Paper Nr. 130, S. 82; *Baums/Keinath/Gajek*, ZIP 2007, 1629, 1644.

1382 BGH, NJW 1992, 2821; *Fleischer*, in: Schmidt/Lutter (Hrsg.), AktG, § 57, Rn. 23; *Hüffer*, AktG, § 57 Rn. 5.

1383 BGH, AG 2008, 541, 542; *Seibt*, in: Schmidt/Lutter (Hrsg.), AktG, § 76 Rn. 10 m.w.N.

der AG nicht gewahrt werden. In Vergleiche sollten daher nur mit Zustimmung der Hauptversammlung und nur in Ausnahmefällen zugelassen sein.

V. Abänderung des Freigabeverfahrens

Mit der hier vertretenen Ansicht der Doppelfunktionalität der Anfechtungsklage und der darin enthaltenen vorrangigen Kontrollfunktion ist ein Freigabeverfahren, wie es in der jetzigen Form existiert, nicht zu vereinbaren. Da aber insbesondere bei Strukturmaßnahmen ein erhöhtes Interesse der Gesellschaft an einer schnellen Umsetzung der Maßnahme besteht, muss ein dem Zweck der Anfechtunsgklage entsprechendes Verfahren gegeben sein, wie ein Beschluss trotz erhobener Klage zur Eintragung gelangen kann.

1. Mängel des jetzigen Freigabeverfahrens

Wie bereits oben dargestellt leidet Freigabeverfahren derzeit an zwei wesentlichen Fehlern. Der erste besteht in der Umgehung der Anfechtungsbefugnis durch das Mindestquorum des § 246a Abs. 2 Nr. 2 AktG. Die Anfechtungsklage sieht als Rechtsfolge die Nichtigkeitserklärung und Beschlusskassation unabhängig davon vor, wie hoch der Anteislbesitz des Klägers ist. Durch die Quorumsregelung wird diese Rechtsfolge dem Kleinstaktionär trotzdem verwehrt. Diese Regelung ist systemwidrig und führt obendrein zu dem abstrusen Ergebnis, dass selbst Beschlüsse, die an schwersten Mängeln leiden, eingetragen werden, wenn der Kläger nicht den erforderlichen Mindestanteilsbesitz nachweist. Die bisherige Gerichtspraxis hat gezeigt, dass dieses Kriterium bei der Freigabe seit seiner Einführung indes keine unbedeutende Rolle gespielt hat. In fast der Hälfte der nach Inkrafttreten des ARUG entschiedneen Freigabeverfahren wurde die Freigabe nach § 246a Abs. 2 Nr. 2 AktG erteilt.

Auch die Interessenabwägungsklausel mutet als Fremdkörper im Beschlussmängelsystem an. Im Rahmen der Anfechtungsklage ist vom Kläger kein Interesse an der Beschlusskassation nachzuweisen. Die Kontrollfunktion der Klage gebietet eine Überprüfung des Beschlusses auch unabhängig hiervon (dazu oben § 4 B V.1.4.4.1). Auch die Schwere des Rechtsverstoßes, die im Rahmen der Interessenabwägung zu berücksichtigen ist, findet kein entsprechendes Äquivalent im Hauptsacheverfahren, wenn es um die Entscheidung der Beschlusskassation geht. Der Beschluss ist entweder rechtswidrig und wird kassiert, oder nicht. Tatsächlich sind die Gerichte in der bisherigen Praxis des Freigabeverfahrens mit der Interessenabwägungsklausel auch eher zaghaft umgegangen. In den von *Prof. Baums* untersuchten Verfahren wurde die Freigabe nur in 11 Fällen auf das vorrangige Vollzugsinteresse der Gesellschaft gestützt. In der Mehrzahl der Fälle wurde dieses hingegen verneint.[1384] Das Freigabeverfahren setzt sich mit den zwei vorgenannten Kriterien damit über grundlegende Wertungen des Beschlussmängelrechts hinweg und kann daher nicht in dieser Form bestehen bleiben.

2. Relevantes Prüfungskriterium

Die Prüfung der offensichtlichen Unzulässigkeit bzw. Unbegründetheit hingegen, wie sie auch nach § 246a Abs. 2 Nr. 1 AktG im bisherigen Freigabeverfahren vorgesehen ist, stellt ein mit der Funktion der Anfechtungsklage zu vereinbarendes Kriterium dar. Denn ein Beschluss wird nur dann für nichtig erklärt, wenn er tatsächlich mangelhaft ist (§§ 241 Nr. 5, 243 AktG). Wie auch zutreffend vom *Arbeitskreis Beschlussmängelrecht* festgestellt,[1385] sollte diese Prüfung daher beibehalten werden, um das Interesse der Gesellschaft, die Beschlusseintragung nicht durch eine aussichtslose Klage verzögern zu lassen, zu schützen. Die Prüfung der missbräuchlich erhobenen Klage im Sinne des hier vorgeschlagenen gesetzlich zu implizierenden Missbrauchsttatbestandes spielt dabei, anders als nach dem Vorschlag des *Arbeitskreises*, eine besondere Rolle innerhalb der Prüfung der offensichtlichen Unzulässigkeit der Klage.

3. Integration in das Hauptsacheverfahren

Um eine sachgerechte Entscheidung über die Eintragung des Beschlusses zu erreichen, soll das Freigabeverfahren, wie auch vom *Arbeitskreis Beschlussmängelrecht*[1386] vorgeschlagen, in das Hauptsacheverfahren integriert werden. Anders als nach diesem Vorschlag, soll nach hier vertretener Ansicht aber keine Unterscheidung zwischen schweren und nicht schweren Mängeln stattfinden. Es bleibt bei der bisherigen Regelung des § 243 AktG. Der Vorteil dieser Handhabung liegt darin, dass kein eventuell langwieriger Abwägungsprozess mit der Gefahr der divergierenden Beurteilung bei unterschiedlichen Gerichten stattfin-

[1384] *Baums/Drinhausen/Keinath*, ZIP 2011, 2329, 2349.
[1385] *Arbeitskreis Beschlussmängelrecht*,AG 2008, 617, 618 f., 624.
[1386] *Arbeitskreis Beschlussmängelrecht*, AG 2008, 617, 618 f., 624.

det, sondern das Gericht einfach über die Zulässigkeit und Begründetheit der Klage befindet. Die Gesellschaft kann dabei zügig zur Missbräuchlichkeit der Klage vortragen. Gelingt es dem Kläger nicht, diesen Vorwurf zu entkräften und ist für den Richter ersichtlich, dass dies wohl auch nicht mehr möglich sein wird, erfolgt (nach richterlichem Hinweis, § 139 ZPO) die Entscheidung über die Eintragung schon aufgrund der Unzulässigkeit der Klage wegen Rechtsmissbrauchs. In der Regel soll das Hauptsacheverfahren innerhalb von 3 Monaten abgeschlossen sein.[1387] Gelingt dies nicht, trifft das Gericht die Entscheidung über die Eintragung der Maßnahme als Zwischenentscheidung.

4. Bestandskraft, Rechtsmittel und Schadensersatz

Sollte das Hauptsacheverfahren später dennoch *zugunsten* des Klägers streitig entschieden werden, ist dieser, wie auch schon im jetzigen Freigabeverfahren, für den ihm aus dem Freigabeverfahren entstehenden Schaden zu entschädigen. Damit im Obsiegensfalle des Klägers aber auch die Gesellschaft und Gläubiger bzgl. der eingetragenen Maßnahme geschützt sind, ist der einmal eingetragenen Maßnahme Bestandskraft zu verleihen. Diese Erwägung folgt aus dem Umstand, dass über die Eintragung noch während des Hauptsacheverfahrens und damit nicht nur aufgrund einer summarischen Prüfung entschieden wird. Die intensivere Befassung mit dem Prozessstoff bedingt eine fundiertere Entscheidung. Gegen diese Entscheidung des Gerichts über die Eintragung ist auch kein Rechtsmittel zugelassen. Andernfalls wäre der Beschleunigungscharakter beeinträchtigt.[1388] Verfassungsrechtliche Bedenken ergeben sich nicht, da zum einen kein Instanzenzug verfassungsrechtlich garantiert wird[1389] und zum anderen der Schutz des Aktionärs zweifach gesichert ist: (1) durch Schadensersatz und (2) durch die Möglichkeit, Rechtsfragen im Rechtsmittelverfahren gegen die Hauptsacheentscheidung klären zu lassen, da insofern der Entscheidung über die Eintragung keine anderen rechtlichen Kriterien zugrunde liegen als der Hauptsacheentscheidung.[1390]

Man könnte einwenden, dass folgende mit dem hier vorgeschlagenen Konzept bewirkte Fallkonstellation dem Zweck der Anfechtungsklage widerspricht: Auf-

[1387] So auch das Konzept des *Arbeitskreis Beschlussmängelrecht*, AG 2008, 617, 618 f., 624.
[1388] So auch *Arbeitskreis Beschlussmängelrecht*, AG 2008, 617, 618 f., 626.
[1389] St. Rspr. BVerfGE 4, 74, 94f.; 83, 24, 31; 87, 48, 61; 89, 381, 390.
[1390] Ähnlich *Arbeitskreis Beschlussmängelrecht*, AG 2008, 626.

grund richterlicher Entscheidung wird ein materiell im Grunde rechtswidriger Beschlusses eingetragen, weil die Klage schon wegen rechtsmissbräuchlicher Erhebung unzulässig ist. Hier hat man einen rechtswidrigen Beschluss, der nicht für nichtig erklärt wird, weil der Kläger missbräuchlich handelt und folglich zur Eintragung kommt. Damit ist das Ziel der Anfechtungsklage genauso wenig erreicht, wie in dem Fall, in dem sich Gesellschaft und Kläger über einen Beschluss vergleichen und der Prozess ohne streitiges Urteil beendet wird. Dieses Ergebnis ist aber unter dem Aspekt hinnehmbar, dass zum einen mit der hier vertretenen Ansicht die zweckmäßige Ausübung der Anfechtungsklage Voraussetzung für ihre Zulässigkeit ist und zum anderen aufgrund der Bekanntmachung der Klageerhebung in den Gesellschaftsblättern (§ 246 Abs. 4 S. 1 AktG) die übrigen Aktionäre die Chance hatten, ebenfalls Klage zu erheben. Da die Anfechtungsklage an die Initiative der Aktionäre gebunden ist, wird dann also hinzunehmen, dass keine weitere Beschlusskontrolle gewollt ist.

Überdies sollte aber die hier vorgeschlagene Einführung eines gesetzlichen Missbrauchstatbestands in Kombination mit der Androhung von Schadensersatz und Begrenzung der Vergleichsfähigkeit von Anfechtungsklagen sowie der Verfahrensbeschleunigung geeignet sein, die Missbrauchsanfälligkeit der Anfechtungsklage deutlich zu senken, sodass die Gefahr der Eintragung eines rechtswidrigen Beschlusses in dem zuvor genannten Sinne ohnehin wohl nur selten besteht.

C. Gesetzgebungsvorschlag

Nach dem soeben erläuterten Lösungsvorschlag könnte dieser in einer konkreten Gesetzesfassung wie folgt aussehen:[1391]

I. Änderungsvorschlag § 246 Anfechtungsklage

(1) Die Klage muß innerhalb eines Monats nach der Beschlußfassung erhoben werden.
(2) Die Klage ist gegen die Gesellschaft zu richten. Die Gesellschaft wird durch Vorstand und Aufsichtsrat vertreten. Klagt der Vorstand oder ein Vorstandsmitglied, wird die Gesellschaft durch den Aufsichtsrat, klagt ein Aufsichtsratsmitglied, wird sie durch den Vorstand vertreten.
(3) Zuständig für die Klage ist ausschließlich das Oberlandesgericht, in dessen Bezirk die Gesellschaft ihren Sitz hat.
(4) Eine missbräuchlich erhobene Anfechtungsklage ist unzulässig. Missbräuchlich handelt, wer die Anfechtungsklage zu dem Zweck erhebt, die beklagte Gesellschaft oder einen anderen Aktionär zu einer Leistung zu veranlassen, um sich oder einem Dritten einen unberechtigten Vermögensvorteil zu verschaffen. Eine missbräuchliche Klageerhebung wird unter anderem vermutet, wenn

a) das prozessuale und außerprozessuale Klägerverhalten auf die Prozessbeendigung gegen eine Leistung der Gesellschaft gerichtet ist,
b) diese erwartete Leistung die Höhe des dem Kläger durch die Klageerhebung und eine eventuelle Rechtsverletzung entstandenen finanziellen Schadens übersteigt oder
c) der Kläger bereits mehrfach Anfechtungsklagen durch Vergleich beendet hat.

In diesem Fall ist der klagende Aktionär der Gesellschaft zum Ersatz des ihr aus der Klage entstandenen Schadens verpflichtet.
(5) Die mündliche Verhandlung findet nicht vor Ablauf der Monatsfrist des Absatzes 1 statt. Die Gesellschaft kann unmittelbar nach Ablauf der Monatsfrist des Absatzes 1 eine eingereichte Klage bereits vor Zustellung einsehen und sich von der Geschäftsstelle Auszüge und Abschriften erteilen lassen. Mehrere Anfechtungsprozesse sind zur gleichzeitigen Verhandlung und Entscheidung zu verbinden. *In Einzelfällen sind die Fristen der §§ 274 Abs. 3, 132 ZPO zu ver-*

[1391] Die vorgeschlagenen Änderungen sind kursiv gedruckt.

kürzen, es sei denn die Parteien tragen gewichtige Gründe vor, die gegen eine Verkürzung sprechen.
(6) *Die vergleichsweise Beendigung eines Anfechtungsprozesses unterliegt der Zustimmungspflicht der Hauptversammlung.*

II. Änderungsvorschlag § 246a Freigabeverfahren

(1) *Kann eine Entscheidung im Hauptsacheverfahren gegen einen Hauptversammlungsbeschluss über eine Maßnahme der Kapitalbeschaffung, der Kapitalherabsetzung (§§ 182 bis 240) oder einen Unternehmensvertrag (§§ 291 bis 307) nicht innerhalb von 3 Monaten herbeigeführt werden, so stellt das Gericht durch Beschluss fest, dass die Erhebung der Klage der Eintragung nicht entgegensteht und Mängel des Hauptversammlungsbeschlusses die Wirkung der Eintragung unberührt lassen.* Auf das Verfahren sind § 247, die §§ 82, 83 Abs. 1 und § 84 der Zivilprozessordnung sowie die im ersten Rechtszug für das Verfahren vor den Landgerichten geltenden Vorschriften der Zivilprozessordnung entsprechend anzuwenden, soweit nichts Abweichendes bestimmt ist. Über den Antrag entscheidet ein Senat des Oberlandesgerichts, in dessen Bezirk die Gesellschaft ihren Sitz hat.
(2) Ein Beschluss nach Absatz 1 ergeht, wenn die Klage unzulässig oder offensichtlich unbegründet ist.
(3) Eine Übertragung auf den Einzelrichter ist ausgeschlossen; einer Güteverhandlung bedarf es nicht. In dringenden Fällen kann auf eine mündliche Verhandlung verzichtet werden. Die vorgebrachten Tatsachen, auf Grund deren der Beschluss ergehen kann, sind glaubhaft zu machen. Der Beschluss ist unanfechtbar. Er ist für das Registergericht bindend; die Feststellung der Bestandskraft der Eintragung wirkt für und gegen jedermann.
(4) Erweist sich die Klage als begründet, so ist die Gesellschaft, die den Beschluss erwirkt hat, verpflichtet, dem Antragsgegner den Schaden zu ersetzen, der ihm aus einer auf dem Beschluss beruhenden Eintragung des Hauptversammlungsbeschlusses entstanden ist. Nach der Eintragung lassen Mängel des Beschlusses seine Durchführung unberührt; die Beseitigung dieser Wirkung der Eintragung kann auch nicht als Schadensersatz verlangt werden.

Thesen

I. An der von der herrschenden Meinung vertretenen Ansicht zur Doppelfunktionalität der Anfechtungsklage ist festzuahlten, insbesondere ist die Rechtmäßigkeitskontrolle als Schwerpunkt neben dem Individualschutz des einzelnen Aktionärs anzuerkennen. Die Anfechtungsklage hat sich historisch nach der Verabschiedung vom Konzessionssystem als Kontrollinstrument entwickelt. Sie hat auch im heutigen Umfeld der anonymen börsennotierten AG noch immer ihre Berechtigung, um die AG als Rechtsform zu schützen. Dabei soll nicht von dem Idealbild des Aktionärs als „geborenem Anwalt der beleidigten Interessen" der übrigen Aktionäre ausgegangen werden. Genausowenig kann man aber auch von der Gruppe der Top 20 Kläger auf eine allgemeine Absicht aller Aktionäre schließen.

II. Gezeigt hat sich aber, dass gerade zwei der wesentlichen Elemente der Anfechtungsklage diese missbrauchsanfällig machen. Die Möglichkeit, schon bei einem Anteilsbesitz von nur einer Aktie Klage erheben zu können und damit eine eventuell für die Gesellschaft überlebensnotwendige Strukturmaßnahme aufgrund der mit der Anfechtungsklage verbundenen Registersperre verhindern zu können, hat das Berufsklägertum auf den Plan gerufen. In der Gerichtspraxis der vergangenen Jahrzehnte hat sich gezeigt, dass Aktionäre mit nur geringem Anteilsbesitz aufgrund des aus der Klageerhebung erwachsenden Druckpotenzials hohe Vergleiche zur Beendigung der Anfechtungsklage abschließen und sich somit den Lästigkeitswert ihrer Klage abkaufen lassen.

III. Die Rechtsprechung hat daher einen Missbrauchstatbestand entwickelt. Nach diesem wird eine Klage als unbegründet abgewiesen, wenn der Kläger die Klage in der Erwartung erhoben hat, hierdurch von der Gesellschaft unberechtigte Vorteile zu erlangen. Zur Konkretisierung dieser zweckwidrigen Ausübung der Klage, mithin zur Konkretisierung dieses individuellen Missbrauchs, werden objektive Kriterien, wie bspw. das prozessuale und außerprozessuale

Verhalten des Klägers, insbesondere seine Vergleichsbereitschaft und die Beteiligung an früheren Vergleichen und Anfechtungsklagen sowie die Höhe seines Anteilsbesitzes herangezogen. Ist die Missbräuchlichkeit festgestellt, hat die Gesellschaft gegen den Kläger einen Schadensersatzanspruch. Der von der Rechtsprechung entwickelte Missbrauchstatbestand wird aber nur zögerlich von den Gerichten angewandt und führt bisher nicht zur gewünschten Eindämmung des Klagegewerbes.

IV. Da das Klagegewerbe Überhand gewann, entschloss sich der Gesetzgeber einzuschreiten. Die Regelungen des UMAG stellten einen ersten Fortschritt im Kampf gegen den Missbrauch dar. Mit der Einführung des Freigabeverfahrens in § 246a AktG hat der Gesetzgeber jedoch einen Systembruch begangen, der durch das ARUG nur noch weiter verschärft wurde. Zum einen werden diesem Verfahren Beurteilungskriterien für die Freigabe eines Hauptversammlungsbeschlusses zugrunde gelegt, die nichts mit den Erwägungen zu tun haben, die im Hauptsacheverfahren der Anfechtungsklage eine Rolle spielen. Zum anderen sorgen sowohl das neue Mindestquorum des § 246a Abs. 2 Nr. 2 AktG als auch die Interessenabwägungklausel des § 246a Abs. 2 Nr. 3 AktG für unvertretbare Ergebnisse, die dem Zweck des Anfechtungsrechts zuwider laufen und das Beschlussmängelrecht sowie den Minderheitenschutz umgehen. Während das Mindestquorum einen verdeckten Anfechtungsausschluss darstellt, bezieht die Klausel des § 246a Abs. 2 Nr. 3 AktG sachfremd die Interessen der Beteiligten und die Schwere des Rechtsverstoßes in die Abwägung über das vorrangige Vollzugsinteresse mit ein.

V. Die vorgesehene Entlastung der Anfechtungsklage durch das Spruchverfahren, das nunmehr für Bewertungsrügen sowie bewertungsbezogene Informationsrügen vorgesehen ist (§ 243 Abs. 4 S. 2 AktG), wird von den Berufsklägern umgangen, indem sie Bewertungsfragen und Abfindungsregelungen in die Vergleichsregelungen zu Anfechtungsprozessen, die zunächst mit anderer Begründung erhoben worden sind, mit einbeziehen. Daraus resultieren die enorm hohen Vergleichsmehrwerte.

VI. Im Rahmen der Finanzmarktkrise hat der Gesetzgeber radikale Mittel angewendet, um missbräuchliche Klagen gegen krisengeschüttelte Finanzunternehmen zu verhindern. Mit den Finanzmarktstabilisierungsgesetzen hat er dabei hauptsächlich Vorschriften eingeführt, wie z.B. ein gesetzlich genehmigtes Kapital, § 3 FMStBG, die einer schnellen Überbrückung von Liquiditätsengpässen dienen, sei es durch staatliche Maßnahmen oder Drittinvestoren. Dabei wird die Mitwirkung der Hauptversammlung entweder ausgeschlossen oder beschnitten, sodass auch die Rechtsschutzmöglichkeiten der Aktionäre gegen solche Maßnahmen eingeschränkt sind. Dies Vorschrift des § 3 FMStBG stößt aber bspw. auch auf erhebliche Bedenken, weil sie gegen die Kapitalrichtlinie verstößt und so wurde sie in der Praxis bisher auch nicht genutzt. Kapitalerhöhungsbeschlüsse sind nach § 7c FMStBG unverzüglich in das Handelsregister einzutragen; Klagen stehen der Eintragung nicht entgegen und können auch im Obsiegensfalle die Eintragung nicht mehr beeintächtigen. Der Gesetzgeber hat sich hier also entschieden, den Aktionärsschutz zugunsten der Unternehmensstabilisierung zurücktreten zu lassen. Bedenken bestehen insoweit, als dass den Aktionären auch kein Schadensersatzanspruch gegen eine mögliche Verwässerung ihrer Anteile zusteht und damit ein Verstoß gegen Art 14 GG in Betracht kommt. Darüber hinaus hat er mit der Haftungsklausel des § 7 Abs. 7 FMStBG eine zusätzliche Barriere für die Klageerhebung geschaffen. Ob die Haftungsklausel überhaupt auf die Anfechtungsklage anwendbar ist, scheint zwar mit Blick auf die durch § 7c FMStBG bewirkte beschleunigte Eintragung und die Bestandskraft solcher Eintragungen fraglich; sie ist auch hinsichtlich ihrer Wirksamkeit zur Abschreckung fraglich. Dennoch ist sie ein weiterer Baustein zum Ausschluss rechtsmissbräuchlicher Klagen. Die Radikalität dieser Regelungen wird allerdings durch die besonderen Umstände der Finanzmarktkrise und der Gefährdung eines gesamten Systems und des Vertrauens in die Finanzmärkte zu rechtfertigen sein. Es ist aber deutlich festzuhalten, dass dies absolute Ausnahmefälle sind und nicht auf das reguläre Aktienrecht übertragen werden können.

VII. Sauberer als bei den Finanzmarktstabilisierungsgesetzen ist der Gesetzgeber hingegen bei dem Restrukturierungsgesetz vorgegangen. Die Implikation einer stufenweisen Sanierung geht mit einem ebenso abgestuften Aktionärsschutz einher. Während in der eigenverantwortlichen Reorganisation den Aktionären die Klagebefugnis gegen Beschlüsse noch voll zugestanden wird, was auch sinnvoll ist, weil die zur Verfügung stehenden Maßnahmen, wie die Ausgliederung oder die Nutzung von Dept-Equity-Swaps regelmäßig stark in die Rechte der Aktionäre eingreifen, kann bei Scheitern der Reorganisation bspw. aufgrund der Zustimmungsverweigerung der Anteilseigner zum Reorganisationsplan deren Zustimmung durch das Gericht ersetz und damit auch das Anfechtungsrecht ausgeschlossen werden. Handelt es sich schließlich bei dem betroffenen Kreditinstitut um ein solches, dessen Bestandsgefährdung sogar zu einer Systemgefährdung führen würde, kann den Anteilseignern ihre Verfügungsmacht sogar gänzlich entzogen werden. Gemäß § 48a KWG kann die BaFin in solch einem Fall die Übertragung des Vermögens des Intituts einschließlich seiner Verbindlichkeiten mittels Ausgliederung auf einen anderen Rechtsträger anordnen. Gegen diesen Verwaltungsakt, der schon mit seiner Bekanntgabe auch wirksam wird, kann nicht im Wege der aktienrechtlichen Anfechtungsklage vorgegangen werden. Hier steht den Anteilseignern des übertragenden Rechtsträgers nur noch die verwaltungsrechtliche Anfechtungsklage offen. Für die Anteilseigner des übernehmenden Rechtsträgers bleibt zwar die Möglichkeit der Anfechtung der Kapitalerhöhung, sie kann die Eintragung der Ausgleiderung aber nicht verhindern (§ 48f Abs. 4 KWG). Auch das Restrukturierungsgesetz trifft damit also wirksame Maßnahmen gegen misbräuchliche Anfechtungsklagen, aber auch hier sind die tiefgreifenden Änderungen der besonderen Materie geschuldet und nicht auf das reguläre Aktienrecht übertragbar.

VIII. Der Vorschlag für eine Aktienrechtsnovelle 2012 hat schließlich mit der relativen Befristung der Nichtigkeitsklage eine positive Neuerung gebracht, die geeignet gewesen wäre, das missbräuchliche Nachschieben von Nichtigkeitsgründen im laufenden Anfechtungsprozess zu dessen Verlängerung zu verhindern.

IX. Die weitere Bekämpfung des Klagegewerbes sollte nicht über Gebühr betrieben werden. Viele der bestehenden Vorschläge zielen auf eine Neuorientierung des Beschlussmängelrechts und zu einer Abkehr der Anfechtungsklage von der Kontrollklage hin zu einer Verletztenklage. Nach hier vertretener Ansicht sind aber sämtliche Vorschläge abzulehnen, die auf eine Erschwerung der Anfechtung im Sinne einer Quorumsregelung abzielen, sei es bei der Anfechtungsbefugnis oder im Freigabeverfahren. Auch die Registersperre sollte als Bestandteil der Anfechtungsklage bestehen bleiben, da nur durch sie die Kontrollfunktion der Anfechtungsklage gefördert werden kann. Eine Registersperre nach dem Vorbild der §§ 945 ff. ZPO scheidet aufgrund des übermäßigen Haftungsrisikos des Antragstellers, das sich nicht mit der Kontrollfunktion der Anfechtungsklage vereinen lässt, aus. Vorschläge zur Beschränkung des Vergleichsmehrwerts sowie zur Verfahrensbeschleunigung sind zu begüßen, aber nur in gewissem Umfang geeignet, dem Missbrauch tatsächlich Einhalt zu gebieten.

X. Vorzugswürdig ist die gesetzliche Einführung eines Missbrauchstatbestandes, nach dem die Anfechtungsklage als unzulässig abzuweisen ist, wenn sie mit dem Ziel erhoben wird, die beklagte Gesellschaft oder einen anderen Aktionär zu einer Leistung zu veranlassen, um sich oder einem Dritten einen unberechtigten Vermögensvorteil zu verschaffen. Dabei ist die Klausel als Vermutungstatbestand zu gestalten. Anders als nach der bisherigen Rechtsprechung können aber der Anteilsbesitz und die Häufigkeit der Klageerhebung keine Rolle bei der Beurteilung spielen, da die Anfechtungsklage selbst keinen Mindestanteilsbesitz für die Befugnis zur Klageerhebung vorsieht und auch die Klageerhebung an sich kein negatives Kriterium sein kann. Vielmehr ist auf solche Kriterien abzusutellen, die in direktem Verhältnis zu dem Zweck der Anfechtungsklage stehen. So ist es ausschlaggebend, ob der Kläger Vergleichsvorschläge unterbreitet oder auf solche eingeht, wie hoch der erstrebte Vermögensvorteil ist und wie häufig sich der Kläger in der näheren Vergangenheit bereits an Vergleichen beteiligt hat. Flankierend zu diesem Tatbestand ist nach Schweizer Vorbild die Vergleichsmöglichkeit im Anfechtungsprozess einzuschränken. Es bestehen erhebliche Bedenken dahingehend, ob nicht ein Vergleichsabschluss durch den Vorstand das Kompetenzgefüge der AG gefährdet. Vergleiche sollen daher nur noch mit Zustimmung der Hauptversammlung abgeschlossen werden können. Zugunsten der Gesellschaften und eines zügigen Verfahrensgangs sind außerdem die prozessualen Einlassungsfristen für einfach gelagerte Sachverhalte zu verkürzen. Außerdem sollen Beschlüsse, die unberechtigt angefochten wurden, schneller eingetragen werden können. Hierfür wird das bestehende Freigabeverfahren dahingehend modifiziert, dass es zum einen in den Hauptprozess mit eingebunden wird und zum anderen die systemfremden Kriterien des Mindestquorums und der Interessenabwägung wegfallen. Stattdessen prüft das Gericht nur noch die Unzulässigkeit und Unbegründetheit, wobei im Rahmen der Zulässigkeitsprüfung die Missbrauchsklausel eine besondere Rolle spielt. Dieses System ist geeignet, das Klagegerwerbe einzudämmen, ohne dabei den Schutz des redlichen Aktionärs und den Zweck der Anfechtunhgsklage zu gefährden.

Adams, Michael
Reform des Kostenrechts bei Aktionärsklagen mit Drittwirkung, Die Aktiengesellschaft 2000, S. 396 ff.
(zitiert: *Adams*, AG 2000, 396)

Aktienrecht im Wandel
Aktienrecht im Wandel, Band I: Entwicklung des Aktienrechts, *herausgegeben von Walter Bayer und Matthias Habersack* , Tübingen 2007
(zitiert: *Bearbeiter*, in: Aktienrecht im Wandel)

Angerer, Lutz
„Der Squeeze-Out", in: Zeitschrift für Bank- und Kapitalmarktrecht 2002, S. 260 ff.
(zitiert: *Angerer*, BKR 2002, 260)

Arbeitskreis Beschlussmängelrecht
„Vorschlag zur Neufassung der Vorschriften des Aktiengesetzes über Beschlussmängel", Die Aktiengesellschaft 2008, S. 617 ff.
(zitiert: *Arbeitskreis Beschlussmängelrecht*, AG 2008, 617)

Assmann, Heinz-Dieter
„Trojaner (vulgo: Räuberische Aktionäre) ohne Ende?", Die Aktiengesellschaft 2008, 208 ff.
(zitiert: *Assmann*, AG 2008, 208.)

Auerbach, Dirk / Donner, Kirsten
„Änderungen bei den aufsichtlichen Eingriffsinstrumenten des KWG durch das Restrukturierungsgesetz", Der Betrieb 2011, Beilage Nr. 4 zu Heft 13, S. 17 ff.
(zitiert: *Auerbach/Donner*, DB Beilage Nr. 4, 2011, 17)

Bachmann, Gregor
„Die Beschleunigung des Anteilserwerbs nach dem Finanzmarktstabilisierungsergänzungsgesetz vor dem Hintergrund des Verfassungs- und Europarechts", Zeitschrift für Wirtschaftsrecht 2009, S. 1249 ff.
(zitiert: *Bachmann*, ZIP 2009, 1249)

Baumbach, Adolf / Hueck, Alfred / Fastrich, Lorenz
GmbH-Gesetz: Gesetz betreffend die Gesellschaften mit beschränkter Haftung, 19. Aufl., München 2010
(zitiert: *Baumbach/Hueck*, GmbHG)

Baums, Theodor
„Empfiehlt sich eine Neuregelung des aktienrechtlichen Anfechtungs- und Organhaftungsrechts, insbesondere der Klagemöglichkeiten von Aktionären?: Gutachten F für den 67. Deutschen Juristentag", München 2008
(zitiert: *Baums*, Gutachten F für den 67. Deutschen Juristentag, S.)

ders.
Eintragung und Löschung von Gesellschafterbeschlüssen, Heidelberg 1981
(zitiert: *Baums*, Eintragung und Löschung von Gesellschafterbeschlüssen)

Baums, Theodor / Drinhausen, Florian
„Weitere Reform des Rechts der Anfechtung von Hauptversammlungsbeschlüssen", Zeitschrift für Wirtschaftsrecht 2008, S. 145 ff.
(zitiert: *Baums/Drinhausen*, ZIP 2008, 145)

Baums, Theodor / Drinhausen, Florian / Keinath, Astrid
„Anfechtungsklagen und Freigabeverfahren. Eine empirische Studie", Zeitschrift für Wirtschaftsrecht 2011, S. 2329 ff.
(zitiert: *Baums/Drinhausen/Keinath*, ZIP 2011, 2329)

Baums, Theodor / Keinath Astrid / Gajek, Daniel
„Fortschritte bei Klagen gegen Hauptversammlungsbeschlüsse? Eine empirische Studie", Zeitschrift für Wirtschaftsrecht 2007, 1629 ff.
(zitiert: *Baums/Keinath/Gajek*, ZIP 2007, 1629)

Baums, Theodor /Vogel, Hans-Gert /Tacheva, Maja
„Rechtstatsachen zur Beschlusskontrolle im Aktienrecht", Zeitschrift für Wirtschaftsrecht 2000, S. 1649 ff.
(zitiert: *Baums/Vogel/Tacheva*, ZIP 2000, 1649)

Baums, Wolfgang
„Der Ausgleich nach § 304 AktG - Eine ökonomische Analyse", Hamburg 2007
(zitiert: *Baums, W.*, Der Ausgleich nach § 304 AktG)

Bayer, Walter
„Die Kontrollfunktion der aktienrechtlichen Anfechtungsklage – Rechtsdogmatische Grundlegung", in: Gesellschaftsrecht in der Diskussion 1999, Jahrestagung der Gesellschaftsrechtlichen Vereinigung (VGR), Köln 2000, S. 35 ff.
(zitiert: *Bayer*, in: Gesellschaftsrecht in der Diskussion, S.)

ders.
„Empfehlen sich besondere Regelungen für börsennotierte und geschlossene Gesellschaften?: Gutachten E für den 67. Deutschen Juristentag", München 2008
(zitiert: *Bayer*, Gutachten E für den 67. Deutschen Juristentag, S.)

ders.
„Aktionärsklagen de lege lata und de lege ferenda", Neue Juristische Wochenschrift 2000, S. 2609 ff.
(ziriert: *Bayer*, NJW 2000, 2609)

Bilda, Klaus
„Zur Dauer der Spruchstellenverfahren", Neue Zeitschrift für Gesellschaftsrecht 2000, S. 296 ff. (zitiert: *Bilda*, NZG 2000, 296)

Bison, Hildegard
„Mißbrauch der Anfechtungsklage durch den Aktionär : eine rechtsvergleichende Analyse des US-amerikanischen und des deutschen Rechts", Frankfurt am Main 1997
(zitiert: *Bison*, Missbrauch)

Böckli, Peter
Schweizer Aktienrecht, 4. Aufl., Zürich 2009
(zitiert: *Böckli*, Schweizer Aktienrecht)

Bokelmann, Gunther
„Eintragung eines Beschlusses: Prüfungskompetenz des Registerrichters bei Nichtanfechtung, rechtsmissbräuchlicher Anfechtungsklage und Verschmelzung“, Der Betrieb 1994, S. 1341ff.
(zitiert: *Bokelmann*, DB 1994, 1341)

ders.
„Rechtsmissbrauch des Anfechtungsbeschlusses durch den Aktionär?“, Betriebs Berater 1972, S. 733 ff.
(zitiert: *Bokelmann*, BB 1972, 733)

Bork, Reinhard
„Beschlussverfahren und Beschlusskontrolle nach dem Referentenentwurf eines Gesetzes zur Bereinigung des Umwandlungsrechts“, Zeitschrift für Zeitschrift für Unternehmens- und Gesellschaftsrecht 1993, S. 343 ff.
(zitiert: *Bork*, ZGR 1993, 343)

Borris, Christian
„Die Schiedsfähigkeit gesellschaftsrechtlicher Streitigkeiten in der Aktiengesellschaft“, Neue Zeitschrift für Gesellschaftsrecht 2010, S. 481 ff.
(zitiert: *Borris*, NZG 2010, 481)

Boujong, Karlheinz
„Rechtsmissbräuchliche Aktionärsklagen vor dem Bundesgerichtshof“, in: Festschrift für Alfred Kellermann, Zeitschrift für Unternehmens- und Gesellschaftsrecht-Sonderheft 7, 1991, S. 1ff.
(zitiert: *Boujong*, in: FS Kellermann)

Brandner Hans, / Bergmann, Alfred
„Anfechtungsklage und Registersperre“, in: Festschrift für Gerold Bezzenberger, Berlin/New York 2000, S. S. 59 ff
(zitiert: *Brandner/Bergmann*, in: FS Bezzenberger)

Brück, Michael J. J. / Schalast, Christoph / Schanz, Kay-Michael
„ Das Finanzmarktstabilisierungsgesetz: Hilfe für die Banken - Systemwechsel im Aktien- und Insolvenzrecht?“, Betriebs Berater 2008, S. 2526 ff.
(zitiert: *Brück/Schalast/Schanz*, BB 2008, 2526)

Decher, Christian E.
„Die Überwindung der Registersperre nach § 16 Abs. 3 UmwG, Erste praktische Erfahrungen mit einem neuartigen Verfahren“, Die Aktiengesellschaft 1997, S. 388 ff.
(zitiert: *Decher*, AG 1997, 388)

ders.
„Das Konzernrecht des Aktiengesetzes: Bestand und Bewährung“, Zeitschrift für das gesamte Handelsrecht und Wirtschaftsrecht 2007, S. 126 ff.
(zitiert: *Decher*, ZHR 171 (2007), 126)

Deutscher Juristentag
Verhandlungen des 34. Deutschen Juristentags (Köln 1926) Berlin/Leipzig 1926
(zitiert: *Bearbeiter*, Verhandlungen des 34. Deutschen Juristentags Köln, 1926)

Diekgräf, Robert
„Sonderzahlungen an opponierende Kleinaktionäre im Rahmen von Anfechtungs- und Spruchstellenverfahren : unter besonderer Berücksichtigung der Frage einer Zahlungsbefugnis der betroffenen AG", Heidelberg 1990
(zitiert: *Diekgräf*, Sonderzahlungen)

Diekmann, Hans / Leuering, Dieter
„Der Referentenentwurf eines Gesetzes zur Unternehmensintegrität und Modernisierung des Anfechtungsrechts (UMAG), Neue Zeitschrift für Gesellschaftsrecht 2004, S. 249 ff.
(zitiert: *Diekmann/Leuering*, NZG 2004, 249)
Drinhausen, Florian / Keinath, Astrid
„Referentenentwurf eines Gesetzes zur Umsetzung der Aktionärsrichtlinie (ARUG) – Ein Beitrag zur Modernisierung der Hauptversammlung", Betriebs Berater 2008, 1238 ff.
(zitiert: *Drinhausen/Keinath*, BB 2008, 1238)

dies.
„Referentenentwurf eines Gesetzes zur Umsetzung der Aktionärsrichtlinie (ARUG) – weitere Schritte zur Modernisierung des Aktienrechts", Betriebsberater 2008, 2078 ff.
(zitiert: *Drinhausen/Keinath*, BB 2008, 2078)

Ek, Ralf
Praxisleitfaden für die Hauptversammlung mit Mustern, 2. Aufl., München 2010
(zitiert: Ek, Hauptversammlung)

Emmerich, Markus
„Die historische Entwicklung von Beschlussverfahren und Beschlusskontrolle im Gesellschaftsrecht der Neuzeit unter besonderer Berücksichtigung des Aktienrechts", Berlin 2000
(zitiert: *Emmerich*, Die historische Entwicklung)

Emmerich, Volker /Habersack, Mathias
Aktien- und GmbH-Konzernrecht, 6. Aufl., München 2010
(zitiert: *Emmerich/Habersack*, Aktien- und GmbH-Konzernrecht)

Enders, Germar / Ruttmann, Sonja
„Die Interessenabwägung im aktienrechtlichen Freigabeverfahren nach § 246a Abs. 2 Nr. 3 AktG – ein Leitfaden für die Praxis", Zeitschrift für Wirtschaftsrecht 2010, S. 2280 ff.
(zitiert: *Enders/Ruttmann*, ZIP 2010, 2280)

Ernstberger, Günther
Die Grenzen der Mehrheitsherrschaft in der Aktiengesellschaft, 1987
(zitiert: *Ernstberger*, Grenzen)

Freiherr von Falkenhausen, Joachim / Kocher, Dirk
„Zulässigkeitsbeschränkungen für die Nebenintervention bei der aktienrechtlichen Anfechtungsklage", Zeitschrift für Wirtschaftsrecht 2004, S. 1179 ff.
(zitiert: *Falkenhausen/Kocher*, ZIP 2004, 1179)

Faßbender, Karl-Josef
„Das Freigabeverfahren nach § 246a AktG – Offene Fragen und Gestaltungsmöglichkeiten", Die Aktiengesellschaft 2006. 872 ff.
(zitiert: *Faßbender*, AG 2006, 872)

Feltkamp, Harald
„Anfechtungsklage und Vergleich im Aktienrecht", Berlin 1991
(zitiert: *Feltkamp*, Anfechtungsklage)

Fischer, Maximilian / Herold, Manuel
„Berufsopponenten – einer Spezies auf der Spur“, Going Public 4/07, S. 50 ff.
(zitiert: *Fischer/Herold*, Going Public 2007, 50)

Flechtheim, Julius
„Das Urteil auf Ungültigkeitserklärung eines Generalversammlungsbeschlusses, in: Festschrift für Ernst Zitelmann, München Leipzig 1913, S. 1 ff
(zitiert: *Flechtheim*, in: FS Zitelmann (1913), 3)

Fleischer, Holger
„Das neue Recht des Squeeze-Out“, Zeitschrift für Unternehmens- und Gesellschaftsrecht 2002, S. 757 ff.
(zitiert: *Fleischer*, ZGR 2002, 757)

ders.
„Das Gesetz zur Unternehmensintegrität und Modernisierung des Anfechtungsrechts“, Neue Juristische Wochenschrift 2005, 3525 ff.
(zitiert: *Fleischer*, NJW 2005, 3225)

Florstedt, Tim
„Die Reform des Beschlussmängelrechts durch das ARUG“, Die Aktiengesellschaft 2009, 465 ff.
(zitiert: *Florstedt*, AG 2009, 465)

Flume, Werner
„Grundfragen der Aktienrechtsreform: Bemerkungen zu dem Regierungsentwurf eines Aktiengesetzes“, Düsseldorf 1960
(zitiert: *Flume*, Grundfragen)

ders.
„Die Rechtsprechung des II. Zivilsenats des BGH zur Treuepflicht des GmbH-Gesellschafters und des Aktionärs“, Zeitschrift für Wirtschaftsrecht 1996, S. 161 ff.
(zitiert: *Flume*, ZIP 1996, 161)

Fritzsche, Michael / Dreier, Peter /Verfürth, Ludger C.
Kommentar zu Spruchverfahrensgesetz, 1. Aufl., Berlin 2004
(zitiert: *Bearbeiter*, in: Fritzsche/Dreier/Verfürth, SpruchG)

Gabler-Bank-Lexikon
Gabler-Bank-Lexikon, herausgegeben von Jürgen Krumnow, Ludwig Gramlich, Thomas A. Lange und Thomas M. Dewner, 13. Aufl. 2002
(zitiert: Gabler-Bank-Lexikon)

Gajek, Daniel
„Bericht über die Diskussion des Referats Baums“, in: Gesellschaftsrecht in der Diskussion 2007, Jahrestagung der Gesellschaftsrechtlichen Vereinigung (VGR); Köln 2008, S. 131 ff.
(zitiert: *Gajek*, in: VGR 2008, 131)

Ganske, Joachim
Umwandlungsrecht: Textausgabe des Umwandlungsgesetzes (UmwG) vom 28. Oktober 1994 und des Umwandlungssteuergesetzes (UmwStG) vom 28. Oktober 1994 mit Begründungen der Regierungsentwürfe, Stellungnahmen des Bundesrates mit Gegenäußerungen der Bundesregierung, Berichten des Rechtsausschusses und des Finanzausschusses des Deutschen Bundestages, 2. Aufl., Düsseldorf 1995
(zitiert: *Ganske*, UmwG)

Gehlert, Stephan
„Rechtsmißbräuchliche Anfechtungsklagen im Aktienrecht : zwischen Interessenkollisionen und Lösungsansätzen", Würzburg 2002
(zitiert: *Gehlert*, Rechtsmissbräuchliche Anfechtungsklagen)

Geiler, Karl
Die wirtschaftlichen Strukturwandlungen und die Reform des Aktienrechts (1927)
(zitiert: *Geiler*, Die wirtschaftlichen Strukturwandlungen und die Reform des Aktienrechts (1927))

Geßler, Ernst
„Zur Anfechtung wegen Strebens nach Sondervorteilen (§ 243 Abs. 2 AktG)", in: Festschrift für Carl Hans Barz, Berlin/New York 1974
(zitiert: *Geßler,* in: FS Barz (1974), 97)

Geßler, Ernst / Hefermehl, Wolfgang / Eckardt, Ulrich / Kropff, Bruno
Aktiengesetz: Kommentar Band V § 241 – 290, Berlin 1986
(zitiert: *Bearbeiter*, in: Geßler/Hefermehl/Eckardt/Kropff, AktG)

Godin, Reinhard Freiherr / Wilhelmi, Hans
Aktiengesetz: vom 06. September 1965, Kommentar, 4. Aufl., Berlin New York 1971
(zitiert: *Godin/Wilhelmi*, AktG)

Goette, Wulf
„Neue Entscheidung des Bundesgerichtshofes: Beschlussmängelstreitigkeiten im GmbH-Recht sind schiedsfähig", Gesellschafts- und Wirtschaftsrecht 2009, S. 103 ff.
(zitiert: *Goette*, GWR 2009, 103)

Goll, Ullrich / Schwörer, Frank
„Eindämmung des Klagegewerbes durch Instanzenverkürzung", Zeitschrift für Rechtspolitik 2008, S. 77 ff.
(zitiert: *Goll/Schwörer*, ZRP 2008, 77)

dies.
„Beschlussmängelrecht: Reförmchen oder Reform?", Zeitschrift für Rechtspolitik 2008, 245 ff.
(zitiert: *Goll/Schwörer*, in: ZRP 2008, 245)

Göz, Philipp /Holzborn, Timo
„Die Aktienrechtsreform durch das Gesetz für Unternehmensintegrität und Modernisierung des Anfechtunsgrechts – UMAG", Wertpapier Mitteilungen, Zeitschrift für Wirtschafts- und Bankrecht 2006, S. 157 ff.
(zitiert: *Göz/Holzborn*, WM 2006, 157)

Grobecker, Wolfgang
„Beachtenswertes zur Hauptversammlungssaison", Neue Zeitschrift für Gesellschaftsrecht 2010, S. 165 ff.
(zitiert: *Grobecker*, NZG 2010, 165)

Großkommentar Aktiengesetz,
Aktiengesetz: Großkommentar, herausgegeben von Klaus Hopt und Herbert Wiedemann
Bd. 5, §§ 118 – 149, 4. Aufl., Berlin 2008
Bd. 6, §§ 241 – 255, 4. Aufl., Berlin, New York 1996
Bd. 7, §§ 222 – 240, 4. Aufl., Berlin 2011
(zitiert: *Bearbeiter*, in: GroßKomm AktG)

Grüner, Michael
„Zeitliche Einschränkung des Rede- und Fragerechts auf Hauptversammlungen – zugleich Besprechung der BVerfG-Entscheidung Wenger/Daimler-Benz“, Neue Zeitschrift für Gesellschaftsrecht 2000, S. 770 ff.;
(zitiert: *Grüner*, NZG 2000, 770)

Grunewald, Barbara
„Die neue Squeeze-Out-Regelung“, Zeitschrift für Wirtschaftsrecht 2002, S. 18 ff.
(zitiert: *Grunewald*, ZIP 2002, 18)

dies.
„Satzungsfreiheit für das Beschlussmängelrecht“, Neue Zeitschrift für Gesellscaftsrecht 2009, S. 967 ff.
(zitiert: *Grunewald*, NZG 2009, 967)

Gwelessiani, Michael
Praxiskommentar zur Handelsregisterverordnung, Zürich 2008
(zitiert: *Gwelessiani*, Praxiskommentar zur Handelsregisterverordnung)

Habersack, Mathias
„Zur Reform des Bechlussmängelrechts – Bestandsaufnahme nach ARUG und Perspektiven“, Zeitschrift für Gesellschaftsrecht 2010, 710 ff.
(zitiert: *Habersack*, ZGR 2010, 710)

Haertlein, Lutz
„Aktionärsschutz gegen Rekapitalisierungsmaßnahmen auf Grund des Finanzmarktstabilisierungsgesetzes“, Neue Zeitschrift für Gesellschaftsrecht 2009, 576 ff.
(zitiert: *Haertlein*, NZG 2009, 576)

Halfmeier, Axel
„Sind die Erfolgsaussichten der Anfechtungsklage bei der Interessenabwägung im Freigabeverfahren der §§ 16 Abs. 3 UmwG, 246a AktG zu berücksichtigen?“, Wertpapier Mitteilungen, Zeitschrift für Wirtschafts- und Bankrecht 2006, S. 1465 ff.
(zitiert: *Halfmeier*, WM 2006, 1465)

Handbuch des Aktienrechts
Handbuch des Aktienrechts, herausgegeben von Günter Henn, Jürgen Frodermann und Dirk Jannot, 8. Aufl., Heidelberg/München/Landsberg/Frechen/Hamburg 2009
(zitiert: *Bearbeiter*, in: Handbuch des Aktienrechts)

Handelsrechtsausschuss des DAV
„Gesetzgebungsvorschlag zum Spruchverfahren bei Umwandlung und Sachkapitalerhöhung und zur Erfüllung des Ausgleichsanspruchs durch Aktien“, Neue Zeitschrift für Gesellschaftsrecht 2007, S. 497 ff.
(zitiert: *Handelsrechtsausschuss des DAV,* NZG 2007, 497)

Happ, Wilhelm
„Zur Nachholung aktienrechtlicher Meldepflichten und damit verbundenen prozessualen Fragen“, in: Festschrift für Karsten Schmidt, Köln 2009
(zitiert: *Happ*, in: FS K.Schmidt, 545)

Heidelberger Kommentar zum Aktiengesetz
Heidelberger Kommentar zum Aktiengesetz, herausgegeben von Tobias Bürgers, Torsten Körber, Florian Becker, Heidelberg/München/Landsberg/Berlin 2008
(zitiert: *Bearbeiter*, in: Bürgers/Körber/Becker, HeidelbKomm AktG)

Heinrich, Erbo D.
„Die Abwehr des Missbrauchs der Anfechtungsklage durch Einschränkung des Klagerechts", Hamburg 2008
(zitiert: *Heinrich*, Die Abwehr des Missbrauchs der Anfechtungsklage)

Heinze, Meinhard
„Einstweiliger Rechtsschutz im aktienrechtlichen Anfechtungs- und Nichtigkeitsverfahren, Zeitschrift für Unternehmens- und Gesellschaftsrecht 1979, S. 293 ff.
(zitiert: *Heinze*, ZGR 1979, 293)

Helm, Thorsten / Manthey, Nikolas Vincent
„Missbräuchliche Anfechtungsklagen im Aktienrecht – Rechtsvergleich und Lösungsansätze", Neue Zeitschrift für Gesellschaftsrecht 2010, S. 415 ff.
(zitiert: *Helm/Manthey*, NZG 2010, 415)

Hemeling, Peter
„Beschlussmängelrecht - Quo Vadis?", Zeitschrift für das gesamte Handelsrecht und Wirtschaftsrecht 2008, S. 379 ff.
(zitiert: *Hemeling*, ZHR 172 (2008), 379)

Henckel, Wolfram
Parteilehre und Streitgegenstand im Zivilprozeß, Heidelberg 1961
(zitiert: *Henckel*, Parteilehre und Streitgegenstand)

Henze, Hartwig
„Aspekte der Entwicklungstendenzen der aktienrechtlichen Anfechtungsklage in der Rechtsprechung des BGH", Zeitschrift für Wirtschaftsrecht 2002, S. 97 ff.
(zitiert: *Henze*, ZIP 2002, 97)

Heuer, Carl-Heinz
„Wer kontrolliert die Kontrolleure?", Wertpaper Mitteilungen, Zeitschrift für Wirtschafts- und Bankrecht 1989, S. 1401 ff.
(zitiert, *Heuer*, WM 1989, 1401)

Hirte, Heribert
„Mißbrauch aktienrechtlicher Anfechtungsklagen", Betriebs Berater 1988, S. 1496 ff.
(zitiert: *Hirte*, BB 1988, 1469)

ders.
„Die aktienrechtliche Satzungsstrenge: Kapitalmarkt und sonstige Legitimationsgrundlagen versus Gestaltungsfreiheit", ZGR Sonderheft Nr. 13, S. 61 ff.,
(zitiert: *Hirte*, ZGR-Sonderheft 1998, 61)

Hoffmann-Becking, Miachel
„Der materielle Gesellschafterschutz: Abfindung und Spruchverfahren", Zeitschrift für Unternehmens- und Gesellschaftsrecht 1990, S. 482 ff.
(zitiert: *Hoffmann-Becking*, ZGR 1990, 482)

Hommelhoff, Peter
„Zur Kontrolle strukturändernder Gesellschafterbeschlüsse, Zeitschrift für Unternehmens- und Gesellschaftsrecht 1990, S. 447 ff.
(zitiert: *Hommelhoff*, ZGR 1990, 447)

ders.
„Minderheitenschutz bei Umstrukturierungen“, Zeitschrift für Unternehmens- und Gesellschaftsrecht 1993, S. 452 ff.
(zitiert: *Hommelhoff*, ZGR 1993, 452)

Hopt, Klaus J. / Fleckner, Andreas M. / Kumpan, Christoph / Steffek, Felix
„Kontrollerlangung über systemrelevante Banken nach den Finanzmarktstabilisierungs-gesetzen (FMStG / FMStErgG)“, Zeitschrift für Wirtschafts- und Bankrecht 2009,
S. 821 ff.
(zitiert: *Hopt/Fleckner/Kumpan/Steffek*, WM 2009, 821)

Hueck, Alfred
Anfechtbarkeit und Nichtigkeit von Generalversammlungsbeschlüssen bei Aktiengesellschaften, Mannheim/Berlin/Leipzig 1924
(zitiert: *Hueck*, Anfechtbarkeit)

Hüffer, Uwe
Aktiengesetz : AktG, Kommentar, 9. Aufl., München 2010
(zitiert: *Hüffer*, AktG)

ders.
„Zur Darlegungs- und Beweislast bei der aktienrechtlichen Anfechtungsklage“, in: Festschrift für Hans-Joachim Fleck, Zeitschrift für Unternehmens- und Gesellschaftsrecht Sonderheft 7, Berlin/New York 1988, S. 151 ff.
(zitiert: *Hüffer*, in: FS Fleck, S. 151)

ders.
„Unternehmenszusammenschlüsse: Bewertungsfragen, Anfechtungsprobleme und Integrationsschranken“, Zeitschrift für das gesamte Handelsrecht und Wirtschaftsrecht 2008, S. 8 ff.
(zitiert: *Hüffer*, ZHR 172 (2008), 8)

ders.
„Anfechtungsbefugnis und Mindestanteilsbesitz – Vorschläge und Überlegungen zu einer gesetzlichen Neuorientierung“, in: Festschrift für Hans Erich Brandner, Köln 1996, S. 57 ff.
(zitiert: *Hüffer*, in: FS Brandner, S. 57)

Immenga, Ulrich
„Die Problematik der Anfechtungsklage im GmbH-Recht“, in: GmbH Rundschau 1973, S. 5 ff.
(zitiert: *Immenga*, GmbHR 1973, 5)

Martina Isler/Hans Caspar von der Crone
Handelsregistersperre, Entscheid des Schweizerischen Bundesgerichts 4A_26/2007 (BGE 133 III 368) vom 5. Juni 2007 i.S. A. und Verein B. (Beschwerdeführer) gegen die Aufsichtsbehörde über das Handelsregister des Kantons Genf (Beschwerdegegnerin), Schweizerische Zeitschrift für Wirtschafts- und Finanzmarktrecht 80 (2008), S. 222 ff.
(zitiert: *Isler/von der Crone*, SZW 2008, 222)

Jäger, Axel
„Die Entwicklung der Judikatur zur AG in den Jahren 2000 – 2003“, Neue Zeitschrift für Gesellschaftsrecht 2003, S. 1033 ff.
(zitiert: *Jäger*, NZG 2003, 1033)

Jahn, Joachim
„UMAG: Das Aus für „räuberische Aktionäre" oder neues Erpressungspotenzial?", Betriebs Berater 2005, S. 5 ff.
(zitiert: *Jahn*, BB 2005, 5)

Kallmeyer, Harald / Dirksen, Dirk
Umwandlungsgesetz: Kommentar; Verschmelzung, Spaltung und Formwechsel bei Handelsgesellschaften, 3. Aufl., Köln 2006
(zitiert: *Bearbeiter*, in: Kallmeyer, UmwG)

Keidel, Theodor
FamFG: Kommentar zum Gesetz über das Verfahren in Familiensachen und in den Angelegenheiten der Freiwilligen Gerichtsbarkeit, 17. Aufl., München 2011
(zitiert: *Bearbeiter*, in: Keidel, FamFG)

Keidel, Theodor /Kuntze, Joachim /Winkler, Karl
Freiwillige Gerichtsbarkeit; Kommentar zum FGG
(zitiert: *Bearbeiter*, in: Keidel/Kuntze/Winkler, FGG Kommentar)

Kersting, Christian
„Die aktienrechtliche Beschlussanfechtung wegen unrichtiger, unvollständiger oder verweigerter Informationen", Zeitschrift für Unternehmens- und Gesellschaftsrecht 2007, S. 319 ff.
(zitiert: *Kersting*, ZGR 2007, 319)

Knobbe-Keuk, Brigitte
„Das Klagerecht des Gesellschafters einer Kapitalgesellschaft wegen gesetz- und satzungswidriger Maßnhamen der Geschäftsführung", in: Festschrift für Kurt Ballerstedt, Berlin 1975, S. 239 ff.
(zitiert: *Knobbe-Keuk*, in: FS Ballerstedt)

Kiem, Roger
„Das neue Umwandlungsrecht und die Vermeidung „räuberischer" Anfechtungsklagen", Die Aktiengesellschaft 1992, S. 430 ff.
(zitiert: *Kiem*, AG 1992, 430 ff.)

Kiethe, Kurt
„Abkauf von Anfechtungsrechten der Aktionär – neue Tendenzen rechtsmissbräuchlichen Verhaltens räuberischer Aktionäre", Neue Zeitschrift für Gesellschaftsrecht 2004, S. 489 ff.
(zitiert: *Kiethe*, NZG 2004, 489)

Klinke, Ulrich
„Europäisches Unternehmensrecht und EuGH: Die Rechtsprechung im Jahre 1995 – ein Überblick", Zeitschrift für Unternehmens- und Gesellschaftsrecht 1996, S. 567 ff.
(zitiert: *Klinke*, ZGR 1996, 567)

Knigge, Dagmar
„Änderungen des Aktienrechts durch das Transparenz- und Publizitätsgesetz", Wertpapier Mitteilungen, Zeitschrift für Wirtschafts- und Bankrecht 2002, S. 1729 ff.
(zitiert: *Knigge*, WM 2002, 1729)

Koch, Jens
„Das Gesetz zur Unternehmensintegrität und Modernisierung des Anfechtungsrechts (UMAG)", Zeitschrift für Unternehmens- und Gesellschafstrecht 2006, S. 769 ff.
(zitiert: *Koch*, ZGR 2006, 769)

Koch, Dirk / Lönner, Andreas
„Anfechtungsrisiken durch die Briefwahlempfehlung des DCGK?“, Betriebs Berater 2011, S. 907 ff.
(zitiert: *Koch/Lönner*, BB 2011, 907)

Kölner Kommentar zum Aktiengesetz
Kölner Kommentar zum Aktiengesetz, herausgegeben von Wolfgang Zöllner, Band 2: §§ 148 – 290 AktG, Köln/Berlin/Bonn/München 1985
(zitiert: *Bearbeiter*, in: KölnKomm AktG)

Kort, Michael
„Bestandsschutz fehlerhafter Strukturänderungen im Kapitalgesellschaftsrecht“, München 1998
(zitiert: *Kort*, Bestandsschutz)

ders.
„Squeeze-out-Beschlüsse: Kein Erfordernis sachlicher Rechtfertigung und bloß eingeschränkte Rechtsmissbrauchskontrolle“, Zeitschrift für Wirtschaftsrecht 2006, S. 1519 ff.
(zitiert: *Kort*, ZIP 2006, 1519)

ders.
„Hauptaktionär nach § 327a Abs. 1 Satz 1 AktG mittels Wertpapierdarlehen“, Die Aktiengesellschaft 2006, S. 557 ff.
(zitiert: *Kort*, AG 2006, 557)

Korte, Otto
„Zur missbräuchlichen Wahrnehmung der aktienrechtlichen Anfechtungsbefugnis“, Frankfurt am Main 2003
(zitiert: *Korte*)

Kösters, Friedrich
„Das Unbedenklichkeitsverfahren nach § 16 Abs. 3 UmwG“, Wertpapier Mitteilungen, Zeitschrift für Wirtschafts- und Bankrecht 2000, S. 1921 ff.
(zitiert: *Kösters*, WM 2000, 1921)

Kreß, Simone
Gerichtliche Beschlusskontrolle im Kapitalgesellschaftsrecht, München 1996
(zitiert: *Kreß*, Gerichtliche Beschlusskontrolle)

Krieger, Gerd
„Aktionärsklage zur Kontrolle des Vorstands- und Aufsichtsratshandelns“, Zeitschrift für das gesamte Handelsrecht und Wirtschaftsrecht 1999, S. 343 ff.
(zitiert: *Krieger*, ZHR 1999, 343)

ders.
„Beschlusskontrolle bei Kapitalherabsetzungen“, Zeitschrift für Unternehmens- und Gesellschaftsrecht 2000, S. 885 ff.
(zitiert: *Krieger*, ZGR 2000, 885)

Kropff, Bruno
Aktiengesetz: Textausgabe des Aktiengesetzes vom 06.09.1965 (Bundesgesetzbl. I S. 1185) mit Begründung des Regierungsentwurfs, Bericht des Rechtsausschusses des Deutschen Bundestags, Verweisungen und Sachverzeichnis; im Anhang: AktG von 1937, Düsseldorf 1965
(zitiert: *Kropff*, RegBegr. AktG)

Kübler, Friedrich / Assmann, Heinz-Dieter
Geselschaftsrecht – Die privatrechtlichen Ordnungsstrukturen und Regelungsprobleme von Verbänden und Unternehmen, 6. Aufl., Heidelberg 2006
(zitiert: *Kübler/Assmann*, Gesellschaftsrecht)

Langenbucher, Katja
Aktien- und Kapitalmarktrecht – ein Studienbuch, München 2008
(zitiert: *Langenbucher*, Aktien- und Kapitalmarktrecht)

dies.
„Bankaktienrecht unter Unsicherheiten“, Zeitschrift für Unternehmens- und Gesellschaftsrecht 2010, S. 75 ff.
(zitiert: *Langenbucher*, ZGR 2010, 75)

Larenz, Karl
Enzyklopädie der Rechts- und Staatswissenschaft, Abteilung Rechtswissenschaft, Methodenlehre der Rechtswissenschaft, herausgegeben von *Horst Albach, E. Helmstädter, H. Honsell, P. Lerche, D. Nörr*, 6. Aufl., Berlin/Heidelberg/New York 1991
(zitiert: *Larenz*, Methodenlehre der Rechtswissenschaft)

Lehmann, Peter
„Die Ausweitung des aktienrechtlichen Spruchstellenverfahrens : eine Möglichkeit zur Vermeidung von Verschmelzungsblockaden durch mißbräuchliche Anfechtungsklagen?“, Baden-Baden 1995
(zitiert: *Lehmann*)

Leuering, Dieter
„Das neue Bagatellquorum im Freigabeverfahren“, Neue Juristische Wochenschrift – Spezial 2009, S. 543 ff.
(zitiert: *Leuering*, NJW-Spezial 2009, 543)

Lüke, Wolfgang
Nichteinhaltung der Anfechtungsfrist wegen verspäteter Entscheidung im Armenrechtsverfahren“,Neue Juristische Wochenschrift 1966, S. 839 ff.
(zitiert: *Lüke*, NJW 1966, 839)

Lutter, Marcus
„Die Eintragung anfechtbarer Hauptversammlungsbeschlüsse im Handelsregister“, in: Neue Juristische Wochenschrift 1969, 1873 ff.
(zitiert: *Lutter*, NJW 1969, 1873)

ders.
„Die entgeltliche Ablösung von Anfechtungsrechten – Gedanken zur Aktiven Gleichbehandlung im Aktienrecht“, in: ZGR 1978, S. 347 ff.
(zitiert: *Lutter*, ZGR 1978, 347)

ders.
„Materielle und förmliche Erfordernisse eines Bezugsrechtsausschlusses – Besprechung der Entscheidung BGHZ 71, 40 („Kali und Salz“)“, Zeitschrift für Unternehmens- und Gesellschaftsrecht 1979, S. 401 ff.
(zitiert: *Lutter*, ZGR 1979, 401)

ders.
„Theorie der Mitgliedschaft“, Archiv für die civilistische Praxis (AcP) 1980, S. 84 ff.
(zitiert: *Lutter*, AcP 1980, 84)

ders.
„Zur Abwehr räuberischer Aktionäre", in: Festschrift 40 Jahre Der Betrieb (1988), S. 193 ff.
(zitiert: *Lutter*, in: FS 40 Jahre DB)

ders.
„Zur Reform von Umwandlung und Fusion – Das Konzept und seine Verwirklichung im Disskussionsentwurf, Zeitschrift für Unternehmens- und Gesellschaftsrecht 1990, S. 392 ff.
(zitiert: *Lutter*, ZGR 1990, 392)

ders.
„Die Treuepflicht des Aktionärs", Zeitschrift für das gesamte Handelsrecht und Wirtschaftsrecht 1989, S. 446 ff.
(zitiert: *Lutter*, ZHR 153 (1989), 446)

Lutter, Marcus / Bayer, Walter
Umwandlungsgesetz: Kommentar, 3. Aufl. Band I §§ 1 – 137, Köln 2004
(zitiert: *Bearbeiter*, in: Lutter, UmwG)

Mack, Bernd Matthias
Anfechtbarkeit von Hauptversammlungsbeschlüssen unter besonderer Berücksichtigung des Verschmelzungsbeschlusses, dargestellt am deutschen und amerikanischen Recht, Frankfurt am Main/Berlin/Bern/New York/Paris/Wien 1993,
(zitiert: *Mack*, Anfechtbarkeit)

Marsch-Barner, Reinhard
„Die Erleichterung des Bezugsrechtsausschlusses nach § 186 Abs. 3 Satz 4 AktG", Die Aktiengesellschaft 1994, S. 532 ff.
(zitiert: *Marsch-Barner*, AG 1994, 532)

Marsch-Barner, Reinhard / Schäfer, Frank A.
Handbuch börsennotierte AG, 2. Auflage, Köln 2009
(zitiert: *Bearbeiter*, in: Marsch-Barner/Schäfer, Handbuch der börsennotierten AG)

Martens, Klaus-Peter
„Verschmelzung, Spruchverfahren und Anfechtungsklage in Fällen eines unrichtigen Umtauschverhältnisses", Die Aktiengesellschaft 2000, S. 301 ff.
(zitiert: *Martens*, AG 2000, 301)

ders.
„Der Ausschluss des Bezugsrechts: BGHZ 33, S. 175", in: Festschrift für Robert Fischer, Berlin/New York 1979
(zitiert: *Martens*, in: FS Rob. Fischer (1979), 437)

Martens, Klaus-Peter / Martens, Sebastian A. E.
„Strategien gegen missbräuchliche Anlegerklagen in Deutschland und den Vereinigten Staaten", in: Festschrift für Karsten Schmidt, Köln 2009, S. 1129 ff.
(zitiert: *Martens/Martens*, in: FS K.Schmidt, 1129)

dies.
„Rechtsprechung und Gesetzgebung im Kampf gegen missbräuchliche Aktionärsklagen", Die Aktiengesellschaft 2009, S. 173 ff.
(zitiert: *Martens/Martens*, AG 2009, 173)

Meier-Reimer, Georg
„Erweiterung des Spruchverfahrens und Ausgleich in Aktien“, in: Festschrift Festschrift für Karsten Schmidt, Köln 2009 , S. 1077 ff.
(zitiert: *Meier-Reimer*, in: FS K. Schmidt, 1077)

Meier-Hayoz, Arthur / Forstmoser, Peter
Schweizerisches Gesellschaftsrecht, 10. Aufl., Bern 2007
(zitiert: *Meier-Hayoz/Forstmoser*, Schweizerisches Gesellschaftsrecht)

Mestmäcker, Ernst-Joachim
Verwaltung, Konzernverwaltung und Rechte der Aktionäre: eine rechtsvergleichende Untersuchung nach deutschem Aktienrecht und dem Recht der Corporations in den Vereinigten Staaten, Karlsruhe 1958
(zitiert: *Mestmäcker*, Verwaltung)

Möller, Andreas
„Das Verwaltungs- und Beschwerdeverfahren nach dem Wertpapiererwerbs- und Übernahmegesetz unter besonderer Berücksichtigung der Rechtsstellung Dritter“, Zeitschrift für das gesamte Handelsrecht und Wirtschaftsrecht 2003, S. 301 ff.
(zitiert: *Möller*, ZHR 167 (2003), 301)

Mülbert, Peter O.
„Aktiengesellschaft, Unternehmensgruppe und Kapitalmarkt: die Aktionärsrechte bei Bildung und Umbildung einer Unternehmensgruppe zwischen verbands- und Anlegerschutzrecht, 2. Aufl., München 1996
(zitiert: *Mülbert*, Aktiengesellschaft)

Münchener Handbuch des Gesellschaftsrechts
Münchener Handbuch des Gesellschaftsrechts, herausgegeben von Michael Hoffmann-Becking, Band IV Aktiengesellschaft, 3. Aufl., München 2007
(zitiert: *Bearbeiter*, in: MünchHdb. AG)

Münchener Kommentar zum Aktiengesetz
Münchener Kommentar zum Aktiengesetz, herausgegeben von Wulf Goette, Mathias Habersack, Susanne Kalss,
Band 1: §§ 1 - 75 AktG, 3. Aufl., München 2008
Band 2: §§ 76 - 117 AktG, MitbestG, DrittelbG, 3. Aufl., München 2008
Band 4: §§ 179 - 277, 3. Aufl., München 2011,
Band 5: §§ 278 – 328 AktG, SpruchG, Österreich, 3. Aufl. 2010
(zitiert: *Bearbeiter*, in: MünchKomm AktG)

Münchener Kommentar zum Bürgerlichen Gesetzbuch
Münchener Kommentar zum Bürgerlichen Gesetzbuch Bd. 2, Schuldrecht, Allgemeiner Teil, §§ 241 – 432, herausgegeben von Bruno Kropff und Johannes Semler, 5. Aufl., München 2007
(zitiert: *Bearbeiter*, in MünchKomm AktG)

Münchener Kommentar zum Strafgesetzbuch
Münchener Kommentar zum Strafgesetzbuch, Bd. 3 §§ 185 – 262 StGB, herausgegeben von Klaus Miebach und Günther Sander, München 2003
(zitiert: *Bearbeiter*, in: MünchKomm StGB)

Müller-Eising, Karsten / Brandi, Tim Oliver / Sinhart, Michael / Lorenz, Mark / Löw, Hans-Peter
„Das Banken-Restrukturierungsgesetz", Betriebs Berater 2011, S. 66 ff.
(zitiert: *Müller-Eising/Brandi/Sinhart/Lorenz/Löw*, BB 2011, 66)

Natterer, Joachim
Materielle Kontrolle von Kapitalherabsetzungsbeschlüssen? Die Sachsenmilch – Rechtsprechung", Die Aktiengesellschaft 2001, S. 629 ff.
(zitiert: *Natterer*, AG 2001, 629)

Neumann, Kay-Uwe / Siebmann, Silja
„Aktuelle Fragestellungen im aktien- und umwandlungsrechtlichen Freigabeverfahren, Der Betrieb 2006, S. 435 ff.
(zitiert: *Neumann/Siebmann*, DB 2006, 435)

Niemeier, Wilhelm
„Im Zweiten Anlauf ein Ende der missbräuchlichen Aktionärsklagen?", Zeitschrift für Wirtschaftsrecht 2008, S. 1148 ff.
(zitiert: *Niemeier*, ZIP 2008, S.)

Noack, Ulrich
Fehlerhafte Beschlüsse in Gesellschaften und Vereinen, Köln/Berlin/Bonn/München 1989
(zitiert: *Noack*, Fehlerhafte Beschlüsse)

ders.
„Das Freigabeverfahren bei Umwandlungsbeschlüssen (§ 16 UmwG) - Bewährung und Modell", Zeitschrift für das gesamte Handelsrecht und Wirtschaftsrecht (ZHR) 164 (2000), S. 274 ff.
(zitiert: *Noack*, ZHR 164 (2000), 274)

ders.
„Das nächste Stück der Aktienreform in Permanenz", Neue Zeitschrift für Gesellschaftsrecht 2008, S. 441 ff.
(zitiert: *Noack*, NZG 2008, 441)

ders.
„Das Aktienrecht der Krise - das Aktienrecht in der Krise", Die Aktiengesellschaft 2009, S. 227 ff.
(zitiert: *Noack*, AG 2009, 227)

ders.
„Der Widerspruch des Aktionärs in der Hauptversammlung", Die Aktiengesellschaft 1989, S. 78 ff.
(zitiert: *Noack*, AG 1989, 78)

Paefgen, Walter G.
Unternehmerische Entscheidungen und Rechtsbindung der Organe in der Aktiengesellschaft, Köln 2002
(zitiert: *Paefgen*, Rechtsbindung)

Palandt, Otto / Bassenge, Peter (Hrsg.)
Bürgerliches Gesetzbuch: mit Nebengesetzen; insbesondere mit Einführungsgesetz (Auszug), Allgemeines Gleichbehandlungsgesetz (Auszug), BGB-Informationspflichten-Verordnung, Unterlassungsklagengesetz, Produkthaftungsgesetz, Erbbaurechtsgestez, Wohnungseigentumsgesetz, Lebenspartnerschaftsgesetz, Gewaltschutzgesetz, 70. Aufl., München 2011
(zitiert: *Bearbeiter*, in: Palandt, BGB)

Paschos, Nikolas / Goslar, Sebastian
„Der Referentenentwurf des Gesetzes zur Umsetzung der Aktionärsrechterichtlinie (ARUG) aus Sicht der Praxis“, Die Aktiengesellschaft 2008, 605 ff.
(zitiert: *Paschos/Goslar*, AG 2008, 605)

Paschos, Nikolas /Johannsen-Roth,Tim
„Freigabeverfahren und Bestandsschutz bei aktien- und umwandlungsrechtlichen Strukturmaßnahmen – Kritische Bestandsaufnahme aus Anlass der Einführung eines allgemeinen aktienrechtlichen Freigabeverfahrens (§ 246a AktG) durch das UMAG“, Neue Zeitschrift für Gesellschaftsrecht 2006, S. 327 ff.
(zitiert: *Paschos/Johannsen*-Roth, NZG 2006, 327)

Poelzig, Dörte
„Der Referentenentwurf eines Gesetzes zur Umsetzung der Aktionärsrechterichtlinie im Kampf gegen räuberische Aktionäre“, Deutsches Steuerrecht 2008, S. 1538
(zitiert: *Poelzig*, DStR 2008, 1538, 1539)

Poelzig, Dörte / Meixner, Philipp
„Die Bekämpfung missbräuchlicher Anfechtungsklagen gegen börsennotierte Gesellschaften – Anregungen zu einem UMAG II“, Die Aktiengesellschaft 2008, 196 ff.
(zitiert: *Poelzig/Meixner*, AG 2008, 196)

Radu, Magnus
„Der Mißbrauch der Anfechtungsklage durch den Aktionär“, Zeitschrift für Wirtschaftsrecht 1992, S. 303 ff.
(zitiert: *Radu*, ZIP 1992, 303)

Raiser, Thomas / Veil, Rüdiger
„Recht der Kapitalgesellschaften – Ein Handbuch für Praxis und Wissenschaft“, 5.Aufl., München 2010
(zitiert: *Raiser/Veil*, Recht der Kapitalgesellschaften)

Rathenau, Walther
Vom Aktienwesen – Eine geschichtliche Betrachtung, Berlin 1918
(zitiert: *Rathenau*, Vom Aktienwesen)

Reichert, Jochem
„Beschlussmängelstreitigkeiten und Schiedsgerichtsbarkeit – Gestaltungs- und Reaktionsmöglichkeiten“,in: Festschrift für Peter Ulmer, Berlin 2003, S. 511 ff.
(zitiert: *Reichert*, in: FS Ulmer 2003, S. 511)

Richter, Martin
„Die Sicherung der aktienrechtlichen Publizität durch ein Aktienamt“, Köln/Berlin/Bonn/ München 1975
(zitiert: *Richter*, Die Sicherung der aktienrechtlichen Publizität)

Rieckers, Oliver
„Einfluss angefochtener Bestätigungsbeschlüsse auf anhängige und abgeschlossene Unbedenklichkeitsverfahren“, Betriebs Berater 2005, S. 1348 ff.
(zitiert: *Rieckers*, BB 2005, 1348)

Riegger, Bodo /Schockenhoff, Martin
„Das Unbedenklichkeitsverfahren zur Eintragung der Umwandlung ins Handelsregister“, Zeitschrift für Wirtschaftsrecht 1997, S. 2105 ff.
(zitiert: *Riegger/Schockenhoff*, ZIP 1997, 2105)

Roitzsch, Frank /Wächter, Gerhard H.
„Gesellschaftsrechtliche Probleme des Finanzmarktstabilisierungsgesetzes“, Deutsche Zeitschrift für Wirtschafts- und Insolvenzrecht 2007, S. 1 ff.
(zitiert: *Roitzsch/Wächter*, DZWiR 2009, 1)

Rosen, Rüdiger von
Wochenüberblick, Betriebsberater 2007, S. 957
(zitiert: von *Rosen*, BB 2007, 957)

Rosenberg, Leo /Schwab, Karl Heinz / Gottwald, Peter
Zivilprozessrecht, 17. Aufl., München 2010
(zitiert: *Rosenberg/Schwab/Gottwald*, Zivilprozessrecht)

Rößler-Tolger, Sabine
„Der räuberische Aktionär - eine schwindende Bedrohung? : Rechtsprobleme und Lösungsmöglichkeiten bei der Bekämpfung missbräuchlicher Aktivitäten von Aktionären unter Berücksichtigung der Regelungen durch das Gesetz zur Unternehmensintegrität und Modernisierung des Anfechtungsrechts (UMAG) vom 22. September 2005“, Karlsruhe 2007
(zitiert: *Rößler-Tolger*, Der räuberische Aktionär)

Roth, Herbert
„Subjektives Recht oder prozessuale Befugnis als Voraussetzung einer Aktionärsklage“, in: Festschrift für Wolfram Henckel, Berlin/New York 1995, S. 707 ff.
(zitiert: *Roth*, in: FS Henckel, S. 707)

Rotheley, Oliver
„Die Neuregelung des Beschlussmängelrechts durch das ARUG“, Gesellschafts- und Wirtschaftsrecht 2009, 312 ff.
(zitiert: *Rotheley*, GWR 2009, 312)

Rubel, Jörgen
„Die Interessenabwägungsklauseln im Freigabeverfahren nach dem ARUG – Bestandsaufnahme und Anwendungshinweise“, Der Betrieb 2009, 2027 ff.
(zitiert: *Rubel*, DB 2009, 2027)

Rudolph, Bernd
„Die Internationale Finanzkrise: Ursachen, Treiber, Veränderungsbedarf und Reformansatz“, Zeitschrift für Unternehmens- und Gesellschaftsrecht 2010, S. 1ff.
(zitiert: *Rudolph*, ZGR 2010, 1)

Sachs, Michael
Grundgesetz, Kommentar, 4. Aufl., München 2007
(zitiert: *Bearbeiter*, in: Sachs, GG)

Saenger, Ingo
„Aktienrechtliche Anfechtungsklagen: Verfahrenseffizienz und Kosten“, Die Aktiengesellschaft 2002, S. 536 ff.
(zitiert: *Saenger*, AG 2002, 536)

Sauter, Maike
„Offene Fragen zum Referentenentwurf eines Gesetzes zur Umsetzung der Aktionärsrechterichtlinie (ARUG)", Zeitschrift für Wirtschaftsrecht 2008, 1706 ff.
(zitiert: *Sauter*, ZIP 2008, 1776)

Schaaf, Andreas
„Publikumshauptversammlung und das Rederecht", Zeitschrift für Wirtschaftsrecht 1997, S. 1324 ff.
(zitiert: *Schaaf*, ZIP 1997, 1324)

Schäfer, Carsten
„Beschlussanfechtbarkeit bei Beschlussvorschlägen durch einen unterbesetzten Vorstand", Zeitschrift für Unternehmens- und Gesellschaftsrecht 2003, S. 147 ff.
(zitiert: Schäfer, ZGR 2003, 147)

ders.
„Besondere Regelungen für börsennotierte und nichtbörsennotierte Gesellschaften?", Neue Juristische Wochenschrift 2008, S. 2536 ff.
(zitiert: *Schäfer*, NJW 2008, 2536)

Schäfer, Carsten / Dette, Felix
„Aktienrechtlicher Squeeze-Out - Beschlussnichtigkeit bei missbräuchlicher Erlangung des Kapitalquorums?", Neue Zeitschrift für Gesellschaftsrecht 2009, S. 1 ff.
(zitiert: *Schäfer/Dette*, NZG 2009, 1ff.)

Schindler, Darius Oliver / Witzel, David
„Bedarf es einer neuen gesetzlichen Regelung des Anfechtungsrechts zur Bekämpfung räuberischer Aktionäre? – Stellungnahme zu den Empfehlungen der wirtschaftlichen Abteilung des 63. DJT", Neue Zeitschrift für Gesellschaftsrecht 2001, S. 577 ff.
(zitiert: *Schindler/Witzel*, NZG 2001, 577)

Schiessl, Maximilian
„Die Kontrollfunktion der aktienrechtlichen Anfechtungsklage – Erwiderung aus der Sicht der Praxis", in: Gesellschaftsrecht in der Diskussion 1999, Jahrestagung der Gesellschaftsrechtlichen Vereinigung (VGR), Köln 2000, S. 57 ff.
(zitiert: *Schiessl*, VGR 2000, S.)

Schlaus, Wilhelm
„Ankauf opponierender Aktionäre", Die Aktiengesellschaft 1988, S. 113 ff.
(zitiert: *Schlaus*, AG 1988, S.)

Schlosser, Peter
Gestaltungsklagen und Gestaltungsurteile, 1966
(zitiert: *Schlosser*, Gestaltungsklagen)

Schmidt, Harry
„Ausschluss der Anfechtung des Squeeze-Out-Beschlusses bei abfindungswertbezogenen Informationsmängeln", in Festschrift für Peter Ulmer, Berlin 2003, S. 543 ff.
(zitiert: *H. Schmidt*, in: FS Ulmer 2003, 543)

Schmidt, Karsten
„Schiedsklauseln und Schiedsverfahren im Gesellschaftsrecht als prozessuale Legitimationsprobleme – ein Beitrag zur Verzahnung von Gesellschafts- und Prozessrecht", Betriebs Berater 2001, 1857 ff.
(zitiert: *K. Schmidt*, BB 2001, 1857)

ders.
„Macrotron oder: weitere Ausdifferenzierung des Aktionärsschutzes durch den BGH", Neue Zeitschrift für Gesellschaftsrecht 2003, 601 ff.
(zitiert: *K. Schmidt*, NZG 2003, S.)

ders.
„Reflexionen über das Beschlussmängelrecht", Die Aktiengesellschaft 2009, S. 248 ff.
(zitiert: *K. Schmidt*, AG 2009, 248)

ders.
„Drittbeteiligung und Drittschutz im Freigabeverfahren – Überlegungen zum Verständnis der §§ 16 Abs. 3 UmwG, 246a, 319 Abs. 6 AktG, in: Liber Amicorum Wilhelm Happ, Köln/Berlin/München 2006, S. 259 ff.
(zitiert: *K. Schmidt*, in: Lib. Happ, S. 259)

Schmidt, Karsten / Lutter, Marcus (Hrsg.)
Aktiengesetz: Kommentar, Band II, §§ 150 – 410, Köln 2008
(zitiert: *Bearbeiter*, in: K.Schmidt/Lutter (Hrsg.), AktG)

Schmitt, Joachim /Hörtnagl, Robert /Stratz, Rolf-Christian (Hrsg.)
Umwandlungsgesetz, Umwandlungssteuergesetz, Kommentar, 5. Aufl., München 2008
(zitiert: *Bearbeiter*, in: Schmidt/Hörtnagl/Stratz, Umwandlungsgesetz)

Schnorbus, York
„Rechtsschutz im Übernahmeverfahren – Teil I", Wertpapier Mitteilungen, Zeitschrift für Wirtschafts- und Bankrecht 2003, S. 616 ff.
(zitiert: *Schnorbus*, WM 2003, 616)

Schnorbus, York / Donner, «GreetingLine»
„Das genehmigte Kapital bei der GmbH – der neue § 55a GmbHG in der Praxis", Neue Zeitschrift für Gesellschaftsrecht 2009, S. 1241 ff.
(zitiert: *Schnorbus/Donner*, NZG 2009, 1241)

Schnurbein, Caspar v.
„Missbrauch von Minderheitsrechten im deutschen und italienischen Aktienrecht", Frankfurt am Main 2005
(zitiert: *Schnurbein*)

Scholz, Franz
Kommentar zum GmbHG: Mit Anhang Konzernrecht, Bd. 2 §§ 35 – 52, 10. Aufl., Köln 2010
(zitiert: *Bearbeiter*, in: Scholz, GmbHG)

Schubert, Werner
Akademie für Deutsches Recht 1933 – 1945, Protokolle der Ausschüsse
(zitiert: *Schubert*, Akademie für Deutsches Recht 1933 – 1945, Band I)

Schubert, Werner /Hommelhoff, Peter
„Hundert Jahre modernes Aktienrecht: eine Sammlung von Texten und Quellen zur Aktienrechtsreform 1884 mit zwei Einführungen", Zeitschrift für Unternehmens- und Gesellschaftsrecht – Sonderheft 4, 1. Aufl., Berlin/New York 1985
(zitiert: *Schubert/Hommelhoff*, Hundert Jahre modernes Aktienrecht)

Schwarz, Günter Christian
„Empfiehlt sich eine Neuregelung des aktienrechtlichen Anfechtungs- und Organhaftungsrechts, insbesondere der Klagemöglichkeiten von Aktionären?“, Zeitschrift für Rechtspolitik 2000, S. 330 ff.
(zitiert: *Schwarz*, ZRP 2000, 330)

Schwintowski, David
„Räuberische Aktionäre: Konsequenzen der empirischen Forschung“, Der Betrieb 2007, 2695 ff.
(zitiert: *D. Schwintowski*, DB 2007, 2695)

Seibert, Ulrich
„Berufsopponenten – Anfechtungsklage – Freigabeverfahren – Haftungsklage: Das UMAG, eine Rechtsanalyse“, Neue Zeitschrift für Gesellschaftsrecht 2007, 841ff.
(zitiert: *Seibert*, NZG 2007, 841)

Seibert, Ulrich /Schütz, Carsten
„Der Referentenentwurf eines Gesetzes zur Unternehmensintegrität und Modernisierung des Anfechtungsrechts – UMAG“, Zeitschrift für Wirtschaftsrecht 2004, S. 252 ff.
(zitiert: *Seibert/Schütz* ZIP 2004, 252)

Seiler, Oliver / Wittgens, Jonas
„Sonderaktienrecht für den Finanzsektor – Kapitalerhöhungen nach dem Finanzmarktstabilisierungsgesetz“, Zeitschrift für Wirtschaftsrecht 2008, S. 2245 ff.
(zitiert: *Seiler/Wittgens*, ZIP 2008, 2245)

Sellmann, Christian
„Ausgleichs- und Verfahrensregelungen des Squeeze-Out auf dem Prüfstand des Verfassungsrechts“, Wertpapier Mitteilungen, Zeitschrift für Wirtschafts- und Bankrecht 2003, S. 1545 ff.
(zitiert: *Sellmann*, WM 2003, 1545)

Semler, Johannes
„Entscheidungen und Ermessen im Aktienrecht“, in: Festschrift für Peter Ulmer, Berlin 2003, S. 627 ff.
(zitiert: *Semler*, in: FS Ulmer, 627)

Semler, Johannes /Volhard, Rüdiger
Arbeitshandbuch Hauptversammlung, 2. Aufl. 2003
(zitiert: *Bearbeiter*, in: Semler/Volhard, ArbHdb HV)

Sieger, Jürgen /Hasselbach, Kai
Der Ausschluss von Kinderheitsaktionären nach den neuen §§ 327a ff. AktG“, Zeitschrift für Unternehmens- und Gesellschaftsrecht 2002, S. 120 ff.
(zitiert: *Sieger/Hasselbach*, ZGR 2002, 120)

Sinn, Hans-Werner
Kasino Kapitalismus – Wie es zur Finanzmarktkrise kam und was jetzt zu tun ist, Berlin 2009
(zitiert: *Sinn*, Kasino Kapitalismus)

Sosnitza, Olaf
„Das Unbedenklichkeitsverfahren nach § 16 III UmwG – Bestandsaufnahme eines gesellschaftsrechtlichen Rechtsschutzinstruments im Lichte der jüngsten Rechtsprechung“, Neue Zeitschrift für Gesellschaftsrecht 1999, S. 965 ff.
(zitiert: *Sosnitza*, NZG 1999, 965)

Spickhoff, Andreas
Richterliche Aufklärungspflicht und materielles Recht 1999
(zitiert: *Spickhoff*, Richterliche Aufklärungspflicht)

Spindler, Gerald
„Deregulierung des Aktienrechts?“, Die Aktiengesellschaft 1998, S. 53 ff.
(zitiert: *Spindler*, AG 1998, 53)

ders.
„Regeln für börsennotierte vs. Regeln für geschlossene Gesellschaften – Vollendung des Begonnenen?“, Die Aktiengesellschaft 2008, S. 598 ff.
(zitiert: *Spindler*, AG 2008, 598)

ders.
„Finanzkrise und Gesetzgeber – Das Finanzmarktstabilisierungsgesetz“, Deutsches Steuerrecht 2008, S. 2268 ff.
(zitiert: *Spindler*, DStR 2008, 2268)

Spindler, Gerald / Stilz, Eberhard
Kommentar zum Aktiengesetz: AktG, Band II, §§ 179 – 410, München 2007
(zitiert: *Bearbeiter*, in: Spindler/Stilz)

Staudinger, Julius von / Beckmann, Roland Michael / Martinek, Michael
J. von Staudingers Kommentar zum Bürgerlichen Gesetzbuch mit Einführungsgesetz und Nebengesetzen: Eckpfeiler des Zivilrechts, Berlin 2005
(zitiert: *Bearbeiter*, in: Staudinger BGB)

Stengel, Yvonne
„Das Kreditinstitute-Reorganisationsgesetz: Rechtliche Aspekte der zukünftigen Sanierung und Reorganisation von Kreditinstituten“, Der Betrieb 2011, Beilage Nr. 4 zu Heft 13, S. 11 ff.
(zitiert: *Stengel*, DB Beilage Nr. 4, 2011, 11)

Stohlmeier, Thomas
„Freud und Leid des reformierten Freigabeverfahrens – eine Bestandsaufnahme mit Verbesserungsvorschlägen“, Neue Zeitschrift für Gesellschaftsrecht 2010, S. 1011 ff.
(zitiert: *Stohlmeier*, NZG 2010, 1011)

Stützle, Wolfgang / Walgenbach, Peter
„Leitung der Hauptversammlung und Mitspracherechte der Aktionäre in Fragen Versammlungsleitung“, Zeitschrift für das gesamte Handels- und Wirtschaftsrecht, Band 155 (1991), S. 516 ff.
(zitiert: *Stützle/Walgenbach*, ZHR 155 (1991), 516)

Tanner, Brigitte
Kommentar zum Schweizer Zivilgesetzbuch, Obligationenrecht, Teil 5: Die Aktiengesellschaft, Teilband V5b: Die Generalversammlung, Art. 698 – 706b OR, Zürich 2003
(zitiert: *Tanner*, in: Kommentar Obligationenrecht)

Teichmann, Arndt
„Rechtsmißbrauch durch eine Klage – OLG Hamm, WM 1988, 1164 und BGH WM 1989, 2689“, Juristische Schulung 1990, S. 269 ff.
(zitiert: *Teichmann*, JuS 1990, 269)

Theisen, Manuel Renè /Raßhofer, Martin
„Anfechtungsklagen unter der Lupe: Räuber oder Wohläter?“, Der Aufsichtsrat 2007, S. 107 ff.
(zitiert: *Theisen/Raßhofer*, Der Aufsichtsrat 2007, 107)

Timm, Wolfram (Hrsg.)
„Missbräuchliche Aktionärsklagen einschließlich Abfindungsregelungen“, Köln 1990
(zitiert: *Bearbeiter*, in: Timm (Hrsg.), Missbräuchliches Aktionärsverhalten)

ders.
Treuepflichten im Aktienrecht, Wertpapier Mitteilungen, Zeitschrift für Wirtschafts- und Bankrecht 1991, S. 481 ff.
(zitiert: *Timm*, WM 1991, 481)

ders.
„Zur Sachkontrolle von Mehrheitsentscheidungen im Kapitalgesellschaftsrecht“, Zeitschrift für Unternehmens- und Wirtschaftsrecht 1987, S. 403 ff.
(zitiert: *Timm*, ZGR 1987, 403)

Thomas, Heinz /Putzo, Hans
Zivilprozessordnung, FamFG Verfahren in Familiensachen, GVG, Einführungsgesetze, EG-Zivilverfahrensrecht: Kommentar, 31. Aufl., München 2010
(Zitiert: *Bearbeiter*, in: Thomas/Putzo, ZPO)

Veil, Rüdiger
„Klagemöglichkeiten bei Beschlussmängeln der Hauptversammlung nach dem UMAG“, Die Aktiengesellschaft 2005, S. 567 ff.
(zitiert: *Veil*, AG 2005, 567)

Verse, Dirk A.
„Das Beschlussmängelrecht nach dem ARUG“, Neue Zeitschrift für Gesellschaftsrecht 2009, S. 1127 ff.
(zitiert: *Verse*, NZG 2009, 1127)

Vetter, Eberhard
„Squeeze-Out. Der Ausschluss der Minderheitsaktionäre aus der Aktiengesellschaft nach den §§ 327f ff. AktG“,Die Aktiengesellschaft 2002, S. 176 ff.
(zitiert: *E. Vetter*, AG 2002, 176)

ders.
„Widerspruch zu Protokoll der Hauptversammlung erst zur Mitternachtsstund?“, Der Betrieb 2006, S. 2278 ff.
(zitiert: *E. Vetter*, DB 2006, 2278)

Vetter, Jochen
„Modifikation der aktienrechtlichen Anfechtungsklage“, Die Aktiengesellschaft 2008, 177 ff.
(zitiert: *Vetter*, AG 2008, 177)

ders.
„Ausweitung des Spruchverfahrens“, Zeitschrift für das gesamte Handelsrecht und Wirtschaftsrecht 2004, S. 8 ff.
(zitiert: *Vetter*, ZHR 168 (2004), 8)

Vogel, Joachim
Juristische Methodik, Berlin, New York 1998
(zitiert: *Vogel*, Juristische Methodik)

Volhard, Rüdiger
"Siemens/Nold": Die Quittung - Zum Urteil des BGH vom 23.6.1997 btr. die Ermächtigung des Vorstands zur Kapitalerhöhung unter Ausschluß des Bezugsrechts", Die Aktiengesellschaft 1998, S. 397 ff.
(zitiert: *Volhard*, AG 1998, 397)

Volhard, Rüdiger /Weber, Dolf
„Entlastung, wie oft?" Neue Zeitschrift für Gesellschaftsrecht 2003, S. 351 ff.
(zitiert: *Volhard/Weber*, NZG 2003, 351)

Vorwerk, Klaus / Wimmers, Jörg
Treubindung des Mehrheitsgesellschafters oder der Gesellschaftermehrheit bei Beschlussfassung in der GmbH-Gesellschafterversammlung", GmbHRundschau 1998, S. 717 ff.
(zitiert: *Vorwerk/Wimmers*, GmbHR 1998, 717)

Waclawik, Erich
„Zur Fortsetzung der Reform des aktienrechtlichen Anfechtungsprozesses", Deutsches Steuerrecht 2006, S. 2177 ff.
(zitiert: *Waclawik*, DStR 2006, 2177)

ders.
„Das ARUG und die klagefreundlichen Aktionäre – Licht am Ende des Tunnels?", Zeitschrift für Wirtschaftsrecht 2008, S. 1141 ff.
(zitiert: *Waclawik*, ZIP 2008, 1141)

Wallenhorst, Marcus
„Schranken der Anfechtungsbefugnis von Aktionären", 1. Aufl., Frankfurt am Main/Berlin/ Bern/New York/Paris/Wien 1997
(zitiert: *Wallenhorst*, Schranken)

Wardenbach, Frank
„Aktiengesellschaften im Zielfeld räuberischer Aktionäre", Betriebs Berater 1991, 485 ff.
(zitiert: *Wardenbach*, BB 1991, 485)

ders.
„Missbrauch des Anfechtungsrechts und „nachträglicher" Aktienerwerb – Zu den Grenzen der Anfechtungsrechte des Aktionärs bei Rechtsmissbrauch und bei Erwerb der Aktien nach Ankündigung der Hauptversammlung", Zeitschrift für Unternehmens- und Gesellschaftsrecht 1992, S. 563 ff.
(zitiert: *Wardenbach*, ZGR 1992, 563)

Weber, Robert /Kersjes, Julia
Hauptversammlungsbeschlüsse vor Gericht – Die aktienrechtliche Anfechtungs- und Nichtigkeitsklage, Freigabeverfahren und Spruchverfahren, München 2010
(zitiert: *Weber/Kersjes*, Hauptversammlungsbeschlüsse vor Gericht)

Weißhaupt, Frank
„Modernisierung des Informationsmängelrechts in der Aktiengesellschaft nach dem UMAG-Regierungsentwurf – Versuch einer kritischen Systematisierung", Wertpapier Mitteilungen, Zeitschrift für Wirtschafts- und Bankrecht 2004, S. 705 ff.
(zitiert: *Weißhaupt*, WM 2004, 705)

ders.
„Informationsmängel in der Hauptversammlung: die Neuregelungen durch das UMAG“, Zeitschrift für Wirtschaftsrecht 2005, S. 1771 ff.
(zitiert: *Weißhaupt*, ZIP 2005, 1766, 1771)
Westermann, Harm Peter
„Individualrechte und unternehmerische Handlungsfreiheit im Aktienrecht“, Zeitschrift für das gesamte Handels- und Wirtschaftsrecht, Band 156 (1992) S. 203 ff.
(zitiert: Westermann, ZHR 156 (1992) 203)

Wicke, Hartmut
Einführung in das Recht der Hauptversammlung, das Recht der Sacheinlagen und das Freigabeverfahren nach dem ARUG, München 2009
(zitiert: *Wicke*, Einführung in das Recht der Hauptversammlung)

Wiedemann, Herbert
Gesellschaftsrecht, Band I, Grundlagen, München 1980
(zitiert: *Wiedemann*, Gesellschaftsrecht)

ders.
„Rechtsethische Maßstäbe im Unternehmens- und Gesellschaftsrecht“, Zeitschrift für Unternehmens- und Gesellschaftsrecht 1980, S. 147 ff.
(zitiert: *Wiedemann*, ZGR 1980, 147)

Wieneke, Laurenz / Fett, Torsten
„Das neue Finanzmarktstabilisierungsgesetz unter besonderer Berücksichtigung der aktienrechtlichen Sonderregelungen“, Neue Zeitschrift für Gesellschaftsrecht 2009, S. 8 ff.
(zitiert: *Wieneke/Fett*, NZG 2009, 8)

Winter, Martin
Mitgliedschaftliche Treuebindung im GmbH-Recht, 1988,
(zitiert: *Winter*, Mitgliedschaftliche Treuebindungen)

ders.
Die Anfechtung eintragungsbedürftiger Strukturbeschlüsse de lege lata und de lege ferenda“, in: Festschrift für Peter Ulmer, Berlin 2003, S. 699 ff
(zitiert: *Winter*, in: FS Ulmer, 699)

ders.
„Die Reform des Beschlussmängelrechts – eine Zwischenbilanz“, in: Liber Amicorum Wilhelm Happ (2006), S. 363 ff.
(zitiert: *Winter*, in: Lieber Amicorum Wilhelm Happ, 363)

Winter, Martin / Nießen, Tobias
„Amtsermittlung und Beibringung im Spruchverfahren“, Neue Zeitschrift für Gesellschaftsrecht 2007, 13 ff.
(zitiert: *Winter/Nießen*, NZG 2007, 13)

Yong Ding
„Missbräuchliche Anfechtungsklagen im Aktienrecht“, Frankfurt am Main 2011
(zitiert: *Yong Ding*, Missbräuchliche Anfechtungsklagen im Aktienrecht)

Ziemons, Hildegard
„Kritische Anmerkungen zu den aktien- und kapitalmarktrechtlichen Regelungen des Regierungsentwurfs eines FMStErgG“, Neue Zeitschrift für Gesellschaftsrecht 2009, 369 ff.
(zitiert: *Ziemons*, NZG 2009, 369).

Zimmer, Lutz / Meese, Marcus
„Vergleiche im Spruchverfahren und bei Anfechtungsklagen“, Neue Zeitschrift für Gesellschaftsrecht 2004, 201 ff.
(zitiert: *Zimmer/Meese*, NZG 2004, 201)

Zippelius, Reinhold / Würtenberger, Thomas
„Deutsches Staatsrecht“, 32. Aufl., München 2008
(zitiert: *Zippelius/Würtenberger*, Deutsches Staatsrecht)

Zöller, Richard (Begr.)
Zivilprozessordnung: mit Gerichtsverfassungsgesetz und den Einführungsgesetzen, mit Internationalem Zivilprozessrecht, EG-Verordnungen, Kostenanmerkungen; Kommentar, 28. Aufl., Köln 2010
(zitiert: *Bearbeiter*, in: Zöller, ZPO)

Zöllner, Wolfgang
Die Schranken mitgliedschaftlicher Stimmrechtsmacht bei den privatrechtlichen Personenverbänden, München/Berlin 1963
(zitiert: *Zöllner*, Schranken)

ders.
„Kontrollrecht des einzelnen Aktionärs: Beschränkung, Erweiterung und Missbrauchsbekämpfung“,Zeitschrift für Unternehmens- und Gesellschaftsrecht 1994 – Sonderheft 12
(zitiert, *Zöllner*, ZGR Sonderheft 12 (1994), 147)